"十二五"国家重点图书出版规划项目

法律文书学

◆ 主 编　顾克广　刘金华

◆ 撰稿人　（以撰写章节先后为序）

顾克广　刘思芹　雷梅英

刘金华　卓朝君　程　滔

中国政法大学出版社

2018·北京

出版说明

　　"十二五"国家重点图书出版规划项目是由国家新闻出版总署组织出版的国家级重点图书。列入该规划项目的各类选题，是经严格审查选定的，代表了当今中国图书出版的最高水平。

　　中国政法大学出版社作为国家一级出版社，有幸承担规划项目中系列法学教材的出版，这是一项光荣而艰巨的时代任务。

　　本系列教材的出版，凝结了众多知名法学家多年来的理论研究成果，全面而系统地反映了现今法学教学研究的最高水准。它以法学"基本概念、基本原理、基本知识"为主要内容，既注重本学科领域的基础理论和发展动态，又注重理论联系实际以满足读者对象的多层次需要；既追求教材的理论深度与学术价值，又追求教材在体系、风格、逻辑上的一致性。它以灵活多样的体例形式阐释教材内容，既推动了法学教材的多样化发展，又加强了教材对读者学习方法与兴趣的正确引导。它的出版也是中国政法大学出版社多年来对法学教材深入研究与探索的职业体现。

　　中国政法大学出版社长期以来始终以法学教材的品质建设为首任，我们坚信"十二五"国家重点图书出版规划项目的出版，定能以其独具特色的高文化含量与创新性意识成为集权威性与品牌价值于一身的优秀法学教材。

中国政法大学出版社

编写说明

　　法律文书是记录法律活动的文字载体，是具体实施法律的重要工具，在保障国家法律正确实施，维护公民、法人和其他组织合法权益，促进社会和谐发展等方面发挥着重要的作用。"法律文书学"是具有法律专业性质的应用写作课，是法学教育不可缺少的重要组成部分，是全国法律院校学生必须学习的课程。

　　"法律文书学"课程的学习目标和内容，应当是以基本的写作理论为指导，根据我国实体法和程序法的规定，按照相关文书格式规范的要求，了解和掌握各类法律文书的概念、功能、结构、内容、写作方法和注意事项，达到能写会用的程度。

　　法律文书学作为一门综合性的法律专业课程，是实用性较强的应用写作课，国家法律的修改，将会导致法律文书写作内容发生变化。近年来，随着国家法制的不断发展和完善，国家立法机关对诸多法律制度进行了修改和完善，法律文书写作的内容也需要不断更新，以适应国家法制发展的需要。

　　为了配合新修改的法律制度的施行，国家相关法律职能部门对法律文书的格式规范，也相应地进行了修改和完善，以保证文书制作的规范性。2012年，公安部印发了《公安机关刑事法律文书式样》，于 2012 年 12 月 19 日开始施行。同年，最高人民检察院出台了《人民检察院法律文书格式》，于2013 年 1 月 1 日开始施行。2016 年 2 月，最高人民法院审议通过了《民事诉讼文书样式》和《人民法院民事裁判文书制作规范》，于 2016 年 8 月 1 日开始施行。上述法律制度及相关格式规范的修改完善，导致已有法律文书教材内容陈旧，已经不能适应学生学习的需要。为此，对法律文书学教材进行重新编写显得尤为重要。

　　此次以新修改的法律制度为依托，根据文书格式规范的要求，编写了教材内容,力争呈现最新的法律文书写作知识,供学生学习使用,并供法律工作者从事法律实务参考。为了保证教材的编写质量,本教材作者主要是全国各高等院校从事法律文书写作教学和研究工作的人员。期望此书的出版,能够对法律文书写作教学和法律实践有所裨益。

本教材由中国政法大学顾克广教授、刘金华教授担任主编,参加撰写的人员有山西省政法管理干部学院雷梅英教授、中南财经政法大学卓朝君副教授、中国政法大学程滔教授、贵州师范大学教师刘思芹(中国政法大学在职博士生)。全书由主编顾克广教授、刘金华教授修改定稿。编审人员为教材的出版付出了辛勤的劳动,在此一并表示感谢!

本教材作者分工如下(以撰写章节先后为序):

顾克广、刘思芹:第一章、第七章、第九章、第十章;

雷梅英:第二章、第三章;

刘金华:第四章、第五章、第八章、第十三章;

卓朝君:第六章;

程滔:第十一章、第十二章。

顾克广　刘金华
2018 年 11 月

目　录

上编　总　论

中编　文体分论（上）
——司法机关的法律文书

下编　文体分论（下）
——其他法律文书

上编 总 论

第一章

绪 论

学习目的和要求：通过本章的学习，要求学生从总体上了解法律文书的概念、性质、类别、特点、作用、沿革、写作的基本要求等，为后续学习各种法律文书的具体写作知识和应掌握的要领打下坚实的基础。

第一节 法律文书的概念和类别

一、法律文书的概念

法律文书，是指我国司法机关（含公安机关、国家安全机关、人民检察院、人民法院及监狱等机关，下同）、行政机关、公证机构、仲裁组织依法制作的处理诉讼案件和非诉讼案件的法律文书，以及案件当事人、律师和律师组织自用或代书的法律文书的总称。

上述法律文书的制作主体不尽相同，包括国家司法机关、行政机关、法律组织、案件当事人或律师。因此，法律文书的作用也存在较大的区别。有的法律文书具有明显的强制性和最直接的法律效力，有的法律文书只具有一定的法律意义或证明作用，有的法律文书只有在相应的司法机关受理之后才能发挥推动法律活动进展的作用。从上述法律文书涵盖的内容看，大体可分为四类法律文书：①国家司法机关为处理诉讼案件制作的具有明显法律效力的司法文书；②国家授权的法律机构或法律组织制作的办理或裁决非诉讼案件的公证文书和仲裁文书；③案件当事人、律师和律师组织出具或代书的民用法律文书；④国家行政机关依法履行法定职责、行使行政权力制作和使用的文书。上述四类法律文书，虽然性质不尽相同，但是从功能看，都属于具体实施法律或保障有效实施法律的文字载体和重要工具，具有推动各项法律活动正常运作和顺利开展的法律功能。

知晓上述法律文书的概念和涵盖的内容后，还应该注意法律文书与另外两个相关的文书名称之间的联系和区别：

1. 法律文书与司法文书。司法文书这一法律术语曾经被长期使用，并以其作为教材的名称。但需要注意的是，严格意义上的司法文书，是指司法机关处理诉讼案件的法律文书，不包括公证文书和仲裁文书，更不包括民用的法律文书。因为公证文书一般不具有处置性，只具有法定的证明力；仲裁文书虽具有裁处作用，但它又要受到当事人原有协议的制约，它的约束力也受到一定的限制。因此，这两部分文书与司法文书的作用和效力，是有明显的区别的。至于案件当事人、律师等出具或代书的民用法律文书与司法机关制作的司法文书之间的区别，更是显而易见的，因为前者的主要作用在于陈述或表达案件当事人或律师对某一法律事件的意见和主张，不存在法定的约束力或强制作用。但是，这部分文书在启动和推进法律活动中，也同样具有不容忽视的作用，是独立于司法文书之外的民用法律文书。

2. 法律文书与诉讼文书。诉讼文书这一名称，也是某些司法机关经常使用的文书术语。顾名思义，诉讼文书是专指涉及诉讼案件的法律文书，既包括司法文书，也包括涉及诉讼的民用法律文书。例如，案件当事人自书或律师代书的各类诉状等。民用法律文书中的非诉讼文书以及公证文书、仲裁文书等自然应该排除在诉讼文书之外。总之，在了解法律文书这一概念内涵的同时，也应了解法律文书与司法文书、诉讼文书与法律文书相关名称间的交叉或包容的错综关系。

二、法律文书的类别

如前文所述，法律文书大的类别是三部分不同性质的文书。具体的类别划分，依据不同的标准，可以划分为不同的类别。具体内容如下：

1. 依文书制作主体的不同，可以划分为公安机关（含国家安全机关，下同）的法律文书，通常称为侦查文书；检察机关的法律文书，称为检察文书；人民法院的法律文书，称为诉讼文书或裁判文书。以此类推还有行政执法文书、公证文书、仲裁文书、律师实务文书及监狱文书等。

2. 依文书具体功能的不同，可以划分为报告类文书、命令类文书、通知类文书、决定类文书、裁判类文书、诉状类文书、笔录类文书等。

3. 依制作方式的不同，可以划分为文字叙述式文书、填空式文书、笔录式文书、表格式文书。

4. 依文书行文体式的不同，可以划分为信函式文书、致送式文书、宣告式文书等。

本教材主要以制作主体为划分标准，分章介绍相关内容，这样既便于结合不同制作主体的法律职能介绍各种法律文书的功能和写作要求，又符合一般的法律程序进展过程。对于某些不同制作主体共同使用的文书，则集中在一章内予以介绍，例如笔录类文书。这样既有助于了解其共同的写作要求，又可以避免内容重复。

第二节 法律文书的特点和作用

一、法律文书的特点

法律文书作为具体实施法律的工具，主要具有以下特点：

（一）主旨的鲜明性

主旨，是指制作某种文书的目的和文书的中心意思。由于法律文书大都是为了解决一定的法律实际问题制作的，必然具备明确的目的，具有鲜明突出的主旨。从这一点看，法律文书不同于仅是为了泛泛宣传而写的文字，即法律文书的制作都有明确具体的目的。例如，司法机关制作的法律文书都有明确单一的制作目的。检察院的起诉书是为了指控被告人构成某种犯罪，应追究其刑事责任，将被告人移送人民法院予以审判的法律文书；人民法院的判决书是为处理具体案件，依法予以裁决处理涉案当事人的法律文书；讯问案件当事人的笔录，是为了查清案情事实制作的文字依据。

法律文书的制作既然有明确具体的目的，其中心意思的鲜明性不言而喻。起诉书的目的是指控某位被告人构成某罪，应当追究刑事责任。那么，文书的中心意思就必须为实现这一目的在文书中将被告人的犯罪事实叙述清楚，列举主要证据，阐明其构成某罪的理由和法律依据，最后申明对其提起公诉交付审判的明确意见。判决书既是对涉案人员予以裁处的文书，自然需要把案情事实写清，明确案件的性质、涉案人员的责任，写清处理的理由和法律依据以及最后的具体处理意见。这样就决定了法律文书的主旨必须做到鲜明突出，否则，就不能很好地发挥该文书的应用效能。当然这样并不是说一般文章不应该有它的主旨，只是说法律文书在主旨的表达形式和集中鲜明的程度上有其明显的特点。文学作品的写作目的显然没有法律文书那样鲜明具体，它的宣传感染他人的目的是十分宽泛的，它的中心意思的表述方式也不一定是直接的、单一的。

（二）材料的客观性

文书的主旨要靠材料的叙写、说明予以反映、表达，包括事实材料和文字材料。法律文书中使用的材料必须是绝对客观真实的材料，不能有半点虚假，也不能进行所谓合理的想象，这与文学作品中使用的材料截然不同。文学作品中使用的材料可以集中概括、编造虚构，只要不是有意歪曲生活真实，都是被容许的；法律文书中使用的材料则是绝对排斥虚构的，甚至不容许稍加夸大或缩小，必须做到绝对真实。具体需要注意以下几点：

1. 明确材料和主旨在文书制作过程中的辩证统一关系。在法律文书制作中，材料是第一位的。文书制作者首先接触到的是大量的事实材料，通过对事实材料的搜集、整理、分析、认识，经过从感性到理性的阶段，才能认清事物的本质，产生和形成制作某种文书的主旨。从这个意义上说，文书的主旨是第二位的。但是，文书主旨一旦形成，在制作文书的过程中，主旨又处于支配地位，上升为第一位，成为选择材料、使用材料的统帅，反过来要求用典型的材料去说明和表达主旨。因此可以说，材料和主旨在文书制作的整个过程中是辩证统一关系。

2. 围绕主旨选择材料。在文书制作的材料选择中，不能采用自然主义，有材必用，事无巨细，现象罗列。那样势必会漫无中心，冲淡主旨，以致不能发挥文书的实际效能，这是法律文书在表达主旨方面的大忌。法律文书的制作，运用材料表达主旨时，必须围绕主旨选择材料。

3. 注意文书的文字表述方式。文书的文字表述，应将材料的具体叙述方法和概括叙述方法自然地结合起来。例如，在有关刑事类的法律文书中，对被告人的多起同类犯罪事实，必须对其典型的犯罪事实加以具体叙述，对其较为次要的犯罪事实可以概括叙述，并使具体叙述与概括叙述自然地结合起来，以具体事实材料说明其罪行的危害深度，以概括的事实材料说明其罪行的危害广度。当然，某些基础性法律文书需要逐个行为叙写事实的，都应当具体叙述，不在此列。

（三）内容的法定性

法律文书的写作内容不同于一般文章的写作内容，在于它既要符合一般写作规律的要求，更要求必须符合有关法律对某种法律文书的法定要求，写清必须具备的法定要素。多数重要的法律文书应具备的法定内容包括：①案件当事人的基本情况；②案情事实和证据；③对案件性质是非正误的认识判断；④对案件处理的意见。

在上述几方面法定要求写明的内容中，还有其法律上要求必须写明的具体要素，这些要素在一般文章的写作中不一定是必须提供的。例如，案件当事人基本情况中，除应写明当事人的姓名、性别外，还必须写明当事人准确的年龄。如果涉及年龄在14～18岁左右的涉案当事人，还应当写明当事人具体的出生年月日，因为确切的年龄对于他们有特定的法律意义，这在一般文章中不一定是十分必要的。再如，在事实部分的叙述中，除应写明涉及的人物、事件发生的时间、地点、事件本身外，还应写明必要的证据，这在一般的文章中也不是必须提供的。此外，在叙写对案件性质的认识判断方面，则必须把事件放在法律的天平上予以衡量，用法律的尺度评判其是非曲直、是否有罪。对案件的处理意见更必须依法裁处，按律量罚。这些都属于法律文书在写作上的法定要求。

（四）形式的程式性

法律文书在形式上具有明显的程式性特点。法律文书在形式上的程式性特点，是由法律文书的性能所决定的。形式的程式性虽属于外在的表现形式，但对写作内容也起到一种规定性的作用，对整个文书的逻辑结构也给以严格的限定，以便于体现法律文书的规范要求和文书主旨。法律文书的程式性特点具体主要表现在以下两个方面：

1. 结构的固定化。从多数法律文书的形式看，都由较固定的结构组成，包括首部、主体和尾部。其中，首部主要包括制作机关（单位）、文种名称、编号、当事人基本情况、案由、审理经过等；主体（正文）主要包括案情事实、处理（请求）理由、处理（请求）意见；尾部主要包括交代有关事项、签署、日期、用印、附注说明。其中，主体（正文）部分中的处理（请求）意见，在民用法律文书的诉状类文书中，按格式规定放置在案情事实之前，即请求意见（诉讼请求）、案情事实、请求理由。

2. 用语的成文化。在具体文书制作中，不少法律文书都有部分相同的专业术语和表述方法，为文书制作者使用时提供方便，也为表述统一的法律意向，因此在文书格式中，设定了部分固定的文书用语，使其文字成文化。这既便于文书的制作，又避免法定要求在语言文字上的不准确或不统一，这也是其程式性特点的具体表现。这一具体特点在下面的文书格式中，表现得十分明显。例如，公安机关的《提请批准逮捕书》中最后有一段成文化的用语：

"综上所述，犯罪嫌疑人×××……（根据犯罪构成简要说明罪状），其行为已触犯《中华人民共和国刑法》第×条之规定，涉嫌××罪，根据《中华人民共和国刑事诉讼法》第八十条、第八十一条之规定，特提请批准逮捕。"

上述成文化用语中，只需要填写出犯罪嫌疑人的姓名、触犯我国《刑法》的条款以及涉嫌的罪名就可以了。对于提请批准逮捕的意见和法律根据，都有明确统一的文字表述，不必每制作一份这类文书都去重新叙写。因此，把这段成文化用语印在格式中，更有利于文书的制作。

（五）解释的单一性

法律文书在语言运用上要求做到精确无误、解释单一，只有达到这种要求，才能更好地发挥它的实效。如前文所述，法律文书都是为解决一定的法律实务问题制作的，有的要起到法律上的证明作用，有的要起到法律上的凭证作用，有的要求当事人不折不扣地按处理意见去执行，有的要求有关人员按期兑现等。因此，其语言文字不能有半点含混、模棱两可、语义两歧的现象出现，语义必须绝对精确，文字必须解释单一。

为了保障法律文书的语言精确、解释单一，有歧义的语言结构是绝对不能使用的。这要求文书制作者在制作文书时必须认真推敲，不断提高自身的语言运用技能和水平，以便做到法律文书的语言单一解释，更好地发挥其效能。但是，有些歧义结构，在语言使用中又不能完全排除，而且有使用的习惯性和必然性。例如，"以上""以下""以内"等表示数字的语言结构，"三年以上""七年以下"等，这些结构是否包括本数，可能产生歧义，如果遇到这种情况，就必须设法加以限定。我国刑法中为避免产生歧义，就专门规定了一条限制性条款。例如，我国《刑法》第99条规定："本法所称以上、以下、以内，包括本数。"这样就保证了语义的单一解释。

（六）使用的实效性

严格地讲，任何文章都有一定的实效，没有实效的文章也就没有存在的意义。但是，必须承认有的文章实效性是不明显的，或者说其实效的显现要经过漫长的时间，是潜移默化的；法律文书的实效则不同，它是十分具体、明显的，是看得见、摸得着的，有的还具有强制性。特别是司法机关制作的司法文书，都是为法律的执行和法律的贯彻实施制作和发布的，而且它的制作和发布，都要收到具体的实效。人民法院的刑事有罪判决书就是对某某刑事案犯予以裁处的决定，必须收到对案犯裁处的实效；公安机关的强制性法律文书，它的实施就是必须对某某犯罪嫌疑人给以某种强制措施，一经发布，立即产生实效。当然有些不具有处置性的法律文书，虽不具有明显的强制性，但仍要求发挥其实效性。例如，审讯、询问等各种笔录，孤立地看，似乎本身不单独产生实效，但它对查清案情事实，直到最后对案件作出处理，也具有不容忽视的实际效用。至于大量民用的法律文书，同样也要求发挥其应有的实际效用。各种诉状或申请书都要求其在诉讼或非诉讼法律活动中产生一定的实效作用，起到启动或推进法律活动，乃至解决诉讼中的各种争议、非诉法律活动中的各种有关问题的作用。总而言之，法律文书的实效性是其使用过程中的突出特点。

二、法律文书的作用

法律文书是进行各种法律活动和处理法律事务的产物，因此法律文书的作用是和各种法律活动的进展以及法律事务的处理同步发挥的。它对各种法律活动的启动和深入发展，以及法律实务问题的解决，都具有明显的作用。具体体现在以下几个方面：

（一）具体实施法律的重要工具

法律文书是国家法律规范和法律职能的具体体现。以具有法律效力的法律文书而言，它的制作目的和制作内容就是为了具体地贯彻和实施国家有关的某项法律。例如，人民法院的刑事裁判文书，其制作目的和内容就是贯彻实施我国的刑法，以保障国家的安全和我国的社会主义制度；有关民事类的裁判文书，其制作目的和内容就是调整我国的各种民事法律关系，维护合法的民事权益，制裁各种民事侵权行为，保障社会的健康和谐发展。这种具有明显法律效力的法律文书，在实施法律方面的作用是毋庸置疑的。另外，不具有上述法律文书那样明显的法律效力，仅有一定法律意义的法律文书，也必须体现法律的规范，符合法定的要求，从一定意义上讲，对实施法律也具有某种作用。例如，案件当事人或律师自书或代书的民用法律文书，对于推进法律活动的有序运作和法律问题的合法解决，也具有不容忽视的作用。因此，法律文书的首要作用就在于保障法律的具体实施。

（二）记录法律活动的文字载体

各种法律活动的推动和进展，都必须用一定的文字加以记载，这种文字的记载，就是各种法律文书。有的法律活动的启动和转接，也必须通过制作一定的法律文书的方式才能实现。以刑事案件为例，从立案开始，就必须首先制作有关立案的法律文书；案件立案后，开始侦查破案，必须制作侦查计划；在侦查过程中又必须制作各种笔录；案件告破时，必须制作破案报告书，然后继续调查和讯问；在侦查终结后，必须制作侦查终结报告书；如果认为犯罪嫌疑人构成犯罪，必须制作起诉意见书，交付检察院审查起诉。以此类推，直至检察院提起公诉，又必须制作起诉书，交付人民法院审判。在这一过程中，又必然需要制作大量的审查、讯问犯罪嫌疑人、被告人以及询问有关证人的笔录。所有这些例子都说明，各种法律文书都是记录法律活动整个进程的文字载体，重要的法律文书还通常是启动和推进下一段诉讼程序进程的文字手段。

（三）保存法律事务的文书档案

如前所述，法律文书是法律活动的文字载体和忠实记录，因而保存法律文书必然是健全法律活动的文书档案的重要工作内容。保存下来的法律文书档案，既是检查和总结法律具体实施的重要文字凭证，也对进一步修订和改进法律具有重要的参考价值。根据我国档案工作的有关规定，司法机关的法律文书档案规定为国家的一级档案，有法定的保存时间和严格的要求。因此，法律文书在这方面的重要作用，同样不容忽视。

（四）宣传法律的生动教材

法律的宣传要靠正面讲解各种法律规定的具体内容。但是，仅靠单纯地宣讲法律的条文规定是远远不够的，还必须通过具体处理各种法律事务的文书来阐释有关的法律规定，而后者往往能起到更加有力的宣传和教育广大群众的作用。在这方面，无论是具有明显法律效力的法律文书，还是仅具有法律意义的民用法律文书，都有不容低估的宣传作用。因为凡是公开对外的法律文书，都会有读者或听众，也就是说它都会有宣传对象，只要它的内容符合法律规范，体现法律的法定要求，就必然会产生一定的法制宣传作用。而且由于法律文书一般都是和具体案件结合在一起，宣传效果会更加生动具体，较之于单纯讲解法律规定更易发挥作用。因此可以说，法律文书是一种宣传法律的生动教材。

（五）考核法律人才的重要内容

法律文书是具体实施法律的重要工具，其制作质量的高低，与能否更好地实施法律密切相关。例如，一份检察机关对被告人提起公诉的起诉书，能否如实地写清被告人的犯罪事实和证据，充分阐述指控被告人犯有某种罪行的理由和法律依据，显得十分重要。一份判处侵犯他人合法权益的民事裁判文书，写明当事人之间的法律关系、产生纠纷及侵权的事实，阐明处理侵权行为的理由及法律依据，同样必须有准确精练的文字表述。否则，就不可能发挥应有的法律效力。基于法律文书具有的突出的实效性，作为各种法律文书的制作者，必须具备较高的制作法律文书的技能，才能符合法律工作的严格要求。鉴于此，我国各级司法机关、法律组织在对从事各项法律工作的专门人才进行考核时，都把制作法律文书的质量作为一项必不可少的考核内容，因为法律文书制作质量的高低，能够较为全面地反映法律工作者综合素质水准的高低。

第三节　法律文书的历史沿革

一、我国古代法律文书的产生和演变

（一）法律文书产生的条件

我国是具有悠久历史的文明古国，有着深远的文化渊源和丰厚的文化遗产。尽管古代的文化遗产不可避免地要受到时代和阶级的局限，包含着一定的糟粕，但也必然保留着多少代人智慧的结晶和文化的精华，可供后人学习和借鉴。我国古代的法律文书也不例外，它同样是中国古代文化中的一个重要的组成部分。因此，要学习我国的法律文书，对于我国的法律文书从古至今的发展演变，也应有一个概括的了解。

法律文书属于上层建筑中的一种文化现象，它的产生必然要经过一个较长的时期，而且要随着经济基础的演变而不断演变，演变过程必然是十分漫长的。

因此，现在很难判明它绝对准确的产生年代。但是，法律文书的产生必须具备两个条件：①一定社会中的法律必须达到相当完备的程度，因为法律文书是伴随着法律的产生而产生的，是为实施法律服务的。②必须具有较为系统的文字工具，因为文书是要用文字来书写的。上述两个条件，在我国已有数千年的历史了。

早在西周时代，我国就已经有了较为系统的法律，而且已经有了成文法。《左传》昭公六年和二十九年，先后记载了郑国和晋国把法律铸造于铜鼎之上的史实，史称"刑鼎"，是国家具有了重要成文法律的标志。另外，战国初期的魏国宰相李悝也整理各国法律，编成《法经》六篇。足见我国两三千年前就有了适用于当时社会的各种法律，而且是成文法。另外，我国早在3000多年前，就已经有了较为完整的文字体系，这就是学术界一致公认的甲骨文。所以说，在这两方面的条件都已具备了的我国古代社会，产生法律文书应该是水到渠成的事情。

（二）先秦时期的法律文书

从我国的历史发展看，在古代典籍中不易找到法律文书。秦汉时代一般人认为，法律文书多为处理政务的文书，缺少文学价值，因而从先秦直到隋唐，绝少把法律文书保存于典籍之中。正如南北朝时期的文章理论家刘勰在其巨著《文心雕龙》中对各种政务文书（包含法律文书）所作的论断，"虽政事之先务，然艺文之末品"。这既反映了当时法律文书的实际状况，也反映了一般人对法律文书的评价。总之，古人认为法律文书缺少文学价值，因而不予重视。尽管如此，我们在先秦的典籍中，还是能从记述的历史事件里，偶尔看到一两篇类似后来的判决书之类的法律文书的实录。

1975年，陕西省岐山县董家村出土了一件青铜器——匜（古代洗涤用具），上面铸有157个文字，被称为《亻朕匜铭文》，记载了在一起诉讼案件中，一位名叫伯杨父的法官，对某人指控一个叫牧牛的人抢走其奴隶，对牧牛处以鞭刑和罚金的判决。该判词转译成现代汉语大意如下：

牧牛！你的行为被确定为诬告。你竟与你的师父打官司。你违背了先前的誓言。现在你立下誓言，到啬去见朕，交还五个奴隶。既然已经立下誓言，你也应遵守誓词。最初的责罚，我本应鞭你一千，并墨蔑黑屋；现在我赦免你，鞭你五百，罚铜三百锾。

需要注意的是，此铭文并不是裁判文本，乃是语判的记录。上述裁判包括了案件事实、量刑情节、法律责任等，事实清楚，责任明确，语言简洁，含义明确，近似于后来的判决书。

先秦时期，比较成熟的法律文书代表，是《国语·晋语》中记载的晋惠公处理部下庆郑的一份类似判决书的文字。具体内容如下：

夫韩之誓曰：失次犯令，死；将止（"止"为被人抓获——引者注，下同）而不面夷（"夷"为伤，将帅被俘，下属面部应有伤），死；伪言误众，死。今郑失次犯令，而罪一也；郑擅进退，而罪二也；女（假借为汝，下同）误梁由靡，使失秦公，而罪三也；君亲止，女不面夷，而罪四也。郑也就刑。

这份古代的判决书，先引用在战前所发誓词中明确规定的三条军法；而后对照庆郑的罪行，作出裁处；最后要求庆郑接受处刑。这一事件发生于公元前645年，由于庆郑对晋惠公不满，秦晋交战之中，当惠公被围困时，自己不去营救，而令即将抓获秦穆公的梁由靡前去营救，结果这边既放跑了秦穆公，那边又因救助晋惠公不及时，致使晋惠公终为秦国所俘。这是这段文字的历史背景。事后晋惠公又被秦穆公释放，惠公回国后，立即宣布对庆郑的判处。上引文字就是当时判处庆郑的法律文书。其中矛盾较为复杂，也掺杂着惠公挟私报复的成分。但其作为一篇古代的判决书，还是比较典型的，特别体现在引证法律、据法判刑方面，为其后的裁判文书提供了范例。但是类似这样完整的判决书，在隋唐以前的历史典籍以及其他著述中，是很难找到的。

（三）秦汉时期的法律文书

早在秦始皇统一六国前，秦孝公任用商鞅变法，对法律进行了重大的变革，改"法"为"律"，为秦代的法律发展奠定了基础。秦始皇统一中国后，为巩固专制的中央集权制度，厉行法治，在政治、经济、生活等方面都有法律规定。1975年12月，在我国湖北云梦县睡虎地发掘了一组墓葬，其中在墓葬主人的随葬品中出土了一大批竹简，墓葬的主人公名叫"喜"，是当地的一名地方法官（官名"令史"），他是在秦始皇统一天下前后担当法官职务的。死后将他常用的竹简随葬于他的棺墓之中。学术界称这批竹简为"秦墓竹简"，这些竹简的内容多与该法官从事的法律工作有直接关系。其中一部分名为"封诊式"的竹简，有不少内容为各种笔录的模式，诸如查封笔录（"封守"）、勘验笔录（"经死""贼死""穴盗"）。下面列举一篇文字实物的译文，供了解当时法律文书的内容。

经死（吊死）

如实记录：某里的里典说："本里人士伍丙在家中吊死，不知什么缘故，前来报告。"当即命令令史（官名——引者注）前往检验。令史某如实记录：本人和狱卒某随甲、丙的妻、女对丙进行了检验。丙的尸体悬挂在他家中东侧卧室靠近北墙的房椽子上。面向南，用拇指粗的麻绳做套，束在颈上。绳套的系束处在颈后部。绳索上面系在椽子上，绕椽子两周后打成死结，留下绳头有二尺长。尸体的头部上距房椽子二尺，脚离地面二寸，头和背贴近墙，舌吐出与嘴唇齐，流有便溺，沾污了双脚。解开绳索时，尸体的口鼻中排出气体，像叹息的声音。绳索与身体接触处留下了瘀血的痕迹，只差颈后二寸不到一周。其他部位经检验没有发现兵刃、木棒、绳索的痕迹。椽子粗一围，长三尺。西边地面上有土坎高二尺，在土坎上可以系挂绳索。地面坚硬，不能查知人们的足迹。绳长一丈，死者身穿络制（丝制）的短衣和裙（裤）各一件，赤脚。当即命甲和丙的女儿把丙的尸体运送到县府……

这是一个虚拟的笔录实例，并非实际的案件笔录，因为下面还有勘验和制作笔录的一些注意事项，如勘验时要认真检查绳索，看头部是否能脱出，还要观察死者的舌头是否吐出，头脚距离上下的尺寸等，并应详细记清。足见这是以列举实例的形式规定的勘验和制作笔录的一种模式，近似我们今天的文书格式。秦始皇统一天下的时间为公元前221年，距今2000多年了，2000多年前，连各种重要的笔录都定出了规格模式，可见当时的法律文书已经使用得相当广泛了。笔录还只不过是法律文书中一种稍次要的文书，法律文书中的"判""帖（状子）"才是最重要的文书。既然较次要的文书都使用得较为广泛、经常了，那么，"判"等重要的法律文书的频繁使用就自不待言了。

汉代时期，儒家思想逐渐渗透至法律领域，一种以儒家经义为指导思想的审判方式也在汉中期产生，这就是董仲舒等人倡导的《春秋决狱》。《春秋决狱》从法律实践方面，为封建正统法律思想的建立创造了条件，裁判文书开始了"引礼为律"的做法，把儒家思想渗透至法律实践活动中，使封建法律儒家化。《春秋决狱》一书所收的判词，应当是现存最早的拟判。所谓拟判，是指虚构或模拟的判词，并无实际的法律效力，但是会对实判的制作产生影响或为实判所效仿。

（四）唐宋时期的法律文书

隋唐时期，大兴科举，特别是唐代的科举取士中，增添了"试判"的内容。据《旧唐书·选举志》载："凡择人之法有四：一曰身，体貌丰伟；二曰言，言辞辩证；三曰书，楷法遒美；四曰判，文理优长。"并在授官考试中专门设有"拔萃"一科，规定"试判三则"，这样一来，就把最具代表性的法律文书——"判"的地位大大提高了。不少文人举子，为了应试和取得官职，在参加科考之前，做了大量模拟写作书判的准备工作，写了不少"判"之类的法律文书，后人称之为"拟判"，与现实生活中的"实判"相区别。其案情是虚拟的，文字是经过雕琢的，而且由于受六朝骈俪文风的影响，也多为骈体文四六对仗，引经据典。后人称之为"骈判"。文字华丽，不切实用，诸如白居易、王维等大家都有这类的"判"传于后世。白居易的《甲乙判》中就仍保留着他的一百零二篇判决书。这种骈俪文风对当时的真实的判决自然也有一定的影响。及至宋代，这种文风开始有所扭转。明人徐师曾在其《文体明辨序说》一书中论及古代判词时说："唯宋儒王回之作，脱去回六，纯用古文，庶乎能起二代之衰。"所以我们目前看到的宋代《名公书判清明集》中的判，多为散体，也可以说明这一问题。

（五）明清时期的法律文书

"判"发展到明清之际，体例类别已日趋细密完备。徐师曾对唐宋直至明代的"判"加以归纳，划分为十二个具体类别。即："一曰科罪，二曰评允，三曰辨雪，四曰番异，五曰判罢，六曰判留，七曰驳正，八曰驳审，九曰末减，十曰案寝，十一曰案候，十二曰褒嘉。"作者虽未对各类"判"的功能详加解释，但仅从字面看，也可以分辨出，判决有直接科刑的，有评论公允的，有明辨昭雪的，有加以改正的等。因为古代审理案件是民刑不分或以刑代民的，所以从判决的角度来看，是很难划分出刑事案件与民事案件的。

目前，保留下来的古代判决实例以明清最多，在许多著名审官的判决专集中清代判决专集更多。后人称之为某某人"判牍"，诸如于成龙判牍、袁枚判牍、樊增祥判牍、张船山判牍等。判词虽无固定格式，但叙述案情事实简赅明晰，列举证据确凿无疑，分析说理精当透辟，引证法律准确无误，这些优长之处，仍然值得我们认真学习借鉴。下面列举一篇清人张船山所写的刑事判决，供学习鉴赏。

拒奸杀人之判

清·张船山

审得陶丁氏戳死陶文凤一案，确系因抗拒强奸，情急自救，遂致出此。又验得陶文凤赤身露体，死在丁氏床上，衣服乱堆床侧，袜未脱，双鞋并不整齐，搁在床前的脚踏板上。身中三刀，一刀在左肩部，一刀在右臂上，一刀在胸。委系重伤毙命。本县细加检验，左肩上一刀最为猛烈，当系丁氏情急自卫时，第一刀砍下者，故刃痕深而斜。右臂上一刀，当系陶文凤被刃后，思夺刀还砍，不料刀未夺下，又被一刃，故刃痕斜而浅。胸部一刀，想系文凤臂上被刃后，无力撑持，即行倒下，丁氏恐彼复起，索性一不做二不休，再猛力在胸横戳一刀，故刃痕深而正。又相验凶器，为一劈柴作刀，正与刀痕相符。而此作刀，为死者文凤之物。窗前台上，又有银锭两只，各方推勘，委系陶文凤乘其弟文麟外出时，思奸其弟媳丁氏，又恐丁氏不从，故一手握银锭两只，以为利诱；一手执凶刀一把，以为威胁。其持刀入门之际，志在奸而不在杀也。丁氏见持凶器，知难幸免，因设计以诱之。待其刀已离手，安然登榻，遂出其不意，急忙下床，夺刀即砍。此证诸死者伤情及生者供词均不谬也。按律因奸杀死门载，妇女遭强暴而杀死人者，杖五十，准听钱赎。如凶器为男子者免杖。本案凶器，既为陶文凤持之入内，为助成强奸之用，则丁氏于此千钧一发之际，夺刀将文凤杀死，正合律文所载。应免于杖责。且也，强暴横来，智全贞操，夺刀还杀，勇气加人，不为利诱，不为威胁，苟非毅力坚强，何能出此？方敬之不暇，何有于杖。此则又敢布诸彤管而载于方册者也。此判。

这是一篇叙述案情事实明白清晰，分析证据鞭辟入里，引证法律严丝合缝，而且注重宣传法制观点的优秀"散判"，尽管含有某些封建社会的道德理念，但瑕不掩瑜，不失为一篇古代法律文书中的精粹之作。

明清之际，前人不但为我们保留下大量的实判，还总结出一套写作法律文书的理论和写作要领。这些理论和要领既适用于"判"的写作，也适用于书状之类的写作。如清人王又槐在其所著《办案要领》中，对反映案情事实的法律文书，在写作上提出了"八不可"的要求，即供不可文（不通俗，引者注，下同），供不可野（粗俗），供不可混（模棱不清），供不可多（不精要），供不可偏（偏颇），供不可奇（玄虚），供不可假（虚假），供不可忽（疏漏）。即便在现在看来，这些写作要求，也都是很有借鉴意义的。

再者，中国古代对于民用法律文书的书状也是十分重视的，因为中国长期的封建社会里，没有现代意义的检察制度，没有今天的公诉机关，更谈不到"起诉书"。很多案件是靠案件的当事人或利害关系人的控诉和书写诉状，审判机关才会受理的。因此，诉状的法律功能就十分重要了。基于这种情况，明清时代，对于诉状的写法，也就有了专门的研究著述。例如，明代的《肖曹遗笔》中就有对诉状写作的基本要求。即诉状应包括以下几部分：①硃书（案由）；②缘由（由来）；③期由（时间）；④计由（案件发端）；⑤成败（构成犯罪的条件）；⑥得失（讲究计谋）；⑦证由（证据）；⑧截语（断语）；⑨尾（要求）；⑩事释（目的）。并要求书状应该达到"字字超群，句句脱俗，款款合律，言语紧切，事理贯串"的标准。

我国法律文书发展到清末，由于受到西方政治上的侵扰和文化的东渐，当时的执法者和法学家开始注重法律文书的改革，在我国已有法律文书优良传统的基础上，逐步吸收一些国外法律文书中可取的东西。宣统年间，主要由我国著名的法学家沈家本主持、编纂的《考试法官必要》中，正式对刑民判决书规定了统一的文书格式和写作内容。即：其一，刑事审判词应包括：①罪犯之姓名、籍贯、年龄、住所、职业；②犯罪之事实；③证明犯罪之理由；④援引的法律条文；⑤援引法律之理由。其二，民事审判词应包括：①诉讼人之姓名、籍贯、年龄、住所、职业；②呈诉事项；③证明理由之缘由；④判之理由。

这样就为我国法律文书最为重要的裁判文书——判决书确定了一个基本的框架，对于后来的法律文书的发展具有深远的影响

二、中国现代法律文书的发展变化

建立民国之后，基本上沿用了清末主要的法律文书。在裁判文书中大体沿袭着逐步形成的"主文—事实—理由"这样一种三段论的固定格式，并在此基础上增加了案件当事人履历等内容。但裁判文书仍以叙述案情事实、阐明理由为主。目前保留下来的平子襟先生于1923年编辑出版的《刀笔菁华》中，保留了不少民国初期的著名判决书，也足以说明这一点。例如，《毁人名誉之判》《教堂争产之判》等。

此间也逐步吸收国外法律文书的写作体例，并制定法律文书的有关格式，如诉讼文书格式、检察厅使用文书格式等。但基本都没有脱开上述几部分基本内容，即：①当事人的基本情况；②案情事实和证据；③处理理由和法律依据；④处理决定或处理意见、要求。各部分的前后次序可能不尽相同，但在重要的法律文书里这些内容是必不可少的。直到解放时期，这些基本内容仍保持不变。下面试举一份抗日战争时期，陕甘宁边区高等法院制作的一份二审民事判决书的主体部分，供学习参考。

主文：上诉驳回。

事实：缘张明之妹侯张氏于民国二十二年，经媒说与侯贤儒之次子侯丁×结婚。婚后女告知侯丁×为神志不清之傻子，且有羊角风。初冀请医疗治，病可痊愈；时经九年，医治无效。侯张氏以侯丁×有不治之神经错乱病，不堪同居，要求离异。诉于庆阳地方法院，经法院判决侯张氏与侯丁离婚。侯丁×不服，由其父代理上诉。主张：侯丁×年轻力壮，并无不治症果；今后无子，亦可以侯丁×之侄为嗣。并诉张明从中唆使侯张氏诉请离婚，图另嫁贪财，要求废弃原判。经本院传讯两造（原被告——引者注），侯丁×确为不识五以上之数（在庭上数六个凳子为八个），不晓自己之年龄（二十七岁说十岁）；不知农时（说正月应种粟子）；更不知男女之乐（同床各睡，不省房事），神经错乱，傻且有羊角风不治之恶疾。侯张氏以其空有夫妇之名，不能享天伦之乐，坚主离婚，自属人之常情，侯贤儒谓为由于张明唆使，另嫁贪财一节，殊属无据。案经证明，记录在卷。

理由：查侯丁×神经错乱，不识五以上之数，不知自己之年龄，更不知男女之乐及夫妻之情，且患有羊角风病，既已当庭证明（这是认定事实的理由——引者注，下同）。上诉人谓侯丁×年轻力壮并无不治之症，显属遁辞。而欲以侯丁×之侄与侯张氏为嗣子，亦何能弥补侯张氏终身幸福之缺陷。侯张氏结婚以来，苦恼九年，侯丁×病愈无望，自念青春瞬逝，前途悲观，要求离异，实出诸不得已之衷心，更何得指为张明之教唆图财。原判依边区婚姻条例第十一条第一款、第二款之规定，判决侯张氏与侯丁×离婚，于法于情均无不合（这是适用法律的理由）。本件上诉为无理，故判决如主文。

1951 年，由当时的司法部统一制定了一套《诉讼用纸格式》和一套《公证文书格式》，一直沿用到"文化大革命"，但经过那场史无前例的浩劫，公检法这些机关都已被砸烂，法律文书更是遭到极大的破坏。直到粉碎"四人帮"之后，恢复了公检法司等司法机关的正常工作和职能，才又逐步健全法律文书的规范使用，并随着法制建设的逐步完善而不断修订和改进、增删。1983 年，最高人民检察院制定了统一的检察文书格式，即《刑事检察文书格式（样本）》，共计 40 种，和《直接受理案件文书样式》，共计 45 种。公安部于 1989 年统一制定了《预审文书格式》，共计 48 种。重新建立的司法部于 1980 年制定了《诉讼文书样式》，共计 8 类 64 种，次年又制定了《公证文书样式》，共计 24 种。此后诉讼文书这项工作交由最高人民法院自行管理，1982 年，最高人民法院制定了《民事诉讼文书样式》，共计 70 种，以补充原司法部制定的《诉讼文书样式》的不足。尔后又独立建立了一个文书改革工作小组，专门负责研究诉讼文书，以配合有关法律的不断更新变化而制定或改进相应的人民法院法律文书格式。1992 年，最高人民法院印发了《诉讼文书样式》，共计 14 类 314 种，于 1993 年 1 月 1 日开始施行。1999 年，制定了《法院刑事诉讼文书样式（样本）》，共计 9 类 164 种。2002 年《关于民事诉讼证据的若干规定》施行后，最高人民法院于 2003 年印发了《〈关于民事诉讼证据若干规定〉文书样式（试行）》，共计 31 种。同年，为了配合《海事诉讼特别程序法》的施行，最高人民法院印发了《海事诉讼文书式样（试行）》，共计 9 类 87 种。此外，公安部主管监狱工作时，于 1982 年制定下发了《劳动改造机关执法文书格式》，共计 32 种；司法部主管监狱工作以后，于 2002 年发布了《监狱执法文书格式（试行）》，共计 48 种。

近年来，随着我国《刑事诉讼法》《民事诉讼法》《行政诉讼法》等重要法律的重大修改，有关机关对各类法律文书进行了修改和补充。为了配合《刑事诉讼法》的施行，最高人民检察院出台了《人民检察院法律文书格式（2012 年版)》，公安部也对 2002 年 12 月 18 日印发的《公安机关刑事法律文书式样》进行了修改，印发了《公安机关刑事法律文书式样（2012 年版）》。为了配合《民事诉讼法》的施行，2015 年 2 月 4 日，最高人民法院发布了《关于适用〈中华人民共和国民事诉讼法〉的解释》，2016 年 2 月 22 日，最高人民法院审判委员会第 1679 次会议审议通过了《人民法院民事裁判文书制作规范》和《民事诉讼文书样式》，共计 568 个，其中人民法院用文书样式 463 个，当事人参考文书样式 35 个。该文书格式和规范已于 2016 年 7 月 5 日发布，并于 2016 年 8 月 1 日起开始施行。

总之，随着法律的日趋完善，公、检、法等司法机关的法律文书还会有所增删和变化，法律文书在各项法律活动中，也会随之发挥更为直接地推动法律实施的重要作用。

第四节　法律文书写作的基本要求

根据法律文书的特点和功能，法律文书的写作，主要应遵循以下基本的要求。

一、依法制作，突出主旨

法律文书作为实施法律的重要工具和手段，首先就必须依法制作，即必须严格遵循法律活动的规律和运作进展情况，按照法律的规定，依法制作。特别是应依照程序法的规定，合法有序地制作。以涉及刑事案件的法律文书为例，当公安机关接到报案、控告或举报的材料时，必须依照我国的《刑事诉讼法》第 111 条的规定，由公安人员制作笔录，并且经当面宣读无误后，由报案人、控告人或举报人签名或盖章，这份笔录才算是合法有效的法律文书。又如，当公、检、法等司法机关接到报案、控告、举报和自首的材料，就要按照管辖规定，予以迅速审查；经审查认为确有犯罪事实，需要追究刑事责任时，就要根据我国《刑事诉讼法》第 112 条之规定，制作有关立案的法律文书——呈请立案报告书，报请领导批准立案。这说明法律文书的制作是有严格的法律依据的，而不是根据想当然的意思随意制作的。有关民事案件或非诉讼案件的法律文书，同样要依法制作，其法律依据主要是我国的《民事诉讼法》或其他相关的法律。

法律文书的制作既然要有明确的法律依据，那它自然就必须确立明确的主旨，即明确制作文书的目的和中心意思，而且必须用明晰有力的文字，在法律文书中把主旨凸显出来。例如，人民检察院的起诉书，目的是要通过指控某某被告人涉嫌某种犯罪，要求审判机关经审理后追究其刑事责任。这样就必须用确凿的犯罪事实、证据说明某某被告人确实犯有某种罪行，依法应该处以某种刑罚。人民法院的判决书是对某一案件裁决处理的法律文书，必须在文书中写清查证属实的案情事实，判明案件的是非曲直、明确违法或犯罪的性质和相关人的法律责任，并阐明裁处的理由、法律根据以及最后的处理决定。律师代案件当事人书写指控他人侵权的诉状，就应用确凿的事实和证据写明某甲对某乙具有侵权行为，申明控告的理由和法律依据，提请法院秉公处理。诸如此类，都必须根据不同的法律文书的功能和制作的目的，在文书中充分有力地阐明其中心意思，力求文书的主旨鲜明突出、一目了然，以期更好地发挥它的法律效能。

所以说，制作一份法律文书，首先要考虑它是否具有明确的法律依据，做到依法制作，然后在制作时就要考虑用什么样的文字凸显文书的主旨。

二、遵循格式，写全事项

当前，随着法律的日臻完善，法律条文的不断修订补充和增多，各司法机关、法律组织等所制定的各类法律文书格式，也日益增多和不断修改补充，各种法律文书一般都有可以遵循的格式和写作要求。有效地发挥法律文书的具体效能，严格遵循既定的文书格式制作文书，是各司法机关、法律组织的一致要求。这样做既有助于文书制作者有规律可循、便于制作，也有助于司法机关及时依法处理和日后的保存归档。对于程式化特点十分明显的法律文书来说，依格式制作是十分重要的一条规则，这一点在前文法律文书的程式化特点一节中已有翔实论述，不再重复。现在只就各类法律文书常见的几种通用的体式补充说明如下：

所谓体式，是指文书的整体的行文体例格式，即从整体上看是采取的一种什么体例。从绝大多数法律文书看，可以归纳为信函式、致送式、宣告式、表格式和笔录式。因表格式、笔录式比较简明，不需多加说明。现仅对信函式、致送式、宣告式简要说明如下：

1. 信函式。信函式体式的文书主要由上款（受文单位）和下款（发文单位）构成。形式近似于通常的书信。如公安机关的《对保证人罚款决定书》，大部分通知书采取这种体式。

2. 致送式。致送式体式是把受文单位放在文书的正文之后，用致送用语（此致）相连接。受文单位另行顶格书写，以示郑重。如检察院的《通缉通知书》就用这种体式。

3. 宣告式。宣告式体式的文书多数在文书首部先列明当事人的基本情况，而后转入正文。既无上款，文末也无致送单位。人民法院的裁判文书均为此种体式。

另外也有把两种体式结合使用的文书，如有的把表格式的内容纳入致送式或信函式中的，这里就不多加说明。

制作法律文书除应遵循规定的格式以外，还必须按规范要求认真写清各种事项，特别是一些法定要求写明的事项。例如，当事人基本情况中要求写明的各种事项，就必须写全写清。如年龄问题，对于某些当事人具有法律意义，特别是刑事案件中的青少年罪犯，年龄对其是否应负法律责任有着直接的法律意义。职业一项对于某些案犯是否属于职务犯罪也是重要的法律条件。至于事实、理由、处理或请求意见中的有关法定的要素，更必须写全、写实。

三、综合表达，叙议为主

法律文书采用的表达方法，可以说是以记叙、议论、说明等几种表达方法加以综合运用的一种表达形式。例如，判决书可以使用多种表达方法，公诉机关、被告人基本情况及判决结果可为说明的表达方法；案件来源、审理经过、控辩意见及法庭查明认定的事实和证据，均可为记叙的表达方法；法院最后的处理理由及法律根据部分为议论的表达方法。总的说来，判决类法律文书主要以记叙、议论为主，就整体而言，属于一种特定形式的说理文。例如，刑事判决文书，即以静态的事实（当事人的基本情况）和动态的事实（当事人的犯罪行为事实）为根据，运用法律，论证被告人触犯某刑律条款构成某种罪行，应依法处以某种刑罚。所以可以说，许多重要的法律文书，都具有综合运用多种表达方法的特点，但以叙议为主，最后归结为对某种意见的论证，构成一种特殊结构的说理文。当然部分填空式、表格式的法律文书，只是简单地说明处理意见和理由，谈不到完整的议论。

四、写清事实，掌握要领

法律文书叙述事实，必须做到材料真实、脉络清楚、要素完备、把握关键。具体需要注意以下几点：

（一）选择真实的案件材料

凡要求写明案情事实的法律文书，首先必须具体写清当事人所发生的行为事实。使人看过之后，对事案的起因、发生、发展直至造成的结局有一个清楚明晰的了解，即写清事件的来龙去脉，而要写清事实，必须使用已经掌握的事实材料来说明事实情况。法律文书使用事实材料，必须遵循绝对客观真实的原则，既不能夸大也不能缩小，更不能编造虚构，这是与文学作品严格相区别的。但这也并非是要求将文书制作者所掌握的所有的事实材料，事无巨细、有闻必录地全部写入特定的法律文书之中。法律文书中叙写案情事实，对所了解到的有关当事人的材料，也要根据特定的法律文书的要求有所选择。也就是说，法律文书使用客观真实的事实材料也有选材问题。选材的标准和依据，最根本的是文书制作者根据大量的事实材料的分析认识所得出的对案件性质的认识。刑事类案件，犯罪嫌疑人、被告人的行为或者属于有罪，或者属于无罪；或者属于此罪，或者属于彼罪。民事类案件，或者属于违法，或者属于合法。根据这一认识形成制作某种文书的主旨，然后以此主旨为准绳，确定选用足以说明该主旨的典型材料，舍弃一些不能说明主旨的或者非常次要的材料。只有这样才能更好地发挥该文书的法律效能。

（二）写清事实的基本要素

叙述案情事实，还必须写清事实的基本要素。法律文书中的事实基本要素，除应写清记叙一般事件所必须写清的时间、地点、人物、过程和结果外，还应根据法律文书的特定要求，写清其反映法律特点的要素，而且要区别案件的不同性质写清不同的具体要素。根据案件的不同性质，可以分为两类：凡记叙有关刑事类的案情事实，应写明犯罪嫌疑人（或被告人）作案的时间、地点和关涉到的人物（作案人和被害人）；作案的原因（目的、动机）；作案的过程（情节、手段）和造成的后果；案犯的认罪态度以及证据。凡叙述有关民事、行政类的案情事实，应写明纠纷发生的时间、地点、关涉的各方（原告、被告、第三人等）、纠纷的起因、发展过程、造成的结局、各方的争执意见和理由以及有关的证据。其中行政诉讼的案情事实，在叙述纠纷事实时，还应注意写清原告被行政处罚的行为事实（不涉及行政处罚的案子自然不写）。叙述上述事实要素，力求写明其法律上的特点和要求。当然叙述上述事实要素也不宜平均使用力量，有些要素是不言自明的，自然也可不写。如盗窃罪犯的盗窃目的是极其显然的，一般可不写。

在叙述事实（广义的事实包括当事人的基本情况）时，还应该注意写清、写全有关具体事项，特别是当事人的基本情况要素一定要提供齐全。因为当事人的基本情况要素是说明当事人确切身份的必备要素。倘或不能提供齐全、准确，就有可能把当事人搞错。当事人基本情况中的某些事项，在一些人中间可能是完全相同的。在现实生活中，同名同姓、同性别、同年龄甚至于同籍贯的人是并不少见的，但是众多基本情况要素完全相同是少见的。所以说把当事人基本情况中的事项要素提供齐全，对于避免出现差错、说明涉案的人员是一特定的人是有重要意义的。

（三）详细叙述关键性情节

法律文书中的事实叙述，要求具体写明关键性情节。因为只有写明关键性情节，才有助于判明案件的性质和涉案人员问题的是非正误、谁有罪和谁无罪、谁有法律责任和谁无法律责任。通常所说的关键性情节，主要有以下几类：

1. 决定或影响案件性质的情节。刑事类案件的事实中决定其是否属于犯罪的情节或决定其属于此罪或彼罪的情节，民事类案件的事实中决定其是否构成侵权行为的情节，都属于此类的事实情节，必须具体写清。如某人对不法侵害行为的反抗是否超过了必要的限度，就必须把侵害人所持的凶器、打击被侵害人的具体强度、被侵害人持有何种工具、如何具体反抗以及造成何种结果等写清、写实。只有这样才能判明被侵害人的行为究竟是正当防卫还是防卫过当。前者不构成犯罪，后者则构成犯罪。

2. 涉及当事人有无法律责任的情节。如关于合同纠纷的案情事实，必须具体写明根据合同规定，在合同执行过程中，究竟是哪方违约，给对方造成损失，抑或双方均有违约行为，孰轻孰重，孰先孰后等。只有这样才能判定谁有责任，谁无责任；或哪个责任较大，哪个责任较小。如属裁判文书，才能为正确裁决处理提供准确的事实依据。

3. 涉及问题严重程度的情节。问题的严重程度如何，有时不仅涉及问题的轻重，有时甚至于可以影响案件的性质。如有的刑事犯罪手段恶劣，表面看来似乎仅属于罪行轻重问题，但实际上它影响到罪行的性质，在处刑上可能从有期徒刑升级为无期徒刑甚至死刑。

总之，这三类关键性事实情节，在叙述时必须力求具体详明。

（四）明确事实因果关系

法律文书叙述案情事实，特别重视有关事实的因果联系，对于"行为目的—行为本身—造成后果"这三者之间有无因果关系，要求叙述清楚。因为只有这样，才能判明行为的性质，行为人应否承担法律责任。如同样是致人死命，有明确的杀人目的与无明确的杀人目的，在法律上属于两种不同性质的罪行，前者属于故意杀人，后者或是属于伤害致人死亡，或是属于过失致人死亡。再者某一行为造成了后果与未造成后果也有很大的区别。同样是犯罪行为，造成了严重后果的与未造成后果的，在最后的处刑上也会有重与轻的很大差别。因此，在叙述案情事实时，必须把上述三者之间的关系交代清楚。

目前在这方面存在的写作问题，常常是有果无因或因果脱节，令人感到事实叙述的因果关系模糊不清，甚至于有违事理。如下面的文字叙述就存在这方面的问题：

例1："被告人向被害人头部猛砍一刀，造成被害人头部、左臂、右手背三处刀伤。"

例2："由于王×兰的丈夫不在家，致使王×兰及同村的李×花、王春三名妇女遭到歹徒杨××的奸污。"

例1的"因"是某被告人向某被害人头部猛砍一刀，"果"却是被砍出了三处刀伤。主要是缺少了对被害人举手护卫的行动的交代，造成因果脱节；例

2的"因"是由于王×兰的丈夫不在家,"果"却是王×兰和同村另两名妇女都遭到歹徒的奸污。不合乎事理。因为王×兰一人的丈夫,无法保障除王×兰之外的妇女不被奸污。换句话说,其他两名妇女遭歹徒奸污与王×兰丈夫不在家不存在因果关系。在法律文书中,常用"致""致使",或"由于……,因而……"连接词等表示因果联系,使用这些词语时,要对前后叙写的内容,予以认真推敲,酌量一下其中是否存在因果联系,这在运用文字表述事实内在联系上,是值得注意的一个问题。

(五)争执焦点抓准记清

有关反映或处理民事、行政纠纷的法律文书,在叙述案情事实时,应特别注意把原被告之间乃至于与第三人之间的争执内容和焦点把握准确,并记叙清楚。当事人之间的争执意见可能是十分纷纭复杂的,理由也会有千条万条。作为文书制作者,必须紧紧围绕当事人之间在民事权益之争的关键问题上,抓住焦点,准确记叙,而不能采取"有闻必录"的方法,不分主次轻重,一概予以记述。对于刑事类文书,应如实反映公诉一方与被告人一方在事实的提供和理由的辩解上的重要分歧,以使裁处机关作出有针对性的判断、认定和理由的阐明。

(六)财务数量记叙确切

法律文书中的事实叙述,常常涉及事物的数量,特别是财物数量更是比比皆是。如民事案件中的财产分割、遗产继承、金钱借贷、合同纠纷都会涉及财物的数量;刑事类案件中有关盗窃、抢劫、诈骗、贪污和受贿也都离不开财物数量。因而在记叙财物数量时就必须掌握如下的要求:一是记明确切数量,一般排斥模糊数量;二是在不可能查明确切数量时容许写明近似数量,但必须写明基本数量。如盗窃犯多次盗窃,随盗窃随挥霍,难于查明绝对的确切数量,这时容许记写近似的基本数量,如"盗窃3000余元",基本数量3000是确切的,余数则是模糊的。但不容许全部数量都是模糊的,如"盗窃若干元"。这样就难于确定案件性质,对于是否构成犯罪也难于判断。还要附带说明的是,财物不仅要求写明数量,而且还应注意说明财物的特征,如品牌、型号规格和新旧程度等,这对于确定其价值高低也极为重要。

(七)叙述事实平实有序

在法律文书中叙述事实,语贵平实,不追求辞藻的华丽,不采用文艺性的修辞手法。一般排斥夸张、比喻等积极的修辞辞格的使用。但是语言平实也并不意味着语言干瘪、枯燥无味。因为生活本身就是复杂多变的,因而反映生活中的法律问题也必然是丰富多彩的。在记叙事件的顺序和方法上,是有一定的规律可循。常见的有以下几种方法:

1. 自然顺序法。自然顺序法即通常所说的"顺叙"的方法，也就是按照事件的发展过程记叙事实的方法。在法律文书中，通常是以时间为线索，以行为人的行为过程为内容记叙发生的事件。这也是表现法律文书叙事平实的一个方面。不去追求文艺效果，不采取文艺上常用的"倒叙""插叙""补叙"等手法，而是让人从事件的发生、发展过程中去了解事情的性质、行为的对错及法律上的有无责任。这种方法是法律文书所采用的最基本的方法。对于记叙刑事类的案件事实，这种方法最适于记叙一人一次一罪和一人多次多罪的犯罪事实，一罪或多罪是就所触犯的罪名多少而言的。

2. 突出主罪（重罪）法。这种方法是对记叙刑事类案情事实而言的。其要领是主罪提前记叙、次罪移后记叙，主罪详写、次罪略写。适于一人多次一罪和一人多次多罪的案情记叙。

3. 突出主犯法。这也是记叙刑事类案情事实的方法，而且是专指记叙共同犯罪的事实。其要领是，围绕主犯的犯罪事实记叙，有哪个从犯参加哪次犯罪活动结合记叙。除共同犯罪外，还有单独犯罪的，先写共同犯罪，后写单独犯罪。这适用于多人一次一罪、多人多次一罪、多人一次多罪和多人多次多罪等各种共同犯罪的案情记叙。

4. 综合归纳法。这种方法是记叙同类性质犯罪事实的方法，通常也称为概括记叙案情的方法。这种方法不宜单独使用，即不能将全部案情只用这种方法记叙，否则就不能准确深刻地反映案件的本质特征。一般情况，对主罪采取具体记叙的方法，而对其同类的次要罪行可以采用这种方法予以记叙。通过具体记叙案犯的主罪了解其犯罪的深度，通过综合归纳记叙其次罪了解其犯罪的广度，两者相辅相成，互为补充。当然有些法律文书要求逐案具体记叙的除外。

5. 纵横交错法。这种方法主要适于记叙民事或经济纠纷的案情。所谓"纵"，是指记叙事件的发展过程；所谓"横"，是指记叙有关情况的说明介绍，类似一个事件的横断面。以合同纠纷案件的裁判文书为例，记叙其案情事实时，先要写明甲乙双方于何时何地签订了何种内容的合同，这属于"纵"，然后介绍合同约定的内容，这属于一"横"，接下来再写合同的执行情况及纠纷产生的情况，又属于一"纵"，最后介绍双方的分歧意见和各自所持的理由，又属一"横"，这就叫做纵横交错。很多民事案件的案情叙述采取这种方法。

除此以外还有诸如"有总有分""详略结合"等记叙事实的方法，或独立运用，或结合其他方法运用，但都必须明确，其中自然顺序法为法律文记叙案情事实的基本方法，无论是突出主罪法或突出主犯法，还是综合归纳法或纵横交错法，其主要事实的记叙都不能脱离开自然顺序法。

（八）材料选择真实典型

法律文书记叙事实所选择的事实材料，必须绝对真实，不容有半点虚假。但是文书制作者所掌握的材料往往是大量的，其中有真有假，有反映表象的也有反映本质的。这就需要文书制作者在叙述事实时加以认真地选择，进行由表及里、由此及彼、去粗取精、去伪存真的选择工作，其根本的标准是选用足以说明问题本质的材料，也就是要选择足以说明案件根本性质的典型材料。刑事类案件的文书，要选择能够说明案犯是否构成犯罪的材料。如果案犯确已构成某罪，就要选择足以说明构成此罪的材料，不构成犯罪的材料就应予舍弃。民事类的案件，如经分析认定，一方确已构成对另一方的侵权，就应在文书中选用足以说明构成侵权的材料，不构成侵权的材料就应予舍弃。再者，对于多起罪行或多种罪行的刑事案犯，在叙述其罪行事实时，重要的法律文书要求必须逐起罪行或逐种罪行逐一写清，不能随意取舍，但反映每起罪行或每种罪行的具体材料中也有最能说明罪行性质与并不能充分说明罪行性质的区别，这样就必须选用前者而非后者，也就是说选用最典型的足以说明罪行性质的材料予以具体叙写，其他的予以概写。至于有的文书可以采用突出主罪法的写法时，更应在叙写主罪时，注意选择典型的材料。

（九）列举证据确凿可信

在法律文书中，写清案情事实之后，列举充分有力的证据以证明案情事实的确凿性和可信性，既是对事实部分的内容要求，又应该成为理由部分认定事实理由的坚实基础。多年来，在法律文书的写作中存在着不重视列举证据的倾向，往往用"上述事实，证据确凿，足以认定"几句空话予以搪塞，已成为法律文书的一大积弊。近年来，这种错误倾向虽经有关司法机关多次在制定文书格式时予以大力纠正，并明确在格式中作为误区予以限制，在实际工作中已经收到了明显的效果。但是因为积重难返，这种弊病还不可能在各级司法机关的重要的法律文书中得到根本的改观。加之，在我国的审判方式的改革中，有人又提出，某些法律文书（如起诉书）如把证据写得过于具体翔实，容易产生负面影响，易为对方反驳留下把柄（当然这种疑虑不可毫不顾及），但是这仍不能成为不写证据的借口。首先，这种观念一旦形成容易造成对证据的不够重视。其次，这种认识还往往是基于对证据确凿的证明力信心的缺乏。如果文书制作者所掌握的证据是确凿无疑的，经得起检验质证的，那就无须顾及他人对证据的质疑和反驳。所以我们主张在重要的法律文书中要写清证据，包括人民法院的裁判文书和检察机关的起诉类文书，因为证据是认定事实的基础，是确定案件性质的坚实柱石。

五、分析事理，以法为据

理由论证是法律文书的灵魂，是体现文书主旨的核心内容，必须依法论述，说理有据；但同时应注意加强事理分析，剖解透辟，令人信服，以期更好地收到法律文书的实效。所以说一篇好的法律文书应该是一篇论证精辟的说理文，既能有效地折服当事人，又能发挥很好的宣传教育作用。论证理由的具体要求如下：

（一）认定事实以实为证

严格说来，一篇重要的法律文书（如检察院的起诉书、人民法院的判决书和律师代书的起诉状等），其理由应该由两个部分组成，一是认定事实的理由，二是适用法律提出处理意见或请求意见的理由。目前各司法机关的重要法律文书，习惯地把认定事实的理由和事实中的列举证据部分合二为一，即在列举完证据之后，做一个认定事实理由的结论。通常是用"上述犯罪事实，有……为证，证据确凿、充分，足以认定"这样的表述模式予以表达。最后的"证据确凿、充分，足以认定"实际是认定事实理由的结论。所以不能把这段文字单纯地看成事实中叙述证据的部分，实际是列举证据与认定事实的理由相结合的部分。当然，目前有的判决书把庭审中的举证、质证和法庭认证的过程翔实地予以反映，这自然是法律文书进一步的改进写法，但最后也必然有一个明确的结论。如云南省高级人民法院对红塔集团的原某领导人的判决，就采取了这种写法，其叙述证据和阐明理由的界限就更难以分清了。

（二）分析事理以法为据

法律文书适用法律和提出处理意见的理由，既要严格遵循法律，更要注意事理分析，做到以法诲人、以理服人。这是我国当前法律文书写作中的一个薄弱环节，亟待加强。对于有关刑事类法律文书来说，在适用法律和处理意见方面的理由，应着重在定罪和量刑两个问题上进行分析，即依法阐明案件当事人有罪无罪，所犯何罪以及如何量刑等方面的理由。对于民事、行政类案件的法律文书，则应依据有关的法律，阐明案件当事人各方在其权益纠纷中的是非曲直、正确错误，明辨违法合法、侵权受害及其各自应负的法律责任。当前的某些法律文书存在的主要问题是说理不清不透，难以服人。我国历代的法律文书在分析事理方面有着优良的传统，在法律文书的沿革一节中我们所举的清人张船山的判词就有这方面的突出特点。

（三）引证法律明确具体

法律文书要以法论理，在引证法律条款方面，就必须注意引证法律的准确性和针对性。要力求做到引用适用于本案的外延最小的法律条款，以保证法律依据的针对性。因此，凡法律有条、款、项之分的，应引证到与案情相适应的条、款、项，说明是法律的哪一条、哪一款、哪一项适用于本案。再者，在不影响文字表述的条件下，尽可能引出法律条款的原文，以保证说理的明确性，这样让不熟悉法律的人听过或看过之后，都能理解法律的依据。倘或引用了多条或多种法律，不便一一引出原文时，也可在正文部分不引出原文，以免文字难于驾驭，而采用在文书的附注说明中具体引出原文，以资补充的做法。另外，引证法律时还要注意保证所引用法律含义的完整性和准确性，避免断章取义、有悖法律本义的做法。此外在引证法律时，涉及论证案件实体问题时，应引证实体法；涉及程序问题时，应引证程序法。一般在分析论证案件性质时引证实体法，而提出文书制作根据时引证程序法。在文字表述方面，应该是分人、分问题分别引证法律，而不宜采用"算总账"或"一揽子"式地引用法律，即在论证了许多问题或许多涉案人员的问题后总引一笔的写法，那样势必造成模糊混乱的结果，令人看过之后，犹如"丈二和尚摸不着头脑"。

（四）前后照应统领全文

法律文书的理由实为整个文书的灵魂，必须做到瞻前顾后，一以贯之，只有这样才能起到统领全文的作用。我国古人把好文章的内在逻辑结构概为四个字，即起、承、转、合。"起"是开头，"承"是承接展开，"转"是转折提炼，"合"是归结或作出结论。目前我国重要的法律文书（如公安机关的起诉意见书、检察机关的起诉书和法院的判决书等）基本的结构正是上述逻辑结构的固定化和程式化。其中，起——当事人的基本情况；承——案情事实；转——处理理由；合——处理决定。可见我们是用格式化的手法，把一种严谨的论证问题的文章结构加以固定化，使它更能有效地表达文书的主旨，实现文书的功效，所以法律文书的理由就更必须达到前后照应、统领全文的标准和要求。

六、说明情况，简洁明晰

说明的表达方法主要用于说明介绍客观存在的事物或某种主张规定等，在法律文书中也经常使用。如对案件当事人的基本情况的客观说明介绍，对案件当事人的处理决定，对现场情况的如实介绍等都属于此种方法。在重要的法律文书（如起诉书、判决书）中多半是与记叙、议论的表达方法结合使用的，而在表格式、部分填空式的文书中说明则是一种主要的表达方法。

七、语言精确，朴实庄重

法律文书必须通过语言文字予以表达。因此它在语言文字方面也必须有其相应的要求。基于法律文书的实效性和法定性等方面的特点，对法律文书的语言文字要求很高，必须做到精确无误、严肃庄重。具体说来有以下几点要求：

（一）表述精确明晰

如前所述，法律文书是要求收到明显实效的文书，因此，文书的语言在意思表达上必须十分精确明晰、解释单一，不能模棱含混、语义两歧。一是一，二是二，是则是，非则非。无论是反映案情事实，还是阐述理由，都必须做到"如实"二字，即如实地反映事实，如实地说明理由，如实地表述处理意见。做到准确无误，解释清晰，语意单一，排除歧义。法律文书都有个"制作"过程。也就是说，法律文书的制作，首先要有一系列的法律活动，在一定的法律活动中，形成制作某一种法律文书的主旨，为反映某种法律活动的进程和推动法律活动的开展，才开始制作某种法律文书。一般说来，在具体制作前已有了明确的写作目的和写作内容，只要能把文书制作者早已经形成的意见、认识如实地反映在文书之中，就完成了文书写作的任务。因此，我们认为法律文书制作者的具体任务，就是用什么样的精确语言，把已经形成的对某一法律活动或法律事务的认识意见准确地表达出来。但是要真正较好地完成这一任务，也不是一件容易的事，因为这涉及文书制作者的思想水平（包括对法律事务的认识水平）、文化素养（包括文化修养和语言文字的表达能力等）、法律专业知识等诸多因素。从写作角度讲，语言文字表达能力是一个重要方面。

（二）使用术语恰当

法律文书属于一种公文语体，就其文书的风格讲，语贵平实，庄严郑重。叙事一律采用直笔，直书其事，不刻意追求文学效果，不要求渲染烘托；应少用特殊修辞手法，多用一般修辞手法。法律文书的语言风格虽然朴实无华，严肃庄重，但也并非语言干瘪、枯燥无味或套话连篇、千篇一律。再者，法律文书作为一种具有法律专业特点的书面语言，一般排斥口语，而一些专业用语和文言虚字，如"证据确凿、供认不讳、验明正身、反驳无效"等专业术语及"该、系、之"和其他文言虚字，在文书风格前后协调的情况下，并不排斥其使用，而且运用恰当，还能更好地体现法律文书的庄重风格。

（三）语句言简意赅

法律文书的语言文字应力求精练，做到言简而意赅，即要求语言简洁，文意赅备。这是一个很高的语言要求。因为法律文书要体现法律的规范性和法定性的要求，因而必须一方面在语言精确的条件下做到精练；但是另一方面又必须内容完备，应该具备的内容不可缺少，不能有所疏漏。目前，在法律文书的制作中，啰唆重赘和随意苟简的毛病都不同程度地存在。要么拉拉杂杂，语言拖沓；要么过于简略，文意不清。有的法律文书引述案件当事人的原话不加剪裁，有闻必录，而且是口语对话，充斥全篇。如下面的一份文书对诉辩意见的转述：

……被告辩称，他说我对他老人不好，我不爱说话，叫妈少些，今后多叫几句妈就是。我对他有感情，每天做好了饭菜都等着他，晚上也等着他，他的衣服都是我洗，孩子们都是我管。三个孩子一律看待，吃穿一样。

……

作者无非是说"对老人没有歹意，对男方有感情，三个孩子一律看待"，完全没有必要这样琐碎地照录原话。有的法律文书却过于粗略简化，如下面的例文：

被告人王××，于20××年以来，先后在本市的东城区、南城区以破门入户的相同手段，盗窃作案30余起，共窃得人民币××元、衣物30余件。

全篇文书对30余起案件概写一笔，所有作案细节一概省略，难以说明案犯的犯罪恶性程度和危害的严重性，这是不符合要求的。

（四）语言规范完整

法律文书所采用的是较规范的书面语言。为使文书表意明确、语句力求规整，通常使用常式句型，较少使用简化句型。句子成分力求完整齐全，慎用省略。特别是涉及案件当事人的法律称谓和姓名，一般都应写全，而不能随意省略。如原告王××，被告李××，因其在句中多充当主干成分（主语、宾语），不能轻易省略，否则就容易混淆法律责任。被告常常是某种违法或犯罪行为的施动者（发出动作的违法犯罪者），而原告常常是违法犯罪行为的受动者（接受侵害行为的被害人）。如一旦因省略而使文意不清，就有可能混淆了法律责任。加之有时被告人不止一个，而且又是同姓或兄弟，其名字只差一字，如不写全写清，那就很可能搞混搞错。当然，在讯问或询问被告人或证人时所制作的笔录，由于时间的限制，往往不可能把答话一字不差地记全，但必须注意把当事人的行为内容记下，有关人员的姓名、法律称谓要在事后补全。在记写对话内容时，由于有上下文的照应，可以在不影响内容明确的条件下，予以必要的省略。

（五）褒贬爱憎分明

法律文书也是一种具有明显感情色彩的文字，但它与文学作品中所采用的表达方式和修辞手法是不尽相同的。由于法律文书有相当部分是处理坏人、坏事的文字，所以带有贬义感情色彩的词语使用较多。如对不少作案人用歹徒、凶犯、暴徒等称谓说明，对他们的罪恶活动也常用互相勾结、阴谋策划、为非作歹和到处流窜等词语予以形容。对于被害人，文书中则是寄予同情的，如说其被害是无辜受害、含冤死去，对他们反抗侵害的行动称之为奋力反抗、毫无惧色等。对于这一点，我国古代的文章理论家刘勰在其《文心雕龙》书中，论及类似法律文书的表达时也讲道："眚灾肆赦，则文有春露之滋；明罚敕法，则辞有秋霜之烈。"意思是说，对于过错祸患，要放宽赦免时，那么文字就有如春天的雨露那样滋润温和；如果要彰明刑罚，用法律加以整饬，那么它的文辞就得像秋天的严霜那样凛冽无情。后半段话的意思，实际就是讲有关法律文书的修辞主要是有贬斥的感情色彩的。这类的话，后人也有不少近似的论述。当前法律文书在这方面存在的问题，主要是由于对词语的含义了解不清而误用褒贬。如描述持枪拒捕的逃犯将公安干警打死的情况，在文书中竟然写作"当场将我公安干警击毙"。这就属于褒贬误用的例子。另外，在一般民事裁判文书中，对调整一般民事法律关系案件的文书，如果使用过多的贬义词，则往往不能发挥法律文书的正面教育作用，也不利于调解双方的纠纷。

（六）诸忌力求避免

法律文书中有相当数量的文书是代表国家司法机关制作的司法公文，有其明显的严肃性和庄重性，所以对某些明显的不规范、不庄重的语言应予排斥，力求避免。这些禁忌主要有：一是忌用方言土语。因为法律文书是进行法制宣传教育的文字教材，而且对于全国各地的人民群众都有宣传作用，所以在法律文书中不能使用大量的方言土语。个别为公众认同的方言词语也应慎重使用，以免发生误解。如有的地方的判决书中把某某农村青年在城市中游逛写作到城内去"耍"。"耍"是四川的方言，不宜在法律文书中使用。有的地方把"打架"叫"打仗"，也见于法律文书，属于大词小用。二是忌写污言秽语。污言秽语不仅有碍司法公文的庄严性，也是一种语言污染的现象。有的把涉案人双方对骂的原话写入正式的文书，也是不能容许的。类似这种内容只能采取概写的笔法，不能照录。最后一点是忌写流氓黑话。记写黑话这种情况往往出现于讯问笔录之中，这也是应当力求避免的。流氓用黑话隐语招供，应予斥责，指令其讲清真实意思。退一步讲，即使记下其黑话内容，也必须在问清真实意思后予以注明。作为一名司法干部，了解些流氓黑话的内容是应该的，目的在掌握流氓间交流的意思内容，但不能以此书写法律文书。

八、行文章法，因文而异

法律文书一般均有统一的格式、固定的结构，但部分以说理为主的法律文书（包括一些法庭演说词）的行文章法，却是多种多样的。下面介绍几类不同的法律文书行文章法。

（一）注重说理

注重文书说理应当做到由事而理，由理而断。由事而理，由理而断的写作章法是司法机关经常使用的较重要的具有总结性的法律文书的写作章法。从公安机关的起诉意见书，到检察院的起诉书，再到法院的判决书都属于这种行文章法，略同于我国对较典范的说理文内在逻辑结构的高度概括，即起、承、转、合的文章结构和行文章法。"起"是基本情况的介绍；"承"是对事态的发展变化的记述；"转"是文章的转折或分析论证；"合"是自然而然地得出的处理结论。以我国的判决书为例，正是这种文章结构的程式化和固定化。"起"为案件当事人的基本情况的介绍说明；"承"是对案情来龙去脉的具体叙述；"转"是对案件性质的分析和处理理由的阐述；"合"是对处理决定的明确说明。

（二）突出重点

在某些法律文书的案情叙述中，可以采取突出重点、兼顾一般的行文章法，如对作案多起的刑事案犯，所采用的手段、作案的具体情节、造成的后果基本相同，而案犯又供认不讳，各方均无异议的案件，可以采用具体记述其最具典型意义或是最为严重的一两起作案的具体情节，而其他相类似的案件可以采取综合概叙的写法。前者目的在于揭露被告人犯罪活动的深度和严重危害，后者在于揭露被告人犯罪活动的广度及其广泛影响，两者结合，才能充分如实地反映案犯的犯罪危害。

（三）明确焦点

法律文书对于案件的事实叙述，一般需要先把原被告（或指控方和被告人）间因某种纠纷（或可能构成犯罪的行为）提出的控诉和答辩的内容写清，这一点在民事判决书、民事调解书中反映得更加明显。它实际是起揭示矛盾、明确焦点的作用，这对于法庭有针对性地写明查证的事实和明辨是非正误、分清违法合法、阐述处理的理由是非常必要的，因为叙述法庭查证的事实和阐述适用法律处理案件的理由，就要对原被告供述的虚假事实和无理的诉讼要求予以驳斥，对提供的真实事实和正当诉讼要求予以肯定和支持。所以，在法律文书中要力求准确如实地反映当事人间的诉讼要求和争执焦点。

（四）章法多样

在法律文书中，有一种是侧重说理的文书。例如，检察机关的抗诉书、公诉意见书，当事人书写的上诉状、申诉状、答辩状等，以及虽不属于正规的文书，却需要事先写成文稿的辩护词和代理词等，都是侧重于申辩说理的，富有驳辩性。在论辩说理方面也有许多写作的不同章法。以公诉意见书为例，它是对起诉书的补充和发挥，因而有的采用具体细致地揭露被告人罪行危害的章法，有的则以对比或衬托的方法来突出被告人罪行，以此来强调被告人所犯罪行的严重性和危害性。再如，辩护词在写作上也有许多不同章法。如有的采取"欲进先退"的章法，有的采用"针锋相对"的章法。

以上是对法律文书写作提出的八个方面的基本要求，这些要求对各类文书具有普遍的适用性。当然有的应该突出强调，有的不甚明显，应该在学习各种法律文书中认真体会。

【思考题】

1. 法律文书与司法文书、诉讼文书之间是何种关系？
2. 法律文书在司法实践中有哪些重要作用？
3. 法律文书的主要特点是什么？
4. 法律文书中叙述案情事实应掌握哪些要求？
5. 法律文书中阐述理由应侧重哪些方面？

中编　文体分论（上）

——司法机关的法律文书

第二章
公安机关刑事法律文书

学习目的和要求：通过本章学习，要求学习者全面了解公安机关刑事法律文书的概念和作用、特点和种类，理解和掌握常用文书的概念、功能、结构、内容、写作方法和注意事项，并能达到结合司法实践、实际会写会用的要求。

第一节　概　述

一、公安机关刑事法律文书的概念和作用

公安机关刑事法律文书，是指公安机关在办理刑事案件过程中依法制作和使用的具有法律效力或法律意义的法律文书。

公安机关刑事法律文书是公安机关参与刑事诉讼、实施法律的工具，是整个刑事诉讼法律文书的一个重要组成部分，它与检察机关刑事法律文书和人民法院的刑事裁判文书共同构成刑事法律文书的有机体系，充分体现了公检法三机关分工负责、互相配合、互相制约的原则。

公安机关刑事法律文书，是公安机关行使侦查权的主要文字载体，是对侦查活动的真实记录，也是公安机关对刑事案件和当事人作出处理决定的文字凭证。侦查程序是否合法、有效，案件事实、证据是否确实、充分，法律手续是否完备，都要通过法律文书反映出来。一起刑事案件，首先要经公安机关侦查终结，然后才能移送人民检察院审查起诉和人民法院审判。因此，公安机关在办理刑事案件的过程中，用来记录案情的各种法律文书是检察机关审查起诉和法院审判的基础和依据，其质量的高低直接影响起诉和审判的工作。如果公安机关制作的法律文书事实清楚，证据确凿，材料可靠，理由充分，结论正确，适用法律条款准确，有关事项齐全，法律手续完备，无疑会使起诉和审判工作顺利进行。所以制作公安机关刑事法律文书对保证严格执法，总结办案和执法

的经验教训，提高办案质量和执法水平，研究刑事案件办案规律和犯罪活动规律，探讨制定预防犯罪的有效对策，完善公安法制建设，都起着十分重要的作用。

二、公安机关刑事法律文书的特点和种类

（一）公安机关刑事法律文书的特点

1. 制作主体的法定性。公安机关刑事法律文书是公安机关在履行刑事司法职能过程中制作和使用的法律文书，它的制作主体是具有法定权限的公安机关，其他任何机关、团体或者个人都无权制作和使用，即使是公安机关也必须在自己的法定权限范围内制作和使用，不能越权，否则将不具备应有的法律效力。比如《拘留证》的制作，《公安机关办理刑事案件程序规定》第 121 条第 1 款明确规定："拘留犯罪嫌疑人，应当填写呈请拘留报告书，经县级以上公安机关负责人批准，制作拘留证……"由此可见，《拘留证》的制发机关为县级以上公安机关，基层派出所无权制发《拘留证》。对于伪造、变造、买卖或者盗窃、抢夺、毁灭公安机关刑事法律文书的，将依法追究行为人的刑事责任。

2. 制作内容的合法性。公安机关制作的各种刑事法律文书，内容必须合法。这主要体现在两个方面：一是制作必须依据我国的《刑事诉讼法》《刑法》和《公安机关办理刑事案件程序规定》等有关法律进行选取、制作填写和使用，目的是保证公安机关刑事法律文书的法律效力。二是各种刑事法律文书中所述内容务必真实，这是制作公安刑事法律文书最基本的要求。公安机关刑事法律文书是刑事诉讼程序的第一手材料，只有内容真实可靠，证据确实充分，才能切实保证办案程序顺利进行。反之，如果法律文书中的内容不真实，必然会将办案活动引向歧路，影响刑事诉讼活动的顺利进行。公安机关刑事法律文书内容的真实大致包括：涉及的有关人员基本情况要真实，如姓名、性别、年龄、住址、单位及职业、简历等必须真实无误；所列举的事实必须真实，比如起诉意见书所列举犯罪嫌疑人的犯罪事实必须是经过查证属实、有证据证明的，似是而非未经查实的问题均不得列入。而所列举的证据必须真实可信，是经过查证无误的，证据与证据之间能够形成锁链关系。

3. 制作时效的严格性。公安机关刑事法律文书都是在办案活动中遇到特定案情时依法制作的，具有较强的时效性。要在时间上严格做到及时，这样才不会贻误战机。尤其是对那些时效性要求极强的特殊文书，更应当在法定的时限内及时制作。例如，对犯罪嫌疑人在被拘留或逮捕之后的 24 小时之内必须进行第一次讯问，同时必须制作讯问笔录，否则，超过 24 小时再进行讯问和制作讯问笔录就是违法行为。又如，拘留犯罪嫌疑人后，除无法通知或者涉嫌危害国家安全犯罪、恐怖活动犯罪，可能有碍侦查的情形以外，应当在 24 小时之内制作《拘留通知书》，通知被拘留人的家属。有碍侦查的情形消失后，应当立即通知被拘留人的家属。超过 24 小时未制发《拘留通知书》通知被拘留人家属，是法律所不允许的。再如，公安机关对被拘留的人，认为需要逮捕的，应当在拘留后的 3 日以内，提请人民检察院审查批准逮捕。在特殊情况下，提请审查批准的时间可以延长 1~4 日。人民检察院应当自接到公安机关提请批准逮捕书后的 7 日以内，作出批准逮捕或者不批准逮捕的决定。这些都体现了制作公安机关刑事法律文书严格的时效性。

（二）公安机关法律文书的种类

1. 公安机关刑事法律文书的发展演变。公安机关刑事法律文书是随着人民公安保卫机关的产生而产生的。新中国成立后，中央人民政府成立了公安部，刑事侦查工作走向规范化，法律文书也逐渐趋向统一规范，共有法律文书样式 30 多件。1979 年我国第一部《刑法》《刑事诉讼法》颁布之后，法制建设得到不断加强，为适应"两法"实施的需要，公安部相继制定了一些法律文书。

1996 年 3 月，随着《刑事诉讼法》的修正，刑事诉讼制度不断完善，对公安机关侦查办案工作提出了更高要求。为了保证公安机关顺利实施修正后的《刑事诉讼法》，公安部组织专门力量，对各业务部门的侦查文书进行了全面清理，经过清理，可以继续使用的侦查文书共 58 种。在对 58 种文书进行修改、补充的基础上，又增加了 35 种侦查文书，共计 93 种，并制定了《公安机关刑事法律文书格式（样本）》，于 1996 年 11 月 14 日由公安部通知下发全国各级公安机关执行，以适应修正后的《刑事诉讼法》的需要。1998 年公安部修改了《公安机关办理刑事案件程序规定》，随后，全国人大又相继对《刑法》进行了立法完善，鉴于此，公安部于 2002 年又对公安机关刑事法律文书进行了修改和补充，于 2002 年 12 月 18 日颁布了《公安机关刑事法律文书式样（2002 年版）》，并决定于 2003 年 5 月 1 日起施行。2012 年 3 月《刑事诉讼法》进行了修改，公安部对《公安机关办理刑事案件程序规定》（以下简称《程序规定》）也作了全面修改。为保证文书式样与修改后的《刑事诉讼法》同步施行，公安部在 2012 年 5 月起草了《公安机关刑事法律文书式样（2012 年版）》送最高人民检察院、最高人民法院、司法部、国家安全部以及相关业务局和地方公安机关征求意见，并召开了由部相关业务局和部分地方公安机关参加的征求意见座谈会。在此基础上，公安部对 2002 年 12 月 18 日印发的《公安机关刑事诉讼法律文书式样（2002 年版）》进行了修改、补充、完善，经部领导审批同意，2012 年 12 月 19 日，公安部以公通字［2012］62 号通知发布了《公安机关刑事法律文书式样（2012 年版）》（以下简称《文书式样》），该《文书式样》从 2013 年 1 月 1 日起开始启用。修订后的《文书式样》删去原有文书 14 种，新增文书32种，将原有的15种文书合并为6种，修订后的文书式样共97种，分为八大类。

现行的《文书式样》在修订和完善时，根据《刑事诉讼法》和《程序规定》，坚持了以下三个原则：①依法设置。即对法律赋予公安机关的权力，通过文书进一步明确了操作程序，例如根据《刑事诉讼法》新增技术侦查措施的规定，文书式样中增加了技术侦查文书，并根据法律规定的采取、执行、延长期限、解除程序，相应设计了采取技术侦查措施决定书等四种文书；《刑事诉讼法》增加了查封措施，《程序规定》增加了查封、扣押决定程序，文书式样中相应增加了查封决定书、扣押决定书，以保证执行查封、扣押程序的严肃性。同时，为保障公民权利以及法律监督的规定切实予以执行，根据《刑事诉讼法》关于当事人权利义务的规定，《文书式样》增加了被取保候审人义务告知书、被害人诉讼权利义务告知书、证人诉讼权利义务告知书等；根据执行公开的有关要求，增加了受案回执。②务实好用。例如，根据现场勘验检查的实践需要，并参考公安部刑侦局《公安机关刑事案件现场勘验检查卷宗制作规范》，对现场勘验笔录进行了修改，增加了提取痕迹、物证登记表，以解决现场勘验提取物证来源不清的问题，有利于及时固定证据；为保证取保候审、监视居住措施的有效执行，增加了传讯通知书、保存证件清单。③高效减负。为减轻基层负担，方便基层一线民警使用，一方面将一些内容相近的文书予以合并。例如，将检查、复验复查、侦查实验、搜查、查封、扣押、辨认、提取等笔录整合为"××笔录"，形成一份通用笔录，由民警根据办案需要填写；将未成年犯罪嫌疑人法定代理人到场通知书、未成年人证人/被害人法定代理人到场通知书，合并为未成年人法定代理人到场通知书。同时，对在一种文书中能够一并解决的问题，不再另设单独文书，提高民警工作效率。例如，在拘留证、逮捕证中增加"属于律师会见需经许可的案件"的填写事项，一并解决送押犯罪嫌疑人时，将是否属于需经许可会见案件通知看守所的问题。从办案实践看，一些案件往往在受案环节尚难以准确判断案件性质，很难选择是填写刑事还是行政案件登记表。经研究，将两个登记表的格式统一，合并为受案登记表，并将讯问犯罪嫌疑人，询问违法嫌疑人、被害人、证人的笔录内容予以简化整合，形成询问/讯问笔录，作为刑事案件、行政案件通用法律文书，便于实际操作。

2. 公安机关刑事法律文书的分类。公安机关刑事法律文书的分类方法较多，下面介绍主要的几种分类方法。

（1）根据组成联数的不同，可分为单联式文书和多联式文书。单联式文书在整体结构上只有一联，但一般要求制作多份，实际制作时可以对其复印，但有关单位印章或者特定对象签名不得复印。笔录类、审批类文书多为单联式文书。多联式文书一般是对外使用的。与单联式文书相比，多联式文书的制作要求较为严格。多联式文书一般由存根和正副本各联组成，各联之间有骑缝线。填写文书时，存根和正副本各联之间的有关内容应保持一致，骑缝线上要填写字号，并加盖印章。决定类、通知类文书多为多联式文书。

（2）根据制作和表达方式的不同，可分为填充式文书、填表式文书和叙述式文书。填充式文书内容框架事先已经印刷完毕，制作时只需在空白处按照要求准确填写有关内容即可。通知类文书多数属于填充式文书。填表式文书与填充式文书大致相同，也是事先已经印刷好表格，制作时只需在空白处准确填写有关内容即可。二者不同之处在于，填充式文书多数为有存根的文书，例如通知书等多联式文书。而填表式文书大多为无存根的文书，例如清单类文书。叙述式文书的内容一般不固定，根据不同案由和制作目的，组成不同的文书内容，如各种笔录、决定书等。这类文书，一般只印印制单位、文书名称、字号等开头内容，实际制作时，其他内容根据具体需要制作。

（3）根据文书的内容和作用不同，可以将公安机关刑事法律文书分为决定类文书、通知类文书、笔录类文书和清单类文书。决定类文书是公安机关对案件有关事项或者当事人的有关权利义务作出处理决定时使用的文书。决定类文书一般由存根和正本组成。通知类文书是公安机关在办理案件和其他执法活动过程中，需要就有关决定和一些事务性问题通知有关单位和当事人时使用的文书。另外，由于需要将文书送达不同的当事人，虽然其通知事项一样，但表达方式应当有所不同。因此，除只有一个通知对象并且必须附卷留存的通知书以外，通知书应当分为正本、副本。通知书应当根据具体情形准确填写，涉及同一事项或者要素的，内容应当保持一致。笔录类文书是公安机关在调查取证过程中，对有关行为和结果予以记录和固定的文书。笔录是证明调查取证行为及过程的合法性和记录证据内容真实性的一种证据材料。此类文书一般是叙述式文书，只制作一份，并应当存卷。清单类文书是记录办案中扣押、保全、收缴有关物品、文件及其流转过程情况的单据。它是物品转移情况的证明，但具有十分重要的法律意义，也应当存卷。

（4）根据侦查办案程序的不同，现行的《文书式样》将公安机关刑事法律文书分为八大类（共97种），即立案、管辖、回避文书，律师参与刑事诉讼文书，强制措施文书，侦查取证文书，技术侦查文书，执行文书，刑事通用文书和规范性文书。

立案、管辖、回避文书包括受案登记表、立案决定书、不予立案通知书、指定管辖决定书等共8种。

律师参与刑事诉讼文书包括提供法律援助通知书、准予会见犯罪嫌疑人决定书、通知书等共 4 种。

强制措施文书包括拘传证、取保候审保证书、责令具结悔过决定书、提请批准逮捕书、提请批准延长侦查羁押期限意见书、释放通知书等共 30 种。

侦查取证文书包括犯罪嫌疑人诉讼权利义务告知书、现场勘验笔录、查封决定书、扣押决定书、鉴定意见通知书、通缉令、起诉意见书等共 37 种。

技术侦查文书包括采取技术侦查措施决定书、执行技术侦查措施通知书等共 4 种。

执行文书包括减刑/假释建议书、收监执行通知书、刑满释放证明书等共 6 种。

刑事通用文书包括呈请报告书、要求复议意见书、提请复核意见书等共 5 种。

规范性文书包括刑事侦查卷案（封面）、卷内文书目录、卷内文书告知书共 3 种。

本章的内容将依据此种分类顺序，选择几种主要的法律文书加以介绍。

第二节　立案决定书

一、概念和功能

立案决定书，是指公安机关发现犯罪事实或者犯罪嫌疑人，按照管辖范围审查后，决定立案侦查时制作的法律文书。

立案决定书是公安机关根据我国《刑事诉讼法》第 109 条、第 112 条的规定，以及《程序规定》第 175 条规定制作的法律文书。《刑事诉讼法》第 109 条规定："公安机关或者人民检察院发现犯罪事实或者犯罪嫌疑人，应当按照管辖范围，立案侦查。"第 112 条规定："人民法院、人民检察院或者公安机关对于报案、控告、举报和自首的材料，应当按照管辖范围，迅速进行审查，认为有犯罪事实需要追究刑事责任的时候，应当立案；认为没有犯罪事实，或者犯罪事实显著轻微，不需要追究刑事责任的时候，不予立案，并且将不立案的原因通知控告人。控告人如果不服，可以申请复议。"《程序规定》第 175 条第 1 款规定，公安机关接受案件后，经审查，认为有犯罪事实需要追究刑事责任，且属于自己管辖的，经县级以上公安机关负责人批准，予以立案；认为没有犯罪事实，或者犯罪事实显著轻微不需要追究刑事责任，或者具有其他依法不追究刑事责任情形的，经县级以上公安机关负责人批准，不予立案。

立案决定书是公安机关对刑事案件确认成立，并正式开展侦查活动的合法依据。只有立案以后，公安机关才能依法对案件进行侦查，不失时机地发现和收集证据，同时对犯罪嫌疑人采取各种侦查手段和强制措施，以使侦查工作顺利进行。

二、结构、内容和写作方法

根据公安部《文书式样》的规定，立案决定书为两联填充式文书。第一联为存根，统一保存；第二联为正本，附卷。两联均由首部、正文和尾部三部分组成。

（一）首部

首部包括标题和案号。

1. 标题。应分行居中写明公安机关的名称和文书名称。如"××公安局""立案决定书"。第一联在文书名称下一行居中加括号注明存根二字（存根联已印制好，依所列项目填写即可。下同），以表明与正本相同。

2. 案号。立案决定书的案号为："×公（　　）立字[20××]×号"。案号由五部分组成，即制作法律文书的机关代字，如"京公"；"（　　）"括号内填写办案部门简称，如经济犯罪侦查部门制作的文书填写"经"，刑事犯罪侦查部门制作的文书填写"刑"；字前面填写文书名称简称，如拘留证为"拘"，提请批准逮捕书为"提捕"；"[　　]"内填写年度；年度后填写发文顺序号（下同）。

（二）正文

第二联（正本联）正文部分应写明两项内容：①法律依据。文书式样将法律依据设置为可选项。在填写时，如果是公安机关在工作中发现犯罪事实或者犯罪嫌疑人的，法律依据选择《刑事诉讼法》第109条。如果是公民报案、控告、举报、扭送或者是犯罪嫌疑人自首的，选择《刑事诉讼法》第112条。②决定事项。即在法律依据后面填写犯罪嫌疑人的姓名以及涉嫌的罪名，如"决定对李××涉嫌盗窃立案侦查"。

第一联（存根联）的正文部分应依次填写以下内容：案件名称、案件编号、犯罪嫌疑人姓名和性别、出生年月日、住址、单位及职务、批准人、批准时间、办案人、办案单位、填发时间、填发人。

（三）尾部

正本联的尾部，应写明制作文书的公安机关名称，写明文书制作的年、月、日，并加盖公安机关印章。

三、注意事项

1. 制作立案决定书应当符合三个条件：①有犯罪事实，需要追究刑事责任。犯罪嫌疑人有无犯罪事实，应根据证据加以认定。是否需要追究刑事责任，应根据《刑事诉讼法》第16条和《刑法》的有关规定，结合有关证据认定。只要有犯罪事实，需要追究行为人刑事责任的，即应立案侦查，而不管是否已经明确犯罪嫌疑人是谁。②符合管辖规定，即案件属于本公安机关管辖。③县级以上公安机关负责人已经批准立案侦查。公安机关受理案件后，经过审查，认为有犯罪事实需要追究刑事责任，且属于自己管辖的，由接受单位制作呈请立案报告书，经县级以上公安机关负责人批准，予以立案。县级以上公安机关负责人直接在受案登记表上批示立案侦查的，也应制作立案决定书。

2. 案件名称的填写。立案时能够确认犯罪嫌疑人的，填写犯罪嫌疑人的姓名和涉嫌的罪名，如"武××故意杀人案"；对于犯罪嫌疑人不明而被害人和被害情况清楚的案件，可写为"被害人＋被害情况"，如"李××被抢劫案"；对于尚未确定犯罪嫌疑人的和被害人不明，或者犯罪嫌疑人、被害人人数众多不便概括以及需要保密等情况的，可采取以案件发生时间、立案时间或者地名来命名，如"2. 13案""××（地名）抢劫案"。

3. 立案决定书存根联中的批准人，应填写批准制作该法律文书的有关负责人的姓名。批准时间应填写制作该法律文书的有关负责人的签字时间。办案人应填写办理案件民警的姓名，或者有关事项承办人的姓名。办案单位应填写办案单位或者部门的名称。填写时间应填写实际制作法律文书的时间。填写人应填写制作该法律文书的人的姓名（下同）。

第三节　取保候审决定书、执行通知书

一、概念和功能

取保候审决定书，是指公安机关在侦查过程中依照我国刑事诉讼法的有关规定，决定对犯罪嫌疑人采取取保候审措施时制作的法律文书。

我国《刑事诉讼法》第66条规定，公安机关根据案件情况，对犯罪嫌疑人可以取保候审。该法第67条规定，公安机关对有下列情形之一的犯罪嫌疑人，可以取保候审：①可能判处管制、拘役或者独立适用附加刑的；②可能判处有期徒刑以上刑罚，采取取保候审不致发生社会危险性的；③患有严重疾病、生活不能处理，怀孕或者正在哺乳自己婴儿的妇女，采取取保候审不致发生社会危险性的；④羁押期限届满，案件尚未办结，需要采取取保候审的。取保候审由公安机关执行。根据《刑事诉讼法》第91条第3款规定，对被拘留的犯罪嫌疑人，人民检察院不批准逮捕的，公安机关应当在接到通知后立即释放，并且将执行情况及时通知人民检察院。对于需要继续侦查，并且符合取保候审条件的，依法取保候审。同法第98条规定，犯罪嫌疑人被羁押的案件，不能在侦查羁押期限内办结的，对犯罪嫌疑人应当予以释放；需要继续查证的，对犯罪嫌疑人可以取保候审或监视居住。《程序规定》第77条对适用取保候审的条件作了进一步的说明。这些法律规定都是制作取保候审决定书、执行通知书的法律依据。

取保候审是刑事诉讼法规定的刑事强制措施之一。取保候审决定书是具有法律效力的文书，它既是公安机关对犯罪嫌疑人采取取保候审措施的依据，也是犯罪嫌疑人通过保证人担保或者交纳保证金而取得取保候审的凭证。对犯罪嫌疑人依法采取取保候审措施，有利于公安机关调查取证以及有效约束犯罪嫌疑人，对公安机关侦查活动的顺利进行具有重要的作用。

二、结构、内容和写作方法

根据《文书式样》的规定，取保候审决定书为四联填充式文书。由取保候审决定书正本和副本、取保候审执行通知书及存根四联组成。存根由公安机关留存备查，取保候审决定书的正本交被取保候审人，副本附卷、执行通知书交执行单位。四联均由首部、正文和尾部三部分组成。

（一）首部

首部包括标题、案号和执行机关名称。

1. 标题。应分行居中写明公安机关名称和文书名称。取保候审决定书的正本和副本的标题写为："××公安局""取保候审决定书"；执行通知联写为"××公安局""取保候审执行通知书"；存根联写为"××公安局""取保候审决定（执行）通知书"。

2. 案号。取保候审决定书、执行通知书的案号为"×公（　　）取保字〔20××〕×号"。

3. 执行机关名称。执行通知书首部的抬头应顶格填写被取保候审人居住地派出所的名称。公安机关决定取保候审的，应当及时通知被取保候审人居住地的派出所执行。必要时，办案部门可以协助执行。因此，抬头应填写被取保候审人居住地派出所。居住地包括户籍所在地、经常居住地，如果两地分属不同的公安派出所管辖，则应从有利于侦查和监督管理出发，选择便于执行取保候审的公安派出所。

（二）正文

1. 取保候审决定书的正本和副本。取保候审决定书的正本是公安机关通知犯罪嫌疑人对其采取取保候审，并责令其接受保证人监督或者交纳保证金的依据和凭证。副本作为公安机关采取强制措施的凭证，用于附卷。正、副本的内容与填写要求一致。正文部分均应依次填写清六项内容：犯罪嫌疑人的基本情况、案件名称、取保候审的原因、法律依据、取保候审的起算时间和保证方式。

（1）犯罪嫌疑人的基本情况包括：姓名、性别、出生日期、住址、单位及职业、联系方式。

（2）案件名称。案件名称可以用"犯罪嫌疑人姓名＋涉嫌罪名"的方式填写。例如，"王××涉嫌故意杀人"。也可以填写案件代号，例如，"12.5 故意杀人"。

（3）取保候审的原因。可根据案件情况，按照《刑事诉讼法》第67条规定的有关事项分别填写，其中，因患有严重疾病被取保候审的，应写明患有何种疾病。

（4）法律根据。《刑事诉讼法》关于取保候审的适用除了第67条第1款外，还有第91条第3款、第98条等条款，应根据案件具体情况准确适用法律条文。

（5）取保候审的起算时间。应当填写取保候审决定日期。同时，《最高人民法院关于适用〈中华人民共和国刑事诉讼法〉的解释》第165条规定，以月计算的期限，自本月某日至下月同日为1个月。期限起算日为本月最后一日的，至下月最后一日为1个月。下月同日不存在的，自本月某日至下月最后一日为1个月。半个月一律按15日计算。

（6）保证方式。犯罪嫌疑人应当接受保证人×××（姓名）的监督（或交纳保证金（大写）____元）。不能同时采取保证人保证和保证金保证，制作时可根据情况划掉不选择的内容。采取保证金形式取保候审的，保证金的起点数额为1000元。取保候审的决定机关应当综合考虑保证诉讼活动正常进行的需要，被取保候审人的社会危险性，案件的性质、情节，可能判处刑罚的轻重，以及被取保候审人的经济状况等情况，确定保证金数额。保证金应当以人民币交纳。

2. 取保候审执行通知书。取保候审执行通知书是取保候审决定机关通知执行机关对被取保候审人进行监督管理的依据和凭证。此联的正文应按格式要求依次填写取保候审原因、案件名称、被取保候审人的姓名、性别、出生日期、住址、单位及职业、联系方式、取保候审起算日期和保证方式。

3. 取保候审决定书、执行通知书存根。存根作为公安机关采取取保候审措施的凭证，用于公安机关留存备查。填写存根联应按照顺序认真详细填写以下所列内容：案件名称、案件编号、被取保候审人、出生日期、取保原因、起算时间、保证人、出生日期、保证金、办案单位、执行机关、批准人、批准时间、填发时间、填写人。

（三）尾部

取保候审决定书的正副本以及取保候审执行通知书的尾部，均应写明制作文书的公安机关名称、文书制作的年月日，并加盖制作文书的公安机关印章。副本联在送达后还应由被取保候审人在左下方写明"本决定书已收到"，写明收到的具体时间，并签名捺指印。

三、注意事项

1. 需要对犯罪嫌疑人取保候审的，应当制作呈请取保候审报告书，说明取保候审的理由、采取的保证方式和被取保候审人应当遵守的规定，经县级以上公安机关负责人批准，制作取保候审决定书、执行通知书。取保候审决定书应当向犯罪嫌疑人宣读。

2. 对累犯、犯罪集团的主犯，以自伤、自残办法逃避侦查的犯罪嫌疑人，严重暴力犯罪以及其他严重犯罪的犯罪嫌疑人不得取保候审，但犯罪嫌疑人具有《程序规定》第77条第1款第3、4项规定情形的除外。

3. 取保候审最长不得超过12个月。公安机关在取保候审期间不得中断对案件的侦查，对取保候审的犯罪嫌疑人，根据案情变化，应当及时变更强制措施或者解除取保候审。

第四节 监视居住决定书、执行通知书

一、概念和功能

监视居住决定书，是指公安机关在侦查过程中依法决定对犯罪嫌疑人采取监视居住时，向犯罪嫌疑人宣布监视居住决定和向执行机关通知时制作的法律文书。

我国《刑事诉讼法》第66条规定，公安机关根据案件情况，对犯罪嫌疑人可以监视居住。该法第74条第1款规定，公安机关对符合逮捕条件，有下列情形之一的犯罪嫌疑人，可以监视居住：①患有严重疾病、生活不能自理的；②怀孕或者正在哺乳自己婴儿的妇女；③系生活不能自理的人的唯一抚养人；④因为案件的特殊情况或者办理案件的需要，采取监视居住措施更为适宜的；⑤羁押期限届满，案件尚未办结，需要采取监视居住措施的。第74条第2款规定，对符合取保候审条件，但犯罪嫌疑人不能提出保证人，也不交纳保证金的，也可以监视居住。第71条第3款规定，被取保候审的犯罪嫌疑人违反取保候审应当遵守的规定，可以监视居住。第91条第3款规定，对于人民检察院不批准逮捕，公安机关需要继续侦查，且符合监视居住条件的，依法监视居住。第75条第1款规定，监视居住应当在犯罪嫌疑人的住处执行；无固定住处的，可以在指定的居所执行。对于涉嫌危害国家安全犯罪、恐怖活动犯罪，在住处执行可能有碍侦查的，经上一级公安机关批准，也可以在指定的居所执行。但是，不得在羁押场所、专门的办案场所执行。《程序规定》第105条、第106条对监视居住适用的条件和情形等内容也作了较为完整的规定，这些规定都是制作监视居住决定书、执行通知书的法律依据。

监视居住是公安机关责令犯罪嫌疑人不得随意离开其住所或者指定的居所，

并对其加以监视和控制的一种强制方法。2012 年前的《刑事诉讼法》没有单独规定监视居住适用的条件和情形，而是将监视居住和取保候审规定了相同的适用条件，监视居住决定书的内容和写法也与取保候审决定书基本相同，但监视居住对人身自由的限制程度要大大高于取保候审。2012 年后的《刑事诉讼法》单独规定了监视居住适用的条件和情形，《文书式样》也根据《刑事诉讼法》的规定作了更加详尽的规定，这不仅有利于司法实践中监视居住的正确应用，而且对犯罪嫌疑人的权利保护也大有帮助。

二、结构、内容和写作方法

根据《文书式样》的规定，监视居住决定书、执行通知书属四联填充式文书。由监视居住决定书正本、副本和监视居住执行通知书以及存根四联组成。存根联用于公安机关留存备查，监视居住决定书正本交被监视居住人，副本附卷，监视居住执行通知书交执行机关。四联均由首部、正文和尾部三部分组成。

（一）首部

1. 标题。应分行居中写明公安机关名称和文书名称。监视居住决定书的正本和副本的标题写为："××公安局""监视居住决定书"；执行通知联写为"××公安局""监视居住执行通知书"；存根联写为"××公安局""监视居住决定（执行）通知书"。

2. 案号。监视居住决定书、执行通知书的案号为"×公（　　）监居字［20××］×号"。

3. 执行机关名称。执行通知书的首部，抬头应顶格写明负责执行监视居住的派出所或办案部门的名称。

（二）正文

1. 监视居住决定书的正本和副本。监视居住决定书的正本是告知犯罪嫌疑人对其监视居住的依据。副本作为公安机关采取监视居住的凭证，用于附卷。正、副本正文的内容和填写要求相同，均包括决定事项、监视居住期间应当遵守的规定。

决定事项应依次具体写明以下内容：犯罪嫌疑人的基本情况、案件名称、监视居住的原因和法律依据、监视居住的地点、监视居住的类型、执行机关和监视居住期限起算的时间。

（1）犯罪嫌疑人的基本情况。应依次写明犯罪嫌疑人的姓名、性别、出生日期、住址。

（2）案件名称。写明犯罪嫌疑人涉嫌的罪名，可参考取保候审决定书、执行通知书的相关内容。

（3）监视居住的原因和法律依据。根据《刑事诉讼法》第 74 条、第 71 条第3款、第91条第3款等规定，区分情形填写。若是指定居所监视居住，还应当同时引用《刑事诉讼法》第75条的规定。

（4）监视居住的地点。根据《刑事诉讼法》第75条的规定，监视居住应当在犯罪嫌疑人的住处执行；无固定住处的，可以在指定的居所执行。对于涉嫌危害国家安全犯罪、恐怖活动犯罪，在住处执行可能有碍侦查的，经上一级公安机关批准，也可以在指定的居所执行。《程序规定》第108条规定，固定住处，是指被监视居住人在办案机关所在的市、县内生活的合法住处。指定的居所，是指公安机关根据案件情况，在办案机关所在的市、县内为被监视居住人指定的生活居所。

（5）监视居住的类型。文书正文有"监视居住/指定居所监视居住"两种监视居住类型供选择，若属于指定居所监视居住的，则填写时将"监视居住"划掉即可。

（6）执行机关。《程序规定》第113条规定，公安机关决定监视居住的，由被监视居住人住处或者指定居所所在地的派出所执行，办案部门可以协助执行。必要时，也可以由办案部门负责执行，派出所或者其他部门协助执行。因此，执行机关应填写实际执行的派出所名称或办案部门的名称。

（7）监视居住期限起算的时间。应当填写监视居住决定日期。根据《最高人民法院关于适用〈中华人民共和国刑事诉讼法〉的解释》第165条的规定，以月计算的期限，自本月某日至下月同日为1个月。期限起算日为本月最后一日的，至下月最后一日为1个月。下月同日不存在的，自本月某日至下月最后一日为1个月。半个月一律按15日计算。

被监视居住人在监视居住期间应当遵守的规定，这一内容已印制在文书上。具体表述为："在监视居住期间，被监视居住人应当遵守下列规定：未经执行机关批准不得离开执行监视居住的处所；未经执行机关批准不得会见他人或者通信；在传讯的时候及时到案；不得以任何形式干扰证人作证；不得毁灭、伪造证据或者串供；将护照等出入境证件、身份证件、驾驶证件交执行机关保存。如果被监视居住人违反以上规定，情节严重的，可以予以逮捕；需要予以逮捕的，可以先行拘留。"

2. 监视居住执行通知书。监视居住执行通知书是有关执行机关（有关派出所或办案部门）对被采取监视居住的犯罪嫌疑人进行监督管理的依据。此联的正文应按格式要求依次填写监视居住的原因、监视居住场所、涉嫌的罪名、犯罪嫌疑人的基本情况、监视居住的类型、监视居住起算日期、监视居住期间应当遵守的规定。内容的填写要求与监视居住决定书正本相同。此联中是否属于律师会见需经许可的案件栏目，由侦查人员根据实际情况选择"是"或者

"否"。

3. 监视居住决定书、执行通知书存根。存根联用于公安机关留存备查。存根联应按顺序填写清楚以下内容：案件名称、案件编号、被监视居住人姓名和性别、出生日期、住址、监视居住原因、监视居住地点、指定居所、起算时间、执行机关、批准人、批准时间、办案人、办案单位、填发时间、填发人。

（三）尾部

监视居住决定书的正本与副本以及监视居住执行通知书的尾部应写明制作文书的公安机关名称、文书制作的年月日，并加盖公安机关印章，副本联在送达后由被监视居住人在左下方写明"本决定书已收到"，并签名捺指印，写明收到的具体时间。

三、注意事项

1. 对犯罪嫌疑人监视居住，应当制作呈请监视居住报告书，经县级以上公安机关负责人批准，对于涉嫌危害国家安全犯罪、恐怖活动犯罪、特别重大贿赂犯罪，在处所执行监视居住可能有碍侦查的，需经上一级公安机关批准。批准后，签发监视居住决定书。公安机关对犯罪嫌疑人决定监视居住的，应当向犯罪嫌疑人宣读监视居住决定书，由犯罪嫌疑人在副本的签收栏签名、捺指印，并将监视居住执行通知书送达执行机关。

2. 被监视居住的犯罪嫌疑人应将护照等出入境证件、身份证件、驾驶证件交执行机关保存，执行机关在收到犯罪嫌疑人的上述证件后，应开具保存证件清单一式三份，一份附卷、一份交证件持有人、一份交公安机关保管人员。

3. 对人民检察院决定不批准逮捕的犯罪嫌疑人，需要继续侦查，并且符合监视居住条件的，可以监视居住，并由侦查部门制作监视居住决定书、执行通知书。

第五节 提请批准逮捕书

一、概念和功能

提请批准逮捕书，是指公安机关对有证据证明有犯罪事实，有逮捕必要的犯罪嫌疑人，提请同级人民检察院审查批准逮捕时制作的法律文书。

我国《刑事诉讼法》第80条规定，逮捕犯罪嫌疑人、被告人，必须经过人民检察院批准或者人民法院决定，由公安机关执行。第87条规定，公安机关要求逮捕犯罪嫌疑人的时候，应当写出提请批准逮捕书，连同案卷材料、证据，一并移送同级人民检察院审查批准。必要的时候，人民检察院可以派人参加公安机关对于重大案件的讨论。《程序规定》第133条规定，需要提请批准逮捕犯罪嫌疑人的，应当经县级以上公安机关负责人批准，制作提请批准逮捕书，连同案卷材料、证据，一并移送同级人民检察院审查批准。以上这些规定都是公安机关制作提请批准逮捕书的法律依据。

提请批准逮捕书是公安机关行使诉讼权利并严格依法办案的一种表现形式，是公安机关提请逮捕犯罪嫌疑人的法律凭据，同时也是人民检察院审查批准逮捕的基础和依据，体现了公安机关与人民检察院在刑事诉讼中分工负责、互相制约的原则。由于逮捕是最严厉的一种强制措施，因此，公安机关在办理刑事案件过程中，需要逮捕犯罪嫌疑人的，应当严格依法履行审批手续，认真制作提请批准逮捕书。

二、结构、内容和写作方法

根据《文书式样》的规定，提请逮捕书为叙述式文书，由首部、正文和尾部三部分组成。

（一）首部

首部应写明标题和案号，犯罪嫌疑人的身份情况、违法犯罪经历以及因本案被采取的强制措施的情况，辩护人的情况，案由、案件来源和案件侦查过程。

1. 标题和案号。标题应居中分行写明制作文书的机关名称和文书名称。如"××公安局""提请批准逮捕书"。提请批准逮捕书的案号为"×公（　　　）提捕字［20××］×号"。

2. 犯罪嫌疑人的身份情况，违法犯罪经历以及因本案被采取的强制措施的情况。

（1）犯罪嫌疑人的身份情况。应写明：犯罪嫌疑人的姓名（包括曾用名、别名、绰号等与案件有关的名字，对未查清犯罪嫌疑人姓名的，按其自报的姓名填写）、性别、出生日期、出生地、身份证号码、职业或工作单位及职务（写明犯罪嫌疑人的工作单位名称及从事的职业种类）、居住地（包括户籍所在地、经常居住地、暂住地）、政治面貌（如果是人大代表、政协委员的应一并写明具体级、届代表、委员）。

（2）违法犯罪经历以及因本案被采取强制措施的情况。犯罪嫌疑人如接受过刑事处罚、治安处罚的，应写清时间、种类及执行场所，同时应写明因本案被采取强制措施的情况。例如，"××××年××月××日因涉嫌××罪被××公安局刑事拘留，××××年××月××日被××人民检察院批准逮捕。"

如系共同犯罪案件，有多个犯罪嫌疑人需要追究刑事责任的，应按照首要分子、主犯、从犯、胁从犯的顺序排列犯罪嫌疑人，并逐一写明其身份等基本情况。

如果犯罪嫌疑人系单位犯罪案件，应写明单位名称、所在地址、法定代表人或代表人的姓名、性别和职务。

3. 辩护人的情况。犯罪嫌疑人有辩护律师的，应在犯罪嫌疑人身份情况下写明辩护律师的姓名、所在律师事务所或法律援助机构的名称、律师执业证号码。

4. 案由、案件来源和案件侦查过程。案由，即案件性质。例如，"张××盗窃一案"。案件来源，即写明公安机关获取案件线索或者受理案件的来源，具体写明单位或者公民举报、控告、上级交办、有关部门移送、本局其他部门移交以及工作中发现等。案件侦查过程，简要写明侦查过程中的各个法律程序开始的时间，如接受案件、立案的时间，具体写明犯罪嫌疑人归案的情况等。例如，"犯罪嫌疑人武××涉嫌抢劫一案，由被害人李××于20××年3月10日报案至我局。我局经过审查，于3月10日立案进行侦查。犯罪嫌疑人武××已于20××年3月14日被抓获归案。"

（二）正文

提请批准逮捕书的正文包括：案件事实、证据和法律依据三项内容。

1. 案件事实。叙述案件事实时，应以"经依法侦查查明"领起下文，然后围绕刑事诉讼法规定的逮捕条件，结合刑法规定的犯罪构成的要件，详细叙述经侦查认定的犯罪嫌疑人涉嫌犯罪的事实。重点写明已有证据证明发生了犯罪事实，犯罪事实是犯罪嫌疑人实施的，证明犯罪嫌疑人实施犯罪行为的证据已经查证属实；犯罪嫌疑人的行为具有《刑事诉讼法》第81条第1款规定的社会危害性的情形之一，有逮捕必要；或者有证据证明有犯罪事实，可能判处10年以上刑罚或者判处徒刑以上刑罚，曾经是故意犯罪的等。要抓住主要的案件事实进行叙述，即要反映出犯罪嫌疑人出于什么动机和目的，实施了什么犯罪行为，以及作案的具体时间、地点、手段、情节和危害后果。对于只有一个犯罪嫌疑人的案件，如犯罪嫌疑人实施了多次犯罪事实，触犯一个罪名的，应按时间顺序逐一叙述；对于触犯多个罪名的犯罪嫌疑人，应按主次顺序分别叙述其犯罪事实；对于共同犯罪的案件，首先应叙述犯罪嫌疑人共同犯罪的事实以及各个犯罪嫌疑人在共同犯罪中所处的地位和作用，然后依照犯罪嫌疑人的主次顺序，再分别叙述各个犯罪嫌疑人单独犯罪的事实。

2. 证据。在犯罪事实的叙述后，另起一段，以"认定上述事实的证据如下"引出列举的证据。提请批准逮捕书中所列的证据并不是案件的所有证据，而是已经查证属实的主要证据，所列的证据要能证明与犯罪事实的关系。

3. 法律依据。首先根据犯罪构成简要阐明犯罪嫌疑人的行为特征及其所触犯的刑法条文和所涉嫌的罪名，然后阐明提请批准逮捕犯罪嫌疑人的法律依据。例如，"综上所述，犯罪嫌疑人赵××、王××以非法占有为目的，采用以暴力相威胁的手段，劫取他人财物，其行为已触犯了《中华人民共和国刑法》第二百六十三条之规定，涉嫌抢劫罪，符合逮捕条件。依照《中华人民共和国刑事诉讼法》第八十一条、第八十七条之规定，特提请批准逮捕。"

（三）尾部

尾部包括致送的人民检察院名称、署名、日期、加盖印章、附项。

1. 致送的人民检察院名称。在正文后，应分行先写致送用语"此致"，下一行顶格写明致送的同级人民检察院名称。

2. 署名。在提请批准逮捕书的右下方应署文书制作的公安机关名称。

3. 日期。写明文书制作的具体年月日。

4. 加盖公安机关印章。

5. 附项。应写明案卷的份数和页数。

三、注意事项

1. 需要提请批准逮捕犯罪嫌疑人的，应当经县级以上公安机关负责人批准，制作提请批准逮捕书一式三份，连同案卷材料、证据，一并移送同级人民检察院审查。

2. 提请批准逮捕书叙述犯罪事实时应注意以下四点：①因为逮捕不是侦查终结，不可能查清所有犯罪事实，逮捕的条件也只是有犯罪事实发生，而不是全部犯罪事实，所以所述犯罪事实是从逮捕角度而不是从结案角度出发的，只要犯罪嫌疑人具备刑法条文中规定的犯罪构成要件的主要情节即可。②有证据证明的犯罪事实可以是犯罪嫌疑人实施的数个犯罪行为中的一个，不仅可以是犯罪嫌疑人实施的所有的或者主要的犯罪事实，而且可以是犯罪嫌疑人实施的次要的犯罪事实，但是，必须是依照法律规定可能判处徒刑以上刑罚的犯罪事实。③所写的犯罪事实必须是有证据证明的，获得的证据应当是直接证据、主要证据，而且已经查证属实，对于尚未查清无证据证明的事实不应写。④有的犯罪嫌疑人可能有多起犯罪事实，但只要有一起犯罪事实符合逮捕的条件，就可以提请批准逮捕。

3. 对于人民检察院不批准逮捕并通知补充侦查的，公安机关应当按照人民检察院补充侦查提纲的要求补充侦查。公安机关补充侦查完毕，认为符合逮捕条件的，应当重新提请批准逮捕，制作提请批准逮捕书。

4. 对于人民检察院决定不批准逮捕的，公安机关在收到不批准逮捕决定书后，如果犯罪嫌疑人已被拘留，应当立即释放，发给释放证明书，并将执行回执送达作出不批准逮捕决定的人民检察院。对已被拘留不批准逮捕的犯罪嫌疑人，公安机关认为需要补充侦查、要求复议或者提请复核的，可以变更为取保候审或者监视居住。

5. 提请批准逮捕书一般是一案一份，对共同犯罪案件需要提请批准逮捕数名犯罪嫌疑人的，只需制作一份文书，但案件如果不是对所有犯罪嫌疑人都提请批准逮捕的，在叙述犯罪事实时，应叙述清楚全部的犯罪事实，并对未提请批准逮捕的犯罪嫌疑人采取了何种强制措施的情况在文书中予以说明。

第六节 通缉令

一、概念和功能

通缉令，是指公安机关在办理刑事案件过程中，针对在逃的应当逮捕的犯罪嫌疑人发布追捕归案命令而制作的法律文书。

《刑事诉讼法》第155条、《程序规定》第265条和第266条是公安机关制作和发布通缉令的法律依据。《刑事诉讼法》第155条规定，应当逮捕的犯罪嫌疑人如果在逃，公安机关可以发布通缉令，采取有效措施，追捕归案。各级公安机关在自己管辖的地区以内，可以直接发布通缉令；超出自己管辖的地区，应当报请有权决定的上级机关发布。《程序规定》第265条规定，应当逮捕的犯罪嫌疑人如果在逃，公安机关可以发布通缉令，采取有效措施，追捕归案。县级以上公安机关在自己管辖地区内，可以直接发布通缉令；超出自己管辖的地区，应当报请有权决定的上级公安机关发布。通缉令的发送范围，由签发通缉令的公安机关负责人决定。第266条规定，通缉令中应当尽可能写明被通缉人的姓名、别名、曾用名、绰号、性别、年龄、民族、籍贯、出生地、户籍所在地、居住地、职业、身份证号码、衣着和体貌特征、口音、行为习惯，并附被通缉人近期照片，可以附指纹及其他物证的照片。除了必须保密的事项以外，应当写明发案的时间、地点和简要案情。

通缉令具有法律强制性，是公安机关协同作战并动员和组织群众共同查获在逃的犯罪嫌疑人的有效方式。对于被通缉的对象，各地公安机关都可以将其抓捕，任何公民都有权利和责任将其扭送公安机关处理。因此，发布通缉令对于及时抓获犯罪嫌疑人和案件顺利侦破具有十分重要的作用。

二、结构、内容和写作方法

通缉令属于多联填充式文书。根据《文书式样》规定，通缉令由对内发布联、对外发布联和存根三联组成。

通缉令的存根是公安机关发布对犯罪嫌疑人通缉令的凭证。由公安机关留存备查，应按式样所规定的内容的顺序写明以下项目：案件名称、案件编号、被通缉人姓名、性别、出生日期、身份证号码、住址、单位及职业、通缉时间、批准人、批准时间、办案人、办案单位、填发时间和填发人。

对内发布联是公安机关依法对在逃的犯罪嫌疑人进行追捕的依据。对外发布联是公安机关通过广播、电视、报刊、计算机网络等方式对外发布通缉令的凭证。两联均包括首部、正文和尾部。

（一）首部

首部包括标题和案号。

1. 标题。标题中不写制作通缉令的公安机关名称。对内发布和对外发布联的标题应居中写明文书名称，即"通缉令"。存根联则应分行居中写明制作的公安机关名称和文书名称，即写明"××公安局""通缉令"。

2. 案号。通缉令的案号为"×公（　　）缉字〔20××〕×号"。

（二）正文

对内发布联和对外发布联的正文，应写明犯罪嫌疑人的基本情况、发布范围、简要案情、工作要求和注意事项、附件。

1. 犯罪嫌疑人的基本情况。应当写明犯罪嫌疑人的姓名、性别、年龄、民族、职业、工作单位、户籍所在地、住址，在逃人员网上编号（对外发布联不写此项）、身份证号码、体貌特征、行为特征、口音、携带物品、特长等。

体貌特征要写明通缉对象的面部特征、身高、肤色、体态、发型及颜色、生理病理特征、衣着等。行为特征要写明被通缉对象活动的一般规律、行为动作的特殊表现形态。口音要写明被通缉对象是否操有地方口音或操有何种地方口音。携带物品要写明被通缉对象逃跑时，是否携带枪支、弹药、爆炸物、赃款赃物以及有关物品的数量、特征等。特长应写明被通缉对象掌握何种技能，如驾驶、射击、摔跤、爆破等。例如，"犯罪嫌疑人刘××，男，1981 年 2 月 10 日出生，××县人，在逃人员网上编号×××，身份证号×××，身高 177 厘米，留平头，国字脸，单眼皮，体格健壮，皮肤较黑，操东北口音，逃走时上身穿白色衬衣，下身穿浅蓝色牛仔裤，白色旅游鞋，携带一把自制手枪，该犯罪嫌疑人曾经练过五年摔跤，会驾驶汽车。"

2. 发布范围。根据《刑事诉讼法》第 155 条第 2 款的规定，公安机关在自己管辖的地区以内，可以直接发布通缉令；超出自己管辖的地区，应当报请有权决定的上级公安机关发布。因此，发布范围与公安机关的管辖范围密切相关。

3. 简要案情。写明被通缉的犯罪嫌疑人的作案时间、地点、手段、案件性质、情节及后果等。对涉密的内容应当选择性地予以说明。

4. 工作要求和注意事项。写明对被通缉对象的追捕措施以及抓获后的处置措施，并写明办案单位联系人、联系电话及通讯地址等。对内发布联一般写为："望各单位接此通缉令后，立即布置警力，严格控制，注意查缉，如果发现犯罪嫌疑人×××，立即拘捕并速告××公安局刑警大队。联系人、联系电话、××、×××。"对外发布联可根据案情写明犯罪嫌疑人持有武器，具有危险性，请注意自我保护等内容。例如，"刘××体格健壮，随身携带有一把自制手枪，危险性很大，发现其时请立即与公安机关联系，并注意保护自身安全，不要惊动犯罪嫌疑人。"

5. 附件。对内发布联，有条件的，在附件中附犯罪嫌疑人照片、指纹、DNA 编号及社会关系。但公开发布的通缉令不得将犯罪嫌疑人的社会关系公开。对外发布联中的附件只需附犯罪嫌疑人的照片。

（三）尾部

尾部包括署名、日期、加盖印章、抄送部门。

1. 署名。写明制发通缉令的公安机关名称。

2. 日期。写明文书制作的具体的年月日。

3. 加盖公安机关印章。

4. 抄送部门。对内发布联应写明抄送的部门名称。例如，抄送部门：××公安局。

三、注意事项

1. 通缉令适用的对象是在逃的犯罪嫌疑人，且犯罪嫌疑人符合逮捕条件，应当逮捕，否则即使在逃，也不能够发布通缉令。所谓应当逮捕，既包括检察机关已经批准逮捕的，也包括公安机关经过调查取证，认为犯罪嫌疑人符合逮捕条件，应当予以逮捕，但尚未提请检察机关批准的。对于应当逮捕但尚未提请批准逮捕的犯罪嫌疑人，应当办理刑拘手续，以免贻误战机。

2. 通缉令制作好后，要立即发布。根据案情需要，通缉令的发布方式有三种：①对内发布，即将通缉令发布给有关单位，包括相关的公安机关、有关保卫部门和居委会等。②对外发布，即通过新闻媒体发布，如广播、电视、报刊、互联网等。③将通缉令张贴在有关场所，向社会公开通缉。

3. 公安部发布的通缉令分为 A 级和 B 级两种，具体写作要求相同，只是奖励金额和来源不同。A 级悬赏金由公安部奖励 5 万元且不封顶，B 级悬赏金由省、区、市公安厅、局奖励 1 万元。在奖励方式上，对抓获 A 级公安部通缉令被通缉人或者提供线索的有关单位和个人，由公安部给予奖励；对抓获 B 级公安部通缉令被通缉人或者提供线索的有关单位和个人，则由申请发布通缉令的各级公安机关给予奖励。

第七节　起诉意见书

一、概念和功能

起诉意见书，是指公安机关对案件侦查终结后，认为犯罪事实清楚，证据确实、充分，应当追究犯罪嫌疑人的刑事责任，向同级人民检察院移送审查起诉时制作的法律文书。

《刑事诉讼法》第 162 条第 1 款规定，公安机关侦查终结的案件，应当做到犯罪事实清楚，证据确实、充分，并且写出起诉意见书，连同案卷材料、证据一并移送同级人民检察院审查决定；同时将案件移送情况告知犯罪嫌疑人及其辩护律师。《程序规定》第 279 条规定，对侦查终结的案件，应当制作起诉意见书，经县级以上公安机关负责人批准后，连同全部案卷材料、证据，以及辩护律师提出的意见，一并移送同级人民检察院审查决定；同时将案件移送情况告知犯罪嫌疑人及其辩护律师。第 280 条规定，共同犯罪案件的起诉意见书，应当写明每个犯罪嫌疑人在共同犯罪中的地位、作用、具体罪责和认罪态度，并分别提出处理意见。

公安机关制作的起诉意见书，是对案件侦查终结活动的总结和结论，标志着侦查工作的结束，因此，它集中反映了公安机关办理刑事案件的质量，同时也是提请人民检察院依法对案件进行审查，并决定是否起诉的法定文件，是人民检察院审查起诉和人民法院审理案件的基础材料，充分体现了公检法三机关在刑事诉讼中分工负责、互相配合、互相制约的原则。由于公安机关在刑事诉讼活动中负责第一道工序，因此所制作的起诉意见书在刑事诉讼活动中起着非常重要的作用，必须认真制作。

二、结构、内容和写作方法

根据《文书式样》的规定，起诉意见书为叙述式文书，由首部、正文和尾部三部分组成。

（一）首部

首部应写明标题、案号、犯罪嫌疑人的身份情况及犯罪经历、辩护人的情况、案由、案件来源和案件侦查过程。

1. 标题。应居中分行写明文书制作的公安机关名称和文书名称。例如，"××公安局""起诉意见书"。

2. 案号。起诉意见书的案号应写为"×公（　　）诉字〔20××〕×号"。

3. 犯罪嫌疑人的身份情况及犯罪经历。应按《文书式样》规定的内容依次写明犯罪嫌疑人的姓名、性别、出生日期、出生地、身份证件种类及号码、民族、文化程度、职业或工作单位及职务、居住地、政治面貌、违法犯罪经历以及因本案被采取强制措施的情况。

叙写犯罪嫌疑人的身份情况，应规范以下几个问题：

（1）姓名。应写犯罪嫌疑人合法身份证件上的姓名，如果没有合法身份证件的，应写在户籍登记中使用的姓名。如果犯罪嫌疑人是外国人，除应当填写其合法身份证件上的姓名外，还应当同时写明汉语译名。起诉意见书中应当在写明犯罪嫌疑人姓名的同时，写明犯罪嫌疑人使用过的其他名称，包括别名、曾用名、绰号等。如有必要，还可写明笔名、网名等名称。确实无法查明其真实姓名的，也可以暂时填写其自报的姓名，查清其真实姓名后，按照查清后的姓名填写，对之前填写的内容可不再更改，但应当在案件卷宗中予以书面说明（犯罪嫌疑人出生日期、住址不明的，可参照上述规定写明）。

（2）出生日期。犯罪嫌疑人的出生日期以公历（阳历）为准，除有特别说明的以外，一律具体到年月日。确定犯罪嫌疑人的出生日期应当以其合法身份证件上记载的出生日期为准，没有合法身份证件的，以户籍登记中的出生日期为准。

（3）住址。写明犯罪嫌疑人被采取强制措施前的经常居住地。犯罪嫌疑人的经常居住地以户籍登记中的住址为准。如果该犯罪嫌疑人离开户籍所在地在其他地方连续居住满1年以上的，则以该地为经常居住地，并应当在填写经常居住地的同时注明户籍登记中的住址。

（4）身份证件种类及号码。应写明居民身份证、军官证、护照等法定身份证件的种类及号码。

（5）文化程度。应写明国家承认的学历。文化程度分为研究生（博士、硕士）、大学、大专、高中、初中、小学、文盲等档次。

（6）单位及职业。写明犯罪嫌疑人的工作单位名称以及从事的职业种类。单位名称应当填写全称，必要时在前面加上地域名称。认定犯罪嫌疑人的工作单位，不能单纯凭人事档案是否在该单位，而应当视其是否实际在该单位工作。只要其实际在该单位工作的，即可认定为工作单位。职业应当填写从事工作的种类。没有工作单位的，可以根据实际情况填写经商、务工、农民、在校学生或者无业等。

（7）违法犯罪经历。犯罪嫌疑人如有违法犯罪经历的，应写明有关情况。如受过刑事处罚，应写明何时因何原因受过何单位给予的何种处罚，例如，"2014年7月5日，王××因犯盗窃罪被××县人民法院判处有期徒刑三年"。犯罪嫌疑人如有数次违法犯罪经历的，应按时间顺序逐一写明违法犯罪的时间、种类及执行场所、释放时间等。

（8）因本案被采取强制措施的情况。应写明因本案何时被采取何种强制措施，例如，"犯罪嫌疑人张××20××年×月×日因涉嫌抢劫罪被××市公安局刑事拘留，经××市人民检察院批准，于同年×月×日被依法逮捕"。如果案件变更强制措施的，应写明变更的有关情况。

（9）同案有多名犯罪嫌疑人的，应按犯罪嫌疑人在案件中的主次地位，按顺序逐一写明以上各项内容。

（10）犯罪嫌疑人如是单位犯罪的，应写明单位的名称、所在地址，法定代表人或代表人的姓名、性别和职务。

4. 辩护人的情况。如犯罪嫌疑人聘请了律师的，应写明律师的姓名，所在律师事务所或者法律援助机构的名称，律师执业证编号。

5. 案由、案件来源和案件侦查过程。案由应根据犯罪事实和触犯的刑法条款来加以认定。案件来源是公安机关获取案件线索或者受理案件的来源，应写明是单位或者公民举报、控告、上级交办、有关部门移送以及工作中发现等。案件侦查过程应简要写明案件侦查过程中各个法律程序开始的时间，如接受案件、立案时间以及犯罪嫌疑人归案的情况。最后写明"犯罪嫌疑人×××涉嫌××一案，现已侦查终结"。例如，"犯罪嫌疑人李×涉嫌盗窃一案，由被害人孙××于20××年×月×日报案至我局，我局于×月×日立案并展开侦查。×月×日晚，被害人孙××在本县游戏厅发现犯罪嫌疑人李×后电话报警，刑侦大队将犯罪嫌疑人李×抓获，当场缴获苹果手机一部（型号：iPhone 6s，黑色机身，价值人民币4000元），银行卡3张。犯罪嫌疑人李×涉嫌盗窃一案，现已侦查终结。"

（二）正文

正文是起诉意见书的核心内容，包括犯罪事实、证据、案件的有关情节，提出起诉意见的理由和法律依据。

1. 犯罪事实。开头应以"经依法侦查查明"引出对犯罪事实的叙述，然后围绕刑法规定的犯罪构成要件，详细叙述经公安机关侦查终结确认的犯罪嫌疑人的犯罪事实。

犯罪构成要件是认定犯罪的基本要求，也是起诉意见书赖以存在的基础。因此，要通过对事实的叙述，反映出犯罪嫌疑人构成犯罪的四个要件，即犯罪嫌疑人在实施犯罪时所侵害的客体，实施犯罪的具体行为，犯罪嫌疑人是否达到刑事责任年龄和具有刑事责任能力，主观上是故意还是过失。在具体叙写时，并不要求按照犯罪构成的四个要件全面展开，只需在叙述犯罪事实时，把构成犯罪的情节反映出来即可。具体讲就是要写清与定罪量刑有关的事实要素，即写明犯罪嫌疑人出于什么动机和目的，实施了什么犯罪行为，作案的时间、地点、手段、情节、危害后果以及证明这些犯罪事实的主要证据。

作案的时间和地点是任何刑事犯罪都必须具备的要素，对时间的叙写，要求准确写明犯罪嫌疑人具体作案的年月日，有些特殊案件还应确切到时分。对于流窜作案的犯罪事实，要把犯罪嫌疑人作案经过的地域名称写清楚。犯罪的动机是促使犯罪嫌疑人达到犯罪目的的内心起因、内在冲动或思想活动，是犯罪构成要件中的主观方面。有些案件中犯罪嫌疑人的犯罪动机隐藏得很深，公安机关侦查时只能通过蛛丝马迹才能发现，而很多案件没有作案动机，例如，过失致人死亡罪、交通肇事罪等。而犯罪目的则是犯罪嫌疑人在一定的动机推动下希望通过某种行为来达到某种结果的心理状态。动机和目的是定罪量刑时重点要考虑的要素，因此在叙述犯罪事实时不能把两者相混淆。作案的手段是犯罪嫌疑人实施犯罪行为时所采取的方式方法。情节是犯罪嫌疑人在实施犯罪行为过程中的情况变化，如犯罪未遂、中止等。危害后果是犯罪行为所造成的结果。起诉意见书的犯罪事实部分应结合案件的不同情况，采用不同的叙述方法，客观准确地写清楚这些构成犯罪事实的要素。

根据实际办案的经验，叙述犯罪事实主要有以下几种方法：

（1）时间顺序法。即按照犯罪嫌疑人作案时间的先后顺序来叙述。这种写法适用于一人一次犯罪、多人一次犯罪和一人多次涉嫌同一性质罪行的案件，条理清楚、一目了然。

（2）突出主罪法。即按照犯罪嫌疑人犯罪性质的轻重程度来叙述，先写重罪，再写轻罪。这种写法主要适用于一人或者多人多次犯罪，且涉嫌不同罪名的案件。如一人涉嫌杀人、抢劫、盗窃三种罪名，可先叙述杀人罪行，后叙述抢劫罪行，最后叙述盗窃罪行。采用这种写法，重点突出，主次清晰，数罪分明。

（3）综合归纳法。这种写法适用于一人或者多人多次涉嫌同一罪名，而且作案的方式、方法、经过、手段等情节又大致相同的案件。如多次盗窃、多次抢劫或者多次诈骗等案件，可选择其中最严重、最有代表性的一次或两次犯罪事实加以详尽叙述，而对其他几次犯罪事实则可采用综合归纳的方法进行叙述。采用这种写法，既可避免重复啰唆、文字冗长的弊病，又可以比较全面、具体地把全部犯罪事实叙述清楚。

（4）多种方法并用。共同犯罪和集团犯罪案件中，由于各个犯罪嫌疑人在犯罪过程中所处的地位不同，罪行交错，情节各异，罪责不一，触犯的法律条款也不尽相关。对这类案件，大都采用综合归纳兼用其他方法进行叙述。即先用综合归纳法把共同犯罪的主要事实（可以性质为序，也可以时间为序）叙述清楚，然后按照主犯、从犯、胁从犯的顺序，把每一个犯罪嫌疑人除了参与共同犯罪以外还单独犯有的其他罪行，在叙述其共同犯罪事实后，再写清单独犯罪的事实。

2. 证据。在叙述犯罪事实后，另起一段以"认定上述事实的证据如下"引出列举的证据。起诉意见书中不需把证明犯罪嫌疑人犯罪事实的全部证据一一列举出来，而是要根据不同性质案件的不同特点，有针对性地列出部分主要证据。所列的相关证据应能说明与案件事实的关系。在列举证据之后，另起一段写明："上述犯罪事实清楚，证据确定、充分，足以认定。"

3. 案件的有关情节。案件的有关情节应具体写明是否有累犯、立功、自首、和解等影响量刑的从重、从轻、减轻等犯罪情节。

4. 提出起诉意见的理由和法律依据。提出起诉意见的理由，要概括说明犯罪嫌疑人的行为触犯了我国《刑法》的条文和涉嫌的罪名，依法应当受到刑事处罚。移送起诉的法律依据是我国《刑事诉讼法》第162条的规定。对当事人和解的公诉案件，还应写明双方当事人已自愿达成和解协议以及履行情况，同时可以提出从宽处理的建议。这部分内容根据《文书式样》规定，可表述为："综上所述，犯罪嫌疑人×××……（根据犯罪构成简要说明罪状），其行为已触犯《中华人民共和国刑法》第××条之规定，涉嫌××罪。依照《中华人民共和国刑事诉讼法》第一百六十二条之规定，现将此案移送审查起诉（当事人和解的公诉案件，应当写明双方当事人已自愿达成和解协议以及履行情况，同时可以提出从宽处理的建议）。"

（三）尾部

尾部包括受文单位、文书制作单位、日期、用印和附注五项内容。

1. 受文单位。写明接受移送案件的同级人民检察院的名称。具体应分行写为"此致""××人民检察院"。

2. 文书制作单位。应写明制作起诉意见书的公安机关名称。

3. 日期。应写移送审查起诉的具体年月日。

4. 用印。加盖公安机关印章。

5. 附注。根据实际情况写明"本案卷宗×卷×页""随案移送物品×件"。

三、注意事项

1. 公安机关制作起诉意见书必须案件已经侦查终结，犯罪事实清楚，证据确实、充分，犯罪性质和罪名认定正确，法律手续完备，依法应当追究犯罪嫌疑人的刑事责任。

2. 侦查终结案件的处理，由县级以上公安机关负责人批准；重大、复杂、疑难的案件应当经过集体讨论决定。

3. 起诉意见书中要准确、全面叙述犯罪嫌疑人的犯罪事实。所谓准确，是指对犯罪嫌疑人的犯罪事实不夸大、不缩小、不主观臆断，要真实反映案件的本来面目。所谓全面，一是对犯罪的全部行为，涉嫌几条罪行就写几条罪行；二是客观反映犯罪嫌疑人在侦查过程中检举、揭发他人犯罪活动或具有悔罪表现的事实；三是写明犯罪的法定从重、从轻、减轻处罚或者免除处罚情节方面的事实。

4. 严格分清罪与非罪的界限。不构成犯罪的事实，如犯罪嫌疑人违反行政法规或其他规定，受到党纪或政纪处罚的事实，不能写入起诉意见书中。与认定犯罪无关的事实，也不能写入起诉意见书。

5. 要准确、全面、完整地引用法律条文。应根据犯罪性质和案件的不同情况和需要，准确引用法律条文。有些案件不仅要引用确定犯罪性质（罪名）的条款，而且要引用反映犯罪预备、未遂、中止、自首、累犯、教唆的法律条文等。引用法律条文应写法律的全称，不能写简称；引用时要具体写明法律条文的序号，条文中有款、项的，要具体引用到款、项，而不能只笼统引用某条。

第八节　补充侦查报告书

一、概念和功能

补充侦查报告书，是指公安机关根据人民检察院的补充侦查决定书的要求，对案件进行补充侦查后，将补充侦查结果告知人民检察院时制作的法律文书。

《刑事诉讼法》第 170 条第 1 款规定，人民检察院审查案件，对于需要补充侦查的，应当退回公安机关补充侦查，必要时可以自行侦查。《程序规定》第285 条规定，对于人民检察院退回补充侦查的案件，根据不同情况，报县级以上公安机关负责人批准，分别作如下处理：①原认定犯罪事实清楚，证据不够充分的，应当在补充证据后，制作补充侦查报告书，移送人民检察院审查；对无法补充的证据，应当作出说明；②在补充侦查过程中，发现新的同案犯或者新的罪行，需要追究刑事责任的，应当重新制作起诉意见书，移送人民检察院审查；③发现原认定的犯罪事实有重大变化，不应当追究刑事责任的，应当重新提出处理意见，并将处理结果通知退查的人民检察院；④原认定犯罪事实清楚，证据确实、充分，人民检察院退回补充侦查不当的，应当说明理由，移送人民检察院审查。

补充侦查有利于进一步查明案情，对证实犯罪，准确、有力依法打击犯罪分子，防止冤假错案，提高办案质量等方面都有积极的作用。因此，公安机关对于人民检察院的补充侦查决定应当认真执行，并制作好补充侦查报告书。

二、结构、内容和写作方法

根据《文书样式》规定，补充侦查报告书属叙述式文书。由首部、正文和尾部三部分组成。

（一）首部

首部包括标题、案号和受文单位名称。

1. 标题。标题应分行居中写明制作文书的机关名称、文书名称。例如，"××公安局""补充侦查报告书"。

2. 案号。补充侦查报告书的案号为"×公（　　）补侦字［20××］×号"。

3. 受文单位名称。抬头顶格写明审查案件的人民检察院名称。

（二）正文

正文包括补充侦查事由和补充侦查结果。

1. 补充侦查事由。应写明人民检察院退回补充侦查决定书的日期、案号及案件的名称。例如，"你院于 2017 年 8 月 10 日以×检×补侦［2017］第 17 号补充侦查决定书退回的李××诈骗案，已经补充侦查完毕，结果如下:"。

2. 补充侦查结果。这部分应详细写明补充侦查的情况和结果以及所取得的证据。叙述时要针对人民检察院退回补充侦查决定书所附的侦查提纲所列内容，逐条予以说明。对于经补充侦查查清的问题，应写明查清的事实和证据，侦查的方法和结果；对于补充侦查仍未查清或无法查清的，要做情况说明，写明没有查清的原因；对于案卷材料中已清楚的或已有证据证明的，不需要补充侦查的，要注明要求补充的内容及证据在卷宗材料的第几卷第几页上；对于法律手续不完备而退补的案件，要写明已按法定程序补办法律手续的情况。最后，在报告书的结尾要写明"现将该案卷宗×卷×页及补充的查证材料×卷×页附后，请查收"。

（三）尾部

尾部应写明制作文书的公安机关名称，写明日期，并加盖公安机关印章。

三、注意事项

1. 补充侦查的对象是经侦查终结，移送人民检察院审查起诉后，人民检察院退回公安机关的案件。对于提请批准逮捕后，人民检察院不批准逮捕，并要求补充侦查的，公安机关经过补充侦查，认为符合逮捕条件的，应当制作提请批准逮捕书，重新提请批准逮捕，不能制作补充侦查报告书。

2. 公安机关经过补充侦查，认为原认定犯罪事实清楚，证据不够充分的，在补充侦查后，制作补充侦查报告书。经过补充侦查，对以下几种情形，不必制作补充侦查报告书：①在补充侦查过程中，发现新的同案犯或者新的罪行，需要追究刑事责任的，应当重新制作起诉意见书，移送人民检察院审查。②发现原认定的犯罪事实有重大变化，不应当追究刑事责任的，应当重新提出处理意见，并将处理结果通知退补侦查的人民检察院。③原犯罪事实清楚，证据确实、充分，人民检察院退回补充侦查不当的，应当说明理由，移送人民检察院审查。

3. 补充侦查报告书一式两份，一份交退回补充侦查的人民检察院，一份由公安机关留存，附侦查工作卷。

第九节　呈请报告书

一、概念和功能

呈请报告书，是指公安机关办理刑事案件过程中，对于拟进行的有关诉讼行为呈报领导审批时制作的法律文书。

《程序规定》明确规定了"呈请拘传报告书""呈请取保候审报告书""呈请监视居住报告书""呈请拘留报告书""呈请延长拘留期限报告书""呈请不予立案报告书""刑事案件报告书"等事项的适用条件和使用方法。上述事项的审批，都可以使用本文书。上述事项以外其他与刑事办案有关需要审批的事项，并且是《文书式样》没有明确规定的，均可制作呈请报告书。

呈请报告书属于刑事通用文书中的一种，是公安机关内部使用的审批性文书。刑事通用文书在刑事诉讼侦查的各个阶段均可适用。由于公安机关进行的有关诉讼活动往往涉及公民的人身权利或者财产权利，因此，《刑事诉讼法》和《程序规定》对公安机关有关的诉讼活动都规定了比较明确的审批程序。认真制作呈请报告书，严格按照规定的程序进行审批，对于规范公安机关刑事执法活动，保证准确、及时地惩治犯罪，保护公民的合法权益不受侵害具有十分重要的意义。

二、结构、内容和写作方法

根据《文书式样》的规定，呈请报告书属叙述式文书，由审批栏、首部、正文和尾部组成。

（一）审批栏

包括办案单位意见栏、审核意见栏、领导指示栏。审核意见栏一般由审核人（部门）签署审核意见，部门审批事项不需要审核人（部门）签署的，此栏可以不填。通常的审核人、审核部门有法制员、法制部门、预审部门等。呈请报告书在 2002 年版文书格式的基础上，增加了"办案单位意见"栏，目的是增加审批层次，使签署意见更为灵活地贴近实际，方便法制（预审）部门在"审核意见"一栏中增加意见。

（二）首部

写明题目。题目应在"呈请"与"报告书"之间的空白处写明呈请的事项，如"拘留、拘传、搜查"等。

（三）正文

正文应写明犯罪嫌疑人的基本情况、呈请事项、事实依据、法律依据及结语四项内容。

1. 犯罪嫌疑人的基本情况。包括姓名、性别、出生日期、身份证号码、民族、文化程度、职业或工作单位及职务、政治面貌（如是人大代表或者政协委员，一并写明具体级、届代表、委员）、采取强制措施情况、简历等。由于办案中需要的事项很多，每次呈请报告时，上述情况并不一定都要列举，可根据具体事项来确定。如果还不能确定犯罪嫌疑人的，写明案件基本情况即可。如果涉及其他人员的，如被害人等，应写明涉及的其他人的基本情况。

2. 呈请事项。呈请事项是呈请需要领导指示的内容，这项内容要明确具体，简明扼要，一目了然。如呈请立案；呈请采取或者解除强制措施、侦查措施；呈请破案、撤销案件；呈请对犯罪嫌疑人×××予以拘留等。

3. 事实依据。应详细叙述有关的案件事实，并对有关证据进行分析。如呈请搜查报告书中的事实依据，应写明案情，以及为什么要进行搜查，通过搜查所要解决什么问题，还应写明如不及时进行搜查，有可能造成犯罪嫌疑人逃跑或毁灭、伪造、转移犯罪证据等情况。再如呈请拘留报告书中的事实依据，应详细叙述已经查清的被拘留人的犯罪事实或者重大嫌疑事实。如果被拘留人是现行犯，要把犯罪的时间、地点、动机、目的、手段、情节、后果等情节反映出来。如果被拘留人是有重大嫌疑的，要将认定嫌疑的事实根据叙述清楚，其次，还应写明适用拘留决定条件方面的事实，即正在预备犯罪、实施犯罪或者在犯罪后被及时发现的；被害人或者在场亲眼看到的人指认其犯罪的；在身边或者住所地发现有犯罪证据的；犯罪后企图自杀、逃跑或者在逃的；有毁灭、伪造证据或者串供可能的；不讲真实姓名、住址，身份不明的；有流窜作案、多次作案、结伙作案重大嫌疑的。如有上述情况，报告书中的事实依据部分应写明情况紧急，如果不对现行犯或者重大嫌疑人予以拘留，就会发生新的社会危害或者妨碍侦查工作的顺利进行等。另外，事实依据部分还应对证据进行分析。

4. 法律依据及结语。要写明依据的具体法律规定。例如，周××故意杀人案的法律依据和结语部分是这样叙述的："综上所述，犯罪嫌疑人周××的行为触犯了《中华人民共和国刑法》第二百三十二条之规定，涉嫌故意杀人罪。为查清周××的犯罪事实，防止发生社会危险性，根据《中华人民共和国刑事诉讼法》第八十二条之规定，拟对犯罪嫌疑人周××予以拘留。"

（四）尾部

尾部首先应写明"妥否，请批示"。其次在文书右下方写明办案单位名称和文书制作的具体年月日。

三、注意事项

1. 呈请报告书制作完毕后，应当由办案单位主要领导填写办理意见，然后送有关部门进行审核，审核部门签署意见后，送单位领导批示。

2. 根据领导批示，制作相关法律文书，开展有关侦查活动，如根据经领导批示同意的呈请立案报告书，可制作立案决定书，并开展有关侦查工作；根据经领导批示同意的呈请拘留犯罪嫌疑人×××报告书，可制作拘留证，对犯罪嫌疑人执行拘留。

3. 呈请报告书属于内部审批性文书，经领导审批的呈请有关事项的报告书应当存入侦查工作卷。

第十节　要求复议意见书

一、概念和功能

要求复议意见书，是指公安机关认为同级人民检察院作出的不批准逮捕或者不起诉决定有错误，依法要求同级人民检察院对其原决定进行复议时制作的法律文书。

《刑事诉讼法》第 92 条规定，公安机关对人民检察院不批准逮捕的决定，认为有错误的时候，可以要求复议，但是必须将被拘留的人立即释放。第 179 条规定，对于公安机关移送起诉的案件，人民检察院决定不起诉的，应当将不起诉决定书送达公安机关。公安机关认为不起诉的决定有错误的时候，可以要求复议，如果意见不被接受，可以向上一级人民检察院提请复核。第 282 条第 2 款规定，对附条件不起诉的决定，公安机关要求复议、提请复核或者被害人申诉的，适用本法第 179 条、第 180 条的规定。《程序规定》第 137 条第 1 款规定，对人民检察院不批准逮捕的决定，认为有错误需要复议的，应当在收到不批准逮捕决定书后 5 日以内制作要求复议意见书，报经县级以上公安机关负责人批准后，送交同级人民检察院复议。第 283 条第 1 款规定，认为人民检察院作出的不起诉决定有错误的，应当在收到不起诉决定后 7 日以内制作要求复议意见书，经县级以上公安机关负责人批准后，移送同级人民检察院复议。第 319 条第 1 款规定，认为人民检察院作出的附条件不起诉决定有错误的，应当在收到不起诉决定书后 7 日以内制作要求复议意见书，经县级以上公安机关负责人批准，移送同级人民检察院复议。这些规定都是公安机关制作要求复议意见书的法律根据。

制作要求复议意见书是公安机关要求复议权的具体体现，依法行使要求复议权，对同级人民检察院办理刑事案件的活动进行制约，可以促使人民检察院正确执行法律，严格依法办事，确保办案质量，避免对应当受到刑罚处罚的犯罪嫌疑人打击不力。

二、结构、内容和写作方法

根据《文书式样》规定，要求复议意见书为单联填充式文书，由首部、正文和尾部三部分内容组成。

（一）首部

首部包括标题、案号和受文单位名称。

1. 标题。应分行居中写明制作文书的机关名称和文书名称。例如，"××公安局""要求复议意见书"。

2. 案号。要求复议意见书的案号写为："×公（　　　）要复字［20××］×号"。

3. 受文单位名称。应顶格写明同级人民检察院的名称。

（二）正文

正文包括要求复议的事项、要求复议的理由、提出复议的法律依据和要求。

1. 要求复议的事项。写明要求复议的案件的简要情况，即写明同级人民检察院作出不批准逮捕决定书或者不起诉决定书的制作时间、案号、案件名称及简要内容。在填写案件名称时，要与人民检察院决定书中的案件名称相一致。例如，"你院 2017 年 5 月 11 日以×××［2017］×号文决定对张××故意伤害案的犯罪嫌疑人不批准逮捕。"

2. 要求复议的理由。这部分是该文书的重点。要针对人民检察院作出不批准逮捕或不起诉决定的具体事实和证据，结合案件的实际情况，阐明公安机关要求复议的理由。对人民检察院不批准逮捕决定提出复议的，如果决定认定犯罪嫌疑人不构成犯罪，论证理由时，要重点论证犯罪嫌疑人的行为触犯了我国刑法的哪条规定，涉嫌什么罪名，应当对其追究刑事责任；如果人民检察院的决定是认为对犯罪嫌疑人没有逮捕必要的，复议理由则要论证对犯罪嫌疑人不采取逮捕的强制措施不足以防止犯罪嫌疑人发生新的社会危害性，或者不能保证侦查、起诉和审判活动的顺利进行。对人民检察院作出的不起诉决定提出复议的，要针对不起诉决定的理由，结合案件的具体情况进行论证。如果人民检察院认为犯罪嫌疑人的行为不构成犯罪而作出不起诉决定的，在论述复议理由时，要围绕犯罪行为的四个构成要件，论证犯罪嫌疑人触犯了刑法的哪条规定，涉嫌什么罪名，依法应对其追究刑事责任；如果人民检察院作出的决定认为犯罪嫌疑人的行为虽已构成犯罪，但犯罪情节轻微，依照刑法不需要判处刑罚或者免除刑罚的，则要论证犯罪嫌疑人的行为不具有上述法定条件的事实，并要以确凿、充分的证据加以论证。在要求复议的理由之后，可根据案件的具体情况，提出正确的处理意见。

3. 提出复议的法律依据和要求。提出复议的法律依据应根据要求复议的内容分别写明具体的法律条文。如果是对不批准逮捕的决定要求复议的，应引用《刑事诉讼法》第 92 条的规定；如果是对不起诉决定要求复议的，应引用《刑事诉讼法》第 179 条的规定；如果是对附条件不起诉决定要求复议的，应引用《刑事诉讼法》第 282 条的规定。在引用法律条文后，提出明确要求，即要求人民检察院对案件进行复议。例如，"特要求你院进行复议"。

（三）尾部

1. 写明接受要求复议意见书的人民检察院名称。具体分行写为："此致""××人民检察院"。

2. 署名。写明制作文书的公安机关名称。

3. 写明文书制作的具体年月日。

4. 加盖制作文书的公安机关印章。

5. 附注。注明所附案件卷宗的卷数及页数。

三、注意事项

1. 公安机关制作要求复议意见书的前提必须是针对两种情形，即公安机关认为人民检察院作出的不批准逮捕决定、不起诉决定或者附条件不起诉决定有错误，否则不能制作要求复议意见书。

2. 要求复议的理由部分属"驳论性"的内容，制作时应注意对所驳的观点要明确，论据要确实充分，对事实情节的论证要有理有节，具有针对性和逻辑性。

3. 对人民检察院不批准逮捕、不起诉决定的案件，如果犯罪嫌疑人在押的应立即释放，不得以复议为由继续关押犯罪嫌疑人，对需要复议的案件，可在释放犯罪嫌疑人的同时，对犯罪嫌疑人采取取保候审或监视居住的强制措施。

4. 要求复议意见书一式两份，一份附卷，一份交接受复议意见书的人民检察院。

第十一节　提请复核意见书

一、概念和功能

提请复核意见书，是指公安机关要求复议的意见未被同级人民检察院接受，并认为同级人民检察院的复议决定有错误，提请上一级人民检察院复核时制作的法律文书。

根据《刑事诉讼法》第 92 条的规定，公安机关对人民检察院不批准逮捕的决定，认为有错误的时候，可以要求复议，但是必须将被拘留的人立即释放。如果意见不被接受，可以向上一级人民检察院提请复核。上级人民检察院应当立即复核，作出是否变更的决定，通知下级人民检察院和公安机关执行。《刑事诉讼法》第 179 条规定，对于公安机关移送起诉的案件，人民检察院决定不起诉的，应当将不起诉决定书送达公安机关。公安机关认为不起诉的决定有错误的时候，可以要求复议，如果意见不被接受，可以向上一级人民检察院提请复核。《程序规定》第 137 条第 2 款规定，如果意见不被接受，认为需要复核的，应当在收到人民检察院的复议决定书后 5 日以内制作提请复核意见书，报经县级以上公安机关负责人批准后，连同人民检察院的复议决定书，一并提请上一级人民检察院复核。该法第 283 条第 2 款规定，要求复议的意见不被接受的，可以在收到人民检察院的复议决定书后 7 日以内制作提请复核意见书，经县级以上公安机关负责人批准后，连同人民检察院的复议决定书，一并提请上一级人民检察院复核。

提请复核意见书是公安机关行使提请复核权的一种形式，它体现了公安机关和人民检察院在刑事诉讼中互相配合、互相制约的关系，对严厉打击刑事犯罪，正确实施法律和保证办案质量都具有积极的作用。

二、结构、内容和写作方法

提请复核意见书为单联填充式文书，由首部、正文和尾部组成。

（一）首部

首部包括标题、案号和受文单位名称。受文单位应写同级人民检察院的上一级人民检察院的名称。首部内容的写法可参考要求复议意见书。

（二）正文

正文包括提请复核的事项、提请复核的理由、提请复核的法律依据和要求。

1. 提请复核的事项。写明认为有错误的人民检察院的复议决定书的制作时间、案号和简要内容。

2. 提请复核的理由。要针对人民检察院复议决定书中的决定事项和理由，有针对性地逐一予以反驳，指出复议决定的事项不能成立。如复议决定书仍然维持原不批准逮捕的决定，就应针对维持原决定的理由，说明犯罪嫌疑人的行为已经符合逮捕的三个条件，并有确实的证据予以证明，从而明确指出同级人民检察院的复议决定有错误。如复议决定仍然坚持不起诉，则要阐明犯罪嫌疑人的行为涉嫌犯罪，应当予以处罚。在论述提请复核的理由时，应把犯罪嫌疑人犯罪的时间、地点、动机、目的、经过、手段、后果等情节交待清楚，做到有理有据。对人民检察院因适用法律不当而导致复议决定错误决定时，可以从法理上进行论证，要根据犯罪嫌疑人的犯罪事实，说明应当引用哪一条法律才符合本案的实际情况。对一些比较复杂的案件，应抓住重点问题进行论述，说明复核的理由。在说明提请复核理由的基础上，提出对案件正确的处理意见，即应对犯罪嫌疑人逮捕或起诉。

3. 提请复核的法律依据和要求。应写明提请复核所依据的具体法律条文，之后写明要求人民检察院对案件进行复核。例如，"特提请你院对此案进行复核"。具体写法可参考要求复议意见书。

（三）尾部

尾部的写法与复议意见书相同。

三、注意事项

1. 提请复核意见书应在法定期限内制作。公安机关要求复议的意见不被同级人民检察院接受的，可以在收到人民检察院的复议决定书后 7 日内制作提请复核意见书，经县级以上公安机关负责人批准后，连同人民检察院的复议决定书，一并提请上一级人民检察院复核。

2. 公安机关制作提请复核意见书的案件应具备三个条件：①必须是经过复议的案件，未经复议的案件，不得直接向上一级人民检察院提请复核；②必须是公安机关要求复议意见未被接受而认为有再议必要的案件，如经过复议，没有再议的必要，也不必制作提请复核意见书；③制作提请复核意见书，必须是原制作要求复议意见书的公安机关，其他任何机关没有要求提请复核的权利。

【思考题】

1. 公安机关刑事法律文书有哪些作用和特点？

2. 现行的公安机关刑事法律文书样式在修订时坚持了哪些原则？

3. 公安机关刑事法律文书有哪几种分类方法？

4. 根据侦查办案程序的不同，公安机关刑事法律文书分为哪几大类？

5. 单联式和多联式文书在制作和使用时有什么特点和要求？

6. 现行的公安机关刑事法律文书共有哪八大类？

7. 填充式文书中的案件名称应如何填写？

8. 制作立案决定书应当符合哪些条件？

9. 提请批准逮捕决定书叙述犯罪事实应注意什么问题？

10. 通缉令的发布有哪几种？

11. 起诉意见书中如何准确全面叙述犯罪事实？

12. 起诉意见书在引用法律条文时应注意什么问题？

13. 哪些情况可以不制作补充侦查报告书？

14. 制作提请复核意见书的案件应具备哪些条件？

【拓展示例】

示例一：立案决定书

示例二：取保候审决定书、执行通知书

示例三：监视居住决定书、执行通知书

示例四：提请批准逮捕书

示例五：通缉令

示例六：起诉意见书

示例七：补充侦查报告书

示例八：呈请报告书

示例九：要求复议意见书

示例十：提请复核意见书

第 三 章

人民检察院刑事法律文书

学习目的和要求： 通过本章，要求学习者全面了解检察机关刑事法律文书的概念和功能、特点和种类，理解和掌握常用文书的概念和功能，结构、内容和写作方法及注意事项，并能达到结合司法实践，实际会写会用的要求。

第一节　概　述

一、人民检察院刑事法律文书的概念和作用

人民检察院的刑事法律文书，是指各级人民检察院为实现法律监督职能，依法行使检察权，根据有关法律规定依法制作的具有法律效力和法律意义的法律公文。

人民检察院刑事法律文书是各级人民检察院为实行法律监督，保证法律实施的重要载体，是行使检察权的重要文字凭证，是办理案件和反映办案质量的客观记录，也是总结经验、复查案件的重要依据，宣传法制的重要教材。准确制作人民检察院的法律文书，提高检察机关法律文书的制作质量，对于依法行使检察权，强化法律监督，维护法律秩序和公平正义具有重要意义。

人民检察院刑事法律文书的性质和作用是由人民检察院的性质及职能决定的。我国《宪法》规定：人民检察院是国家的法律监督机关。《刑事诉讼法》第 8 条、《民事诉讼法》第 14 条和《行政诉讼法》第 11 条分别明确规定了"人民检察院依法对刑事诉讼实行法律监督""人民检察院有权对民事诉讼实行法律监督""人民检察院有权对行政诉讼实行法律监督"。《人民检察院组织法》中具体规定了各级人民检察院行使以下职权：①对于叛国案、分裂国家案以及严重破坏国家的政策、法律、法令、政令统一实施的重大犯罪案件，行使检察权。②对于直接受理的刑事案件，进行侦查。③对于公安机关侦查的案件，进行审查，决定是否逮捕、起诉或者免于起诉；对于公安机关的侦查活动是否合法，实行监督。④对于刑事案件提起公诉，支持公诉；对于人民法院的审判活动是否合法，实行监督。⑤对于刑事案件判决、裁定的执行和监狱、看守所、劳动改造机关的活动是否合法，实行监督。

根据我国《国家赔偿法》的有关规定，人民检察院作为行使检察职权的机

关与其工作人员，在行使职权时有法律规定的侵犯人身权或侵犯财产权情形之一的，应当依法予以赔偿。因此，人民检察院也有刑事赔偿的工作任务。2015年12月21日，最高人民检察院第十二届检察委员会第四十六次会议正式通过了《关于人民监督员监督工作的规定》，决定对各级地方人民检察院在办理直接受理立案侦查工作中存在的问题及情形实施人民监督员监督制度。目前，人民监督员制度在全国普遍实行。

人民检察院依法实行法律监督，行使上述职权，办理各类案件，都需要依照法律规定制作相应的法律文书，这些文书在人民检察院的工作中发挥着越来越重要的作用。

二、人民检察院刑事法律文书的特点和种类

（一）人民检察院刑事法律文书的特点

1. 人民检察院刑事法律文书是人民检察院为正确行使宪法和其他法律赋予的职权而制作的一种国家公文，其制作主体是独特和唯一的，只能由各级人民检察院依照有关法律的规定制作，其他任何机关、团体、单位和个人都无权制作，否则是违法的。例如，起诉书、不起诉决定书是对经过侦查的犯罪嫌疑人是否需要提交法庭审判，给予刑事处罚的决定。必须经人民检察院审查后，才能作出起诉或者不起诉的决定，制作起诉书或者不起诉决定书。人民法院接到人民检察院的起诉书才能开庭审判。决定对犯罪嫌疑人不起诉的，犯罪嫌疑人才能被释放，终止刑事追诉。由此可见，人民检察院法律文书的制作主体是唯一的，这是宪法和法律赋予人民检察院独立行使的职权，不受任何行政机关、社会团体和个人的干涉。

2. 人民检察院制作的各种刑事法律文书，必须遵循法定程序进行，这是法律文书合法性的要求，目的在于保证法律文书的法律效力。不能只追求实体上的公正而忽略程序上的公正。人民检察院的法律文书从拟稿、审核、签发到加盖印章都有相应的程序要求。例如，《刑事诉讼法》第 89 条规定："人民检察院审查批准逮捕犯罪嫌疑人由检察长决定，重大案件应当提交检察委员会讨论决定。"《人民检察院刑事诉讼规则》第 304 条规定："侦查监督部门办理审查逮捕案件，应当指定办案人员进行审查。办案人员应当审阅案卷材料和证据，依法讯问犯罪嫌疑人、询问证人等诉讼参与人、听取辩护律师意见，制作审查逮捕意见书，提出批准或者决定逮捕、不批准或者不予逮捕的意见，经部门负责人审核后，报请检察长批准或者决定；重大案件应当经检察委员会讨论决定。"没有经过这些法定程序审查逮捕所制作的法律文书是无效的。

3. 人民检察院制作的法律文书必须有法律依据，否则是违法和无效的。我国的刑事诉讼法、民事诉讼法、行政诉讼法及有关法规以及司法解释是人民检察院制作法律文书的依据。任何一种法律文书的制作都必须要有相应的法律条文做依据。例如,《纠正违法通知书》的制作,所依据的法律条文有《刑事诉讼法》第100条、第117条和第267条,以及《民事诉讼法》第14条,《行政诉讼法》第10条等有关的法律规定。这些是人民检察院依法纠正侦查机关、审判机关、执法机关违法活动时使用的法律条文,也是人民检察院制作《纠正违法通知书》时,根据不同情况需要引用的相应的法律依据。

4. 人民检察院的法律文书是为实施法律监督以宪法和法律为依据制作的,具有国家保证执行的强制性。法律文书一经制发,任何机关、单位和个人都必须认可其效力并予以执行,不得违抗或随意改变。无论是公安机关、审判机关、刑罚执行机关或者其他单位和个人都有义务遵照执行,否则要承担相应的法律责任。

（二）人民检察院法律文书的种类

人民检察院法律文书的制作和适用,是人民检察院基本业务建设的重要内容,直接体现了人民检察院的工作程序和工作水平,反映了检察人员的素质。一直以来,最高人民检察院都非常重视检察机关法律文书的规范化和制度化,近年来先后制订、发布了一系列检察机关的法律文书格式样本,为各级人民检察院依法制作法律文书提供了依据。

人民检察院历来重视法律文书的规范制作和规范管理工作。新中国成立不久,根据开展检察工作的需要,国家检察机关就制定了一批检察文书。1979年检察机关重建后,最高人民检察院根据我国的《刑事诉讼法》和《刑法》,制定了《批捕、起诉用的法律文书格式》和《直接受理案件用的法律文书格式》共40种。1983年以后,最高人民检察院进一步总结经验,根据办案实际需要,对原规定的文书格式进行了补充修改,重新制定了《刑事检察文书格式》和《直接受理案件法律文书格式》;有关业务部门分别制定了《监所检察文书格式》《控告、申诉检察文书格式》《民事、行政诉讼法律文书格式》和《刑事技术文书样表》等,总共143种。特别是1996年3月,全国人大对《刑事诉讼法》进行了修改之后,为保证各级人民检察院严格执行修改后的《刑事诉讼法》,最高人民检察院对刑事诉讼法律文书进行了全面修改,将原来的由院及各业务部门分别规定的主要刑事诉讼文书格式,统一规定为《人民检察院刑事诉讼法律文书格式》,共119种,这些格式于1996年12月16日正式印发执行。其余的人民检察院内部使用的工作文书格式,由各业务部门分别规定。此后,最高人民检察院有关业务部门又制发了审查批准逮捕、审查起诉、侦查、直接受理案件的内部工作文书格式样本印发执行,这些格式样本共102种。2002年1月,最高人民检察院对原规定的刑事、民事、行政诉讼等各种法律文书格式,再次作了全面、系统的修改，并印发了《人民检察院法律文书格式（样本）》，其中，刑事法律文书 139 种，民事、行政法律文书 15 种，通用法律文书 5 种，共计 159 种法律文书格式。2004 年 9 月，最高人民检察院法律政策研究室印发了试行人民监督员制度使用的人民监督员工作文书格式 16 种。为保证检察机关正确贯彻修改后的《刑事诉讼法》，最高人民检察院对《人民检察院刑事诉讼规则》和人民检察院刑事诉讼法律文书格式样本进行了全面修改，于 2012 年 12 月 31 日发布了《人民检察院刑事诉讼法律文书格式样本》，共计 223 种，比 2002 年发布的刑事诉讼法律文书增加了 90 余种。为了更好地保证办案需要，根据试用情况，经广泛征求地方各级人民检察院的意见，最高人民检察院又组织力量对 2012 年 12 月 31 日发布的《人民检察院刑事诉讼法律文书格式样本》进行了修订，并于 2013 年 10 月 8 日印发了《人民检察院刑事诉讼法律文书格式样本（2013 年版）》（以下简称《格式样本》），共计 238 种，11 部分。结合人民检察院办理刑事诉讼案件流程，分为立案文书、回避文书、辩护与代理文书、证据文书、强制措施文书、侦查文书、公诉文书、执行监督文书、特别程序文书、申诉文书、通用或其他文书。《格式样本》的制定和印发执行，对统一规范执法，规范各项检察工作，保证检察机关严格执法，提高检察人员工作水平都发挥了积极的推动作用，具有重要的意义。

人民检察院法律监督范围较广，法律文书格式繁多，正确进行分类，有助于提高法律文书的制作质量。具体的分类有以下几种：

1. 按照案件诉讼性质的不同，可以分为刑事诉讼法律文书、民事、行政诉讼法律文书和各类诉讼监督使用的通用法律文书三大类。

2. 以制作方法的不同，可以分为填充式文书和叙述式文书。填充式文书是固定项目以统一的标准格式印刷，使用时根据具体案件的情况填写有关内容的法律文书；叙述式文书是根据不同案件的事实、证据、结论等分别加以叙述说明的法律文书。填充式文书与叙述式文书的划分，突出了检察机关法律文书不同的制作方式和要求，便于掌握文书的结构和制作特点，有利于法律文书的设计、印刷、使用和管理。

3. 按照法律文书适用程序和范围的不同，人民检察院的法律文书可分为诉讼法律文书和检察内部工作文书两大类。诉讼法律文书具有很强的执行性和严格的法定性，可以让律师和其他辩护人以及诉讼代理人等依法查阅。包括各级人民检察院在办理刑事、民事和行政诉讼案件中依法制作的决定书、通知书、意见书和告知书等法律文书。检察内部工作文书是人民检察院在诉讼监督过程中，按照程序制度、规定、内部进行程序流转、审查审批、请示报告、研究讨论、工作记录等形式的法律文书，是人民检察院内部的工作载体凭证，只供检察机关内部使用。

4. 按照法律文书所处诉讼阶段以及作用的不同，可分立案法律文书、侦查法律文书、公诉法律文书、执行监督法律文书、申诉法律文书，刑事赔偿法律文书、民事法律文书、行政法律文书、其他法律文书等。

由于人民检察院在司法实践中使用较多的是刑事法律文书，因此，本章的内容将选择其中的几种主要刑事法律文书加以介绍。

（三）人民检察院法律文书的说理

根据中共中央办公厅、国务院办公厅《关于实行国家机关"谁执法谁普法"普法责任制的意见》要求，为进一步加强人民检察院法律文书说理工作，根据法律、司法解释和《最高人民检察院关于实行检察官以案释法制度的规定》，结合检察工作实际，最高人民检察院对 2011 年 8 月印发的《最高人民检察院关于加强检察法律文书说理工作的意见（试行）》进行了修订，制定了《最高人民检察院关于加强检察法律文书说理工作的意见》，经 2017 年 7 月 4 日最高人民检察院第十二届检察委员会第六十六次会议审议通过。意见自下发之日起施行。

人民检察院法律文书说理，是人民检察院在制作检察法律文书时，或者应有关人员请求，对文书所载的处理决定依据的事实、证据、法律、政策等进行分析阐述、解释说明的活动。开展检察法律文书说理，有利于贯彻落实司法责任制，强化对检察权行使的监督；有利于增强检察工作透明度，提升司法公信力，让人民群众在每一个案件中都感受到公平正义；有利于促进诉讼参与人和社会各界准确理解人民检察院的司法办案行为依据，从源头上化解矛盾、促进社会和谐稳定。

1. 人民检察院律文书说理遵循的原则。①依法进行。说理应当依据法律或者司法解释的规定，围绕检察法律文书涉及的案件事实、证据、程序和法律适用等进行。②有针对性。说理应当根据案件的性质特点、复杂程度、社会关注度等，针对说理对象的实际需求进行。③讲求方法。说理应当综合考虑说理对象的年龄阶段、文化程度、心理特征等具体情况，采用其易于理解和接受的方式方法进行。④注重实效。说理应当做到法理情相结合，注重化解矛盾、促进和谐，实现办案法律效果与社会效果的有机统一。

2. 人民检察院法律文书说理的基本要求。①阐明事实。要准确说明人民检察院认定的案件事实及相关证据，对证据的客观性、合法性和关联性进行必要分析，说明采信和不采信的理由。②释明法理。要结合法律文书的具体内容和结论，对人民检察院所作决定依据的法律、司法解释条文的具体内容予以列明，解释法律适用的理由和依据。③讲明情理。说理要注重法理情的有机结合，释之以法，晓之以理，动之以情，增强司法办案的人文关怀和社会效果。④繁简适当。对于重大、疑难、复杂案件或者社会关注的案件，以及当事人或者相关机关可能产生异议的案件，应当做好充分的说理准备，必要时，可以召开检察官联席会议进行讨论。说理时要针对焦点问题，充分阐释决定的理由和依据。对于可以适用简易程序、速裁程序处理的案件和当事人达成和解的轻微刑事案件等事实清楚、争议不大的案件，可以简化说理的方式、内容。⑤语言规范，表达准确，逻辑清晰，通俗易懂。

3. 人民检察院法律文书说理的方式。人民检察院法律文书说理的方式是：对人民检察院作出的有关决定，需要向有关机关或者人员书面说理的，可以在叙述式法律文书中进行说理；对填充式法律文书，可以增加附页或者制作说明书进行说理。

对于不宜书面说理的，或者在办案中遇到紧急情况的，或者说理对象认可同意的，可以进行口头说理。口头说理，一般应当有两名或者两名以上检察人员在场，并制作笔录附卷。现场不具备笔录制作条件的，检察人员可以事后予以记录并签字后附卷。

探索建立检察宣告制度，有条件的检察院可以设置专门的宣告场所，由检察官召集当事人、申诉人、赔偿请求人等到场，当面宣告决定内容，送达法律文书并进行释法说理。

4. 人民检察院法律文书说理的重点。在履行法律监督职能过程中制作的决定书、意见书、建议书、告知书、通知书等各类检察法律文书，涉及公民、组织重要权利处置或者诉讼重要进程，可能引发质疑、异议或者舆论炒作的，应当在叙述式法律文书中或者送达、宣告决定时有重点地进行说理。以下办案环节涉及的法律文书应当着重进行说理：

（1）在办理直接受理的侦查案件中，对有关实名举报、控告作出不立案决定或者撤销案件决定的；作出不许可律师会见犯罪嫌疑人决定或者驳回取保候审申请、变更或者解除强制措施申请决定的。

（2）在侦查监督工作中，作出不批准逮捕决定或者对在罪与非罪上有较大争议且社会关注的敏感案件作出批准逮捕决定的；复议复核维持原不批准逮捕决定的；通知侦查机关立案、撤销案件或者纠正违法的；认为侦查机关决定立案、不立案正确或者实施侦查活动不存在违法而不支持监督申请的。

（3）在公诉工作中，作出不起诉决定或者对在罪与非罪上有较大争议且社会关注的敏感案件作出起诉决定的；复议复核维持原不起诉决定的；提出纠正违法意见的；对被害人及其法定代理人的抗诉请求作出不抗诉决定的。

（4）在刑事执行检察工作中，提出纠正违法意见或者纠正不当减刑、假释、暂予监外执行意见的；进行羁押必要性审查后提出释放或者变更强制措施建议的；对有关羁押期限、被监管人死亡或者伤残问题向控告人作出答复的。

（5）在刑事特别程序中，对未成年犯罪嫌疑人作出附条件不起诉决定的；要求启动违法所得没收程序或者决定不提出没收违法所得申请的；要求启动强制医疗程序或者决定不提出强制医疗申请的；提出纠正强制医疗不当决定意见的。

（6）在刑事申诉检察工作中，对不服检察机关刑事处理决定或者人民法院已经发生法律效力的刑事判决、裁定的申诉，经复查不支持申诉请求的；对国家赔偿案件作出审查决定的。

（7）在民事行政检察工作中，对当事人及其法定代理人申请监督的案件，决定不予受理、不支持监督申请或者作出终结审查决定的；向人民法院提出检察建议的；提请上级人民检察院抗诉的；对涉及国家利益、社会公共利益的民事、行政案件提出检察建议或者提起公益诉讼的。

第二节　批准逮捕决定书

一、概念和功能

批准逮捕决定书，是指人民检察院对公安机关提请逮捕犯罪嫌疑人的案件进行审查后，认为犯罪嫌疑人符合法定的逮捕条件，依法批准逮捕犯罪嫌疑人时制作的法律文书。

批准逮捕决定书制作的法律依据是我国《刑事诉讼法》第81条和第91条第3款的规定。《刑事诉讼法》第81条规定："对有证据证明有犯罪事实，可能判处徒刑以上刑罚的犯罪嫌疑人、被告人，采取取保候审尚不足以防止发生下列社会危险性的，应当予以逮捕：①可能实施新的犯罪的；②有危害国家安全、公共安全或者社会秩序的现实危险的；③可能毁灭、伪造证据、干扰证人作证或者串供的；④可能对被害人、举报人、控告人实施打击报复的；⑤企图自杀或者逃跑的。对有证据证明有犯罪事实，可能判处10年有期徒刑以上刑罚的，或者有证据证明有犯罪事实，可能判处徒刑以上刑罚，曾经故意犯罪或者身份不明的，应当予以逮捕。被取保候审、监视居住的犯罪嫌疑人、被告人违反取保候审、监视居住规定，情节严重的，可以予以逮捕。"第91条第3款规定："人民检察院应当自接到公安机关提请批准逮捕书后的7日以内，作出批准逮捕或者不批准逮捕的决定……"

批准逮捕决定书是人民检察院批准逮捕犯罪嫌疑人的正式法律凭证，也是公安等机关依法执行逮捕的法律依据。逮捕由人民检察院批准决定，充分体现了公安等机关接受人民检察院法律监督的原则，可以防止和减少错捕的现象发生，保证办案质量，最大限度保障公民的人身自由权不受侵犯。

二、结构、内容和写作方法

批准逮捕决定书为四联填充式文书。第一联是存根，第二联是副本，第三联是正本，送达侦查机关，第四联是执行批准逮捕决定书回执，由侦查机关退回批准逮捕的人民检察院后附卷。存根和回执联依据所列项目填写即可，正本与副本内容相同，均由首部、正文和尾部三部分组成。

（一）首部

1. 标题和案号。应分行居中写明人民检察院名称和文书名称。批准逮捕决定书的案号为"××检××批捕〔20××〕×号"。第四联（回执联）不写文书案号。

2. 送达单位名称。二、三联填写提请批准逮捕的公安等机关名称，第四联填写批准逮捕的人民检察院名称。

（二）正文

1. 案件来源。根据《刑事诉讼法》第 91 条第 3 款规定，人民检察院应当自接到公安机关提请批准逮捕书后 7 日以内作出决定，为严格掌握办案时限，这项内容应写明公安等机关提请批准逮捕书的具体时间、文书案号以及犯罪嫌疑人的姓名。例如，"你局于×××年××月××日以×号提请批准逮捕书提请批准逮捕犯罪嫌疑人×××。"

2. 人民检察院的审查意见。即"经本院审查认为，该犯罪嫌疑人涉嫌××犯罪"，这里犯罪嫌疑人涉嫌的罪名是指检察机关审查认定的罪名。检察机关认定几个罪名，就写几个罪名。

3. 法律依据和决定事项。写明"符合《中华人民共和国刑事诉讼法》第八十一条规定的逮捕条件，决定批准逮捕犯罪嫌疑人×××。请依法立即执行，并将执行情况在三日内通知本院。"

提请批准逮捕决定书第一联（存根联）的正文，应写明案由，即涉嫌的罪名；犯罪嫌疑人基本情况，包括姓名、性别、年龄、工作单位、住址、身份证号码、是否为人大代表或政协委员；最后写明送达机关名称；由批准人、承办人、填发人分别签名；填写填发时间。第四联（回执联）的正文，应写明法律依据，即写明《刑事诉讼法》第 90 条的规定；检察机关批准逮捕决定书的时间、文书案号，以及侦查机关执行逮捕的情况。表述为："根据《中华人民共和国刑事诉讼法》第九十条的规定，现将你院×××年××月××日××号批准逮捕决定书的执行情况通知如下：犯罪嫌疑人×××已于×××年××月××日由执行逮捕（或者因×××未执行逮捕）。"在这段的下一行写明"特此通知"。

（三）尾部

包括填发文书的年月日，并加盖院印。第四联应加盖侦查机关的公章。

三、注意事项

1. 批准逮捕决定书应当以被批准逮捕的人次为单位制作，即对于同一个犯罪嫌疑人，每一次批准逮捕时均应单独制作一书四联的批准逮捕决定书。一次对多名犯罪嫌疑人批准逮捕的，应当对每一个犯罪嫌疑人均单独制作批准逮捕决定书。

2. 对已经撤销原批准逮捕决定而释放的犯罪嫌疑人，又需要执行逮捕的，人民检察院应当重新制作批准逮捕决定书。

3. 人民检察院办理审查逮捕的案件应当指定办案人员认真进行审查。办案人员应当审阅案件材料，制作阅卷笔录，提出批准或者决定逮捕、不批准或者不予逮捕的意见，经部门负责人审核后提请检察长批准或者决定；重大案件应当经检察委员会讨论决定。审查部门办理审查逮捕案件，不能直接提出取保候审、监视居住措施的意见。

4. 根据有关规定，人民检察院对人大代表、政协委员逮捕，需要履行特别的程序，因此，填写批准逮捕决定书存根联时，犯罪嫌疑人如果是人大代表或者政协委员的，应在犯罪嫌疑人基本情况一栏中填写清楚，并依照有关程序报请许可后才能批准逮捕。

5. 批准逮捕决定书存根联中的批准人应填写批准制作该文书的有关负责人的姓名；填发人应填写制作该文书的人的姓名；填发时间应填写实际制作文书的时间。

6. 批准逮捕决定书尾部印章的使用。按照规定，人民检察院对外使用的文书，应当在成文日期上方写明对外名称，即"××人民检察院（下同）"，在人民检察院名称和成文日期上加盖能够对外独立承担法律责任的单位印章。

第三节　起诉书

一、概念和功能

起诉书，是指人民检察经侦查或审查确认被告人的行为构成犯罪，依法应将其交付审判，向人民法院提起公诉时所制作的法律文书。

起诉书制作的法律依据是我国《刑事诉讼法》第 169 条、第 176 条以及《人民检察院刑事诉讼规则》第 392 条、第 393 条的规定。《刑事诉讼法》第 169 条规定："凡需要提起公诉的案件，一律由人民检察院审查决定。"第 176 条规定："人民检察院认为犯罪嫌疑人的犯罪事实已经查清，证据确实、充分，依法应当追究刑事责任的，应当作出起诉决定，按照审判管辖的规定，向人民法院提起公诉，并将案卷材料、证据移送人民法院。"《人民检察院刑事诉讼规则》第 392 条规定："人民检察院立案侦查时认为属于直接立案侦查的案件，在审查起诉阶段发现不属于人民检察院管辖，案件事实清楚、证据确实充分，符合起诉条件的，可以直接起诉；事实不清、证据不足的，应当及时移送有管辖权的机关处理。"第 393 条第 1 款规定："人民检察院决定起诉的，应当制作起诉书。"

起诉书是人民检察院代表国家将被告人交付人民法院审判的法律凭证，一经依法作出即具有法律效力。起诉书不仅是检察机关派员出庭支持公诉，发表公诉意见，参加法庭辩论，对证据及案件情况进行辩论的基础；也是人民法院审理公诉案件的合法依据；对被告人及其辩护人来讲，起诉书既是告知已将被告人交付审判的通知，也是辩护人辩护的依据。因此，起诉书在刑事诉讼中起着重要的作用，既关系到公诉权的正确行使，也关系到人民法院的正确裁判，既关系到被告人的切身利益，也关系着国家法律的统一和正确实施。

二、结构、内容和写作方法

起诉书为叙述式文书。根据最高人民检察院《格式样本》的规定，起诉书分为自然人犯罪适用、单位犯罪适用和刑事附带民事起诉适用三种，本节主要介绍自然人犯罪适用和单位犯罪适用的两种。起诉书的内容由以下三部分组成：

（一）首部

1. 标题和案号。标题应分行居中写明人民检察院的名称和文书名称。人民检察院的名称应写全称，即除最高人民检察院外，各地方人民检察院的名称前应写明省（自治区、直辖市）的名称；对涉外案件提起公诉时，各级人民检察院的名称前均应注明"中华人民共和国"的字样。文书名称写"起诉书"。

起诉书的案号由制作起诉书的人民检察院名称的简称、办案部门简称和文书简称（即"刑诉"）、发文年度、发文顺序号四部分组成，如"××检××刑诉〔20××〕×号"。案号中的年度须用四位数字表述。案号应写在该行的最右端，上下各空一行。

2. 被告人（或被告单位）的基本情况。被告人或被告单位的基本情况应当按照格式中所列要素的顺序来写。

被告人是自然人犯罪的案件，应依次写明被告人的姓名、性别、出生年月日、身份证号码、民族、文化程度、职业或者工作单位及职务、出生地、户籍地、住址、曾受到刑事处罚以及与本案定罪量刑相关的行政处罚的情况和因本案采取强制措施的情况等。

（1）被告人的姓名应写正在使用的正式姓名（即户口簿、身份证等法定文件中使用的姓名），被告人如有与案情有关的曾用名、别名、化名、网名或者绰号的，应当在其姓名后面用括号注明；被告人是外国人的，除应当写明其合法身份证件上的姓名外，还应当同时写明汉语译名。根据《刑事诉讼法》第160条第2款的规定："犯罪嫌疑人不讲真实姓名、住址，身份不明的，应当对其身份进行调查，侦查羁押期限自查清身份之日起计算，但是不得停止对其犯罪行为的侦查取证。对于犯罪事实清楚，证据确实、充分，确实无法查明其身份的，也可以按其自报的姓名起诉、审判。"对自报姓名的被告人起诉的，应当在起诉书中被告人自报姓名后面加以注明。

（2）被告人的出生日期一般以公历（阳历）为准。除未成年人外，如果确实查不清出生日期的，也可以注明年龄。

（3）身份证种类及号码。填写居民身份证、军官证、护照等法定身份证的种类及号码。对尚未办理身份证的，应当注明。

（4）文化程度应写国家承认的学历。文化程度分为研究生（博士、硕士）、大学、大专、中专、高中、初中、小学、文盲等档次。

（5）职业或工作单位及职务，被告人的工作单位名称应写全称，必要时在前面可加地域名称。认定被告人的工作单位，不能单纯凭人事档案是否在该单位，而应当视其是否实际在该单位工作。只要其实际在该单位工作的，即可认定为工作单位。职业应当写从事工作的种类。没有工作单位的，可以根据实际情况写明经商、务工、农民、在校学生或者无业等。国家工作人员利用职权实施的犯罪，应当写明犯罪期间在何单位任何职务。

（6）被告人的住址应写被告人的经常居住地。被告人的经常居住地以户口簿中登记的住址为准。如果被告人离开户籍所在地在其他地方连续居住满1年以上的，则以该地为经常居住地，并应在写明经常居住地的同时注明户籍登记的住址。

（7）被告人是外国人的应注明其国籍，除应当写明其合法身份证件上的姓名外，还应当同时写明汉语译名和国外居所。

（8）被告人曾受到过行政处罚、刑事处罚的，应在起诉书中依时间顺序写明，其中，行政处罚限于与定罪有关的情况。一般先写受到行政处罚的情况，再写受到刑事处罚的情况。叙写行政处罚时，应注明处罚的时间、种类、处罚单位；叙写刑事处罚时，应当注明处罚的时间、原因、种类、决定机关、释放时间。

（9）采取强制措施的情况应写明原因、种类，批准或决定的机关和时间，执行的时间和机关，采取的强制措施名称等。被采取过多种强制措施的，应按照执行时间的先后分别写明。

（10）同案被告人有数人的，按照先重犯，后轻犯；先主犯，后从犯、胁从犯的主从关系顺序排列，依次逐个写明其基本情况。

（11）如果是单位犯罪，应写明被告单位的名称、组织机构代码、住所地、法定代表人姓名、职务等。下一行写明诉讼代表人的姓名、性别、年龄、工作单位、职务。

3. 案由和案件来源。案由应写明公安机关移送起诉（或建议不起诉）时认定的罪名；检察机关自侦的案件，如果侦查终结和审查起诉时认定的罪名不一致的，只写起诉时认定的罪名。案件来源应写侦查机关侦查终结后，何时移送人民检察院审查起诉或者建议不起诉。凡是由于案件审判管辖的变更，引起受理审查起诉的人民检察院变更的，均应写明法律依据和移送的时间。如有退回补充侦查、延长审查起诉期限等情况的，应一并写明日期和原由。

这部分常见情况的几种写法如下：

（1）同级公安机关移送审查起诉的写为："本案由×××（侦查机关）侦查终结，以被告人×××（被告单位×××）涉嫌××罪，于×××年××月××日向本院移送审查起诉。本院受理后，于×××年××月××日已告知被告人有权委托辩护人，×××年××月××日已告知被害人及其法定代理人（近亲属）有权委托诉讼代理人，依法讯问了被告人，听取了辩护人×××、被害人×××及其诉讼代理人×××的意见，审查了全部案件材料（写明退回补充侦查、延长审查起诉期限等情况）……"

（2）对于侦查机关移送审查起诉的需要变更管辖权的案件，表述为："本案由×××（侦查机关）侦查终结，以被告人×××（被告单位×××）涉嫌××罪，于×××年××月××日向×××人民检察院移送审查起诉。×××人民检察院于×××年××月××日转至（交由）本院审查起诉。本院受理后，于×××年××月××日已告知被告人有权……"

（3）对于本院侦查终结并移送审查起诉的案件，表述为："被告人×××（被告单位×××）涉嫌××罪一案，由本院侦查终结，于×××年××月××日移送审查起诉。本院于×××年××月××日已告知被告人有权……"

（4）对于其他人民检察院侦查终结的需变更管辖权的案件，表述为："本案由××人民检察院侦查终结，以被告人×××（被告单位×××）涉嫌××罪移送审查起诉，×××人民检察院×××年××月××日转至（交由）本院审查起诉。本院受理后，于×××年××月××日已告知被告人有权……"

（二）正文

1. 案件事实。案件事实是人民检察院根据法律规定经过审查核实所确认的事实，是指控犯罪的基础，也是"以事实为根据"原则的体现。

起诉书叙述案件事实时，应以"经依法审理查明"领起下文，然后根据案件情况，围绕刑法规定的该罪的构成要件，特别是犯罪的特征，具体写明检察机关审查认定的被告人犯罪的时间、地点、手段、目的、动机、危害后果等与定罪量刑有关的事实要素。

单位犯罪的，在叙述案件事实时，要突出这一特殊主体的特点，写明单位犯罪构成要件的本质特征，如单位犯罪决策活动及其实施犯罪的过程、行为结果等。

对案件事实的叙述，要注意层次清楚、重点突出，根据案件的特点，选择恰当的表达方法。起诉书在案件事实的结构安排上，常见的记叙方法主要有以下几种：

（1）自然顺序法。即按时间及被告人作案过程为顺序来写，从行为的起因、作案的准备、实施犯罪的情节、采取的手段、造成的后果这一顺序来写。这是起诉书最基本、最常用的一种写法，其特点是脉络清楚，一目了然。这种写法主要适用于叙述一人一次一罪、一人一次多罪、多人多次一罪和多人多次多罪的案件。

（2）突出主罪法。即根据被告人所犯数罪的主次轻重不同，把性质严重、情节恶劣、危害较大的罪行放在前面详细叙述，把情节较轻、危害较小的罪行放在后面酌情简略叙述。这种写法的特点是重罪详述，次罪略述，主次分明，重点突出。这种写法适用于叙述数罪并罚的案件，如一人多次多罪和多人多次多罪的案件。

（3）突出主犯法。即对共同犯罪案件，叙述时围绕主犯的活动具体安排层次，同时结合叙述从犯参与犯罪的事实。如在共同犯罪中主犯或从犯既有共同犯罪的事实，又有单独犯罪的事实，应先叙述共同犯罪的事实，后叙述单独犯罪的事实。这种写法的特点是以主代从，罪责分明，便于定罪量刑。主要适用于叙述多人一次一罪、多人一次多罪、多人多次一罪和多人多次多罪的案件。

（4）综合归纳法。即把被告人所犯的多起同类罪行加以归纳概括，用简洁文字叙述的方法。使用这种方法的前提是被告人有多起同类犯罪，且作案情节大致相同，但不宜在一份文书中叙述犯罪事实时全部使用这种方法，而应与其他方法配合使用。

（5）先总后分法。即先将共同犯罪中多名被告人交叉作案多次的共同犯罪事实加以综合叙述，然后再按主犯、从犯的顺序，逐次分别叙述每一被告人各自所犯的罪行。这种写法适用于叙述较大的集团犯罪案件，对已形成集团的犯罪案件，综合叙述犯罪事实时还应注意，必须写明集团的形成过程、组织状况、活动情况，然后再叙述总的罪行。先总后分的写作特点是，共同犯罪的内容明确，各自的犯罪活动及罪责清楚。

（6）罪名标题法。即根据不同罪名的重轻次序排列，分别用序号列出小标题，如"一、故意杀人罪……; 二、盗窃罪……"，然后按突出主罪法，逐罪分别叙述被告人的犯罪事实。在共同犯罪中，如被告人又单独犯罪，且共同犯罪和单独犯罪都触犯多个罪名的，也可参照此种方法。这种写法的特点是罪名清楚、主次明确，便于审判机关逐罪审查被告人的罪行，也便于最后的定罪量刑，因此，这种写法适用于被告人触犯多个罪名且作案多起的案件。

以上几种记叙方法，要根据案件的不同恰当选用，同时，几种记叙方法适用时也不是截然分开的，而是相互渗透、互为补充的。

2. 证据。在叙述犯罪事实后，另起一段以"认定上述事实的证据如下："引出对证据的列举。列举证据可以采取"一事一证"的方法，即在每一起案件事实后，写明据以认定事实的主要证据。对于作案多起的一般刑事案件，如果案件事实是概括叙述的，证据的叙写也可以采取"一罪一证"的方法集中举证，即在该种犯罪事实的叙述后写明主要证据的种类，而不再指出认定每一起案件事实的证据。

3. 起诉的理由和法律依据。这是人民检察院对被告人提起公诉的依据和结论，是适用"以法律为准绳"原则的体现。这部分开头应以"本院认为"引起下文，然后写明以下两方面的内容：

（1）概括说明被告人行为特征及其触犯的刑法条文和涉嫌的罪名。分析行为特征，要概括行为性质、危害程度、情节轻重，结合本案的特点以及犯罪的各构成要件概括性的予以表述，既要写出符合本罪特征，又反映本案特有情况的结论性观点。在充分阐述理由的基础上，指出被告人行为触犯的法律条款以及构成的罪名。例如，"本院认为，……（概括被告人行为的性质、危害程度、情节轻重），其行为触犯《中华人民共和国刑法》第××条（引用罪状、法定刑条款），犯罪事实清楚，证据确实、充分，应当以××（罪名）追究刑事责任。"

（2）写明提起公诉的法律依据和决定事项。例如，"根据《中华人民共和国刑事诉讼法》第一百七十六条的规定，提起公诉，请依法判处。"

（三）尾部

1. 在正文之后，分两行先写送达用语"此致"，下一行顶格写明主送的人民法院名称。

2. 署名。在起诉书的右下方署具体承办案件公诉人的法律职务和姓名。如"检察员×××""副检察长×××"。

3. 注明日期。起诉书的日期应具体写明签发起诉书的日期。

4. 加盖院印。

5. 附注。包括以下几项内容：

（1）被告人现在处所。具体包括在押被告人的羁押场所或监视居住、取保候审的处所。如果是单位犯罪的案件，要写明被告单位诉讼代表人的现住址、被告人现在处所，具体包括在押被告人的羁押场所或监视居住的处所等。

（2）案卷材料和证据××册××页。

（3）证人、鉴定人、需要出庭的专门知识的人的名单，需要保护的被害人、证人、鉴定人的名单。

（4）有关涉案款物情况。

（5）被害人（单位）附带民事诉讼情况。

（6）其他需要附注的事项。

三、注意事项

1. 起诉书首部叙写被告单位、被告人情况时，如案件系自然人犯罪和单位犯罪并存，应先叙述被告单位、法定代表人及有关属于责任人员的被告人的情况，再叙述一般自然人被告人的情况；同时，在起诉理由和法律依据部分，也需按照先单位犯罪后自然人犯罪的顺序叙写。

2. 对重大案件、具有较大影响的案件、检察机关直接受理立案侦查的案件，必须详细写明具体犯罪事实发生的时间、地点、实施犯罪的经过、手段、目的、危害后果和被告人案发后的表现以及认罪态度等内容，特别要将属于犯罪构成要件或者与定罪量刑有关的事实要素列为重点。既要避免发生遗漏，也要避免将没有证据或者证据不足以及与定罪量刑无关的事项写入起诉书。叙述应层次清楚，重点突出。

3. 对一般刑事案件，通常也应详细写明案件事实，而对其中作案多起但犯罪手段、危害后果等方面相同的案件事实，可以先对相同的情节进行概括叙述，然后再逐一举出每起事实的具体时间、结果等情况，而不必详细叙述每一起犯罪事实的过程。

4. 起诉书在叙述事实中，凡涉及党和国家机密的、危害国家安全、侦破手段、企业的经济利益、商业信誉、商业秘密、科研成果、淫秽犯罪具体细节、女被害人隐私和声誉、人身攻击的污言秽语等内容时，均应使用模糊词语概括性地加以表述，以防泄密和产生副作用。

5. 对共同犯罪案件中有同案犯在逃的，起诉书在写逃犯姓名后应用括号注明"另案处理"。

6. 对于具备轻重不同的法定量刑情节，一般应当在起诉书中作出认定。但对于适用普通程序的案件，涉及自首、立功等可能因特定因素发生变化的情节，也可以在案件事实之后仅对有关事实作客观表述。对于酌定量刑情节，可以根据案件的具体情况，从有利于出庭支持公诉的角度出发，决定是否在起诉书中作出认定。

7. 起诉书中使用数字应前后一致。除文书案号、顺序号、年月日、机械型号、百分比号等专业术语和阿拉伯数字比较适宜者外，一般要求用汉字书写。引用法律时要写明法律的全称，用汉字写明法律条文号，依照条、款、项的顺序准确、具体、完整的加以引用。

第四节　不起诉决定书

一、概念和功能

不起诉决定书，是指人民检察院对公安机关侦查终结移送起诉的案件进行审查或者在自侦案件侦查终结后，认为不应当将案件提交人民法院审判而作出终止诉讼决定时所制作的文书。

我国《刑事诉讼法》第 175 条第 4 款规定："对于二次补充侦查的案件，人民检察院仍然认为证据不足，不符合起诉条件的，应当作出不起诉的决定。"第 177 条第 1 款和第 2 款规定："犯罪嫌疑人没有犯罪事实，或者有本法第 16 条规定的情形之一的，人民检察院应当作出不起诉决定。对于犯罪情节轻微，依照刑法规定不需要判处刑罚或者免除刑罚的，人民检察院可以作出不起诉决定。"《人民检察院刑事诉讼规则》第 401～410 条对不起诉也作了规定。根据《刑事诉讼法》以及《人民检察院刑事诉讼规则》的规定，人民检察院在审查起诉的过程中，对以下三种类型的案件，应当作出不起诉决定：①对于二次补充侦查的案件，人民检察院仍然认为证据不足，不符合起诉条件的，应当作出不起诉决定。②犯罪嫌疑人没有犯罪事实，或者具有《刑事诉讼法》第 16 条规定的情形之一的，人民检察院应当作出不起诉决定。③犯罪情节轻微，依照刑法规定不需要判处刑罚或者免除刑罚的，人民检察院应当作出不起诉决定。

人民检察院对案件决定不起诉的，应当制作不起诉决定书。不起诉决定书具有终止刑事诉讼的法律效力，是人民检察院履行检察职能的重要手段，也是人民检察院不追究被不起诉人刑事责任的凭证。不起诉决定书一经送达，被不起诉人羁押的，应当立即释放。

二、结构、内容和写作方法

根据《格式样本》的规定，不起诉决定书为叙述式文书，分为三种：①根据《刑事诉讼法》第 176 条第 1 款规定决定不起诉时适用的法定不起诉决定书；②根据《刑事诉讼法》第 176 条第 2 款规定决定不起诉时适用的相对不起诉决定书；③根据《刑事诉讼法》第 175 条第 4 款规定决定不起诉时适用的存疑不起诉决定书。无论是针对哪种情况作出的不起诉决定，不起诉决定书都由以下三部分内容组成：

（一）首部

1. 标题和案号。标题应分行居中写明人民检察院的名称，人民检察院的名称应写全称。文书名称写"不起诉决定书"。不起诉决定书的案号写为"××检××刑不诉〔20××〕×号"。

2. 被不起诉人的身份等基本情况。应按文书格式中所列项目顺序，依次写明被不起诉人的姓名、性别、出生年月日、身份证号码、民族、文化程度、职业或工作单位及职务（国家机关工作人员利用职权实施的犯罪，应当写明犯罪期间在何单位任何职）、户籍地、住址（被不起诉人住址写居住地，如果户籍所在地与暂住地不一致的，应当写明户籍所在地和暂住地），是否受过刑事处罚，采取强制措施的种类、时间、决定机关等。

被不起诉人一栏如系被不起诉单位，则应写明单位名称、住所地等。

3. 辩护人。应写明辩护人的姓名和单位。

4. 案由和案件来源。案由应写移送审查起诉时或者侦查终结时认定的行为性质，而不是审查起诉部门认定的行为性质。案件来源应写明公安机关、国家安全机关移送、本院侦查终结、其他人民检察院移送的情况，包括移送审查起诉的时间和退回补充侦查的情况（退回补充侦查的写明日期、次数和再次移送的日期）、本院受理的具体时间。

这部分常见的有以下几种写法：

（1）如果是公安、安全等机关侦查终结移送的，写为："本案由×××（侦查机关名称）侦查终结，以被不起诉人×××涉嫌××罪，于×年×月×日移送本院审查起诉。"

（2）如果是本院侦查终结的案件，写为："被不起诉人×××涉嫌××一案，由本院侦查终结，于×年×月×日移送审查起诉或者不起诉。"

（3）如果案件是其他人民检察院移送的，这部分应将指定管辖、移送单位及移送时间等写清楚。

（4）如果案件是曾经退回补充侦查的，应当写明退回补充侦查的情况，包括退回补充侦查日期、次数以及再次移送审查起诉的时间。

（二）正文

1. 案件事实。不起诉决定书中的案件事实应写明否定或者指控被不起诉人的犯罪事实以及作为不起诉决定根据的事实。应根据三种不起诉的性质、特点和内容，针对案件的具体情况有所侧重地叙写。

（1）如果是根据《刑事诉讼法》第16条第1项规定作出不起诉决定的，

即侦查机关移送起诉时认为行为构成犯罪，经检察机关审查后认为行为情节显著轻微，危害不大，不认为是犯罪而决定不起诉的，则不起诉决定书应当先概述公安机关移送审查起诉意见书认定的犯罪事实（如果是检察机关的自侦案件，这部分不写），然后叙写检察机关审查认定的事实及证据，重点反映显著轻微的情节和危害程度较小的结果。如果是行为已构成犯罪，本应追究刑事责任，但审查过程中有《刑事诉讼法》第16条第2~6项法定不追究刑事责任的情形，因而决定不起诉的，应当重点叙述符合法定不追究刑事责任的事实和证据，并充分反映法律规定的内容。如果是根据《刑事诉讼法》第176条第1款中的没有犯罪事实而决定不起诉的，应当重点叙述不存在犯罪事实或者犯罪事实并非被不起诉人所为。在这一部分的叙写中，如果检察机关审查认定的事实与侦查机关一致，只是看法有所不同，应着重写明"不认为是犯罪"的情形。

（2）如果是根据《刑事诉讼法》第176条第2款规定作出不起诉决定的，应概括叙写案件事实，重点内容是叙述被不起诉人具有的法定情节和检察机关酌情作出不起诉决定的具体理由的事实。要将检察机关审查后认定的事实和证据写清楚，对侦查机关移送审查时认定的事实和证据不必叙写。对于证据不足的事实，不能写入不起诉决定书中。在事实部分中表述犯罪情节时，应当以犯罪构成要件为标准，围绕"犯罪情节轻微，依照刑法规定，不需要判处刑罚或者免除刑罚"这一不起诉的法定条件重点叙述，还要将体现其犯罪情节轻微的事实及符合不起诉条件的特征叙述清楚，以分清罪与非罪、罪责轻重的界限，使所叙述的事实、处理理由和结果与法定条件相吻合。在叙述事实之后，还要将证实被不起诉人"犯罪情节轻微"的各项证据一一列出，以证明被不起诉人犯罪情节如何轻微。这样不起诉决定书不仅符合法定条件，而且有理有据，经得起复查、复议和复核，经得起历史的检验。

（3）如果是根据《刑事诉讼法》第175条第4款规定作出不起诉决定的，应概括写明侦查机关移送审查时认定的事实，然后简要写明经检察机关审查并退回补充侦查，仍然认为事实不清或者证据不足，不符合起诉条件的情况。例如，"×××（侦查机关名称）移送审查起诉认定……（概括叙述侦查机关认定的事实），经本院审查并退回补充侦查，本院仍然认为×××（侦查机关名称）认定的犯罪事实不清、证据不足（或本案证据不足）（应当概括写明事实不清、证据不足的具体情况），不符合起诉条件。"这种存疑不起诉决定书的事实部分宜采用高度概括的叙述方法，并要在叙述中避免出现不利于下一步工作的文字和内容。

2. 不起诉的理由、法律依据和决定事项。

（1）不起诉的理由是对认定的案件事实从法理上所作出的分析和归纳。一要注意理由的法定性，每起不起诉案件都是适用《刑事诉讼法》相应条款规定的具体体现，因此，论述理由必须与法定条件相适应，不能超越法定范围。二是注意理由的针对性，理由应用准确精炼的语言概括行为性质、情节、后果及法律责任，理由要与事实紧密相关，要与法律相互对应，不能脱离事实和法律空谈理由。三是理由必须充分，要以法定的不起诉条件为标准，从主要方面去充分地阐述理由，不能不分主次面面俱到。

（2）不起诉的法律依据和决定事项。要根据不起诉的三种情况，分别引用相应的法律依据。

对于法定不起诉的，可表述为："本院认为，×××（被不起诉人的姓名）的上述行为，情节显著轻微、危害不大，不构成犯罪。依照《中华人民共和国刑事诉讼法》第十六条第（一）项和第一百七十六条第一款的规定，决定对××（被不起诉人的姓名）不起诉。"如果是根据《刑事诉讼法》第16条第2～6项法定不追究刑事责任的情形而决定不起诉的，重点阐述不追究被起诉人刑事责任的理由及法律依据，最后写不起诉的法律依据。如果是根据《刑事诉讼法》第176条第1款中的没有犯罪事实而决定不起诉的，应指出被不起诉人没有犯罪事实，然后再写不起诉的法律依据。

对于相对不起诉的，可表述为："本院认为，×××实施了《中华人民共和国刑法》第××条规定的行为，但犯罪情节轻微，具有××情节（写明从轻、减轻或者免除刑事处罚具体情节的表现），根据《中华人民共和国刑法》第××条的规定，不需要判处刑罚（或者免除刑罚）。依据《中华人民共和国刑事诉讼法》第一百七十六条第二款的规定，决定对×××（被不起诉人的姓名）不起诉。"

对于存疑不起诉的，可在事实的叙述后直接引用《刑事诉讼法》第175条第4款的规定，对被不起诉人作出不起诉的决定。

不起诉决定如果对侦查中查封、扣押、冻结的财产解除的，在决定事项后的下一行应写明查封、扣押、冻结的涉案款物的处理情况。

3. 告知事项。根据《刑事诉讼法》第181条和《人民检察院刑事诉讼规则》第421条的规定，人民检察院如果对被不起诉人作出的是相对不起诉决定的，被不起诉人享有申诉权。《刑事诉讼法》第180条规定："对于有被害人的案件，决定不起诉的，人民检察院应当将不起诉决定书送达被害人。被害人如果不服，可以自收到决定书后7日以内向上一级人民检察院申诉，请求提起公诉。人民检察院应当将复查决定告知被害人。对人民检察院维持不起诉决定的，被害人可以向人民法院起诉。被害人也可以不经申诉，直接向人民法院起诉。……"根据这一规定，被害人对人民检察院作出的不起诉决定享有申诉权及起诉权。为此，不起诉决定书尾部应向被不起诉人和被害人写明告知事项。具体表述为："被不起诉人如不服本决定，可以自收到本决定书后七日内向本院申诉。""被害人如不服本决定，可以自收到本决定书后七日以内向×××人民检察院申诉，请求提起公诉；也可以不经申诉，直接向×××人民法院提起自诉。"

（三）尾部

1. 署名。在文书右下方署作出不起诉决定的人民检察院名称。

2. 写明日期。不起诉决定书的日期应写签发日期。

3. 加盖院印。

三、注意事项

1. 不起诉决定书以被不起诉单位或者被不起诉人为单位制作。

2. 人民检察院决定不起诉的案件，需要对侦查中查封、扣押、冻结的财物解除查封、扣押、冻结的，应当口头或者书面通知作出查封、扣押、冻结决定的机关或者执行查封、扣押、冻结决定的机关解除查封、扣押、冻结。口头通知的，应当记录在案。

3. 对被不起诉人需要给予行政处罚、行政处分或者需要没收其违法所得的，人民检察院应当提出检察意见，连同不起诉决定书一并移送有关主管机关处理，并要求有关主管机关及时通报处理情况。

4. 人民检察院作出不起诉决定的案件，可根据案件的不同情况，对被不起诉人予以训诫或者责令具结悔过、赔礼道歉、赔偿损失。

5. 人民检察院作出不起诉的决定，应当公开宣布。公开宣布不起诉决定的活动应当记入笔录。

第五节　公诉意见书

一、概念和功能

公诉意见书，是指人民检察院指派的公诉人在出席公诉案件第一审法庭时，就案件的事实、证据、定罪量刑等问题，集中发表公诉意见时制作的法律文书。

公诉意见书制作的法律依据是《刑事诉讼法》第 189 条、第 198 条、第 204 条和第 209 条的规定。《刑事诉讼法》第 189 条规定："人民法院审判公诉案件，人民检察院应当派员出席法庭支持公诉。"第 198 条第 1 款、第 2 款规定："法庭审理过程中，对与定罪、量刑有关的事实、证据都应当进行调查、辩论。经审判长许可，公诉人、当事人和辩护人、诉讼代理人可以对证据和案件情况发表意见并且可以互相辩论。"第 204 条规定：在法庭审判过程中，检察人员发现提起公诉的案件需要补充侦查，提出建议的，可以延期审理。第 209 条规定:"人民检察院发现人民法院审理案件违反法律规定的诉讼程序,有权向人民法院提出纠正意见。"

公诉意见书是人民检察院提起公诉、出庭支持公诉的重要的法律文书,是刑事诉讼法规定的法庭审理公诉案件的必备内容,是公诉人集中对起诉书指控被告人罪行、证据和适用法律等重要问题的进一步阐发和论证,也是法庭听取国家公诉人对法庭调查的事实以及如何定罪量刑等结论性意见的重要程序,它对法庭正确审理案件、准确定罪量刑具有重要意义。同时,公诉人发表公诉意见对旁听群众也起着一种法制宣传教育的作用。

二、结构、内容和写作方法

公诉意见书为叙述式文书,由首部、正文和尾部三部分内容组成:

(一) 首部

首部应写明人民检察院名称和文书名称、被告人姓名(被告人为单位时写名称)、案由(涉嫌犯罪的罪名)、起诉书案号、法庭审判人员称谓。由于公诉意见书是在法庭上当场发表,所以无需文书案号。法庭审判人员的称谓,应具体根据合议庭组成人员的情况写明和称呼。例如,审判长、审判员(人民陪审员)。

(二) 正文

1. 出庭任务及法律根据。应阐明检察人员出席法庭支持公诉的法律依据、法庭上的身份、职责。这部分内容应按格式写明。具体表述为:"根据《中华人民共和国刑事诉讼法》第一百八十九条、第一百九十八条、第二百零四条和第二百零九条的规定,我(们)受×××人民检察院的指派,代表本院,以国家公诉人的身份,出席法庭支持公诉,并依法对刑事诉讼实行法律监督。现对本案证据和案件情况发表如下意见,请法庭注意。"

2. 具体意见。这是公诉意见书的核心内容。适用时应当根据案件的具体情况从三个方面加以阐述:首先,根据法庭调查的情况,概括法庭质证的情况、各证据的证明作用,并运用各证据之间的逻辑关系证明被告人的犯罪事实清楚,证据确实充分。其次,根据被告人的犯罪事实,论证应适用的法律条款,并提出定罪及从重、从轻、减轻处罚等意见。最后,根据庭审情况,在揭露被告人犯罪行为的社会危害性的基础上,作必要的法制宣传教育工作。

以上三方面的内容,公诉意见书一般都应具备。但要注意根据具体案件和出庭工作的实际,突出重点,有针对性地加强重点内容的论证。需要突出的重点一般包括:对可能出现争议的地方,要重点论证。例如,对案件定性有争议时,应重点阐明有关犯罪构成理论和该类犯罪的本质特征,全面系统、有根有据地论证被告人只能构成本罪而不能构成他罪的意见。又如,被告人抵赖犯罪事实或诉讼参与人可能对认定的事实有异议时，应着重运用所掌握的证据充分揭露犯罪事实。对某些以法定条件为犯罪要件的案件，要重点论证被告人犯罪行为具备有关法定条件的事实和证据。例如，以"情节严重""情节特别严重"为法定条件的犯罪案件，要重点阐述、分析其情节"严重""特别严重"的具体表现。对违反其他法规且需要追究刑事责任的，公诉意见可以详细引用有关法律、法规和政策，强化论证。对需要从重、从轻或者减轻处罚的，要详细分析犯罪的社会危害性，系统分析从重、从轻或减轻处罚的理由和法律依据以及社会效果。对未成年人的犯罪或者其他有法制宣传意义的案件，应着重剖析犯罪原因、思想和社会根源，有关单位疏于防范的漏洞等，以便通过法制宣传教育，达到减少和预防犯罪，促进失足者悔过自新的效果。对共同犯罪案件，要在全面分析案情的基础上，重点揭露主犯的罪行和罪责，抓主要矛盾，带动其他问题。

总之，公诉意见要重点突出，当一起案件有几个问题需要重点论证时，可以分别详细论述，也可以有所侧重。要根据实际，选择有利方案，集中重点论述支持公诉和公正履行检察职责的意见。

3. 结论。在论证部分结束后，归纳概括阐明人民检察院对本案被告人依法定罪量刑的意见。具体可表述为："综上所述，起诉书认定本案被告人×××的犯罪事实清楚，证据确实充分，依法应当认定被告人有罪，并建议（提出量刑建议或从重、从轻、减轻处罚等意见）……"

（三）尾部

尾部写明公诉人姓名，当庭发表本公诉意见的时间。这部分是办案记载，不在法庭上宣读。

三、注意事项

1. 公诉意见书是以口头的方式在法庭辩论开始时由公诉人所做的综合性发言，是事前准备的，在庭审的实际运用过程中，应根据案件的具体情况有针对性的予以调整，对庭审中出现的新情况、新问题、应适当概括、补充和评价，决定取舍，突出重点。

2. 公诉意见书要围绕起诉书的观点集中表达公诉人的意见，在制作和发表时应注意与答辩意见等法庭上公诉人发表的意见进行合理分工，各有侧重。

第六节　提请抗诉报告书

一、概念和功能

提请抗诉报告书，是指下级人民检察院对同级人民法院已经发生法律效力的刑事判决或裁定进行审查后，认为已生效的刑事判决或裁定确有错误，提请上一级人民检察院按照审判监督程序提出抗诉所制作的法律文书。

我国《刑事诉讼法》第254条第3款规定:"最高人民检察院对各级人民法院已经发生法律效力的判决和裁定,上级人民检察院对下级人民法院已经发生法律效力的判决和裁定,如果发现确有错误,有权按照审判监督程序向同级人民法院提出抗诉。"对刑事判决、裁定的监督职责由公诉部门履行。人民检察院应当对同级人民法院的判决、裁定进行审查,如果发现同级人民法院已经发生法律效力的判决或裁定确有错误,案件承办人应当制作抗诉案件审查报告,经检察委员会研究决定建议上级人民检察院按照审判监督程序提出抗诉的,应当就审查认定的事实、人民法院的裁判情况及提请抗诉的理由写出书面报告,连同案件卷宗材料报上一级人民法院办理。《最高人民检察院关于刑事抗诉工作的若干意见》第5条第2项规定,按照第二审程序提出抗诉的人民检察院,应当及时将检察内卷报送上一级人民检察院。提请上级人民检察院按照审判监督程序抗诉的人民检察院,应当及时将侦查卷、检察卷、检察内卷和人民法院审判卷以及提请抗诉报告书一式二十份报送上级人民检察院。同条第3项规定,提请抗诉报告书应当重点阐述抗诉理由,增强说理性。由此可见,提请抗诉报告书的重点在于说理,即运用证据和法律来论证人民法院裁判的错误所在,同时对如何纠正明确表明观点。

提请抗诉报告书记载了人民法院刑事裁判的具体情况、同级人民检察院对刑事裁判的认识以及提请抗诉的理由,是上一级人民检察院发现错误的已经生效刑事裁判的重要途径,是人民检察院切实履行审判监督职责,保障案件审判质量的有效手段。

二、结构、内容和写作方法

提请抗诉报告书为填充式文书,由首部、正文和尾部三部分组成。

(一)首部

1. 标题和案号。标题应分行居中写明制作文书的人民检察院名称和文书名称,人民检察院名称应写全称,对涉外案件提请抗诉时,各级人民检察院的名称前均应注明"中华人民共和国"的字样;文书名称,即写明"提请抗诉报告书"。提请抗诉报告书的案号为"××检××提抗〔20××〕×号"。

2. 报送的上一级人民检察院名称。应顶格写明收文单位即上一级人民检察院的全称。

(二)正文

1. 抗诉案件的来源。这部分内容属于填充式,依据固定格式填写即可。具体表述为:"×××年×月×日收到×××人民法院×××年×月×日××号对被告人×××(姓名)一案的刑事判决(裁定)书。经本院审查认为:该判决（裁定）确有错误。现将审查情况报告如下："。

2. 原审被告人的基本情况。应简要写明原审被告人的姓名、性别、出生年月日、身份证号码、民族、籍贯、文化程度、职业（工作单位及职务）、政治面貌、住址；是否受过刑事处罚；服刑情况；刑满释放时间或假释时间；有无特殊身份（是否人大代表或政协委员）。

原审被告人自报姓名又无法查实的，应当写明系自报；外国人涉嫌犯罪的，应注明国籍；单位涉嫌犯罪的，应写明犯罪单位的名称、所在地址、法定代表人的姓名、职务；有应当负刑事责任的"直接责任人"的，应按上述原审被告人的基本情况写明；有两名以上原审被告人的，应当按罪行由重至轻的顺序分别写明；即使只对部分原审被告人的判决内容抗诉，也必须将全案各原审被告人的基本情况以及各被告人的犯罪事实、情节等写明，以便正确反映案件全貌。

3. 审查认定后的犯罪事实。这部分应写明提请抗诉的检察机关经审查所认定原审被告人的犯罪事实，包括原审被告人实施犯罪行为的时间、地点、动机、目的、行为过程、手段、情节、数额、危害结果等犯罪构成要件的事实，以及涉及量刑等法定、酌定的情节（坦白、自首、立功、累犯等情节）。

4. 一审法院、二审法院的审判情况。这部分应将人民法院判决（裁定）文书认定的事实、理由以及结果（包括罪名、量刑或无罪等）予以概括，表述清楚。如果是针对一审生效裁判提请的抗诉，则只写一审裁判的情况。如果是针对二审裁判提请的抗诉，应当将一审、二审裁判的情况用概括性语言予以写明。如果提请抗诉机关审查的事实与一审、二审认定的事实一致，写明"与审查认定事实一致"即可。

5. 判决、裁定错误之处，提请抗诉的理由和法律根据。这部分是提请抗诉报告书的核心部分。分析裁判错误是论证抗诉理由的前提；引用法律根据是论证抗诉理由的基石；抗诉理由是提请抗诉的依托。为准确、充分阐明提请抗诉的理由，要针对原裁判的错误之处，从事实、证据和适用法律等多方面、多角度论证提请抗诉的必要性，有针对性地阐述理由。根据实际论证需要，可以侧重以事实及证据作论据，或者侧重以法律规定作论据加以论证。原判决定性错误的，重在论证原审被告人犯罪行为的社会危害性及其犯罪构成要件；定罪错误的，重在以事实阐明构成犯罪的本质特征；适用法律错误的，重在阐述准确适用法律的必要条件和根本要求；量刑错误的，重在阐述原审被告人犯罪行为的社会危害程度和从轻、从重情节；违反法定诉讼程序的，重在分析审判活动的违法性，说明由于程序违法而影响公正判决的可能性；对犯罪事实清楚、证据确凿的案件错定为证据不足的，重在阐述本案证据符合充分条件，以及查实的证据足以认定犯罪事实的理由。总之，提请抗诉的理由应抓住重点，具有针对性。提请抗诉报告书引用的法律依据，包括两方面的法律条款：一是据以纠正原判决或者裁定错误的法律条款。属于案件实体问题的，如定性、定罪、量刑等，引用我国《刑法》等实体法的相应条款；属于程序问题的，如违反法律程序、错误的裁定等，引用我国《刑事诉讼法》等程序法的相应条款。二是据以提出抗诉的法律条款。

6. 本院检察委员会讨论情况。提请抗诉的案件需经本院检察委员会讨论决定。这部分要概括写明检察委员会讨论的具体意见。如果检察委员会对提请抗诉意见一致的，应写明"本院检察委员会讨论后，一致意见认为"。如果意见不一致，存在分歧意见的，应将分歧意见写明，并将检察长的意见和检察委员会的倾向性意见简要写明。

7. 提请意见。这部分为固定格式，具体表述为："为保证法律的统一正确实施，特提请你院通过审判监督程序对此案提出抗诉。现将×××案卷随文上报，请予审查。"

（三）尾部

1. 附件。写明卷宗××册××页。

2. 原审被告人现在处所。

3. 署名。在文书右下方署人民检察院名称。

4. 写明文书制作的年月日。

5. 加盖人民检察院院印。

三、注意事项

1. 提请抗诉报告书1份附卷，提请最高人民检察院抗诉时报22份；提请其他上一级人民检察院抗诉时根据各地要求份数上报。

2. 对于高级人民法院判处死刑缓期二年执行的案件，省级人民检察院认为确有错误提请抗诉的，一般应当在收到生效判决、裁定后3个月以内提出，至迟不得超过6个月。

3. 人民检察院申诉检察部门对已经发生法律效力的刑事判决、裁定的申诉复查后，认为需要提出抗诉的，报请检察长或者检察委员会讨论决定。地方各级人民检察院刑事申诉检察部门对同级人民法院已经发生法律效力的刑事判决、裁定的申诉复查后，认为需要提出抗诉的，报请检察长或者检察委员会讨论决定。认为需要提出抗诉的，应当报请上一级人民检察院抗诉。上级人民检察院刑事申诉检察部门对下一级人民检察院提请抗诉的案件审查后，认为需要提出抗诉的，报请检察长或者检察委员会决定。

4. 对于共同犯罪的案件，如果只对部分原审被告人的判决（裁定）提请抗诉，在叙述犯罪事实时应当先概括案件事实和证据，后重点叙述提请抗诉的原审被告人的犯罪事实以及相关证据，对其在共同犯罪中所处地位、所起作用和应负的罪责，以及各自单独所犯的罪行，均应具体写明。

5. 提请抗诉报告书以案件为单位制作，即一起案件制作一份提请抗诉报告书。

第七节　刑事抗诉书

一、概念和功能

刑事抗诉书，是指人民检察院对人民法院确有错误的刑事判决或裁定依法提出抗诉时制作的法律文书。

我国《刑事诉讼法》第 228 条规定："地方各级人民检察院认为本级人民法院第一审的判决、裁定确有错误的时候，应当向上一级人民法院提出抗诉。"第 254 条第 3 款规定："最高人民检察院对各级人民法院已经发生法律效力的判决和裁定，上级人民检察院对下级人民法院已经发生法律效力的判决和裁定，如果发现确有错误，有权按照审判监督程序向同级人民法院提出抗诉。"《人民检察院刑事诉讼规则》第 584 条规定："人民检察院认为同级人民法院第一审判决、裁定有下列情形之一的，应当提出抗诉：①认定事实不清、证据不足的；②有确实、充分证据证明有罪而判无罪，或者无罪判有罪的；③重罪轻判，轻罪重判，适用刑罚明显不当的；④认定罪名不正确，一罪判数罪、数罪判一罪，影响量刑或者造成严重社会影响的；⑤免除刑事处罚或者适用缓刑、禁止令、限制减刑错误的；⑥人民法院在审理过程中严重违反法律规定的诉讼程序的。"

由此可见，刑事抗诉分为二审程序的抗诉和审判监督程序的抗诉两种。不论是哪种程序的抗诉，人民检察院都应制作抗诉书，送达人民法院。

抗诉是国家赋予人民检察院的职责，是人民检察院对人民法院的审判工作进行监督的重要手段，抗诉书是人民检察院行使审判监督职权的重要工具，也是引起人民法院第二审或再审程序的法定程序之一。人民检察院通过抗诉程序，可以及时有效地纠正人民法院确有错误的判决和裁定，使犯罪分子受到应有的惩罚，保护公民的合法权益，保障法律的正确实施。

二、结构、内容和写作方法

刑事抗诉书为叙述式文书。不论是依照二审程序制作的抗诉书还是依照审判监督程序制作的抗诉书，其内容均由首部、正文和尾部三部分组成。

（一）首部

1. 标题和案号。标题应分行居中写明制作文书的人民检察院名称和文书名称，人民检察院名称应写全称；如果是涉外案件，院名前还应冠"中华人民共和国"字样。文书名称，即写刑事抗诉书。依照二审程序制作的抗诉书，案号为"××检××诉刑抗〔20××〕×号"。依照审判监督程序制作的抗诉书的案号为"××检××审刑抗〔20××〕×号"。

2. 原判决、裁定的情况。依照二审程序提出的抗诉，要写明原审人民法院名称、文书名称和案号、被告人姓名、案由（如果检察院和法院认定罪名不一致时，应分别表述）、判决或裁定的结果以及本院审查后的意见。这部分的内容可表述为："×××人民法院以××号刑事判决（裁定）书对被告人×××（姓名）××（案由）一案判决（裁定）……（判决、裁定结果）。本院依法审查后认为（如果是被害人及其法定代理人不服地方各级人民法院第一审的判决而请求人民检察院提出抗诉的，应当写明这一程序，然后再写"本院依法审查后认为"），该判决（裁定）确有错误（包括认定事实有误、适用法律不当、审判程序严重违法），理由如下："。

如果是依照审判监督程序提出抗诉的，这一部分首先要写明原审被告人的基本情况，包括姓名、性别、出生年月日、民族、职业、单位及职务、住址、服刑情况、刑满释放或者假释的具体日期等。有数名被告人的，依犯罪事实情节由重至轻的顺序分别列出。其次，要写明诉讼过程、生效判决或裁定概况。由于依照审判监督程序抗诉的案件，可能是已经生效的一审判决或者裁定，也可能是终审判决或者裁定，所以要根据案件实际，采用不同的写法。抗诉对象如果是一审生效的判决或裁定，抗诉书中除应写明一审判决或裁定的主要内容外，还要写明一审判决或裁定的法定生效原因和生效时间，以使所论述的内容清楚、完整。抗诉对象如果是终审的判决或者裁定，应在被告人的基本情况和公诉简况后，分别写明一审和二审判决或者裁定的主要内容，包括一审和二审法院的名称，判决或者裁定认定的罪名和量刑（如果是裁定，写明裁定事项）等有关情况。此外，还应写明提起审判监督程序抗诉的原因。检察实践中，上级检察机关发现下级人民法院生效的判决或者裁定确有错误的途径主要有：根据下级检察机关提起抗诉报告，备案审查，通过办案质量检查、复查申诉等。这是提请抗诉的来源，论述时应根据实际情况简要写明即可。这一部分可表述为："×××人民法院以××号刑事判决（裁定）书对被告人×××（姓名）××（案由）一案判决〔裁定〕……（写明生效的一审判决、裁定或者一审及二审判决、裁定情况）。经依法审查（如果是被告人及其法定代理人不服地方各级人民法院生效判决、裁定而请求人民检察院提出抗诉的，或者有关人民检察院提请抗诉的，应当写明这一程序，然后再写"经依法审查"），本案的事实如下："。

（二）正文

1. 抗诉理由。这一部分是证明抗诉意见正确性的论据和基础，要有针对性地运用事实、证据和法律，具体指出一审或二审判决或者裁定的错误所在，同时论证检察机关抗诉意见的正确性。根据法律规定和抗诉工作的实践经验，抗诉理由主要应针对以下几方面的问题展开论述：

（1）针对原判决或者裁定在认定事实方面的错误，论述抗诉理由。认定事实方面的错误包括：应予认定的事实未认定，或者认定的事实有出入，或者遗漏罪行、遗漏罪犯等。事实认定错误是提起抗诉的主要理由之一。事实是适用法律、定罪、量刑的基础，认定事实有错误必然导致定性、量刑或者适用法律的错误，因此，论证抗诉理由，要明确具体指出原判认定的哪些事实有错误，再论证检察机关查明认定的事实和证据，对检察机关认定的事实应围绕刑法规定的该罪构成要件特别是争议问题，简明扼要地加以论述。一般应当具备时间、地点、动机、目的、关键行为情节、数额、危害结果、作案后表现等有关定罪量刑的事实和情节。通过摆事实，讲道理，指出抗诉理由的正确性。对于有多起犯罪事实的抗诉案件，只叙述原判决（裁定）认定事实不当的部分，认定没有错误的，可以只肯定一句"对……事实的认定无异议"即可。重点是突出检察机关与法院两家的争议焦点，体现抗诉的针对性。对于共同犯罪案件，也可以类似地予以处理，即只对原判决（裁定）漏定或者错定的部分被告人的犯罪事实作重点论述，对其他被告人的犯罪事实可简单论述或者不论述。

（2）原判决或者裁定在适用法律方面有错误，运用犯罪构成要件的理论，分析犯罪行为的本质特征，从引用罪状、量刑情节等方面入手，阐述抗诉理由。原判决或者裁定在适用法律方面的错误具体包括：定性（罪与非罪）、定罪（此罪与彼罪）、不处罚或者处罚不当等。如果原判决认定事实无误，只是适用法律有错误的，应在指出具体错误之后，着重围绕被告人行为事实的本质特征和相关法律的本义，论证如何正确适用法律认定案件性质。如果原判决是因认定事实错误而导致适用法律错误的，应先将检察机关查明认定的事实和证据写明，并具体指出原判决适用法律的错误之处，然后阐明该案应如何正确适用法律，认定犯罪性质。

（3）原判决或者裁定量刑不当。具体情况包括：罪刑不相适应，刑罚畸轻畸重，具有法定从重、从轻或减轻情节的未依法准确量刑，以及适用缓刑不当等情况。抗诉书要针对量刑不当的原因阐述抗诉理由。如果原判决仅是量刑不当，而无其他错误的，应着重阐述量刑不当的原因及理由。如果原判决或裁定认定事实、认定性质和确定罪名基本无误，只是量刑畸轻畸重的，应着重从情节、社会危害等影响量刑的诸要素方面进行分析，指出原判量刑上的错误之处，进而提出准确量刑的抗诉意见。如果是认定事实错误，导致定性、定罪适用法律错误，进而导致量刑不当的，应在阐明认定事实、证据和论证准确适用法律的意见后，写清量刑的不当所在，并提出正确的量刑建议。

（4）原判决或裁定违反法律规定的诉讼程序，影响正确判决或裁定的。要根据刑事诉讼法及有关的司法解释，论述原审法院违反法定诉讼程序的事实表现，包括时间、地点、审判人员或合议庭的违法行为等情况。再写明影响公正判决的现实表现或可能性，并引用刑事诉讼法中有关方面的规定进行对照和论证，提出纠正错误的法律规定和正确的诉讼程序。

（5）原判决或裁定将犯罪事实清楚、证据确实充分的案件错误地认定为证据不足并判无罪的，要针对分歧，充分运用犯罪事实和证据，逐条逐项论证本案符合法定条件，足以认定的道理。其中，论述证据确实、充分的理由时，对于有新补充证据的，应说明其证明力；对于认定失误的，指出认定证据失误之处，阐明正确认定的道理；对于"证据确实、充分"的标准、规格在认识上有分歧的，要结合具体情况，阐明抗诉机关依法理解的标准、规格。

（6）依照审判监督程序提出的抗诉，由于生效判决或者裁定都较复杂，所以，论述抗诉理由要有针对性地选择侧重点，这样才能做到观点明确、条理清晰。如果检察机关认为一审判决或者裁定正确而二审改判有错误的，论述抗诉理由时应一方面论证一审判决或者裁定的正确性，另一方面论证二审改判的错误所在。运用事实、证据和法律，论证检察机关对案件定性定罪、处罚量刑、诉讼程序、适用法律等方面的意见。论述时要做到以法论理、以法为据。

在检察实践中，这一部分的写法一般有以下三种：

第一，分段列举法。即在写明审查意见后，将抗诉理由按照论点、论据列出，并加序号分几个自然段论述。这种方法的特点是论点明确，论述清楚，条理性强。主要适用于抗诉理由论点较多的案件。例如，"经本院审查认为，原判量刑畸轻，理由如下：（以下分段论述）一、……二、……三、……"。

第二，综合分析法。即将抗诉理由集中在一个自然段内分层次论述，这种写法适用于抗诉理由比较集中，论点较少的案件。特点是结构紧凑，论点概括集中。

第三，分人论述法。在抗诉案件中，同时有几个被告人的，应针对每个被告人的具体情况，参照上述方法，分别论述抗诉理由。这种写法适用于抗诉理由各不相同的两名以上被告人的抗诉案件。特点是被告人的情况与抗诉理由联系紧密，针对性强。

2. 结论性的意见、法律根据和要求事项。首先，根据所述的抗诉理由，针对原判决或裁定的错误，概括表明检察机关认定的被告人的行为性质、罪名、量刑等意见。结论性的意见应当高度概括，简洁明确。其次，写明法律依据。抗诉书引用法律依据要针对案件的实际，写明两方面的法律依据，一是指出纠正原判决或裁定错误的法律依据。属于案件实体的，如定性、定罪、量刑等，要引用我国《刑法》等实体法相应的条款；属于程序问题的，如违反法律程序、错误的裁定等，要引用我国《刑事诉讼法》等程序法条款。二是据以提出抗诉的法律条款。如果是依照二审程序提出抗诉制作的抗诉书，要引用《刑事诉讼法》第228条的规定；如果是依照审判监督程序提出抗诉制作的抗诉书，要引用《刑事诉讼法》第254条第3款的规定。最后，写明要求事项。即在引用法律依据后，接着写明"特提出抗诉，请依法判处"。这部分内容可表述为："综上所述……（概括上述理由），为维护司法公正，准确惩治犯罪，依照《中华人民共和国刑事诉讼法》第二百五十四条第三款的规定，对×××法院××号刑事判决（裁定）书，提出抗诉，请依法判处。"

（三）尾部

1. 受理抗诉的人民法院名称。即写明"此致×××人民法院"。

2. 署名。在文书右下方署人民检察院名称。

3. 写明文书制作的年月日。

4. 加盖人民检察院院印。

5. 附项。一是写明被告人现羁押于×××（或者现住×××）；二是写明其他有关材料。

三、注意事项

1. 审查意见是检察机关对原审判决或者裁定经审查后提出的看法，目的是明确指出原审判决或者裁定的错误所在，告知二审和再审法院，检察院抗诉的重点是什么。这一重点是抗诉书的论点，抗诉理由要围绕这一论点展开论证，因此要开门见山、旗帜鲜明地提出，不能含糊其辞，模棱两可。

2. 抗诉书中不能追诉起诉书中没有指控的犯罪事实。被告人在案件中有自首、立功等情节的，抗诉书应予以论证。

3. 抗诉书中的证据部分，应在论述事实时有针对性地加以列举，所列的证据要说明证据的种类，其证明的内容要点以及与犯罪事实的联系，不能空洞地用"上述事实清楚，证据确实充分，足以认定"一笔带过。

4. 根据我国刑事诉讼法的规定，按照审判监督程序提出抗诉时，最高人民检察院应向最高人民法院提出；作出生效判决或者裁定的人民法院的上一级人民检察院应向同级人民法院提出。因此，审判监督程序抗诉书的尾部，受理抗诉的人民法院应写同级人民法院名称。

5. 抗诉书以案件或被告人为单位制作。具体制作份数根据实际需要确定。抗诉书应抄送原提起公诉和提请抗诉的下级人民检察院。提出抗诉的人民检察院应将抗诉书正本（送达人民法院）和副本（送达被告人及其辩护人）一并送达同级人法院。

第八节　检察意见书

一、概念和功能

检察意见书，是指人民检察院依法向有关主管机关提出的要求相应机关及时反馈的，对于需要给予行政处罚、行政处分或没收违法所得的被不起诉人行政处理意见时，所制作的法律文书。

我国《刑事诉讼法》第 177 条第 3 款规定："人民检察院决定不起诉的案件，应当同时对侦查中查封、扣押、冻结的财物解除查封、扣押、冻结。对被不起诉人需要给予行政处罚、行政处分或者需要没收其违法所得的，人民检察院应当提出检察意见，移送有关主管机关处理。有关主管机关应当将处理结果及时通知人民检察院。"

检察意见是检察机关在对犯罪嫌疑人依法作出不起诉决定的同时，认为应当依法对被不起诉人予以行政处罚、行政处分或没收违法所得，向有关主管机关提出的一种处理意见。检察意见的核心是提出意见，移送处理。根据刑事诉讼法的规定，凡是符合《刑事诉讼法》第 177 条第 3 款规定的情形时，检察机关都应当提出检察意见，因此，提出检察意见是检察机关的一项重要职责和法定义务。

二、结构、内容和写作方法

检察意见书为叙述式文书。由首部、正文和尾部三部分内容组成。

（一）首部

1. 标题和案号。写明人民检察院名称和文书名称，案号为"××检××意〔20××〕×号"。案号应当由提出检察意见的具体业务部门分别填写。如公诉部门提出检察意见的，可填写"××检诉意〔20××〕×号"。

2. 发往单位。顶格写明检察意见发往的有关主管机关的名称。

（二）正文

1. 案件来源及查处（审查）情况。案件来源一般是由公安机关移送、反贪部门移送或者由其他机关移送。审查情况要写明人民检察院在收到案件后所做的查处以及审查工作，具体可表述为："××××（移送机关名称）于××××年×月×日向本院移送审查的×××（犯罪嫌疑人姓名）涉嫌××（罪名）一案，本院（受理后经两次退回补充侦查）现已审查终结。"

2. 认定的事实、证据、决定事项（认定结论）及法律依据。主要写明检察机关经审查后，根据现有证据认定的案件事实，并列举相应的证据材料，以及检察机关审查后根据相关法律规定作出的处理决定和所依据的法律。

3. 提出检察意见的具体内容和要求。即根据法律规定，写明向有关主管机关提出给予被不起诉人行政处分、行政处罚或没收违法所得的具体检察意见和要求。

（三）尾部

在文书右下方写明制作检察意见书的年月日，并加盖人民检察院院印。

三、注意事项

1. 人民检察院在向有关机关提出对被不起诉人给予行政处罚、行政处分时，应当将检察意见书与不起诉决定书一并送达有关主管机关。

2. 检察意见书是人民检察院依法行使法律监督职责，督促有关机关追究被不起诉人的其他法律责任的一种文书。根据《刑事诉讼法》的规定，有关主管机关负有及时反馈处理意见的法律义务。因此在检察意见书中，应当对有关主管机关的反馈期限作出要求，但由于我国《刑事诉讼法》没有对反馈期限作出规定，因此，实践中一般由检察机关根据案件具体情况合理确定。

3. 检察意见书一式二份，一份送达有关机关，一份附卷。

第九节　　检察建议书

一、概念和功能

检察建议书，是指人民检察院在办案过程中，发现有关单位在管理工作中存在犯罪隐患、管理漏洞、执法不规范，以及人为对有关人员或者行为予以表彰或者给予处分、行政处罚等现象时，向有关单位提出建议所制作的法律文书。

根据法律规定和社会治安综合治理的精神，人民检察院应当积极参加打击犯罪、预防犯罪等社会治安综合治理的工作。人民检察院对于办理案件过程中发现的有关单位的各项管理工作混乱，规章制度不健全，有较大漏洞，给犯罪分子可乘之机，不利于打击犯罪、预防犯罪的问题，有义务协助或督促有关单位加以整顿治理。对于需要社会有关单位与人民检察院配合同犯罪作斗争的其他重要问题，也应主动提出建议。因此，检察建议书是人民检察院参加社会治安综合治理工作的有效工具，也是人民检察院与广大人民群众密切配合，扩大办案效果，堵塞漏洞，防止和减少犯罪，维护社会治安的重要形式。

二、结构、内容和写作方法

检察建议书为叙述式文书。由首部、正文和尾部三部分内容组成。

（一）首部

1. 标题和案号。写明人民检察院名称和文书名称，案号为"××检××建〔20××〕×号"。案号由各级人民检察院办公室统一负责。

2. 主送单位的名称。应顶格写明主送单位全称。

（二）正文

1. 问题来源或提出建议的起因。写明本院在办理何人、何案中发现了该单位在管理等方面存在的漏洞，以及需要提出有关检察建议的问题。写这一部分时，要注意所涉及的问题必须是与受文单位有密切的联系。语言要求简明、确切。例如，"我院在审查张××、李××盗窃一案时，发现你单位下属的××公司在企业管理和安全保卫方面存在严重的问题。"

2. 应当消除的隐患以及违法现象。即写明提出建议所依据的事实。检察机关是国家监督机关，提出检察建议是十分严肃的事情，必须依据确凿的事实。提出检察建议的事实，务求实事求是，客观准确，并与建议内容密切相关。

提出检察建议所依据的事实，一般包括在办案过程中发现的打击犯罪、预防犯罪不力方面的隐患，需要加强改进或者建章立制，规范管理等几方面的内容。根据检察实践，有关单位存在下列情况或问题时可以提出检察建议：①安全保卫不到位，疏于防范，屡次出现违法犯罪活动的；②物资、财务管理混乱，规章制度不健全、不落实，有较大漏洞，给犯罪分子以可乘之机的；③单位内部纠纷突出，调解、疏导不力，矛盾可能激化，或者矛盾已经激化，出现了严重后果的；④有庇护犯罪分子、知情不举或者以说情等其他形式干扰办案的情况，但尚未达到追究刑事责任程度的；⑤被不起诉人，或其他有一般违法行为的人须由主管部门予以行政处分的；⑥对积极协助检察机关同犯罪作斗争的人员，需建议主管部门予以表彰的；⑦其他影响国家法制和社会治安综合治理的重大问题，需要提出检察建议的等。

3. 提出检察建议依据的法律、法规及有关规定。检察建议书是人民检察院制作的有法律意义的文书，提出的建议应当有明确的法律依据。检察建议书引用的法律依据主要有两个方面：①检察机关提出建议行为所依据的有关法律；②受文单位存在的问题，不符合哪项法律规定和有关规章制度的规定，应当按照哪项法律规定调整。

4. 治理防范的具体意见。具体意见的内容应当符合实际、实事求是、具体明确、切实可行，要与以上列举的事实紧密联系。凡是涉及对有关人员作出处理建议的，尤其应当慎重。要注意理由、证据和运用法律等规章制度规定的准确性和充足性。

5. 要求事项。要求事项是为实现检察建议内容，或者督促检察建议落实而向受文单位提出的具体意见和要求。包括三项内容：①要求研究解决或者督促整改；②要求加强与检察机关的联系；③要求回复落实的情况，对此，可以提出具体时间及结果的要求。例如，"以上建议请研究落实整改，并将落实情况在××日内及时告知我院。"

（三）尾部

在文书右下方写明制作检察建议书的年月日，并加盖人民检察院院印。

三、注意事项

1. 检察建议书主要适用于社会治安综合治理，防范、减少犯罪工作等方面的建议。对于刑事诉讼程序上的问题，或者是人民检察院法律监督业务范围内的问题，不能使用建议书，应使用其他相应的检察法律文书。因此，检察建议书的受文单位，是指司法机关以外的社会上的单位。

2. 对人民检察院依照《刑事诉讼法》第 175 条第 4 款的规定，向有关主管机关提出对被不起诉人给予行政处罚、行政处分或向其他单位提出纠正意见及检察意见时，应制作"检察意见书"，而不能使用本文书。

3. 严格掌握提出检察建议的标准。发现的问题及所提建议针对的事实要求客观、准确、概括性强，能反映问题的实质，要将事实要件进行综合、归纳提炼。对事实不清、证据不足的问题不宜提出检察建议。

4. 检察建议书不具有强制性，为了保证建议内容的落实，承办人员应及时主动地了解、掌握建议的落实情况，如发现建议的部分内容不妥，但不影响建议效果的，可及时向有关单位说明更正，但不撤销建议书。

5. 为了确保检察建议书的质量，体现检察建议书的严肃性，向有关单位发出检察建议书，应当报请检察长批准。

6. 检察建议书一式四份，一份附卷，一份送达受文单位，一份送达受文单位的上级主管部门，一份送本院预防部门。具体运用时，各级人民检察院可根据工作实际或根据承办部门提出的具体需要，增加印制份数。

【思考题】

1. 人民检察院刑事法律文书按照所处诉讼阶段及其作用的不同可以分为哪几类？

2. 起诉书中的被告人如系自然人时应写明哪些内容？

3. 起诉书中的事实部分有哪几种写法？分别适用于叙写哪类案件？

4. 起诉书中涉及哪些内容时必须使用模糊词语加以概括？

5. 对重大、具有较大影响的案件，起诉中的犯罪事实部分应写明哪些内容？

6. 不起诉决定书正文的案件事实部分应针对哪几种情况叙述？

7. 提请抗诉报告书正文中审查认定的犯罪事实应写明哪些内容？

8. 抗诉的如果是涉外案件，抗诉书的标题必须写明什么内容？

9. 抗诉理由针对判决或者裁定的哪几个方面问题展开论证？

10. 抗诉理由部分有哪几种写法？

11. 检察意见书是针对什么内容提出的？

12. 人民检察院在什么情况下制作检察建议书？

【拓展示例】

示例一：批准逮捕决定书

示例二：起诉书

示例三：不起诉决定书

示例四：公诉意见书

示例五：提请抗诉报告书

示例六：刑事抗诉书

示例七：检察意见书

示例八：检察建议书

第四章

人民法院刑事裁判文书

学习目的和要求：通过本章学习，要求学习者在了解人民法院刑事裁判文书的概念、作用和分类的基础上，具体了解和掌握几种常用文书的概念、作用、具体写作要求、文书写作需要注意的问题，并能达到结合司法实践、能写会用的要求。

第一节　概　述

一、人民法院刑事裁判文书的概念和特点

人民法院刑事裁判文书，是指在刑事诉讼中，人民法院针对刑事案件的实体问题和程序问题，依法制作的具有法律效力或者法律意义的法律文书。

自 1993 年 1 月 1 日以来，人民法院的刑事裁判文书都是按照最高人民法院制定的《法院诉讼文书样式（试行）》制作。随着我国《刑法》《刑事诉讼法》的修改完善，1999 年 4 月 6 日，最高人民法院审判委员会第 1051 次会议讨论通过了《法院诉讼文书样式（样本）》，自 1999 年 7 月 1 日开始施行。这是最高人民法院为全面执行《刑法》《刑事诉讼法》，大力推进控辩式审理方式，加快裁判文书的改革步伐，使裁判文书成为司法公正载体，采取的重要措施，对于从总体上提高裁判文书的质量，具有重要的意义。《法院诉讼文书样式（样本）》包括文书 9 类 64 种。其中，裁判文书类 45 种；决定、命令、布告类文书 24 种；报告类 19 种；笔录类 13 种；证票类 5 种；书函类 16 种；通知类 27 种；其他类 8 种；书状类 7 种。为了正确理解和执行文书样式，2001 年 6 月 15 日，最高人民法院办公厅发文对实施《法院诉讼文书样式（样本）》若干问题进行了解答。2003 年 5 月，最高人民法院又补充了 7 份文书样式，进一步规范了刑事诉讼文书的制作。2009 年 10 月 12 日，最高人民法院办公厅发布了《关于印发一审未成年人刑事案件适用普通程序的刑事判决书样式和一审未成年人刑事公诉案件适用简易程序的刑事判决书样式的通知》，进一步对未成年人犯罪的刑事判决书样式予以规范。

人民法院刑事裁判文书是刑事诉讼文书的重要组成部分，主要具有以下特点：

1. 制作主体的特定性。刑事裁判文书是人民法院具体实施法律的重要文字

载体。根据我国法律规定，只有人民法院有权行使审判权，依据事实，适用法律，对案件作出裁决。因此，刑事裁判文书的制作主体只能是人民法院，其他任何机关、单位、团体和个人都无权制作。

2. 制作内容的合法性。所谓制作内容的合法性，是指人民法院应当遵循"以事实为根据，以法律为准绳"的原则，严格依照法律规定制作刑事裁判文书。不仅文书的内容要合法，即对事实的认定必须客观真实，准确无误，既不能夸大，也不能缩小，而且文书的制作程序也应当符合法律规定。

3. 具体实施的强制性。人民法院的刑事裁判文书具有实施的强制性，即依靠国家强制力保证实施。人民法院刑事裁判文书实施的强制性，取决于文书的权威性。根据法律规定，刑事裁判文书一经作出，即发生法律效力，具有权威性，除非依照法定程序，否则任何机关和个人都不得变更或者撤销。

二、人民法院刑事裁判文书的功能和分类

人民法院刑事裁判文书的功能主要体现在以下几个方面：①人民法院依法行使审判权，对刑事案件进行审理并作出判决的最终文字载体；②人民法院严格依法办案，正确适用刑事法律，保护人民、惩罚犯罪的有力武器；③宣传法制、教育公民遵守法律的生动教材。

人民法院的刑事裁判文书，主要指刑事判决书和刑事裁定书，具体分类如下：

1. 刑事判决书的分类。①按照内容的不同，可以分为有罪判决书和无罪判决书；有罪判决书又可以分为科刑的刑事判决书和免刑的刑事判决书。②按照审判程序的不同，刑事判决书可以分为第一审刑事判决书（包括适用简易程序的刑事判决书）、第二审刑事判决书、再审刑事判决书和刑事附带民事判决书。

2. 刑事裁定书的分类。刑事裁定书可以分为第一审刑事裁定书、第二审刑事裁定书、死刑复核刑事裁定书、核准法定刑以下判处刑罚的刑事裁定书、再审刑事裁定书、减刑假释裁定书、减免罚金裁定书和中止、终止审理裁定书等。

第二节　第一审刑事判决书

一、概念和功能

第一审刑事判决书，是指在刑事诉讼中，人民法院依照法律规定的第一审程序，对刑事公诉案件和自诉案件审理终结后，根据已经查明的事实、证据和法律规定，对案件实体问题作出处理决定时制作的法律文书。

我国《刑事诉讼法》第188条规定，人民法院审判第一审案件应当公开进行。但是有关国家秘密或者个人隐私的案件，不公开审理；涉及商业秘密的案件，当事人申请不公开审理的，可以不公开审理。不公开审理的案件，应当当庭宣布不公开审理的理由。第 200 条规定，在被告人最后陈述后，审判长宣布休庭，合议庭进行评议，根据已经查明的事实、证据和有关的法律规定，分别作出以下判决：①案件事实清楚，证据确实、充分，依据法律认定被告人有罪的，应当作出有罪判决；②依据法律认定被告人无罪的，应当作出无罪判决；③证据不足，不能认定被告人有罪的，应当作出证据不足、指控的犯罪不能成立的无罪判决。第 203 条规定，判决书应当由审判人员和书记员署名，并且写明上诉的期限和上诉的法院。

第一审刑事判决书的功能主要体现在以下几个方面：①一审刑事判决书是国家审判机关适用第一审程序对刑事案件进行审理后，依据事实、证据和法律规定作出的结论；②惩罚犯罪的工具；③当事人或法定代理人不服一审判决，在法定期限内，向上一级人民法院提起上诉的依据；④人民检察院在法定期限内提出抗诉的根据。

总之，第一审刑事判决书在刑事诉讼中占有重要的地位，对于及时有效地惩罚犯罪分子，保障无罪的人不受法律追究，维护公民的合法权益具有重要意义。

根据适用情况的不同，第一审刑事判决书分为以下几种，即第一审公诉案件适用普通程序的刑事判决书，第一审单位犯罪案件的刑事判决书，第一审公诉案件适用普通程序的刑事附带民事诉讼判决书，第一审公诉案件适用简易程序的刑事判决书，第一审自诉案件刑事判决书，第一审自诉案件刑事附带民事诉讼判决书，第一审自诉、反诉并案审理的刑事判决书，第一审公诉案件适用普通程序审理"被告人认罪案件"的刑事判决书，第一审未成年人刑事案件适用普通程序的刑事判决书等。本文主要介绍第一审公诉案件适用普通程序的刑事判决书。

二、结构、内容和写作方法

第一审刑事判决书由首部、正文和尾部组成。

（一）首部

首部包括标题，案号，公诉机关，被害人，被告人和辩护人的基本情况，案由、审判组织、审判方式和审判经过。

1. 标题。标题应当写明人民法院的名称和文书名称。叙写标题需要注意以下几个问题：

（1）人民法院的名称，一般应与院印的文字一致，除最高人民法院外，各地方的人民法院名称前，均应写明省、自治区或直辖市的名称。

（2）涉及涉外案件时，在各级人民法院名称前，均应写明"中华人民共和国"字样。

(3) 文书名称，应当写明"刑事判决书"。

(4) 叙写文书标题时，法院名称和文书名称应当各占一行，居中排列。

2. 案号。案号由立案年度、制作法院、案件性质、审判程序的代字和案件的顺序号组成，即应写为："（××××）×刑初字第×号"。叙写案号需要注意以下几点：

(1) 年度。应当用公元纪年全称，用阿拉伯数字叙写。

(2) 案件性质。用"刑"字表示。

(3) 制作法院。应当与行政区划的简称一致。

(4) 审判程序的代字。应当用"初"字表示。

(5) 案件的顺序号。指按照受理案件的时间编写的顺序号。

综上所述，以北京市西城区人民法院 2017 年 5 月 10 日受理的第 2019 号案件为例，案号应当写为："（2017）西刑初字第 2019 号"。案号在文书名称下一行的右端书写，其最末一字应与下面正文右端各行看齐。

3. 公诉机关。由人民检察院提起刑事公诉的案件，直接写为"公诉机关×××人民检察院"，因为公诉机关指的是代表国家向人民法院提请追究被告人刑事责任的检察机关。在"公诉机关"与"××××人民检察院"之间，不用加标点符号，也不用空格。

4. 被害人。如果在案件审理过程中，被害人、法定代理人和诉讼代理人出席法庭参加诉讼的，在审判经过段的"出庭人员"中写明，未出庭的则不写。

5. 被告人的基本情况。应当依次写明被告人的姓名、性别、出生年月日、民族、出生地、文化程度、职业或工作单位和职务、住址和因本案所受强制措施情况、现羁押处所等。这部分内容的表述，可以在上述要求的基础上，根据不同情况酌情予以增减。叙写被告人的基本情况，需要注意以下几个问题：

(1) 被告人称谓后，直接写明被告人的姓名，不用标点符号，也不需要空格。如果被告人有与案情有关的别名、化名和绰号的，应当在其姓名后面用括号加以注明。

(2) 被告人的出生年月日，一般应当用公历准确的书写。如果确实查不清出生年月日的，也可以写年龄。但是，如果被告人是未成年人的，必须写明出生年月日。

(3) 被告人的出生地如果与籍贯不一致的，应当写出生所在地。

(4) 被告人的职业，一般写为干部、工人、农民、个体工商户等。如果有工作单位的，应当写明其工作单位和职务。

(5) 被告人的住址，应当写住所所在地；住所所在地与经常居住地不一致的，写经常居住地。

（6）被告人曾经受过刑事处罚、行政处罚、劳动教养，或者又在以上限制人身自由期间内逃跑等，可能构成累犯或者有法定、酌定从重处罚的情节，应写明其被处罚的事由和时间。

（7）被告人因本案所受强制措施情况，应当写明被刑事拘留、逮捕等羁押时间的起始日期，以便折抵刑期。在具体行文时，通常表述为："因涉嫌犯××罪于×××年××月××日被刑事拘留、逮捕（或者被采取其他的强制措施）。"

（8）同案被告人有2人以上的，应当按照主犯、从犯的顺序叙写。

（9）被告人是外国人的，应在其中文译名后用括号写明其外文姓名、护照号码、国籍。

（10）被告人是未成年人的，应当在写明被告人基本情况之后，另行续写法定代理人的姓名、与被告人的关系、工作单位和职务及住址。

6. 辩护人的基本情况。辩护人，是指接受被告人的委托或者经法院指定参加诉讼，依法维护被告人的合法权益，发表辩护意见的人。叙写辩护人的基本情况，需要注意以下几个问题：

（1）辩护人是律师的，只需要写明辩护人的姓名、工作单位和职务即可，即写为："辩护人×××，××××律师事务所律师"。

（2）辩护人是由人民团体或者被告人所在单位推荐的，或者是经人民法院许可的公民，应当写明辩护人的姓名、工作单位和职务。

（3）辩护人是被告人的监护人、亲友的，除应写明其姓名和职务外，还应当写明辩护人与被告人的关系。

（4）辩护人是人民法院指定的，应当表述为"指定辩护人"。

（5）同案被告2人以上，且各有辩护人的，分别列写在各被告人下一行。

7. 案由、审判组织、审判方式和审判经过。书写这段文字的目的，是为了体现审判程序的合法性。根据文书格式的要求，具体表述如下：

"××××人民检察院以×检×诉［××××］号起诉书指控被告人×××犯××罪，于×××年××月××日向本院提起公诉。本院受理后，本院依法组成合议庭，公开（或不公开）开庭审理了本案。××××人民检察院指派检察员×××出庭支持公诉，被害人×××及其法定代理人×××、诉讼代理人×××，被告人×××及其法定代理人×××、辩护人×××、证人××、鉴定人×××、翻译人员×××等到庭参加诉讼。现已审理终结。"

叙写这部分内容，需要注意以下几个方面的问题：

（1）起诉日期，应当叙写为法院签收起诉书及主要证据复印件等材料的日期。

（2）对于依法不公开审理的案件，为了体现审理程序的合法性，应当写明不公开审理的理由。

（3）出庭支持公诉的公诉人，如果是检察长、副检察长、检察员、代理检察员的，应当分别表述为"检察长""副检察长""检察员""代理检察员"。

（4）被告人委托辩护人的，应当写明辩护人出庭的情况，因为这是对辩护人在法庭上诉讼地位的确认，也是诉讼参与人诉讼权利依法得到保障的体现。

（5）为了客观反映人民法院审查起诉的立案日期，应当写明审理案件的起始日期，即立案时间。一般叙写时，在"××××人民检察院以×检×诉［×××］号起诉书指控被告人×××犯×罪，于××××年××月××日向本院提起公诉"之后，叙写为"本院于××××年××月××日立案，并依法组成合议庭……"。

（6）如果检察机关提起公诉的案件，属于人民法院作出无罪判决、人民检察院又起诉的情形，原判决不予撤销，但是在案件审理经过段中，应当在"×××人民检察院以×检×诉［××××］号起诉书"一句前，增写"被告人×××曾于××××年××月××日被×××人民检察院以××罪向×××人民法院提起公诉，因证据不足，指控的犯罪不能成立，被×××人民法院依法判决无罪释放"一段文字。

（7）如果有证人、鉴定人、翻译人员出庭的，应当一并写明。

（二）正文

正文是文书的核心内容，包括事实、理由和判决结果。

1. 事实。事实是判决的基础，是判决理由和判决结果的根据，因此叙写判决书，首先应当将案件事实叙写清楚。

根据《格式样本》的规定，事实部分主要应当写明以下内容，即概述检察院指控的基本内容，写明被告人的供述、辩解和辩护人辩护的要点，写明人民法院经审理查明的事实。同时，为了使事实更具有说服力，在叙写事实时，还应当列举充分、有力的证据。

（1）概述检察院指控的基本内容。在判决书的事实部分，首先应当概述检察院指控的基本内容，包括公诉机关指控被告人犯罪的事实、证据和公诉机关对案件适用法律的意见。叙写这部分内容需要注意以下几点：

第一，这部分内容的叙写，以"××××人民检察院指控"开头，引出下文。

第二，对公诉机关指控的犯罪事实，应当简明概括地进行叙写。

第三，指控被告人犯罪的证据，应当以公诉机关起诉时所附的证据目录、证人名单、主要证据复印件等为限。

第四，公诉机关对案件适用法律的意见，应当写明对被告人定性、量刑以及具体适用法律条款的意见。

（2）写明被告人的供述、辩解和辩护人辩护的要点。这部分包含两方面的内容：一是被告人的供述、辩解；二是辩护人辩护的要点。涉及被告人的供述、辩解的叙写，如果被告人的供述与公诉机关的指控完全一致，可以简要地表述为："被告人对公诉机关的指控供认不讳"；如果被告人对公诉机关指控的事实完全否认，或者被告人供述的事实与公诉机关指控的事实存在不一致之处，应当写明被告人供述部分的内容、辩解的内容、自行辩护的意见以及依据的相关证据。涉及辩护人辩护要点的叙写，应当以辩护人对检察院指控基本内容的反驳为叙写重点，将辩护人提出的辩护意见简明扼要地叙写清楚，并写明相关证据。总之，叙写这部分内容，应当注意以下几个点：

第一，这部分内容的叙写，应当做到全面、准确、言简意赅、没有遗漏。

第二，涉及被告人供述、辩解内容的叙写，以"被告人×××辩称……"开头，引出下文。涉及辩护人辩护要点的叙写，以"辩护人×××提出的辩护意见是……"开头，引出下文。

第三，叙写这部分内容，应当避免重指控、轻辩护的情况出现，使控、辩双方的意见在判决书中都能得到充分的体现。

（3）写明人民法院经审理查明的事实。这部分内容的叙写，由"经审理查明……"开头，引出下文。主要应当写明三个方面的事实，即法庭审理查明的事实，经举证、质证定案的证据及其来源，对控辩双方有异议的事实、证据进行分析、认证。叙写这部分内容，需要注意以下几点：

第一，叙写经人民法院审理认定的事实，应当写明行为人实施犯罪行为的时间、地点、动机、目的、手段、情节、结果、被告人在案发后的态度等，并以犯罪构成要件为重点，兼叙影响定罪量刑的各种情节。

第二，叙述事实应当做到事实清楚、重点突出。在具体叙写时，可以根据具体案情采用不同的写作方法。例如，最通常采用的叙事方式是，按照时间先后的顺序叙述；一人犯数罪的，按照罪行主次的顺序，主罪详写，由重至轻进行叙述；共同犯罪的案件，应当以主犯的犯罪事实为主线叙述；集团犯罪的案件，可以采用"先总后分"的叙写方法，即先综合叙述共同犯罪的情况，然后再按主犯、从犯、胁从犯的顺序，或者按照重罪、轻罪的顺序，分别叙述各被告人的犯罪事实等。

第三，涉及被告人有自首、立功等从轻情节的事实，应当一并予以叙述。

第四，对于经过法庭审理，确认指控事实不清、证据不足，宣告无罪的案件，应当通过对犯罪事实、证据进行具体分析，写清案件事实不清、证据不足的情形。

（4）写明认定案件事实的证据。对于证据的叙写，应当写明经过法庭庭审举证、质证、认证后，查证属实的事实。未经公开举证、质证的证据，不能作为认定案件事实的依据。

叙写证据内容，主要需要注意以下几点：

第一，叙写证据应当明确、具体，不仅应当写明证据来源，即证据是由控方还是辩方提供的，还应当写明具体证明的事实内容。

第二，对控辩双方没有争议的证据，在控辩主张中可以不予叙述，只在"经审理查明"的证据部分具体表述即可，以避免不必要的重复。

第三，对控辩双方提供的证据，无论采纳与否，都应当通过分析论证得出结论。特别是控辩双方提供的证据相互之间存在矛盾的情形，更应当详细具体地进行叙述。

第四，对于控辩双方没有争议，并且经法庭审理查证属实的同种数罪，事实和证据部分可以归纳表述。

此外，需要注意的是，在证据的叙写方法上，应当因案而异。通常的表述方式是，叙写完经法庭审理查明的事实后，另起一段叙写证据，以使运用证据认定的案件事实更加具体明确。如果案情简单或者控辩双方没有异议的，可以集中表述证据。如果案情复杂或者控辩双方有异议的，应当对证据进行分析、认证。如果涉及被告人犯罪次数较多的，可以在叙写每次犯罪事实后，阐述对证据的分析认证情况。如果是共同犯罪的，可以逐人逐罪表述证据，并进行分析认证。

2. 理由。理由是判决书的灵魂，以"本院认为，……"开头，引出下文。理由之前是事实，理由之后是判决结果，理由起着承上启下的作用。判决理由的阐述，应当以判决认定的事实为根据，针对案件的特点，运用犯罪构成的原理，分析论证被告人行为的性质，是否构成犯罪，犯的什么罪，应否从轻、减轻、免除处罚或者从重处罚，检察机关对被告人的指控是否成立，辩护人的辩护意见是否有理，是否应当予以采纳等。对于控辩双方关于适用法律方面的意见，应当有分析地进行论证，表示是否予以采纳，并阐明理由。在充分、具体地阐述理由的基础上，引用相关的法律规定作为依据，为判决结果的作出奠定基础。由此可见，判决书理由部分的内容是将案件事实、法律依据、判决结果紧密联系在一起的中间媒介，是写作判决书的关键。因此，应当全面、充分地予以论证。

叙写判决书的理由部分，主要应当写清以下几个方面的内容：

（1）依法确定罪名。阐述判决理由，首先应当根据我国刑法总则关于犯罪构成要件的规定、刑法分则关于具体罪名的规定，结合案件事实进行分析论证，确定被告人的行为是否构成犯罪，如果构成犯罪，触犯了何种罪名。如果一人犯数罪，指控的罪名均成立，应当先阐述重罪，后阐述轻罪。如果指控的数罪中，有的罪名成立，有的罪名不成立，应当先论述指控成立的罪名，对于指控不成立的罪名也应当予以论述。如果是共同犯罪的案件，应当根据被告人所处的地位、起的作用的不同，依次确定主犯、从犯、胁从犯、教唆犯的罪名。如果法院认定的罪名与检察机关指控的罪名不一致的，应当详细、具体、有理有据地进行充分的分析论证。

（2）阐明量刑情节。量刑情节与量刑结果密切相关，在阐述判决理由时，如果被告人实施的行为已经构成了犯罪，在犯罪情节上具有从重、从轻、减轻、免除处罚的情形，应当分别进行论述或者采用综合归纳的方式进行论述，阐明理由，进行认定，以体现我国法律惩办与宽大相结合的政策；促使被告人认罪服法，接受改造。

（3）评析控辩双方意见。对于公诉机关指控的罪名，应当进行充分的分析论证。公诉机关指控的罪名成立的，应当表示支持；公诉机关指控的罪名不成立，或者指控的罪名存在不当之处的，应当进行充分的分析，阐明理由，作出认定。对于被告人的辩解和辩护人提出的辩护意见，合理的，应当表明予以采纳；不合理的，应当予以批驳，并阐明理由。

（4）写明法律依据。法律依据，是指对被告人定罪量刑应当适用的具体法律条文。是否能够准确地引用法律条文，关系到是否能够准确地定罪量刑。在具体引用法律依据时，需要注意以下几点：

第一，引用法律条文，应当做到准确、完整、具体。所谓准确，是指引用的法律条文应当与判决结果相一致。所谓完整，是指将据以定性量刑的所有法律规定引用齐全。所谓具体，是指引用法律条文外延最小的规定。如果法律条文分为条、款、项的，应当具体写明第几条、第几款、第几项。

第二，引用法律条文，涉及法律名称应当使用全称。法律条文的引用，除应当遵循准确、完整、具体的原则外，涉及法律名称的引用，应当注意使用全称，不能用简称。例如，引用我国刑法的规定作为法律依据，应当写为"《中华人民共和国刑法》"，而不能简写为"《刑法》"。

第三，引用法律条文，应当先后有序。在法律条文的引用中，有时既涉及实体法的引用，也涉及程序法的引用；既涉及法律规定的引用，也涉及司法解释规定的引用。为了保证法律适用的规范性，在具体引用法律时，应当做到先后有序，即如果判决书中需要引用两条以上的法律条文，应当先引用有关定罪和确定量刑幅度的条文，后引从重、从轻、减轻和免除处罚的法律条文；如果判决结果既有主刑的内容，又有附加刑内容的，应当先引用适用主刑的法律条文，后引用适用附加刑的法律条文；如果适用以他罪论处的条文，应当先引用本条法律条文，再按本条之规定，引用相应的他罪法律条文；如果一人犯数罪时，应当逐罪引用法律条文；如果是共同犯罪的，可以集中引用有关的法律条文，必要时应当逐人逐罪引用法律条文；如果既需要引用实体法又需要引用程序法时，应当先引用实体法的法律规定，后引用程序法的法律规定；如果既需要引用法律规定，又需要引用司法解释规定时，应当先引用法律规定，后引用相关司法解释。

3. 判决结果。判决结果又称"判决主文"，是判决书的结论部分。人民法院根据已经查明的事实，适用法律规定，对被告人作出有罪或者无罪的判决，对案件作出处理决定，即判决结果。因此，判决结果是判决书的实质内容。判决结果通常分为以下三种情况：

（1）定罪判刑的，应当表述为：

"一、被告人×××犯××罪，判处……（写明主刑、附加刑）。

（刑期从判决执行之日起计算。判决执行以前先行羁押的，羁押一日折抵刑期一日，即自×××年××月××日起至×××年××月××日止。）

二、被告人×××……（写明决定追缴、退赔或者发还被害人、没收财物的决定，以及这些财物的名称、种类和数额）。"

（2）定罪免刑的，应当表述为：

"被告人×××犯××罪，免予刑事处罚（如有追缴、退赔或没收财物的，续写第二项）。"

（3）宣告无罪的，应当表述为：

"被告人×××无罪。"

在叙写判决结果时，主要应当注意以下几个问题：

第一，判处的各种刑罚，均应按照法律的规定写明全称。例如，"判处死刑，缓期两年执行"的，不能简写为"判处死缓"。宣告缓刑的，应当写为"判处有期徒刑×年，缓刑×年"。不能写为"缓期×年执行"。

第二，判处有期徒刑的刑罚，应当写明刑种、刑期、主刑的折抵办法和起止时间。例如，判处有期徒刑10年的，应当表述为："被告人×××犯××罪，判处有期徒刑十年。（刑期从判决执行之日起计算，判决执行以前先行羁押的，羁押一日折抵刑期一日。即自×××年××月××日起至×××年××月××日止。）"

第三，根据法律规定，对被告人因不满16周岁不予刑事处罚和被告人是精神病人，在不能辨认或者不能控制自己行为的时候造成危害结果，不予刑事处罚的，应当在判决结果中写明"被告人不负刑事责任"；对被告人死亡的案件，根据已经查明的案件事实和认定的证据材料，能够认定被告人无罪的，应当在判决结果中写明"被告人无罪"。

第四，数罪并罚的，应当分别定罪量刑（包括主刑和附加刑），然后按照刑法总则关于数罪并罚的规定，决定执行的刑罚。适用数罪并罚"先减后并"的案件，对前罪"余刑"的起算，可以从犯新罪之日起算。判决结果的刑期起止日期可以表述为："刑期从判决执行之日起计算，判决执行以前先行羁押的，羁押一日折抵刑期一日。即自×××年××月××日（犯新罪之日）起至×××年××月××日止。"

第五，追缴、退赔和返还被害人合法财物的，应当写明其名称、种类、数额。如果财物较多、种类复杂的，可以只在判决书上概括写明财物的种类和总数，然后另列清单作为判决书的附件。

第六，对同一被告人既被判处有期徒刑又并处罚金的，应当在判处有期徒刑和罚金之后，分别用括号注明有期徒刑刑期起止的日期和缴纳罚金的期限。

第七，一案多名被告人的，应当以罪责的主次或者所判刑罚的重轻为顺序，逐人分项定罪判处。

（三）尾部

尾部包括交代上诉权、上诉期限和上诉法院、合议庭组成人员署名、写明日期、书记员署名等。

1. 交代上诉权、上诉期限和上诉法院。在主文之后，另起一行写明："如不服本判决，可在接到判决书的第二日起十日内，通过本院或者直接向××××人民法院提出上诉。书面上诉的，应当提交上诉状正本一份，副本×份"。如果属于依法在法定刑以下判处刑罚的，应当在交代上诉权之后，另起一行写明："本判决依法报请最高人民法院核准后生效。"

2. 合议庭组成人员署名。在判决书的尾部，应当由参加审判案件的合议庭组成人员署名。叙写这部分内容，需要注意以下几点：

第一，合议庭成员中有陪审员的，署名为："人民陪审员×××"。

第二，合议庭中有助理审判员的，署名为："代理审判员×××"。

第三，助理审判员担任合议庭审判长的，与审判员担任合议庭审判长一样，均署名为："审判长×××"。

第四，院长或庭长参加合议庭的，应当担任审判长，署名为："审判长×××"。

3. 写明日期。判决书尾部写明的日期，应当是当庭宣判的日期或者签发判决书的日期。叙写日期，应当写明××××年××月××日。在年月日上，应当加盖人民法院的院印。

4. 书记员署名。在日期下方，应当由书记员署名。同时，判决书正本制成后，书记员应当将正本与原本进行核对，确认无异后，在日期左下方与书记员署名的左上方，加盖"本件与原本核对无异"的核对章。

三、注意事项

1. 写入判决书中的事实，必须是经过查证属实、确凿无疑的案件事实。同时，叙写案件事实应当做到重点突出，应当主要围绕证明被告人罪行、明确被告人罪责，以及量刑轻重的实质性事实情节等，进行重点分析论述。对与定罪量刑关系不大或者没有关系的情节，应当略写或不写。

2. 叙写认定案件事实的证据，应当确凿可靠。主要根据间接证据定案的，证据之间若有矛盾，应当综合分析，去伪存真。列举证据应当明确、具体，不能抽象笼统，证据应当与被证明的案件事实之间存在必然的、有机的联系，证据与证据之间要能够互相印证，环环相扣，形成一个严密的证明体系，并且通过对主要证据的分析论证，应当能够说明判决认定的事实是准确无误的。

3. 应当正确处理事实、理由、判决结果三者之间的关系。判决理由在判决书中起到承上启下的作用，必须上与已经认定的案件事实、情节相适应，下与判决结果相一致。只有这样，事实、理由、判决结果三者之间才能相互照应，无懈可击。

第三节　第二审刑事判决书

一、概念和功能

第二审刑事判决书，是指第二审人民法院针对当事人提出上诉或者人民检察院提出抗诉的案件，根据刑事诉讼法规定的第二审程序，对第一审人民法院作出的未发生法律效力的判决或者裁定，进行第二次审理，依法作出实体判决时制作的法律文书。

我国《刑事诉讼法》第227条规定，被告人、自诉人和他们的法定代理人，不服地方各级人民法院第一审的判决、裁定，有权用书状或者口头向上一级人民法院上诉。被告人的辩护人和近亲属，经被告人同意，可以提出上诉。附带民事诉讼的当事人和他们的法定代理人，可以对地方各级人民法院第一审的判决、裁定中的附带民事诉讼部分，提出上诉。对被告人的上诉权，不得以任何借口加以剥夺。第228条规定，地方各级人民检察院认为本级人民法院第一审的判决、裁定确有错误的时候，应当向上一级人民法院提出抗诉。第236条规定，第二审人民法院对不服第一审判决的上诉、抗诉案件，经过审理后，应当按照下列情形分别处理：①原判决认定事实和适用法律正确、量刑适当的，应当裁定驳回上诉或者抗诉，维持原判；②原判决认定事实没有错误，但适用法律有错误，或者量刑不当的，应当改判；③原判决事实不清楚或者证据不足的，可以在查清事实后改判；也可以裁定撤销原判，发回原审人民法院重新审判。原审人民法院对于依照上述第3项规定发回重新审判的案件作出判决后，被告人提出上诉或者人民检察院提出抗诉的，第二审人民法院应当依法作出判决或者裁定，不得再发回原审人民法院重新审判。第238条规定，第二审人民法院发现第一审人民法院的审理有下列违反法律规定的诉讼程序的情形之一的，应当裁定撤销原判，发回原审人民法院重新审判：①违反本法有关公开审判的规定的；②违反回避制度的；③剥夺或者限制了当事人的法定诉讼权利，可能影响公正审判的；④审判组织的组成不合法的；⑤其他违反法律规定的诉讼程序，可能影响公正审判的。

第二审刑事判决书的功能主要体现在以下几个方面：①人民法院通过第二审刑事判决，可以及时有效地纠正第一审刑事判决可能发生的错误。第二审刑事判决书是第二审人民法院对上诉或抗诉案件进行全面审查，依法作出的书面处理结论。②第二审刑事判决书是保障法律的正确实施，保证人民法院正确地行使审判权，提高审判质量，有效地保护当事人合法权益的书面凭证。③第二审刑事判决书是上级人民法院监督和指导下级人民法院刑事审判工作的依据。

第二审刑事判决书从判决结果看，包括维持原判、依法改判和撤销原判、发回原审法院重审几种情形，本文主要介绍二审改判时用的刑事判决书的写法。

二、结构、内容和写作方法

第二审刑事判决书由首部、正文和尾部组成。

（一）首部

首部包括标题、案号、抗诉机关和当事人的基本情况、辩护人的基本情况、案件由来和审判经过。

1. 标题。标题应当写明人民法院的名称和文书名称。叙写标题需要注意以下几个问题：

第一，人民法院的名称，一般应与院印的文字一致，除最高人民法院外，各地方的人民法院名称前，均应写明省、自治区或直辖市的名称。

第二，涉及涉外案件时，在各级人民法院名称前，均应写明"中华人民共和国"字样。

第三，文书名称，应当写明"刑事判决书"。

第四，叙写文书标题时，法院名称和文书名称应当各占一行，居中排列。

2. 案号。案号由立案年度、制作法院、案件性质、审判程序的代字和案件的顺序号组成，即应写为："（××××）×刑终字第×号"。叙写需要注意的事项，同第一审刑事判决书。与第一审刑事判决书不同的是，审判程序的代字，应当用"终"字表示。例如，以北京市中级人民法院 2017 年 9 月 10 日受理的第 201 号案件为例，案号应当写为："（2017）京中刑终字第 201 号"。案号在文书名称下一行的右端书写，其最末一字应与下面正文右端各行看齐。

3. 抗诉机关和当事人的基本情况。抗诉机关，应当写为："抗诉机关×××× 人民检察院"。当事人的基本情况，应当写明上诉人的基本情况，即上诉人的姓名、性别、出生年月日、民族、出生地、文化程度、职业或工作单位和职务、住址和因本案所受强制措施情况，现羁押处所等。并用括号标明其在原审中的诉讼地位。

这部分内容，应当根据不同情况采用不同的写法，具体写法如下：

（1）被告人提出上诉的，第一项写为"原公诉机关"，第二项写为"上诉人（原审被告人）"。

（2）未成年被告人的法定代理人或指定代理人提出上诉的，第一项写为"原公诉机关"，第二项写为"上诉人"并用括号注明其与被告人的关系，第三项写为"原审被告人"。

（3）被告人的辩护人或者近亲属经被告人同意提出上诉的，上诉人仍为原审被告人。但是，应将审理经过段中"原审被告人×××不服，提出上诉"一句改为"原审被告人×××的近亲属（或者辩护人）×××经征得原审被告人×××同意，提出上诉"。

（4）检察机关提出抗诉的，第一项"原公诉机关"改为"抗诉机关"，第二项改为"原审被告人"，第三项为"辩护人"。如果在同一案件中，既有被告人上诉，又有检察机关抗诉的，第一项写为"抗诉机关"，第二项写为"上诉人（原审被告人）"，第三项写为"辩护人"。

（5）被害人及其法定代理人请求人民检察院提出抗诉，检察机关依法决定抗诉的，应把审理经过段中的"原审被告人×××不服，提出上诉"一句，改写为"被害人（或者其法定代理人）×××不服，请求×××人民检察院提出抗诉。××××人民检察院决定并于××××年××月××日向本院提出抗诉"。

（6）自诉案件的被告人提出上诉的，第一项写为"上诉人（原审被告人）"，第二项写为"原审自诉人"。自诉人提出上诉的，第一项写为"上诉人（原审自诉人）"，第二项写为"原审被告人"。自诉人和被告人均上诉的，第一项写为"上诉人（原审自诉人）"，第二项写为"上诉人（原审被告人）"。

（7）共同犯罪案件中的数个被告人，有的提出上诉，有的没有提出上诉的，前面列写提出上诉的"上诉人（原审被告人）"项，后面叙写未提出上诉的"原审被告人"项。

4. 辩护人的基本情况。如果被告人委托辩护人参加诉讼的，应当写明辩护人的基本情况，即写明辩护人的姓名、工作单位和职务。

5. 案件由来和审判经过。这部分内容，主要应当写明当事人或者抗诉机关不服原审判决提出上诉或者抗诉后，第二审法院依法对案件进行审理的经过。根据文书格式的规定，公诉案件被告人提出上诉的，具体写作内容如下：

"××××人民法院审理×××人民检察院指控原审被告人×××（姓名）犯××罪一案，于××××年××月××日作出（××××）×刑初字第××号刑事判决。原审被告人×××不服，提出上诉。本院依法组成合议庭，公开（或者不公开）开庭审理了本案。××××人民检察院指派检察员×××出庭履行职务。上诉人（原审被告人）×××及其辩护人×××等到庭参加诉讼。现已审理终结。"

叙写这部分内容，需要注意以下两点：

（1）如果公诉机关和主要诉讼参与人项有变动的，案件由来和审判经过段，以及其他有关各处，应当做相应的改动。

（2）对于第二审人民法院没有开庭审理的案件，在"本院依法组成合议庭"后，将"公开（或者不公开）开庭审理了本案"改写为"经过阅卷、讯问被告人，听取其他当事人、辩护人、诉讼代理人的意见，认定事实清楚，决定不开庭审理"。

（二）正文

正文是文书的核心内容，包括事实、理由和判决结果。

1. 事实。事实是判决的基础，主要包括对控辩主张的表述和对法院经审理查明事实的表述。

（1）对控辩主张的表述。首先，应当概述原判认定的事实、证据、理由和判处结果；其次，应当概述上诉、辩护方的意见；最后，概述检察院在二审中提出的新意见。叙写这部分内容，需要注意以下几点：

第一，对原判认定的事实、证据、理由和判处结果的阐述，不能一字不变的照抄原文，应当概括的叙写，同时应注意保持原意。

第二，对控辩双方有争议的事实，应当详细具体地叙写。对控辩双方没有争议的事实，可以简要进行叙述。

第三，对上诉、抗诉的意见无论是否采纳，都应当进行充分的分析论证，并阐明是否采纳的理由。

第四，对检察院在二审中提出的新意见，应当概括性地进行叙述。

（2）对法院经审理查明事实的表述。这部分内容，以"经审理查明，……"

开头，引出下文。首先，写明经二审审理查明的事实；其次，写明二审据以定案的证据；最后，针对上诉理由中与原判认定的事实、证据有异议的问题进行分析、认证。叙写这部分内容，需要注意以下两点：

第一，如果二审判决认定事实与原审判决认定事实没有变动或者变动不大，应当重点叙述原审判决认定的事实和证据，对二审经审理查明的事实可以进行概括叙述。

第二，如果二审判决认定事实与原审判决认定事实有较大的变动，应当重点叙述二审经审理查明认定的事实和证据与原审判决认定的事实有何不同，并提出证据证明二审认定事实的正确性。

2. 理由。这部分内容，以"本院认为，……"开头，引出下文。应当根据二审查明的事实、证据和有关法律规定，论证原审法院判决认定的事实、证据和适用法律是否正确。对上诉人、辩护人或者出庭履行职务的检察人员等在适用法律、定性处理方面的意见，应当进行分析并表示是否采纳，同时阐明理由。在针对上述问题进行具体分析论证后，应当引用相关的法律规定作为依据，为判决结果的作出奠定基础。叙写这部分内容，主要需要注意以下两点：

第一，判决理由的阐述，应当详细具体，具有针对性和说服力。

第二，凡是改判的案件，均应写明改判的法律依据，在具体写作顺序上，应当先引用程序法，再引用实体法。

3. 判决结果。判决结果，应当写明二审法院对案件审理后作出的处理决定。根据文书格式的规定，主要有以下两种表述方法：

（1）全部改判的，表述为：

"一、撤销×××人民法院（××××）×刑初字第××号刑事判决；

二、上诉人（原审被告人）×××……（写明改判的具体内容）

（刑期从……）。"

（2）部分改判的，表述为：

"一、维持×××人民法院（××××）×刑初字第××号刑事判决的第×项，即……（写明维持的具体内容）；

二、撤销×××人民法院（××××）×刑初字第××号刑事判决第×项，即……（写明撤销的具体内容）；

三、上诉人（原审被告人）×××……（写明部分改判的内容）。

（刑期从……）。"

（三）尾部

尾部包括交代判决的法律效力、合议庭组成人员署名、写明日期、书记员署名等。

1. 交代判决的法律效力。应当写明："本判决为终审判决"。叙写这部分内容，需要注意以下几个问题：

（1）公诉机关抗诉的案件，经二审后，改判被告人死刑立即执行的，应当报请最高人民法院核准，即将"本判决为终审判决"改写为"本判决依法报请最高人民法院核准"。

（2）如果二审法院是高级人民法院，改判结果中，有判处死刑缓期执行的被告人，根据最高人民法院相关的司法解释，在判决书的尾部仍写："本判决为终审判决"。

（3）第二审人民法院审理上诉、抗诉案件的判决结果，是在法定刑以下判处刑罚，并且依法应当报请最高人民法院核准的，在尾部应当写明："本判决报请最高人民法院核准后生效"。

2. 合议庭组成人员署名。在判决书的尾部，应当由参加审判案件的合议庭组成人员署名。叙写这部分内容，需要注意以下几点：

第一，合议庭中有助理审判员的，署名为："代理审判员×××"。

第二，助理审判员担任合议庭审判长的，与审判员担任合议庭审判长一样，均署名为："审判长×××"。

第三，院长或庭长参加合议庭的，应当担任审判长，署名为："审判长×××"。

3. 写明日期。判决书尾部写明的日期，应当是当庭宣判的日期或者签发判决书的日期。叙写日期，应当写明×××年××月××日。在年月日上，应当加盖人民法院的院印。

4. 书记员署名。在日期下方，应当由书记员署名。同时，判决书正本制成后，书记员应当将正本与原本进行核对，确认无异后，在日期左下方与书记员署名的左上方，加盖"本件与原本核对无异"的核对章。

三、注意事项

1. 在叙写案件事实时，如果上诉或者抗诉对原审判决认定的事实全部予以否认的，应当针对上诉或者抗诉的事实和理由，运用二审审查核实的证据，逐一进行分析论证，写明二审查明的案件事实，并提出认定或者否定原审判决事实的根据和理由。

2. 对共同犯罪的案件，如果只有部分被告人提出上诉，二审人民法院在决定对上诉部分予以改判的同时，发现没有上诉的部分也有错误应当予以改判的，可以在二审程序中一并改判，无需再发回重审。

第四节　再审刑事判决书

一、概念和功能

再审刑事判决书，是指人民法院对已经发生法律效力、确有错误的刑事判决，依照刑事诉讼法规定的再审程序，对案件重新进行审理，就案件的实体问题作出裁决时制作的法律文书。

我国《刑事诉讼法》第254条规定，各级人民法院院长对本院已经发生法律效力的判决和裁定，如果发现在认定事实上或者在适用法律上确有错误，必须提交审判委员会处理。最高人民法院对各级人民法院已经发生法律效力的判决和裁定，上级人民法院对下级人民法院已经发生法律效力的判决和裁定，如果发现确有错误，有权提审或者指令下级人民法院再审。最高人民检察院对各级人民法院已经发生法律效力的判决和裁定，上级人民检察院对下级人民法院已经发生法律效力的判决和裁定，如果发现确有错误，有权按照审判监督程序向同级人民法院提出抗诉。人民检察院抗诉的案件，接受抗诉的人民法院应当组成合议庭重新审理，对于原判决事实不清楚或者证据不足的，可以指令下级人民法院再审。第256条规定，人民法院按照审判监督程序重新审判的案件，由原审人民法院审理的，应当另行组成合议庭进行。如果原来是第一审案件，应当依照第一审程序进行审判，所作的判决、裁定，可以上诉、抗诉；如果原来是第二审案件，或者是上级人民法院提审的案件，应当依照第二审程序进行审判，所作的判决、裁定，是终审的判决、裁定。人民法院开庭审理的再审案件，同级人民检察院应当派员出席法庭。

再审刑事判决书的功能主要体现在以下几个方面：①再审刑事判决书是人民法院发挥审判监督职能，保障法律正确实施，维护当事人合法权益的工具。②人民法院依法纠正错误判决，维持正确判决的法律凭证。③人民法院内部加强业务指导，提高审判质量，保障审判权正确行使的依据。

根据审理再审案件适用程序的不同，再审刑事判决书分为三类，即按第一审程序再审用的刑事判决书，按第二审程序再审改判用的刑事判决书，再审后上诉、抗诉案件二审改判用的刑事判决书。本文主要介绍按第一审程序再审用的刑事判决书。

二、结构、内容和写作方法

再审刑事判决书由首部、正文和尾部组成。

（一）首部

首部包括标题、案号、抗诉机关和当事人的基本情况、案件由来和审判经过。

1. 标题。标题应当写明人民法院的名称和文书名称。叙写标题需要注意以下几个问题：

（1）人民法院的名称，一般应与院印的文字一致，除最高人民法院外，各地方的人民法院名称前，均应写明省、自治区或直辖市的名称。

（2）涉及涉外案件时，在各级人民法院名称前，均应写明"中华人民共和国"字样。

（3）文书名称，应当写明"刑事判决书"。

（4）叙写文书标题时，法院名称和文书名称应当各占一行，居中排列。

2. 案号。案号由立案年度、制作法院、案件性质、审判程序的代字和案件的顺序号组成，即应写为："（××××）×刑再初字第×号"。叙写需要注意的事项，同第一审刑事判决书。与第一审刑事判决书不同的是，审判程序的代字应当用"再初"字表示。

3. 抗诉机关和当事人的基本情况。抗诉机关，应当写为："抗诉机关××××人民检察院"。当事人的基本情况，应当写明上诉人的基本情况，即上诉人的姓名、性别、出生年月日、民族、出生地、文化程度、职业或工作单位和职务、住址和因本案所受强制措施情况、现羁押处所等。并用括号标明其在原审中的诉讼地位。

这部分内容，应当根据不同情况采用不同的写法，具体写法如下：

（1）由检察机关提出抗诉的，第一项写"抗诉机关"，第二项写"原审被告人"。

（2）原审是公诉案件，再审是由本院审判委员会决定再审、上级人民检察院提审或者指令下级人民法院再审的，第一项写"原公诉机关"，第二项写"原审被告人"。

（3）原审是自诉案件的，再审时，第一项写"原审自诉人"，第二项写"原审被告人"。

（4）再审时，原审被告人委托辩护人的，应当在"原审被告人"项下，列写"辩护人"项。原审自诉人如果委托诉讼代理人的，在"原审自诉人"项下，列写"委托诉讼代理人"项。

4. 案件由来和审判经过。这部分内容，需要写明原审案件是公诉案件还是自诉案件、原判决是何时作出的、提起再审的根据和审判过程。

（1）如果是公诉案件，表述为：

"××××人民检察院指控被告人×××犯××罪一案，本院于××××年×月×日作出（××××）×刑初字第×号刑事判决。该判决发生法律效力后，……（写明提起再审的依据）。本院依法另行组成合议庭，公开（或者不公开）开庭审理了本案。××××人民检察院检察员×××出庭履行职务。被害人×××、原审被告人×××及其辩护人×××等到庭参加了诉讼。现已审理终结。"

（2）如果是自诉案件，表述为：

"原审自诉人×××以原审被告人×××犯××罪提出控诉，本院于××××年×月×日作出（××××）×刑初字第×号刑事判决。该判决发生法律效力后，……（写明提起再审的依据）。本院依法另行组成合议庭，公开（或者不公开）开庭审理了本案。原审自诉人×××、原审被告人×××及其辩护人×××等到庭参加了诉讼。现已审理终结。"

（3）"提起再审的根据"有以下两种情况：

第一，第一审人民法院决定再审的，表述为："本院又于××××年××月××日作出（××××）×刑监字第××号刑事再审决定，对本案提起再审。"

第二，上级人民法院指令再审的，表述为："××××人民法院于××××年××月××日作出（××××）×刑监字第××号再审决定，指令本院对本案进行再审。"

（二）正文

正文是文书的核心内容，包括事实、理由和判决结果。

1. 事实。事实是裁判的基础，这部分内容的叙写，以"经审理查明，……"开头，引出下文，具体主要需要写清以下内容：

（1）概述原审生效判决认定的事实、证据、判决的理由和判决的结果。

（2）概述再审中原审被告人的辩解和辩护人的辩护意见。对于人民检察院在再审中提出的意见，也应当一并写明。

（3）写明再审查明的事实、证据。并就诉讼双方对原判有异议的事实、证据作出分析、认证。

叙写事实部分的内容，需要注意以下几点：

（1）如果原审判决认定的事实全部错误，应当列举相应的证据，全部否定原审判决认定的事实。

（2）如果原审判决认定的事实部分错误，可以简要写明控辩双方没有争议的事实，然后详细叙写再审查明的新的事实和证据，指出原审判决认定事实的错误，说明抗诉机关、原审被告人提出异议的正确性。

（3）如果原审判决认定事实没有错误，但是情节显著轻微，危害不大，不构成犯罪的，仍然需要对原审判决认定的事实进行叙写。

2. 理由。理由部分内容的叙写，以"本院认为，……"开头，引出下文，具体主要需要写清以下内容：

（1）根据再审查明的事实、证据和有关法律规定，对原判和诉讼各方的主要意见作出分析，阐明再审改判的理由。

（2）引用相应的法律条款，作为判决的法律依据。

叙写理由部分的内容，需要注意以下几点：

（1）宣告无罪的，分为绝对无罪和存疑无罪两种情况：

第一，依据法律认定被告人无罪的，应当根据再审认定的事实、证据、有关的法律规定，通过分析、论证，具体说明被告人的行为不构成犯罪，原判错误，并对被告人的辩解和辩护人的辩护意见表示是否予以采纳。

第二，证据不足，不能认定被告人有罪的，应当根据再审认定的事实、证据和有关法律规定，通过分析论证，具体说明原判认定被告人构成犯罪的证据不足，犯罪不能成立。

（2）定罪正确，量刑不当的，应当根据再审认定的事实、证据和有关法律规定，通过分析、论证，具体阐明原判定罪正确，但量刑不当，以及被告人应当从轻、减轻、免除处罚或者从重处罚的理由，并针对被告人的辩解和辩护人的辩护意见表示是否予以采纳。

（3）变更罪名的，应当根据再审认定的事实、证据和有关的法律规定，通过分析、论证，具体阐明原判定性有误，但被告人的行为仍构成犯罪以及犯何罪，应否从轻、减轻、免除处罚或者从重处罚的理由；并针对被告人的辩解和辩护人的辩护意见表示是否予以采纳。

（4）对于人民检察院在再审中提出的意见，在理由部分，应当表示是否予以采纳。如果是自诉案件，对于自诉人的意见，在理由部分，也应当表示是否予以采纳。

3. 判决结果。根据文书格式的要求，判决结果的具体叙写如下：

（1）全部改判的，表述为：

"一、撤销本院（××××）×刑初字第××号刑事判决；

二、原审被告人×××……（写明改判的内容）。"

（2）部分改判的，表述为：

"一、维持本院（××××）×刑初字第××号刑事判决的第×项，即……（写明维持的具体内容）；

二、撤销本院（××××）×刑初字第××号刑事判决的第×项，即……（写明撤销的具体内容）；

三、原审被告人×××……（写明部分改判内容）。"

（三）尾部

尾部包括交代上诉权、上诉期限和上诉法院，合议庭组成人员署名、写明日期、书记员署名等。

1. 交代上诉权、上诉期限和上诉法院。在主文之后，另起一行写明："如不服本判决，可在接到判决书的第二日起十日内，通过本院或者直接向×××人民法院提出上诉。书面上诉的，应当提交上诉状正本一份，副本×份。"

2. 合议庭组成人员署名。在判决书的尾部，应当由参加审判案件的合议庭组成人员署名。叙写这部分内容，需要注意以下几点：

第一，合议庭成员中有陪审员的，署名为："人民陪审员×××"。

第二，合议庭中有助理审判员的，署名为："代理审判员×××"。

第三，助理审判员担任合议庭审判长的，与审判员担任合议庭审判长一样，均署名为："审判长×××"。

第四，院长或庭长参加合议庭的，应当担任审判长，署名为："审判长×××"。

3. 写明日期。判决书尾部写明的日期，应当是当庭宣判的日期或者签发判决书的日期。叙写日期，应当写明×××年××月××日。在年月日上，应当加盖人民法院的院印。

4. 书记员署名。在日期下方，应当由书记员署名。同时，判决书正本制成后，书记员应当将正本与原本进行核对，确认无异后，在日期左下方与书记员署名的左上方，加盖"本件与原本核对无异"的核对章。

三、注意事项

1. 在叙写案件事实时，对于控辩双方没有异议的内容，可以进行简单的叙述和论证，重点放在控辩双方有异议，以及原审与再审有重大分歧部分内容的叙述。

2. 阐述再审判决书的理由，应当重点围绕事实、证据、适用法律、量刑几个方面，阐述再审改判的理由。

3. 对于非因事实和证据方面的原因进行再审的，在叙写"事实和证据"部分时，可以详述原审认定的事实和证据，略述再审认定的事实和证据。

第五节　刑事裁定书

一、概念和功能

刑事裁定书，是指人民法院在审理和执行刑事案件过程中，根据我国刑事法律的规定，依法针对诉讼程序问题和部分实体问题作出处理决定时制作的法律文书。

刑事裁定书与刑事判决书的区别，主要体现在以下几个方面：①针对对象不同。刑事裁定书针对的对象是案件程序问题和部分实体问题；刑事判决书针对的对象是案件实体问题。②写作内容不同。刑事裁定书的格式、写法等与判决书大体相同，但是与判决书相比，内容相对比较简单；判决书的写作内容比较复杂。③使用次数不同。在一个案件中，发生法律效力并被执行的判决只有一个；发生法律效力的裁定可以有若干个。④表现形式不同。裁定既可以采用书面形式，也可以采用口头形式，采用口头形式作出的裁定，记入笔录即可；判决必须采用书面的形式，并且必须要制作成判决书，不能采用口头的形式。⑤上诉、抗诉期限不同。不服第一审刑事判决的上诉、抗诉期限为 10 日；不服第一审裁定的上诉、抗诉期限为 5 日。⑥救济方法不同。第一审未生效的判决，准许上诉；第一审裁定有的可以上诉，有的不准上诉。

在刑事诉讼和执行过程中，随时都会出现各种问题，如果不及时解决，将会使法庭审理和执行活动受阻。针对这些问题作出处理决定，依法制作刑事裁定书，有利于及时排除诉讼障碍，保证审判和执行工作的顺利进行。

依据不同的标准，刑事裁定书可以进行不同的分类：①依裁定内容的不同，可以分为处理程序问题的裁定书和处理实体问题的裁定书。处理程序问题的裁定书包括驳回刑事自诉、准许撤诉和按撤诉处理、终止审理、中止审理、补正裁判文书等。处理实体问题的裁定书包括减刑、假释、减免罚金、核准死刑等。②依适用程序的不同，可以分为第一审刑事裁定书、第二审刑事裁定书、死刑复核刑事裁定书、再审刑事裁定书、中止审理刑事裁定书、终止审理刑事裁定书等。本文主要介绍驳回自诉用第一审刑事裁定书和维持原判用第二审刑事裁定书。

二、结构、内容和写作方法

刑事裁定书由首部、正文和尾部组成。

（一）第一审刑事裁定书（驳回自诉用）

1. 首部。首部包括标题、案号、当事人的基本情况、案件来源。

（1）标题。标题应当写明人民法院的名称和文书名称。叙写标题需要注意以下几个问题：

第一，人民法院的名称，一般应与院印的文字一致，除最高人民法院外，各地方的人民法院名称前，均应写明省、自治区或直辖市的名称。

第二，文书名称，应当写明"刑事裁定书"。

第三，叙写文书标题时，法院名称和文书名称应当各占一行，居中排列。

（2）案号。案号由立案年度、制作法院、案件性质、审判程序的代字和案件的顺序号组成，即应写为："（××××）×刑初字第×号"。

（3）当事人的基本情况。应当写明自诉人和被告人的基本情况，即自诉人和被告人的姓名、性别、出生年月日、民族、出生地、文化程度、职业或工作单位和职务、住址等。

（4）案件来源。应当写为："自诉人×××以被告人×××犯××罪，于×××年××月××日向本院提起控诉。"

2. 正文。正文包括事实、理由和裁决结果。

（1）事实。驳回自诉用刑事裁定书一般不写事实。但是，如果是因为缺乏主要证据且自诉人不能补充的，或者当事人要求写明事实和证据的，应当据实写明控辩双方当事人主张的事实根据和相关证据，并写明人民法院对事实和证据的认定情况。

（2）理由。制作驳回自诉用刑事裁定书，应当以犯罪构成要件为基准，具体、有针对性地阐明被告人的行为不构成犯罪，不应当追究刑事责任的理由，以使裁决结果有说服力，使当事人信服。同时，应当写明作出裁决的法律依据。

（3）裁决结果。应当表述为："驳回自诉人×××对被告人×××的起诉。"

3. 尾部。尾部包括交代上诉事项、审判人员署名、写明日期、书记员署名。

（1）交代上诉事项。在裁决结果之后，另起一行写明："如不服本判决，可在接到判决书的第二日起五日内，通过本院或者直接向×××人民法院提出上诉。书面上诉的，应当提交上诉状正本一份，副本×份。"

（2）审判人员署名。在判决书的尾部，应当由参加审判案件的合议庭组成人员署名。

（3）写明日期。应当写明×××年××月××日，并在年月日上加盖人民法院的院印。

（4）书记员署名。在日期下方，应当由书记员署名。

（二）第二审刑事裁定书（维持原判用）

1. 首部。首部包括标题、案号、公诉机关和当事人的基本情况、辩护人的基本情况、案件由来和审判经过。

（1）标题。标题应当写明人民法院的名称和文书名称。其中，人民法院的名称，一般应与院印的文字一致，除最高人民法院外，各地方的人民法院名称前，均应写明省、自治区或直辖市的名称。涉及涉外案件时，在各级人民法院名称前，均应写明"中华人民共和国"字样。文书名称，应当写明"刑事裁定书"。需要注意的是，叙写文书标题时，法院名称和文书名称应当各占一行，居中排列。

（2）案号。案号由立案年度、制作法院、案件性质、审判程序的代字和案件的顺序号组成，即应写为："（××××）×刑终字第×号"。

（3）公诉机关和当事人的基本情况。公诉机关，应当写为："原公诉机关×××人民检察院"。当事人的基本情况，应当写明上诉人的基本情况，即上诉人的姓名、性别、出生年月日、民族、出生地、文化程度、职业或工作单位和职务、住址和因本案所受强制措施情况、现羁押处所等，并用括号标明其在原审中的诉讼地位。

（4）辩护人的基本情况。如果被告人委托辩护人参加诉讼的，应当写明辩护人的基本情况，即写明辩护人的姓名、工作单位和职务。

（5）案件由来和审判经过。这部分内容，主要应当写明当事人不服原审判决提出上诉后，第二审法院依法对案件进行审理的经过。公诉案件被告人提出上诉的，具体写作内容如下：

"××××人民法院审理××××人民检察院指控原审被告人×××（姓名）犯××罪一案，于××××年××月××日作出（××××）×刑初字第××号刑事判决。原审被告人×××不服，提出上诉。本院依法组成合议庭，公开（或者不公开）开庭审理了本案。××××人民检察院指派检察员×××出庭履行职务。上诉人（原审被告人）×××及其辩护人×××等到庭参加诉讼。现已审理终结。"

2. 正文。正文是文书的核心内容，应当写明事实、理由和裁决结果。

（1）事实。维持原判用刑事裁定书的事实部分，主要应当写明以下内容：①概述原判决认定的事实、证据、理由和判决结果；②概述上诉、辩护的意见；③概述检察院在二审过程中提出的新意见；④写明人民法院经审查认定的事实。叙写这部分内容，需要注意以下几个问题：

第一，对抗诉机关的抗诉理由、上诉人的上诉理由以及辩护人的辩护意见应当逐一进行列举，以使控辩主张和意见清楚、明确。

第二，人民法院经审查认定事实部分的叙写，以"经审理查明，……"开头，引出下文，具体主要需要写清以下内容：①写明经二审审理查明的事实；②写明二审据以定案的证据。③针对上诉理由中与原判认定的事实、证据有异议的问题进行分析、认证。

第三，人民法院经审查认定事实部分的叙写，涉及叙述原判、二审认定的事实和证据时，应当尽量避免文字重复，应当重点围绕上诉、辩护等对原审判决认定的事实、情节等提出异议的内容，进行阐述分析。

（2）理由。理由部分的叙写，以"经审理查明，……"开头，引出下文，具体主要需要写清以下内容：

第一，根据二审查明的事实、证据和有关法律规定，论证原审法院认定事实、证据和适用法律的正确性。

第二，对于上诉人、辩护人或者出庭履行职务的检察人员等在适用法律、定性处理方面的意见，应当逐一进行回答，说明不予采纳的理由。

第三，应当明确、具体地写明作出裁定的法律依据。

（3）裁决结果。应当写明："驳回上诉，维持原判"。

3. 尾部。尾部包括交代裁定的法律效力、合议庭组成人员署名、写明日期、书记员署名等。

（1）交代裁定的法律效力。应当写明："本裁定为终审判决"。

（2）合议庭组成人员署名。在裁定书的尾部，应当由参加审判案件的合议庭组成人员署名。叙写这部分内容，需要注意以下几点：

第一，合议庭中有助理审判员的，署名为："代理审判员×××"。

第二，助理审判员担任合议庭审判长的，与审判员担任合议庭审判长一样，均署名为："审判长×××"。

第三，院长或庭长参加合议庭的，应当担任审判长，署名为："审判长×××"。

（3）写明日期。裁定书尾部写明的日期，应当是当庭宣判的日期或者签发裁定书的日期。叙写日期，应当写明××××年××月××日。在年月日上，应当加盖人民法院的院印。

（4）书记员署名。在日期下方，应当由书记员署名。同时，裁定书正本制成后，书记员应当将正本与原本进行核对，确认无异后，在日期左下方与书记员署名的左上方，加盖"本件与原本核对无异"的核对章。

三、注意事项

1. 制作驳回自诉用刑事裁定书时，如果有附带民事诉讼的内容，自诉人的称谓改为"自诉人及附带民事诉讼原告人"。如果是反诉案件，则应当在"自诉人"和"被告人"之后，分别用括号注明"反诉被告人""反诉自诉人"。

2. 制作二审维持原判用刑事裁定书时，如果是检察机关提起抗诉的案件，在称谓上要将"原公诉机关×××人民检察院"变更为："抗诉机关××××人民检察院"。裁定结果表述为："驳回抗诉，维持原判"。

【思考题】

1. 简述刑事裁判文书的概念和分类。

2. 第一审刑事判决书的事实部分应当写明哪些内容?

3. 叙写第一审刑事判决书的理由部分,应当写清哪些内容?

4. 简述刑事裁定书与刑事判决书的区别。

5. 简述第二审刑事判决书的概念和作用。

6. 第二审改判用的刑事判决书,判决结果部分的叙写有哪几种情形?

7. 再审刑事判决书的事实部分需要写清哪些内容?

8. 简述刑事裁定书的概念和作用。

【拓展示例】

示例一:第一审刑事判决书

示例二:第二审刑事判决书

示例三:再审刑事判决书

示例四:刑事裁定书

第五章

人民法院民事裁判文书

学习目的和要求：通过本章学习，要求学习者在了解民事裁判文书的概念、特点、种类和作用的基础上，具体了解和掌握各种常用民事裁判文书的概念、作用、具体写作要求、文书写作需要注意的问题，并能够结合司法实践，达到能写会用的目的。

第一节　概　述

一、人民法院民事裁判文书的概念和种类

人民法院民事裁判文书，是指在民事诉讼中，人民法院为解决诉讼当事人之间的民事权利义务争议，就案件的实体问题和程序问题依法作出裁决时制作的法律文书。

2016 年 2 月 22 日，最高人民法院发布的《民事诉讼文书样式》共有 568 个，其中人民法院制作诉讼文书样式 463 个，当事人参考民事诉讼文书样式 105 个。以民事诉讼程序为标准，文书样式划分为 22 类，包括管辖、回避、诉讼参与人、证据、期间和送达、调解、保全和先予执行、对妨碍民事诉讼的强制措施、诉讼费用、第一审普通程序、简易程序、小额诉讼案件、公益诉讼、第三人撤销之诉、执行异议之诉、第二审程序、非讼程序、审判监督程序、督促程序、公示催告程序、执行程序、涉外民事诉讼程序等适用的诉讼文书。

涉及民事裁判文书，按照不同的标准可以进行不同的分类：①按照案件审结方式的不同，可以分为民事判决书、民事裁定书、民事调解书和民事决定书。②按照适用审判程序的不同，可以分为第一审民事判决书、第一审民事裁定书、第一审民事调解书、第二审民事判决书、第二审民事裁定书、第二审民事调解书、再审民事判决书、再审民事裁定书、再审民事调解书。此外，还包括适用督促程序、公示催告程序、非讼程序、涉外民事诉讼程序等审理案件制作的民事裁判文书等。

二、人民法院民事裁判文书的特点

人民法院独立公正地行使审判权，是宪法和法律赋予的神圣职责。裁判权是审判权的核心，裁判文书是人民法院依法行使审判权的重要表现形式。民事裁判文书的制作主要具有以下特点：

（一）格式的规范性

民事裁判文书是法官公正审理案件、依法作出裁决、维护当事人合法权益的重要载体，要求其制作必须符合规范性的要求。为了保证文书制作的规范性，1993年最高人民法院印发了《法院诉讼文书样式（试行）》，实现了民事裁判文书的规范化、统一化。20余年过去了，为了适应民事审判发展的新需要，2016年2月22日，最高人民法院审判委员会第1679次会议审议通过了《人民法院民事裁判文书制作规范》和《民事诉讼文书样式》，于2016年8月1日开始施行。在民事诉讼文书样式中，既包括法院制作的诉讼文书样式，也包括当事人参考使用的诉讼文书样式。最高人民法院统一裁判文书制作样式，为全国四级法院和广大法官提供了统一标准的文书样本，这既是严格公正司法的要求，也是司法活动、司法行为规范化、公开化的最好体现。当事人参考诉讼文书样式，是当事人在诉讼过程中依法处分自己的民事实体权利、程序权利以及承担民事义务的重要凭证。法院为当事人提供参考诉讼文书样式，帮助当事人解决了制作诉讼文书的困难，是司法为民、便民、利民的重要举措。由此可见，为了保证文书制作的规范性，最高人民法院做了大量的工作。因此，无论是人民法院，还是诉讼当事人，在文书制作中，都应当严格按照法院《民事诉讼文书样式》的要求，遵循格式规范要求，依法制作出符合规范性要求的法律文书。

（二）制作的合法性

民事裁判文书，是人民法院对当事人的诉讼请求、诉讼争论作出的回应和判断，对当事人民事权利义务进行司法确认、调整和分配的凭据，是法官对民事案件依法审判的结论，是司法公正的载体，是为具体实施法律而制作的。因此，文书制作具有合法性的特点。为了保证文书制作的合法性，我国《民事诉讼法》及其相关的司法解释，对民事裁判文书的制作进行了规范性的要求。最高人民法院依据法律和司法解释，对民事裁判文书的格式也作出了明确的规定。文书制作的合法性，不仅要求裁判文书的制作符合文书格式规范的要求，还要求文书内容符合实体法规范和程序法规范的要求。符合合法性和规范性要求的裁判文书，应当做到要素齐全、结构完整、格式统一、逻辑严密、条理清晰、文字规范、繁简得当。一份内容客观、说理透彻、形式规范、裁判正确的民事裁判文书，能够以看得见的方式，向人民群众展示司法正义，体现司法公正。因此，民事裁判文书的制作具有合法性的特点。

（三）使用的实效性

民事裁判文书是为具体实施法律制作的，具有法律效力。发生法律效力的民事裁判文书，义务人不履行裁判文书中载明的义务，权利人可以依法向人民法院申请强制执行。为了保障民事裁判文书的执行，我国《刑法》还规定了拒不执行判决、裁定罪。因此，民事裁判文书具有实施的实效性特点。为了保证民事裁判文书发挥应有的效应，2016 年，最高人民法院发布施行的民事诉讼文书样式和规范，对民事裁判文书的制作内容提出了具体的要求，包括优化裁判文书体例结构、增强文书说理、实行裁判文书繁简分流、突出不同审级的特点等。主要目的是提高民事裁判文书的制作质量，突出民事裁判文书实效性的特点，使民事裁判文书不仅是全部诉讼活动的展现，也成为审判结果的结晶、司法公正的载体，以保证民事裁判文书在司法实践中得以切实的施行。

三、人民法院民事裁判文书的作用

民事裁判文书是人民法院行使国家审判权的体现，是司法公正的最终载体，其作用主要体现在以下几个方面：

（一）保证文书制作质量，实现司法公正

作为司法公正的载体，民事裁判文书不仅将诉讼过程呈现给当事人，而且是宣告诉讼结果的法律凭证，更是连接、沟通法院和社会公众的桥梁和纽带。民事裁判文书最大的价值，在于被当事人、社会认可、信服和接受，前提是保证文书的制作质量。保证文书的制作质量，在于保证民事裁判的公正性，包括实体公正和程序公正。一方面，要求法官在制作文书时，符合最高人民法院发布的《人民法院民事裁判文书制作规范》的要求；另一方面，要求法官在民事裁判文书中，准确体现案件审理过程，包括认定事实、适用法律、辨析事理等。说理充分的文书，在司法实践中容易被当事人接受，也容易被社会公众认可。

（二）实现案件的繁简分流，减轻法官文书制作压力

随着我国经济的快速发展，各种矛盾频发，法院诉讼案件呈现"诉讼爆炸"趋势。民事审判案件数量多、范围广，加之法院内部现有资源的配置与案多人少不相适应的结构性矛盾，导致审判运行效力低下。2016 年最高人民法院发布的《民事诉讼文书样式》，根据案件类型和不同审级的要求，实现裁判文书繁简分流，以减轻办案法官制作文书的工作量，缓解"案多人少"的压力。具体做法是，根据案件类型，分别制定普通程序、简易程序、小额诉讼案件所适用的裁判文书样式。对于适用普通程序审理的新型、典型、复杂、疑难、有争议、有示范价值的案件，强调说理的详细、深入、透彻；对于适用简易程序和小额诉讼案件的审理，设计了要素式、令状式和表格式的简单裁判文书样式。同时，根据不同审级，对民事裁判文书提出了不同的要求。

（三）推进审判公开，提高司法公信力

推进审判公开，依法及时公开生效的法律文书，加强法律文书的释法说理，建立生效法律文书统一上网和公开查询制度，是十八届四中全会决定对人民法院确保公正司法、提高司法公信力提出的明确要求。施行裁判文书上网和公开

查询制度，主要是为了实现阳光下的司法，保证司法的公正性。要想达到这一目的，必须保证裁判文书的质量，强化民事裁判文书的说理。裁判文书的说理，是法官对证据采信、事实认定内心确信的阐述，是对法律适用根据的公开展示。近年来，裁判文书成了社会传播的热点，一些优秀的裁判文书，很好地阐释了法治精神，弘扬了公序良俗，引领了社会风尚，为司法公正的实现提供了保障。

第二节　第一审民事判决书

一、概念和功能

第一审民事判决书，是指第一审人民法院依照我国《民事诉讼法》规定的第一审程序，对审理终结的第一审民事案件，就实体问题作出处理决定时制作的具有法律效力的法律文书。

我国《民事诉讼法》第152条规定，判决书应当写明判决结果和作出该判决的理由。判决书内容包括：①案由、诉讼请求、争议的事实和理由；②判决认定的事实和理由、适用的法律和理由；③判决结果和诉讼费用的负担；④上诉期间和上诉的法院。判决书由审判人员、书记员署名，加盖人民法院印章。

根据我国《民事诉讼法》规定，第一审程序包括第一审普通程序和第一审简易程序。第一审普通程序，是指人民法院审理第一审民事案件通常适用的基础程序。简易程序，是指基层人民法院及其派出法庭审理简单的民事案件，以及非简单之民事案件当事人基于程序选择权所适用的简便易行的诉讼程序。我国《民事诉讼法》第157条第1款规定，基层人民法院和它派出的法庭审理事实清楚、权利义务关系明确、争议不大的简单的民事案件时，适用简易程序。为了提高审判效率，减轻审判人员制作文书的压力，实行案件的繁简分流，我国《民事诉讼文书样式》对适用简易程序审理的案件判决书的制作，在具体内容写作要求上，作出了相对简略的规定。

第一审民事判决书的功能主要体现在以下几个方面：①人民法院依法行使审判权，对当事人之间的实体争议作出的书面评判；②确认当事人之间的民事权利义务关系，制裁民事违法行为，保护公民、法人和其他组织合法权益的工具；③教育公民自觉遵守法律的生动教材。

二、普通程序适用的第一审民事判决书

（一）结构、内容和写作方法

适用第一审普通程序审理案件，制作的第一审民事判决书由首部、正文和尾部组成。

1.首部。首部包括标题、案号、当事人的基本情况、诉讼代理人的身份事项，以及案由、审判组织、审判方式和开庭审理经过。

（1）标题。应当分两行书写为："××××人民法院""民事判决书"。

（2）案号。由立案年度、法院简称、案件性质、审判程序和案件顺序号组成。应当写为："（20××）×民初字第×号"。例如，北京市朝阳区人民法院于2016年立案的第56号民事案件，应当写为："（2016）朝民初字第56号"。其中，"2016"是立案年度；"朝"是朝阳区法院的简称；"民"指案件性质；"初"指审级；"56"指案件的顺序号。

（3）当事人的基本情况。应当写明原告、被告、第三人的基本情况。叙写当事人基本情况，需要注意以下几点：

第一，如果当事人是自然人的，应当写明姓名、性别、出生年月日、民族、工作单位和职务或者职业、住所。

第二，如果当事人是外国人的，应当写明国籍；无国籍人，应当写明"无国籍"。

第三，如果当事人是港澳台地区的居民的，应当分别写明："香港特别行政区居民""澳门特别行政区居民""台湾地区居民"。

第四，如果涉及共同诉讼代表人参加诉讼的，按照当事人是自然人的基本信息内容写明。

第五，如果当事人是法人或者其他组织的，应当写明名称、住所。另起一行写明法定代表人或者主要负责人的姓名、职务。

（4）诉讼代理人的身份事项。当事人是无民事行为能力人或者限制民事行为能力人的，应当写明法定代理人或者指定代理人的姓名、住所，并在姓名后括注与当事人的关系。

当事人及其法定代理人委托诉讼代理人的，应当写明委托诉讼代理人的诉讼地位、姓名。在叙写委托诉讼代理人的身份事项时，需要注意以下几点：

第一，委托诉讼代理人是当事人近亲属的，在近亲属姓名后括注其与当事人的关系，并写明住所。

第二，委托诉讼代理人是当事人本单位工作人员的，应当写明姓名、性别和工作人员身份。

第三，委托诉讼代理人是律师的，应当写明姓名、律师事务所的名称和律师执业身份。

第四，委托诉讼代理人是基层法律服务工作者的，应当写明姓名、法律服务所名称和基层法律服务工作者执业身份。

第五，委托诉讼代理人是当事人所在社区、单位以及有关社会团体推荐的公民的，应当写明姓名、性别、住所和推荐的社区、单位或有关社会团体名称。

有关上述委托诉讼代理人的排列顺序，近亲属或者本单位工作人员在前，律师、法律工作者、被推荐公民在后。委托诉讼代理人为当事人共同委托的，可以合并写明。

（5）案由、审判组织、审判方式和开庭审理经过。根据法院诉讼文书样式的要求，这一部分应当表述为：

"原告×××与被告×××、第三人×××……（写明案由）一案，本院于×××年××月××日立案后，依法适用普通程序，公开/因涉及……（写明不公开开庭的理由）不公开开庭进行了审理。原告×××、被告×××、第三人×××（写明当事人和其他诉讼参加人的诉讼地位和姓名或者名称）到庭参加诉讼。本案现已审理终结。"

当事人及其诉讼代理人均到庭的，可以合并写明："原告×××及其委托诉讼代理人×××、被告×××、第三人×××到庭参加诉讼。"诉讼参加人均到庭参加诉讼的，可以合并写明："本案当事人和委托诉讼代理人均到庭参加诉讼。"当事人经合法传唤未到庭参加诉讼的，写明："×××经传票传唤无正当理由拒不到庭参加诉讼。"或者"×××经公告送达开庭传票，未到庭参加诉讼。"

当事人未经法庭许可中途退庭的，写明："×××未经法庭许可中途退庭。"诉讼过程中，如果存在指定管辖、移送管辖、程序转化、审判人员变更、中止诉讼等情形，应当同时写明。

2. 正文。正文是文书的核心内容，应当写明事实、理由、裁判依据和判决主文。

（1）事实。事实部分主要包括：原告起诉的诉讼请求、事实和理由，被告答辩的事实和理由，人民法院认定的证据和事实。具体叙写要求如下：

第一，当事人的诉辩意见。这部分应当写明原告起诉的诉讼请求、事实和理由，被告答辩的事实和理由。如果有第三人的，还应当写明第三人的主张、事实和理由。

关于原告起诉的诉讼请求、事实和理由，应当先写明诉讼请求，然后写明事实和理由。叙写这部分内容需要注意以下两点：①诉讼请求为两项以上的，应当用阿拉伯数字加点号分项写明。②诉讼过程中增加、变更、放弃诉讼请求的，应当连续写明。其中，增加诉讼请求的，写明："诉讼过程中，×××增加诉讼请求：……"变更诉讼请求的，写明："诉讼过程中，×××变更……诉讼请求为：……"放弃诉讼请求的，写明："诉讼过程中，×××放弃……的诉讼请求。"

关于被告答辩的事实和理由，叙写这部分内容需要注意以下几点：①被告承认原告主张的全部事实的，写明："×××承认×××主张的事实。"②被告承认原告主张的部分事实的，先写明"×××承认×××主张的……事实"，后写明有争议的事实。③被告承认全部诉讼请求的，写明："×××承认×××的全部诉讼请求。"④被告承认部分诉讼请求的，写明被告承认原告的部分诉讼请求的具体内容。⑤被告提出反诉的，写明"×××向本院提出反诉请求：1.……；2.……"，后接反诉的事实和理由。再另段写明："×××对×××的反诉辩称，……"⑥被告未作答辩的，写明："×××未作答辩。"

关于第三人主张、事实和理由，叙写这部分内容需要注意以下几点：①如果是有独立请求权的第三人，应当先写明："×××向本院提出诉讼请求：……"，后接第三人请求的事实和理由。再另段写明原告、被告对第三人的诉讼请求的答辩意见："×××对×××的诉讼请求辩称，……"②如果是无独立请求权第三人，应当写明："×××述称，……"第三人未作陈述的，应当写明："×××未作陈述。"③如果原告、被告或者第三人有多名，且意见一致的，可以合并写明；意见不同的，应当分别写明。

第二，人民法院认定的证据和事实。叙写这部分内容需要注意以下几点：①对于当事人提交的证据和人民法院调查收集的证据数量较多的，原则上不一一列举，可以附证据目录清单。对当事人没有争议的证据，写明："对当事人无异议的证据，本院予以确认并在卷佐证。"对有争议的证据，应当写明争议证据的名称及法院对争议证据的认定意见和理由。②对于争议的事实，应当写明事实认定意见和理由。争议的事实较多的，可以对争议事实分别认定；针对同一事实有较多争议证据的，可以对争议的证据分别认定。对争议的证据和事实，可以一并叙明；也可以先单独对争议证据进行认定后，另段概括写明认定的案件基本事实，即"根据当事人陈述和经审查确认的证据，本院认定事实如下：……"③对于人民法院调取的证据、鉴定意见，经庭审质证后，按照是否有争议分别写明。召开庭前会议或者在庭审时归纳争议焦点的，应当写明争议焦点。争议焦点的摆放位置，可以根据争议的内容处理。争议焦点中有证据和事实内容的，可以在当事人诉辩意见之后写明。争议焦点主要是法律适用问题的，可以在"本院认为"部分，先写明争议焦点，再进行说理。

（2）理由。理由应当围绕当事人的诉讼请求，根据认定的事实和相关法律，逐一评判并说明理由。叙写这部分内容需要注意以下几点：

第一，理由部分有争议焦点的，先列争议焦点，再分别分析认定，后综合分析认定。

第二，没有列争议焦点的，直接写明裁判理由。

第三，被告承认原告全部诉讼请求，且不违反法律规定的，只写明："被告承认原告的诉讼请求，不违反法律规定。"

第四，法院就一部分事实先行判决的，写明："本院对已经清楚的部分事实，先行判决。"

第五，案件经审判委员会讨论决定的，在法律依据引用前写明："经本院审判委员会讨论决定，……"

（3）裁判依据。在说理之后、作出判决前，应当援引法律依据。叙写这部分内容需要注意以下几点：

第一，分项说理的，在说理后可以另起一段，对当事人诉讼请求是否支持进行总结评价，后接法律依据，直接引出判决主文。

第二，如果说理部分已经完成，无需再对诉讼请求进行总结评价的，可以直接另段援引法律依据，写明判决主文。

第三，援引法律依据，应当依照《最高人民法院关于裁判文书引用法律、法规等规范性法律文件的规定》处理。法律文件的引用顺序，一般是先基本法律，后其他法律；先法律，后行政法规和司法解释；先实体法，后程序法。实体法的司法解释可以放在被解释的实体法之后。

（4）判决主文。叙写这部分内容需要注意以下几点：

第一，判决主文有两项以上的，在各项前依次使用汉字数字分段写明。单项判决主文和末项判决主文句末用句号，其余判决主文句末用分号。如果一项判决主文句中有分号或者句号的，各项判决主文后均用句号。

第二，判决主文中可以用括注对判项予以说明。括注应当紧跟被注释的判决主文。例如，（已给付……元，尚需给付……元）；（已给付……元，应返还……元）；（已履行）；（按双方订立的《××借款合同》约定的标准执行）；（内容须事先经本院审查）；（清单详见附件）等。

第三，判决主文中当事人姓名或者名称应当用全称，不得用简称。金额用阿拉伯数字。金额前不加"人民币"；如果有人民币以外的其他种类货币的，金额前加货币种类。有两种以上货币的，金额前要加货币种类。

3. 尾部。尾部包括迟延履行责任告知、诉讼费用负担、上诉权利告知和落款。

（1）迟延履行责任告知。判决主文包括给付金钱义务的，在判决主文后另起一段写明："如果未按本判决指定的期间履行给付金钱义务，应当依照《中华人民共和国民事诉讼法》第二百五十三条规定，加倍支付迟延履行期间的债务利息。"

（2）诉讼费用负担。根据《诉讼费用交纳办法》决定。案件受理费，写明："案件受理费……元"。减免费用的，写明："减交……元"或者"免予收取"。单方负担案件受理费的，写明："由×××负担"。分别负担案件受理费的，写明："由×××负担……元，×××负担……元"。

（3）上诉权利告知。当事人上诉期为 15 日。在中华人民共和国领域内没有住所的当事人上诉期为 30 日。同一案件既有当事人的上诉期为 15 日，又有当事人的上诉期为 30 日的，写明："×××可以在判决书送达之日起十五日内，×××可以在判决书送达之日起三十日内，……"

（4）落款。落款包括合议庭署名、日期、书记员署名、院印。合议庭的审判长，不论其审判职务，均署名为"审判长"；合议庭成员有审判员的，署名为"审判员"；有助理审判员的，署名为"代理审判员"；有陪审员的，署名为"人民陪审员"。书记员，署名为"书记员"。合议庭按照审判长、审判员、代理审判员、人民陪审员的顺序分行署名。

落款日期为作出判决的日期，即判决书的签发日期。当庭宣判的，应当写宣判的日期。

有两名以上书记员的，分行署名。落款应当在同一页上，不得分页。落款所在页无其他正文内容的，应当调整行距，不写"本页无正文"。

院印加盖在审判人员和日期上，要求"骑年盖月、朱在墨上"，并加盖"本件与原本核对无异"印戳。

（二）注意事项

1. 理由部分内容的阐述，由"本院认为，……"引出，应当写明争议焦点，根据认定的事实和相关法律，对当事人的诉讼请求作出分析评判，并说明理由。

2. 裁判依据部分内容的叙写，由"综上所述，……"引出，应当首先对当事人的诉讼请求是否支持进行总结评述。然后写明"依照《中华人民共和国……法》第×条……（写明法律文件名称及其条款项序号）规定，判决如下："。

3. 上诉权利的告知。应当写明："如不服本判决，可以在判决书送达之日起十五日内，向本院递交上诉状，并按照对方当事人或者代表人的人数提出副本，上诉于×××人民法院。"

4. 如果确有必要的，可以在判决书后另页添加附录。

三、简易程序适用的第一审民事判决书

（一）结构、内容和写作方法

适用简易程序审理案件制作的第一审民事判决书，由首部、正文和尾部组成。简易程序是普通程序的简化，是与普通程序并存的独立审判程序。设置简易程序的目的主要是：实现审判程序的多元化；有利于当事人诉讼；有利于人民法院行使审判权。简易程序第一审民事判决书与普通程序第一审民事判决书

的区别主要在于正文部分。

根据 2015 年《最高人民法院关于适用〈中华人民共和国民事诉讼法〉的解释》第 270 条规定，适用简易程序审理的案件，有下列情形之一的，人民法院在制作判决书、裁定书、调解书时，对认定事实或者裁判理由部分可以适当简化：①当事人达成调解协议并需要制作民事调解书的；②一方当事人明确表示承认对方全部或者部分诉讼请求的；③涉及商业秘密、个人隐私的案件，当事人一方要求简化裁判文书中的相关内容，人民法院认为理由正当的；④当事人双方同意简化的。

根据《民事诉讼文书样式》的要求，适用简易程序审理的案件，第一审民事判决书正文部分的具体写作要求如下：

1. 当事人对案件事实没有争议的，应当首先写明原告主张的事实和理由，概括被告对法律适用、责任承担的意见；然后对当事人的诉讼请求进行简要评判；最后依据法律作出裁决。具体文书格式写作要求如下：

"×××向本院提出诉讼请求：1. ……；2. ……（明确原告的诉讼请求）。事实和理由……（阐述原告主张的事实和理由）。

×××承认原告在本案中所主张的事实，但认为，……（概括被告对法律适用、责任承担的意见）。

本院认为，×××承认×××在本案中主张的事实，故对×××主张的事实予以确认。……（对当事人诉讼请求进行简要评判）。

依照《中华人民共和国……法》第×条……（写明法律文件名称及其条款项序号）规定，判决如下：

……（写明判决结果）。"

2. 当事人对案件事实有争议的，应当首先写明原告主张的事实和理由，概括被告的答辩意见，概括当事人有争议的事实的质证和认定情况；然后对当事人诉讼请求进行简要评判，写明对当事人诉讼请求是否支持的评述；最后依据法律作出裁决。具体文书格式写作要求如下：

"×××向本院提出诉讼请求：1. ……；2. ……（明确原告的诉讼请求）。事实和理由……（阐述原告主张的事实和理由）。

×××辩称，……（概括被告答辩意见）。

本院经审理认定事实如下：对于双方当事人没有争议的事实，本院予以确认。……（概括当事人有争议的事实的质证和认定情况）。

本院认为，被告承认原告诉讼请求的事实部分，不违反法律规定，本院予以支持。……（对当事人诉讼请求进行简要评判）。

综上所述，……（写明对当事人诉讼请求是否支持进行评述）。依照《中华人民共和国……法》第×条……（写明法律文件名称及其条款项序号）规定，判决如下：

……（写明判决结果）。"

3. 被告承认原告全部诉讼请求的，应当首先写明原告主张的事实和理由，写明被告承认原告提出的全部诉讼请求；然后写明当事人有权在法律规定的范围内处分自己的民事权利和诉讼权利，被告承认原告的诉讼请求，不违法法律规定；最后依据法律作出裁决。具体格式写作要求如下：

"×××向本院提出诉讼请求：1. ……；2. ……（明确原告的诉讼请求）。事实和理由……（阐述原告主张的事实和理由）。

×××承认×××提出的全部诉讼请求。

本院认为，当事人有权在法律规定的范围内处分自己的民事权利和诉讼权利。被告承认原告的诉讼请求，不违法法律规定。

依照《中华人民共和国……法》第×条第×款规定，判决如下：

……（写明判决结果）。"

（二）注意事项

1. 适用简易程序审理的案件，实行独任制，由审判员一人独任审判案件。因此，在文书首部，应当予以写明。

2. 文书尾部审判人员署名，写明"审判员×××"即可。

3. 上诉权利的告知。应当写明："如不服本判决，可以在判决书送达之日起十五日内，向本院递交上诉状，并按照对方当事人的人数提出副本，上诉于××××人民法院。"

第三节 第二审民事判决书

一、概念和功能

第二审民事判决书，是指第二审人民法院依照我国民事诉讼法的规定，对当事人不服第一审人民法院民事判决提起上诉的民事案件，进行审理后，制作的具有法律效力的法律文书。

我国《民事诉讼法》第 164 条规定，当事人不服地方人民法院第一审判决的，有权在判决书送达之日起 15 日内向上一级人民法院提起上诉。当事人不服地方人民法院第一审裁定的，有权在裁定书送达之日起 10 日内向上一级人民法院提起上诉。

第二审民事判决书的功能主要体现在以下几个方面：①第二审人民法院对二审案件进行审理，作出裁判的书面凭证；②当事人对案件申请再审的依据；③二审法院发现一审裁判错误，及时予以纠正的体现。

二、结构、内容和写作方法

第二审民事判决书由首部、正文和尾部组成。

（一）首部

首部包括标题、案号、当事人的基本情况、诉讼代理人的身份事项，以及案由、审判组织、审判方式和开庭审理经过。

1. 标题。应当分两行书写为："××××人民法院""民事判决书"。

2. 案号。案号由立案年度、法院简称、案件性质、审判程序和案件顺序号组成。应当写为："（20××）×民终字第×号"。例如，北京市第二中级人民法院于 2017 年立案的第 6 号民事案件，应当写为："（2017）二中民终字第 6 号"。其中，"2017"是立案年度；"二中"是北京市第二中级人民法院的简称；"民"指案件性质；"终"指审级；"6"指案件的顺序号。

3. 当事人的基本情况。应当写明上诉人、被上诉人的基本情况及原审地位。从总的方面看，叙写这部分内容需要注意以下几点：

第一，当事人是自然人的，应当写明姓名、性别、出生年月日、民族、工作单位和职务或者职业、住所。

第二，当事人是法人或者其他组织的，应当写明名称、住所。另起一行写明法定代表人或者主要负责人的姓名、职务。

第三，在上诉人和被上诉人之后，要注明其在原审中的地位，即"原审原告""原审被告""原审第三人"。

在具体叙写过程中，还需要注意，在二审中，上诉人是指不服一审法院判决提起上诉的当事人；被上诉人一般是上诉人在一审程序中的对方当事人。列举当事人时，需要注意以下问题：

第一，双方当事人和第三人都提出上诉的，均列为上诉人。

第二，在必要共同诉讼中，必要共同诉讼人中的一人或者部分人提出上诉的，按下列情况处理：①该上诉是对与对方当事人之间的权利义务分担有意见，不涉及其他共同诉讼人利益的，对方当事人为被上诉人，未上诉的同一方当事人依原审诉讼地位列明。②该上诉仅对共同诉讼人之间权利义务分担有意见，不涉及对方当事人利益的，未上诉的同一方当事人为被上诉人，对方当事人依原审诉讼地位列明。③该上诉对双方当事人之间以及共同诉讼人之间权利义务分担有意见的，未提出上诉的其他当事人均为被上诉人。

4. 诉讼代理人的身份事项。具体写作要求与第一审民事判决书相同。

5. 案由、审判组织、审判方式和开庭审理经过。我国《民事诉讼法》第 169 条第 1 款规定，第二审人民法院对上诉案件，应当组成合议庭，开庭审理。经过阅卷、调查和询问当事人，对没有提出新的事实、证据或者理由，合议庭认为不需要开庭审理的，可以不开庭审理。根据上述法律规定，第二审法院审理民事案件以开庭审理为原则，不开庭审理为例外。因此，案由、审判组织、审判方式和开庭审理经过的叙写也存在区别。

（1）开庭审理的，这部分内容应当表述为："上诉人×××因与被上诉人×××/上诉人×××及原审原告/被告/第三人×××……（写明案由）一案，不服×××人民法院……民初……号民事判决，向本院提起上诉。本院于×××年××月××日立案后，依法组成合议庭，开庭/因涉及……（写明不公开开庭的理由）不公开开庭进行了审理。上诉人×××、被上诉人×××、原审原告/被告/第三人×××（写明当事人和其他诉讼参加人的诉讼地位和姓名或者名称）到庭参加诉讼。本案现已审理终结。"

（2）不开庭审理的，在"向本院提起上诉"之后，写为："本院依法组成合议庭审理了本案。现已审理终结。"

（二）正文

正文部分是文书的核心内容，主要包括事实、理由和判决主文。

1. 事实。我国《民事诉讼法》第168条规定，第二审人民法院应当对上诉请求的有关事实和适用法律进行审查。根据上述法律规定，第二审民事判决书是针对第一审民事判决书认定的事实和适用法律作出的。因此，事实部分主要应当写明以下内容：上诉人提起上诉的诉讼请求、事实和理由；被上诉人的答辩意见；原审原告、被告和第三人的陈述意见；一审起诉和判决情况；二审认定的事实和证据。

（1）双方当事人争议的事实。包括上诉人提起上诉的诉讼请求、事实和理由；被上诉人的答辩意见；原审原告、被告和第三人的陈述意见。这部分内容的叙写应当概括、简明扼要，力求反映当事人的意愿，主要是为了地清楚阐述当事人不同的主张、意见和理由。

（2）一审起诉和判决情况。这部分内容不需要详细地阐叙，只需要对一审判决的事实进行概括的介绍，并写明原判的判决结果即可。如果原判的判决结果较多，只需要写清楚主要判决内容。叙写这部分内容的目的主要是：①客观反映一审判决的情况；②使一审、二审相互衔接，为后续二审判决叙写事实和阐述理由奠定基础。

（3）二审认定的事实和证据。二审认定的事实，是法院作出裁决的基础。针对上诉人的上诉请求，二审法院应当围绕上诉请求对一审法院认定的事实进行审查。这部分内容应当主要写明二审法院采信证据、认定事实的意见和理由，以及对一审查明相关事实的评判。

在文书制作过程中，针对不同的情形，叙写二审事实时，应当主要注意以

下几点:

第一,原判决认定事实清楚,上诉人无异议的,在二审判决中,只需概括地予以确认即可。

第二,原审认定的主要事实有错误,或者部分事实有错误,在二审判决中,对于改判认定的事实应当详细具体地叙述,并运用证据加以说明,指出原判认定事实的不当之处。对于原判认定事实正确的部分,只需简要写明即可。

第三,原判认定的事实有遗漏,在二审判决中,对遗漏部分的事实,应当加以补充。

第四,原判认定的事实没有错误,上诉人提出了异议,在二审判决中,应当将上诉人有异议部分的事实叙写清楚,并列举相关的证据予以证明,对原判事实加以确定,论证上诉人的异议不能成立。

在二审过程中,如果当事人围绕上诉请求提交了证据,在二审判决中应当写明法院组织当事人进行证据交换和质证的情况。如果当事人没有提交新的证据的,在二审判决中应当写明当事人没有提交新的证据。

2. 理由。事实和理由是法院依法作出裁决的基础。第二审民事判决书的理由部分,应当主要根据二审认定的事实和法律规定,对当事人的上诉请求进行分析评判,说明理由。

(1)围绕原判决是否正确,以及上诉是否有理进行分析、论证,阐明理由。上诉人提起上诉,是因为不服一审法院作出的裁决,认为一审法院在认定事实、适用法律等方面存在错误。二审法院围绕当事人的上诉请求,对一审判决认定事实和适用法律进行审查。如果一审判决是正确的,二审判决应当阐明正确的理由;如果一审判决部分或者全部错误的,二审判决应当阐明错误之处,以及产生错误的原因。对上诉人提出的上诉请求系属正确的,予以支持;错误的,予以驳回,同时应当具体阐明理由。涉及具体的判决结果,如果原判正确,判决维持原判的,应当阐明维持原判的理由;如果原判错误,需要改判的,应当阐明改判的理由,为判决结果的作出奠定基础。

(2)引用与判决结果相适应的法律条文。引用法律条文应当明确、具体,具有针对性。

如果二审判决维持原判,只须援引《民事诉讼法》第 170 条第 1 款第 1 项;全部改判、部分改判的,除了应当援引《民事诉讼法》第 170 条第 1 款的有关条款外,还应当援引改判所依据的实体法的有关条款。具体表述要求如下:

第一,驳回上诉,维持原判的,应当区分两种情形叙写:①一审判决认定事实清楚,适用法律正确,维持原判的,写明:"综上所述,×××的上诉请求不能成立,应予驳回;一审判决认定事实清楚,适用法律正确,应予维持。依照《中华人民共和国民事诉讼法》第一百七十条第一款第一项规定，判决如下："。②一审判决认定事实或者适用法律虽有瑕疵，但裁判结果正确，维持原判的，写明："综上所述，一审判决认定事实……（对一审认定事实作出概括评价，如存在瑕疵应指出）、适用法律……（对一审适用法律作出概括评价，如存在瑕疵应指出），但裁判结果正确，故对×××的上诉请求不予支持。依照《中华人民共和国×××法》第×条（适用法律错误的，应当引用实体法）依照《中华人民共和国民事诉讼法》第一百七十条第一款第一项、《最高人民法院关于适用〈中华人民共和国民事诉讼法〉的解释》第三百三十四条规定，判决如下："。

第二，依法改判的，应当写为："综上所述，×××的上诉请求成立，予以支持。依照《中华人民共和国×××法》第×条（适用法律错误的，应当引用实体法）、《中华人民共和国民事诉讼法》第一百七十条第一款第×项规定，判决如下："。

3. 判决主文。第二审民事判决书的判决主文，是对当事人争议的实体问题作出的终审结论。判决主文不同，具体的写作要求也不同，具体内容如下：

（1）维持原判的，表述为："驳回上诉，维持原判。"

（2）全部改判的，表述为：

"一、撤销×××人民法院（××××）……民初……号民事判决；

二、……（写明改判内容）。"

（3）部分改判的，表述为：

"一、维持×××人民法院（××××）……民初……号民事判决第×项（对一审维持判项，逐一写明）；

二、撤销×××人民法院（××××）……民初……号民事判决第×项（将一审判决错误判项逐一撤销）；

三、变更×××人民法院（××××）……民初……号民事判决第×项为……；

四、……（写明新增判项）。"

（三）尾部

尾部写明诉讼费用的负担、判决的法律效力、合议庭组成人员署名、日期和书记员署名。

1. 诉讼费用的负担。在判决结果之后，应当另起一行写明诉讼费用的负担。具体写作方法区分为两种不同的情形：①驳回上诉，维持原判的，对一审诉讼费用不需调整的，不必重复一审诉讼费用的负担，只需要写明二审诉讼费用的负担即可。如果一审诉讼费负担错误需要调整的，应当予以纠正。②依法改判的，除应写明当事人对二审诉讼费用的负担外，还应将变更一审诉讼费用负担的决定一并写明。

2. 判决的法律效力。应当写明："本判决为终审判决"。

3. 合议庭组成人员署名、日期和书记员署名。写法同第一审普通程序适用的民事判决书。

三、注意事项

1. 第二审民事判决书一经送达当事人，立即发生法律效力，当事人不得再以上诉的方式表示不服，只能在法定期间内依照审判监督程序的相关规定，向人民法院申请再审。

2. 第二审判决作出后，当事人不得就同一标的，以同一事实和理由再提起诉讼。

3. 具有给付内容的裁判，如果义务人不履行发生法律效力裁判确定的义务，权利人可以向有管辖权的法院申请强制执行。

第四节　再审民事判决书

一、概念和功能

再审民事判决书，是指人民法院对已经发生法律效力的判决、裁定和调解书，发现符合法定再审事由，对案件再次进行审理后，针对当事人之间的权利义务争议作出裁决时制作的具有法律效力的法律文书。

根据我国《民事诉讼法》第 198 条、第 199 条、第 201 条和第 208 条的规定，各级人民法院院长对本院已经发生法律效力的判决、裁定、调解书，发现确有错误，认为需要再审的，应当提交审判委员会讨论决定。最高人民法院对地方各级人民法院已经发生法律效力的判决、裁定、调解书，上级人民法院对下级人民法院已经发生法律效力的判决、裁定、调解书，发现确有错误的，有权提审或者指令下级人民法院再审。

当事人对已经发生法律效力的判决、裁定，认为有错误的，可以向上一级人民法院申请再审；当事人一方人数众多或者当事人双方为公民的案件，也可以向原审人民法院申请再审。当事人申请再审的，不停止判决、裁定的执行。当事人对已经发生法律效力的调解书，提出证据证明调解违反自愿原则或者调解协议的内容违反法律的，可以申请再审。经人民法院审查属实的，应当再审。

最高人民检察院对各级人民法院已经发生法律效力的判决、裁定，上级人民检察院对下级人民法院已经发生法律效力的判决、裁定，发现有《民事诉讼法》第 200 条规定情形之一的，或者发现调解书损害国家利益、社会公共利益的，应当提出抗诉。地方各级人民检察院对同级人民法院已经发生法律效力的判决、裁定，发现有《民事诉讼法》第200条规定情形之一的，或者发现调解书损害国家利益、社会公共利益的，可以向同级人民法院提出检察建议，并报上级人民检察院备案；也可以提请上级人民检察院向同级人民法院提出抗诉。各级人民检察院对审判监督程序以外的其他审判程序中审判人员的违法行为，有权向同级人民法院提出检察建议。

民事再审判决书的功能主要体现在以下两个方面：①实现司法公正的载体。我国实行两审终审制，再审程序属于非正常的审判程序，是为了纠正已经发生法律效力的判决、裁定、调解书存在的错误，对当事人权益进行的事后救济，目的是实现司法公正，再审民事判决书是司法公正的载体。②维护当事人的合法权益的手段。已经发生法律效力的判决、裁定、调解书存在瑕疵，最终损害的是当事人的合法权益。对案件进行再审，依法作出裁决，有利于维护当事人的合法权益。因此，再审民事判决书是维护当事人合法权益的手段。

二、结构、内容和写作方法

再审民事判决书由首部、正文和尾部组成。

（一）首部

首部包括标题、案号、当事人的基本情况、诉讼代理人的身份事项，以及案由、审判组织、审判方式和开庭审理经过。

1. 标题和案号。再审民事判决书中，标题的写法与第一审、第二审民事判决书基本相同。但是，涉及案号的写法与一审、二审民事判决书有所不同，主要是审级代字，应当写为："再初"或者"再终"。例如，北京市高级人民法院2017年再审的第10号民事案件，应当写为："（2017）京高民再终（或再初）字第10号"。

2. 当事人的基本情况。应当写明再审申请人、被申请人的基本情况及原审地位。当事人是自然人的，应当写明姓名、性别、出生年月日、民族、工作单位和职务或者职业、住所。当事人是法人或者其他组织的，应当写明名称、住所。另起一行写明法定代表人或者主要负责人的姓名、职务。叙写当事人的基本情况需要注意以下几个问题：

（1）在再审申请人和被申请人之后，要注明其在一审或者二审中的诉讼地位。其他当事人按原审诉讼地位列明，例如，一审终审的，列为"原审原告""原审被告""原审第三人"。二审终审的，列为"二审上诉人（一审原告）""二审被上诉人（一审被告）"等。

（2）如果原审遗漏了共同诉讼人，再审将其追加为当事人的，其诉讼地位直接写为"原告""被告"，不必表述为"再审原告"或者"追加原告"等。

（3）如果再审是检察机关抗诉引起的，应当在当事人的基本情况前，先写明"抗诉机关×××人民检察院";然后写明申诉人和被申诉人的基本情况。

3. 诉讼代理人的身份事项。写法与第一审民事判决书基本相同。

4. 案由、审判组织、审判方式和开庭审理经过。根据我国民事诉讼法规定,已经发生法律效力的判决、裁定和调解书有错误,引起再审的方式主要有三种:①经原审法院决定,或者上级法院指令或提审引起再审;②由当事人申请引起再审;③人民检察院抗诉引起再审。因此,这部分内容,根据再审案件的来源不同,其叙写方式也存在区别。具体内容如下:

(1) 依当事人申请而提审,经审理后作出实体处理的,写为:"再审申请人×××因与被申请人×××/再审申请人及×××……(写明案由)一案,不服××××人民法院(××××)……号民事判决/民事调解书,向本院申请再审。本院于××××年××月××日作出(××××)……号民事裁定,提审本案。本院依法组成合议庭,开庭审理了本案。再审申请人×××、被申请人×××(写明当事人和其他诉讼参加人的诉讼地位和姓名或者名称)到庭参加诉讼。(未开庭的,写明:本院依法组成合议庭审理了本案)本案现已审理终结。"

(2) 依当事人申请,受指令或者受指定再审,按照第一审程序审理后,作出实体判决的,写为:"再审申请人×××因与被申请人×××/再审申请人×××……(写明案由)一案,不服本院/××××人民法院(××××)……民×……号民事判决/民事调解书,向××××人民法院申请再审。××××人民法院于××××年××月××日作出(××××)……民×……号民事裁定,指令/指定本院再审本案。本院依法另行/依法组成合议庭(指定再审的不写另行),开庭审理了本案。再审申请人×××、被申请人×××(写明当事人和其他诉讼参加人的诉讼地位和姓名或者名称)到庭参加诉讼。本案现已审理终结。"

(3) 依当事人申请,受指令或者受指定再审,按照第二审程序审理后,作出实体判决的,写为:"再审申请人×××因与被申请人×××/再审申请人×××……(写明案由)一案,不服本院/××××人民法院(××××)……号民事判决/民事调解书,向××××人民法院申请再审。××××人民法院于××××年××月××日作出(××××)……号民事裁定,指令/指定本院再审本案。本院依法另行/依法组成合议庭(指定再审的不写另行),开庭审理了本案。再审申请人×××、被申请人×××(写明当事人和其他诉讼参加人的诉讼地位和姓名或者名称)到庭参加诉讼。(未开庭的,写明:本院依法组成合议庭审理了本案)本案现已审理终结。"

(4) 原审法院依当事人申请裁定再审,按照第一审程序审理后,作出实体判决的，写为："再审申请人×××因与被申请人×××/再审申请人×××……
（写明案由）一案，不服本院/××××人民法院（××××）……民×……号
民事判决/民事调解书，向本院申请再审。本院于××××年××月××日作出
（××××）……民×……号民事裁定再审本案。本院依法另行组成合议庭，
开庭审理了本案。再审申请人×××、被申请人×××（写明当事人和其他诉
讼参加人的诉讼地位和姓名或者名称）到庭参加诉讼。本案现已审理终结。"

（5）原审法院依当事人申请裁定再审，按照第二审程序审理后，作出实体判
决的，写为："再审申请人×××因与被申请人×××/再审申请人×××……
（写明案由）一案，不服本院（××××）……民×……号民事判决/民事调解
书，向本院申请再审。本院于××××年××月××日作出（××××）……
民×……号民事裁定再审本案。本院依法另行组成合议庭，开庭审理了本案。
再审申请人×××、被申请人×××（写明当事人和其他诉讼参加人的诉讼地
位和姓名或者名称）到庭参加诉讼。本案现已审理终结。"

（6）检察机关抗诉引起再审的，按照第一审程序审理后，作出实体判决
的，写为："申诉人×××因与被申诉人×××及×××（写明原审其他当事人
诉讼地位、姓名和名称）……（写明案由）一案，不服本院（××××）……
号民事判决/民事裁定，向×××人民检察院提出申诉。×××人民检察院
作出……号民事抗诉书，向×××人民法院提出抗诉。×××人民法院作
出（××××）……号民事裁定，指令本院再审案件。本院依法另行组成合议
庭，开庭审理了本案。×××人民检察院指派检察员×××出庭。申诉人×
××、被申诉人×××（写明当事人和其他诉讼参加人的诉讼地位和姓名或者
名称）到庭参加诉讼。本案现已审理终结。"

（7）检察机关抗诉引起再审的，按照第二审程序审理后，作出实体判决
的，写为："申诉人×××因与被申诉人×××及×××（写明原审其他当事人
诉讼地位、姓名和名称）……（写明案由）一案，不服本院（××××）……
号民事判决/民事裁定，向×××人民检察院提出申诉。×××人民检察院
作出……号民事抗诉书，向×××人民法院提出抗诉。×××人民法院作
出（××××）……号民事裁定，指令本院再审案件。本院依法另行组成合议
庭，开庭审理了本案。×××人民检察院指派检察员×××出庭。申诉人×
××、被申诉人×××（写明当事人和其他诉讼参加人的诉讼地位和姓名或者
名称）到庭参加诉讼。（未开庭的，写明：本院依法组成合议庭审理了本案）
本案现已审理终结。"

（二）正文

正文部分是文书的核心内容，主要包括事实、理由和判决主文。

1. 事实。包括双方当事人争议的事实；原审判决认定的事实、理由和判决结果；经人民法院再审认定的事实和证据。

（1）双方当事人争议的事实。该部分内容应当首先写明申请人申请再审的请求、事实和理由；其次写明被申请人的答辩意见；最后写明原审其他当事人的意见。如果案件是由检察机关抗诉引起再审的，在阐明当事人双方意见之前，应当首先阐明检察机关抗诉的意见。这部分内容只需要简明扼要地叙写清楚即可。

（2）原审判决认定的事实、理由和判决结果。当事人申请再审，是认为已经发生法律效力的判决、裁定有错误，或者调解违反自愿原则、调解协议的内容违法。再审主要是纠正原审法院判决、裁定、调解的错误。因此，在再审判决书中，应当将原审判决认定的事实、理由和判决结果，简单扼要地进行介绍，为再审判决奠定基础。

（3）经人民法院再审认定的事实和证据。这部分内容是再审裁决作出的基础，应当对一审、二审认定的事实进行评判，是文书叙写的重点内容。尤其是对双方当事人有争议的事实，应当重点加以分析、论证。需要注意的是，如果原审判决认定事实清楚，事实部分可以简单叙述，重点叙述改判所依据的事实；如果原审判决确实存在认定事实错误，再审认定事实部分的内容，应当详细、具体地叙写。同时，应当写明再审法院采信的证据。

2. 理由。包括依事论理和依法论理。

（1）依事论理。其应当围绕当事人的再审理由是否成立、再审请求是否应予支持，进行评判。同时，对原审相关结论是否正确进行评价。如果原审认定事实错误，在阐述理由时，应当主要指出由于原审认定事实的错误，导致适用法律和判决结果的错误。如果原审认定事实正确，只是适用法律错误，应当指出由于原审适用法律的错误，导致判决结果的不正确。如果检察机关的抗诉和当事人申请再审的理由全部是正确的，应当予以采纳；如果部分正确部分错误的，对正确的部分予以采纳，对错误的部分予以批驳。

（2）依法论理。依法论理即指引用法律依据说明理由。再审民事判决书阐述理由需要具有针对性。既针对原审判决，也针对检察机关的抗诉和当事人提出的再审申请主张。同时，应当注意法律条文的引用。再审民事判决书引用法律条文要求具有针对性，应当全面。再审维持原判的，一般只引用程序法条文。再审改判的，不仅需要引用程序法，也需要引用实体法。

3. 判决主文。这部分内容的写作，可以参照第一审民事判决书、第二审民事判决书判决结果的写法。

（三）尾部

尾部写明诉讼费用的负担、判决的法律效力、合议庭组成人员署名、日期和书记员署名。

我国《民事诉讼法》第207条规定，人民法院按照审判监督程序再审的案件，发生法律效力的判决、裁定是由第一审法院作出的，按照第一审程序审理，所作的判决、裁定，当事人可以上诉；发生法律效力的判决、裁定是由第二审法院作出的，按照第二审程序审理，所作的判决、裁定，是发生法律效力的判决、裁定；上级人民法院按照审判监督程序提审的，按照第二审程序审理，所作的判决、裁定是发生法律效力的判决、裁定。人民法院审理再审案件，应当另行组成合议庭。根据上述法律规定，再审民事判决书尾部的写法，可以参照第一审民事判决书和第二审民事判决书尾部的写法。

按照第一审程序再审的，在判决书的尾部写明上诉事项，写法参照第一审民事判决书。按照第二审程序再审的，应当写明"本判决为终审判决"。

三、注意事项

1. 上级法院提审的案件，审判组织写明"组成合议庭"，不写"另行组成合议庭"。

2. 判决主文应当对当事人的全部诉讼请求作出明确、具体的裁判，表达应当完整、准确，以便于执行。

3. 再审维持原判，且有再审诉讼费用的，只写明再审诉讼费用的负担。再审改判的，应当对一、二审以及本次再审诉讼费用的负担一并作出决定。

第五节　民事调解书

一、概念和功能

民事调解书，是指人民法院在审理民事案件过程中，根据自愿合法原则，依法对案件进行调解，依据当事人自愿达成的调解协议审结案件时，制作的具有法律效力的法律文书。

我国《民事诉讼法》第9条规定，人民法院审理民事案件，应当根据自愿和合法的原则进行调解；调解不成的，应当及时判决。第97条规定，调解达成协议，人民法院应当制作调解书。调解书应当写明诉讼请求、案件的事实和调解结果。调解书由审判人员、书记员署名，加盖人民法院印章，送达双方当事人。调解书经双方当事人签收后，即具有法律效力。

《民事诉讼法》第98条规定，下列案件调解达成协议，人民法院可以不制作调解书：①调解和好的离婚案件；②调解维持收养关系的案件；③能够即时履行的案件；④其他不需要制作调解书的案件。对不需要制作调解书的协议，应当记入笔录，由双方当事人、审判人员、书记员签名或者盖章后，即具有法律效力。

根据法律规定，调解书的适用范围非常广泛，一审可以适用，二审可以适用，再审也可以适用。所以民事调解书包括第一审民事调解书、第二审民事调解书和再审民事调解书几类。

民事调解书与民事判决书的区别主要体现在以下几个方面：①适用条件不同。调解和判决虽然都是人民法院行使审判权，解决民事案件的方式。但是，二者的适用条件存在差别。调解书是双方当事人自愿达成调解协议时，制作和使用的法律文书；判决书是人民法院依法对案件作出裁决时，制作和使用的法律文书。②体现的意志不同。制作民事调解书的前提，是当事人自愿合法的达成调解协议，注重对当事人意志的尊重；制作民事判决书更多的是体现国家意志，是人民法院依法行使审判权的表现。③文书格式和内容不同。调解书与判决书相比，格式和内容相对比较简单；判决书的格式和内容相对比较复杂。④文书效力不同。民事调解书经双方当事人签收后，即具有法律效力。第一审民事判决书除法定一审终审的案件外，送达当事人后不立即生效，只有超过法定的上诉期限，当事人不上诉的，才发生法律效力。第二审民事判决书一经作出，即具有法律效力。

民事调解书的功能，主要体现在以下两个方面：①通过调解达成协议，是人民法院审理民事案件的一种结案方式，民事调解书是具体审结案件的体现。②人民法院制作的民事调解书，经双方当事人签收，即具有法律效力。一方当事人不履行义务，权利人可以向人民法院申请强制执行。民事调解书是当事人申请执行的根据。

二、结构、内容和写作方法

民事调解书由首部、正文和尾部组成。

（一）首部

首部包括标题、案号、当事人的基本情况、诉讼代理人的身份事项，以及案由、审判组织、审判方式和开庭审理经过。

1. 标题。应当分两行书写为："××××人民法院""民事调解书"。

2. 案号。案号由立案年度、法院简称、案件性质、审判程序和案件顺序号组成。应当写为："（20××）×民×字第×号"。例如，北京市海淀区人民法院于2017年立案的第12号民事案件，应当写为："（2017）海民初字第12号"。需要注意的是，如果是二审达成调解协议的，审判程序的代字应当写为"终"字。如果是再审达成调解协议的，审判程序的代字应当写为"再"字。

3. 当事人的基本情况。当事人是自然人的，应当写明姓名、性别、出生年月日、民族、工作单位和职务或者职业、住所。当事人是法人或者其他组织的，应当写明名称、住所。另起一行写明法定代表人或者主要负责人的姓名、职务。

叙写当事人的基本情况需要注意以下几个问题：

（1）第一审民事调解书，应当写明原告、被告和其他诉讼参加人的姓名或者名称等基本信息。

（2）第二审民事调解书，应当写明上诉人、被上诉人和其他诉讼参加人的姓名或者名称等基本信息。同时，应当注明当事人在原审中的诉讼地位。

（3）再审民事调解书，应当写明再审申请人、被申请人和其他诉讼参加人的姓名或者名称等基本信息。同时，应当注明当事人在原审中的诉讼地位。

4. 诉讼代理人的身份事项。写法与第一审民事判决书相同。

5. 案由、审判组织、审判方式和开庭审理经过。具体叙写要求如下：

（1）第一审民事调解书，写为："原告×××与被告×××、第三人×××……（写明案由）一案，本院于×××年××月××日立案后，依法适用普通程序/简易程序，公开/因涉及……（写明不公开开庭的理由）不公开开庭进行了审理（开庭前调解的，不写开庭情况）。"

（2）第二审民事调解书，写为："上诉人×××因与被上诉人×××/上诉人×××、第三人×××……（写明案由）一案，不服×××人民法院（××××）……民初……号民事判决，向本院提起上诉。本院于×××年××月××日立案后，依法组成合议庭审理了本案（开庭前调解的，不写开庭情况）。"

（3）再审民事调解书，写为："再审申请人×××因与被申请人×××/再审申请人×××及原审×××……（写明案由）一案，不服×××人民法院（××××）……号民事判决/民事裁定/民事调解书，申请再审。××××年××月××日，本院/×××人民法院作出（××××）……号民事裁定，本案由本院再审。本院依法组成合议庭审理了本案。"

（二）正文

正文是文书的核心内容，包括当事人的诉讼请求和案件事实、调解结果、法院对协议内容的确认和诉讼费用的负担。

1. 当事人的诉讼请求和案件事实。我国《民事诉讼法》第93条规定，人民法院审理民事案件，根据当事人自愿的原则，在事实清楚的基础上，分清是非，进行调解。根据上述法律规定，调解书中应当写清当事人的请求和案件事实。根据《民事诉讼文书样式》的规定，第一审民事调解书，应当写明当事人的诉讼请求、事实和理由。第二审民事调解书，应当写明上诉人的上诉请求、事实和理由。再审民事调解书，应当写明当事人的再审请求、事实和理由，被申请人的答辩意见。同时，应当概括案件事实，写明原审裁判结果。

2. 调解结果。调解结果，即调解协议的内容，是调解书的核心内容，是双方当事人针对民事权利义务争议，在自愿、合法的前提下，互谅互让，依法达成的解决纠纷的一致意见。通常由以下文字引出：

（1）第一审民事调解书，写为："本案审理过程中，经本院主持调解，当事人自愿达成如下协议/当事人自愿和解达成如下协议，请求人民法院确认/经本院委托……（写明受委托单位）主持调解，当事人自愿达成如下协议：

一、……；

二、……。

（分项写明调解协议的内容）"

（2）第二审民事调解书，写为："本案审理过程中，经本院主持调解，当事人自愿达成如下协议/当事人自愿和解达成如下协议，请求人民法院确认：

一、……；

二、……。

（分项写明调解协议的内容）"

（3）再审民事调解书，写为："本案再审审理过程中，经本院主持调解，当事人自愿达成如下协议/当事人自愿和解达成如下协议，请求人民法院确认：

一、……；

二、……。

（分项写明调解协议的内容）"

3. 法院对协议内容的确认。根据我国法律的相关规定，当事人达成调解协议，申请人民法院制作民事调解书时，人民法院应当依法对调解协议的内容进行审查，审查内容包括：调解协议的内容是否违法、是否侵害国家利益或社会公共利益等，如果有上述情形存在，人民法院对调解协议的内容将不予确认。只有符合法律规定的调解协议，人民法院才依法予以确认，经人民法院依法确认的调解协议，才具有法律效力。

人民法院依法予以确认的调解协议，在调解协议内容之后，应当写明："上述协议，不违反法律规定，本院予以确认。"

4. 诉讼费用的负担。根据《诉讼费用缴纳办法》的规定，经人民法院调解达成协议的案件，诉讼费用的负担由双方当事人协商解决；协商不成的，由人民法院决定。以调解方式结案或者当事人申请撤诉的，减半交纳案件受理费。诉讼费用的负担，如果是由双方当事人协商解决的，可以作为调解协议内容的最后一项予以书写；如果是由人民法院决定的，应当在写完法院对双方调解协议确认的一段后，另起一行书写，写明当事人的姓名或者名称，以及负担的金额。

（三）尾部

尾部包括调解书生效的条件和时间、合议庭组成人员署名、注明日期和加盖人民法院印章、书记员署名。

1. 调解书生效的条件和时间。在民事调解书的尾部，应当将调解书生效的条件和时间告知双方当事人，即明确写明："本调解书经各方当事人签收后，即具有法律效力。"

2. 合议庭组成人员署名、写明日期并加盖人民法院印章、书记员署名。写法同第一审民事判决书。

三、注意事项

1. 调解协议的内容应当写的明确具体，以便于当事人履行。

2. 适用特别程序、督促程序、公示催告程序的案件，婚姻等身份关系确认案件以及其他根据案件性质不能进行调解的案件，不得调解。

3. 当事人自行和解或者调解达成协议后，请求人民法院按照和解协议或者调解协议的内容制作判决书的，人民法院不予准许。无民事行为能力人的离婚案件，由其法定代理人进行诉讼。法定代理人与对方达成协议要求发给判决书的，可根据协议内容制作判决书。

4. 调解书需经当事人签收后才发生法律效力的，应当以最后收到调解书的当事人签收的日期为调解书生效日期。

第六节　民事裁定书

一、概念和功能

民事裁定书，是指人民法院在诉讼过程中，对程序问题进行处理时，依法制作的法律文书。

我国《民事诉讼法》第 154 条规定，裁定适用于下列范围：①不予受理；②对管辖权有异议的；③驳回起诉；④保全和先予执行；⑤准许或者不准许撤诉；⑥中止或者终结诉讼；⑦补正判决书中的笔误；⑧中止或者终结执行；⑨撤销或者不予执行仲裁裁决；⑩不予执行公证机关赋予强制执行效力的债权文书；⑪其他需要裁定解决的事项。对上述第 1~3 项裁定，可以上诉。裁定书应当写明裁定结果和作出该裁定的理由。裁定书由审判人员、书记员署名，加盖人民法院印章。口头裁定的，记入笔录。根据上述法律规定，需要注意以下两个问题：

（1）保全和先予执行裁定。保全和先予执行涉及对当事人实体权利的处分，但是这两种对实体权利的处分不是终局性的，仅具有暂时性和程序保障性。这两种裁定对实体权利的暂时处分仅是手段，其目的是使审判程序更具有实效性，使判决的执行更具有保障性。从本质上看，这两种裁定解决的仍然是程序性问题。

（2）其他需要裁定解决的事项。其他需要裁定解决的事项，是一项弹性条款，是为了诉讼需要作出的相应规定。根据法律规定，在诉讼中，适用民事裁定的情形还包括：用简易程序审理的案件改为普通程序审理、确认司法协议有效、依职权对本院案件再审后发回重审、督促程序驳回申请人申请、终结公示催告程序、二审发回重审、二审撤回上诉、裁定驳回再审申请等。

民事裁定书适用的范围非常广泛，包括第一审程序、第二审程序、再审程序、督促程序、公示催告程序、非讼程序、执行程序等。本文主要介绍几种常用的民事裁定书。

民事裁定书的功能主要体现在以下几个方面：①民事裁定书主要是针对诉讼过程中的程序问题依法作出的裁决，目的是解决诉讼过程中出现的各种特殊情形，以保证诉讼的顺利进行。②有的民事裁定书可以成为法院的一种结案方式，例如，不予受理裁定、驳回起诉裁定、终结诉讼裁定等。③民事裁定书具有法律效力，一经依法生效，必须严格执行。

二、结构、内容和写作方法

民事裁定书由首部、正文和尾部组成。

（一）首部

首部包括标题、案号、当事人的基本情况、诉讼代理人的身份事项等。

1. 标题。应当分两行书写为："××××人民法院""民事裁定书"。

2. 案号。案号由立案年度、法院简称、案件性质、审判程序和案件顺序号组成。应当写为："（20××）×民×字第×号"。

3. 当事人的基本情况。当事人是自然人的，应当写明姓名、性别、出生年月日、民族、工作单位和职务或者职业、住所。当事人是法人或者其他组织的，应当写明名称、住所。另起一行写明法定代表人或者主要负责人的姓名、职务。

叙写当事人的基本情况时需要注意：不予受理起诉的，当事人称为"起诉人"；诉前财产保全的，当事人称为"申请人""被申请人"。

4. 诉讼代理人的身份事项。写法与第一审民事判决书相同。

（二）正文

正文是文书的核心内容，主要包括案由和案件来源，当事人的诉讼请求、事实和理由，法院经审查认定的理由和适用的法律，以及裁决结果等。以下介绍几种常用民事裁定书的正文格式写作要求。

1. 第一审民事裁定书。具体叙写要求如下：

（1）起诉不予受理。不予受理，是指人民法院依据民事诉讼法的规定，对原告的起诉进行审查后，认为不符合法定受理条件，从程序上裁定不予立案受理的司法行为。

不予受理民事裁定书的正文部分，主要应当写明原告起诉的请求、事实和理由，法院经审查对起诉不予受理的理由，以及不予受理的决定。具体格式写作要求如下：

"×××年××月××日，本院收到×××的起诉状。起诉人×××向本院提出诉讼请求：1.……；2.……（明确原告的诉讼请求）。事实和理由：……（概括原告主张的事实和理由）。

本院经审查认为，……（写明对起诉不予受理的理由）。

依照《中华人民共和国民事诉讼法》第一百一十九条、第一百二十三条规定，裁定如下：

对×××的起诉，不予受理。"

（2）驳回起诉。驳回起诉，是指人民法院受理案件后，发现原告的起诉不符合法定受理情形，依照法定程序裁定予以驳回的司法行为。

驳回起诉民事裁定书的正文部分，主要应当写明当事人的姓名或者名称和案由，原告起诉的请求、事实和理由，法院经审查驳回起诉的理由，以及驳回起诉的决定。具体格式写作要求如下：

"原告×××与被告×××……（写明案由），本院于×××年××月××日立案后，依法进行审理。

×××向本院提出诉讼请求：1.……；2.……（明确原告的诉讼请求）。事实和理由：……（概括原告主张的事实和理由）。

本院经审查认为，……（写明驳回起诉的理由）。

依照《中华人民共和国民事诉讼法》第一百一十九条/第一百二十四条第×项、第一百五十四条第一款第三项、《最高人民法院关于适用〈中华人民共和国民事诉讼法〉的解释》第二百零八条第三款规定，裁定如下：

驳回×××的起诉。"

叙写驳回起诉民事裁定书需要注意以下几点：①该裁定书适用于第一审人民法院受理案件后，发现当事人的起诉不符合《民事诉讼法》第119条规定的起诉条件，或者具有《民事诉讼法》第124条规定的特殊情形。②驳回起诉是从程序上以裁定的方式作出的处理，不涉及当事人的实体权利。③驳回起诉，应当针对当事人的诉讼主张，进行充分说理。

（3）准许或者不准许撤诉。撤诉，是指人民法院立案后宣判前，当事人将已经成立之诉撤销。民事撤诉裁定书的正文部分，应当主要写明当事人的姓名或者名称和案由，原告申请撤诉的要求及时间，裁定理由、法律依据和结果。具体格式写作要求如下：

"……（写明当事人及案由）一案，本院于×××年××月××日立案。原告×××于×××年××月××日向本院提出撤诉申请。

本院认为，……（写明准予/不准许撤诉的理由）。

依照《中华人民共和国民事诉讼法》第一百四十五条第一款规定，裁定如下：

准许×××撤诉。"

（不准许撤诉的，写明：依照《中华人民共和国民事诉讼法》第一百四十五条第一款、《最高人民法院关于适用〈中华人民共和国民事诉讼法〉的解释》第二百三十八条第×款规定，裁定如下：不准许×××撤诉。）

叙写准许或不准许撤诉民事裁定书需要注意以下几点：①当事人的行为有损害国家、集体和其他公民利益的，人民法院不准许当事人撤诉。②当事人有违反法律的行为需要依法处理的，人民法院可以不准许撤诉。③在法庭辩论终结后原告申请撤诉，被告不同意的，人民法院可以不准许撤诉。

（4）中止、终结诉讼。诉讼中止，是指在诉讼进行过程中，如果出现一些法定特殊原因，使诉讼程序暂时难以继续进行时，人民法院裁定暂停诉讼程序，等特殊原因消失以后，再行恢复诉讼程序的法律制度。诉讼终结，是指在诉讼进行过程中，因发生某种法定特殊原因，使诉讼程序无法继续进行或者继续进行已经没有必要时，由人民法院裁定终结诉讼程序的法律制度。

中止或终结诉讼民事裁定书的正文部分，应当主要写明当事人的姓名或者名称和案由，中止或终结诉讼的事实根据、理由、法律依据和裁决结果。具体格式写作要求如下：

"……（写明当事人及案由）一案，本院于×××年××月××日立案。

本案在审理过程中，……（写明中止/终结诉讼的事实根据）。

本院经审查认为，……（写明中止/终结诉讼的理由）。

依照《中华人民共和国民事诉讼法》第一百五十条第一款第×项、第一百五十四条第一款第六款规定，裁定如下：

本案中止诉讼。"

（如果是终结诉讼的，写明：依照《中华人民共和国民事诉讼法》第一百五十一条第×项、第一百五十四条第一款第六款规定，裁定如下：本案终结诉讼。）

（5）管辖权异议。管辖权异议，是指人民法院受理案件后，当事人认为受诉人民法院对该案件没有管辖权，向受诉人民法院提出的不服该法院管辖的意见和主张。

管辖权异议民事裁定书的正文部分，应当主要写明当事人的姓名或者名称和案由，原告的诉讼请求、事实和理由，异议的内容和理由，法律依据和裁决结果。具体格式写作要求如下：

"原告×××与被告×××、第三人×××……（写明案由）一案，本院于×××年××月××日立案。

×××诉称，……（概括原告的诉讼请求、事实和理由）。

×××在提交答辩状期间，对管辖权提出异议认为，……（概括异议内容和理由）。

依照《中华人民共和国民事诉讼法》第×条、第一百二十七条第一款规定，裁定如下：

（异议成立的，写明：）×××对本案提出的管辖权异议成立，本案移送×××人民法院处理。

（异议不成立的，写明：驳回×××对本案管辖权提出的异议。）

案件受理费……元，由……负担（写明当事人姓名或者名称、负担金额）。"

（6）诉讼前的财产保全。诉前财产保全，是指利害关系人在起诉前，人民法院根据利害关系人的申请，对被申请人的财产采取强制性保护措施的保全制度。

诉前财产保全民事裁定书的正文部分，主要应当写明申请人申请财产保全的时间、请求采取保全措施的具体内容，是否提供担保，以及法院采取保全措施的理由、法律依据和结果。具体格式写作要求如下：

"申请人×××于×××年××月××日向本院申请诉前财产保全，请求对被申请人×××……（写明申请财产保全措施的具体内容）。申请人×××/担保人×××以……（写明担保财产的名称、数量或者数额、所在地点等）。提供担保。

本院经审查认为，……（写明采取保全措施的理由）。依照《中华人民共和国民事诉讼法》第一百零一条、第一百零二条、第一百零三条第一款规定，裁定如下：

查封/扣押/冻结被申请人×××的……（写明保全财产的名称、数量或者数额、所在地点等），期限为……年/月/日（写明保全的期限）。

案件受理费……元，由……负担（写明当事人姓名或者名称、负担金额）。

本裁定立即开始执行。"

（7）诉讼中的财产保全。诉讼中的财产保全，是指人民法院受理案件后，为保证将来生效判决的执行，依据当事人的申请或者依职权，对当事人的财产或争议的标的物采取强制性保护措施的保全制度。

诉讼中财产保全民事裁定书的正文部分，应当主要写明当事人申请财产保全的时间、请求采取保全措施的具体内容，是否提供担保，以及法院采取保全措施的理由、法律依据和结果。具体格式写作要求如下：

"……（写明当事人及案由）一案，申请人×××于××××年××月××日向本院申请诉前财产保全，请求对被申请人×××……（写明申请财产保全措施的具体内容）。申请人×××/担保人×××以……（写明担保财产的名称、数量或者数额、所在地点等）。提供担保。

本院经审查认为，……（写明采取保全措施的理由）。依照《中华人民共和国民事诉讼法》第一百条、第一百零二条、第一百零三条第一款规定，裁定如下：

查封/扣押/冻结被申请人×××的……（写明保全财产的名称、数量或者数额、所在地点等），期限为……年/月/日（写明保全的期限）。

案件受理费……元，由……负担（写明当事人姓名或者名称、负担金额）。

本裁定立即开始执行。"

（8）先予执行。先予执行，是指人民法院在诉讼过程中，为解决一方当事人生活或生产的紧迫需要，根据当事人的申请，裁定对方当事人预先给付申请一方当事人一定数额的金钱或其他财产，或者实施或停止某种行为，并立即付诸执行的法律制度。

先予执行民事裁定书的正文部分，应当主要写明当事人申请先予执行的时间、请求先予执行的具体内容，是否提供担保，以及法院作出先予执行裁定的理由、法律依据和结果。具体格式写作要求如下：

"……（写明当事人及案由）一案，申请人×××于××××年××月××日向本院申请先予执行，请求……（写明先予执行的内容）。申请人×××/担保人×××向本院提供（写明担保财产的名称、数量或数额、所在地点等）作为担保（不提供担保的，不写）。

本院经审查认为，申请人×××的申请符合法律规定。依照《中华人民共和国民事诉讼法》第一百零六条、第一百零七条的规定，裁定如下：

（写明先予执行的内容）

案件申请费……元，由……负担（写明当事人姓名或者名称、负担金额）。"

（9）补正判决书笔误。补正判决书笔误采用民事裁定书正文部分，具体格式写作要求如下：

"本院于××××年××月××日对……（写明当事人及案由）一案作出（××××）……民×……号……（写明被补正的法律文书名称），存在笔误，应予补正。

依照《中华人民共和国民事诉讼法》第一百五十四条第一款第七项、《最高人民法院关于适用〈中华人民共和国民事诉讼法〉的解释》第二百四十五条规定，裁定如下：

（××××）……民×……号……（写明被补正的法律文书名称）中，'……'（写明法律文书误写、误算，诉讼费用漏写、误算和其他笔误）补正为'……'（写明补正后的内容）。"

2. 第二审民事裁定书。具体叙写要求如下：

（1）二审发回重审。二审发回重审民事裁定书正文部分，具体格式写作要求如下：

"上诉人×××因与被上诉人×××/上诉人×××及原审原告/被告/第三人×××……（写明案由）一案，不服×××人民法院（××××）……民初……号民事判决，向本院提起上诉。本院依法组成合议庭对本案进行了审理。

本院认为，……（写明原判认定基本事实不清或者严重违反法定程序的问题）。依照《中华人民共和国民事诉讼法》第一百七十条第一款第×项的规定，裁决如下：

一、撤销×××人民法院（××××）……民初……号民事判决；

二、本案发回×××人民法院重新审理。

上诉人×××预交的二审案件受理费……元予以退回。"

制作二审发回重审民事裁定书需要注意，第二审人民法院对上诉案件经过审理后，裁定撤销原判、发回重审适用于以下两种情形：①原判决认定基本事实不清；②原判决遗漏当事人或者违法缺席判决等严重违反法定程序的。

（2）二审驳回起诉。人民法院对二审案件进行审理时，发现该案件依法不应当由人民法院受理，应当驳回当事人的起诉时，制作二审驳回起诉民事裁定书。

二审驳回起诉民事裁定书正文部分，具体格式写作要求如下：

"上诉人×××因与被上诉人×××/上诉人×××及原审原告/被告/第三人×××……（写明案由）一案，不服×××人民法院……民初……号民事判决，向本院提起上诉。本院依法组成合议庭对本案进行了审理。本案现已审理终结。

×××上诉请求：……（写明上诉请求）。事实和理由：（概述上诉人主张的事实和理由）。

×××辩称，……（概述被上诉人的答辩意见）。

×××述称，……（概述原审原告/被告/第三人陈述意见）。

×××向一审法院起诉请求：……（写明原告/反诉原告/有独立请求权的第三人的诉讼请求）。

一审法院认定事实：……（概述一审认定的事实）。一审法院认为，……（概述一审裁判理由）。判决：……（写明一审判决主文）。

本院审理查明，……（写明与驳回起诉有关的事实）。

本院认为，……（写明驳回起诉的理由）。依照《最高人民法院关于适用〈中华人民共和国民事诉讼法〉的解释》第三百三十条规定，裁定如下：

一、撤销×××人民法院（××××）……民初……号民事判决；

二、驳回×××（写明一审原告的姓名和名称）的起诉。

一审案件受理费……元，退还（一审原告）×××；上诉人×××预交的二审案件受理费……元予以退还。

本裁定为终审裁定。"

（三）尾部

民事裁定书尾部的写法，可以参照第一审民事判决书和第二审民事判决书。但是，需要注意以下几个问题：

1. 根据我国民事诉讼法的规定，涉及不予受理、驳回起诉、管辖权异议的裁定，当事人不服的，可以依法提起上诉。因此，涉及不予受理、驳回起诉、管辖权异议的民事裁定书，在尾部应当交代上诉权，即写为："如不服本裁定，可以在裁定书送达之日起十日内，向本院递交上诉状，上诉于××××人民法院。"

2. 涉及财产保全和先予执行的民事裁定，当事人不服的，可以依法申请复议。因此，财产保全和先予执行的民事裁定书，在尾部应当交代申请复议权，即写为："如不服本裁定，可以自收到裁定书之日起五日内向本院申请复议一次。复议期间不停止裁定的执行。"

3. 申请诉前财产保全的，在民事裁定书中，交代申请复议权之后，还应当写明："申请人在人民法院采取保全措施后三十日内不依法提起诉讼或者申请仲裁的，本院将依法解除保全。"

三、注意事项

1. 与民事判决书的写作相比较，民事裁定书的案由、事实部分的阐述，相对要简略一些。涉及法院认定事实的理由和适用的法律依据，应当写的明确。

2. 涉及保全的民事裁定，如果没有担保人的，在民事裁定书中，不需要依照格式规范中的要求写明这部分内容。

3. 在民事诉讼中，民事裁定书的适用范围非常广泛。对此，《民事诉讼文书样式》中，对各种不同类型的民事裁定书的制作格式作出了详细具体的规定，本文限于篇幅的关系，不能一一介绍，文书制作者可以参照使用。

【思考题】

1. 简述民事裁判文书的概念、种类和作用。

2. 第一审民事判决书的正文部分应当写明哪些内容？

3. 简述第二审民事判决书的概念和作用。

4. 第二审民事判决书的事实部分应当写明哪些内容？

5. 简述民事调解书与民事判决书的区别。

6. 民事调解书的正文部分应当写清哪些内容？

7. 简述民事裁定书的概念和作用。

8. 叙写民事裁定书的尾部应当注意哪些问题？

【拓展示例】

示例一：第一审民事判决书

示例二：第二审民事判决书

示例三：再审民事判决书

示例四：民事调解书

示例五：民事裁定书

第六章

人民法院行政裁判文书

学习目的和要求: 通过本章的学习,要求学生对行政裁判文书的概况、结构、内容和制作要点有深入的理解,通过拓展实例与理论知识的结合,能熟练掌握行政裁判文书的写作方法,做到能写会用。

第一节 概 述

一、人民法院行政裁判文书的概念和作用

人民法院行政裁判文书,是指人民法院依照国家颁行的法律、行政法规和地方性法规,参照有关行政规章,审理当事人之间因具体行政行为引发的争议,在诉讼过程中为处理和解决有关实体问题、程序问题而制作的具有法律效力的法律文书的总称。

就其性质而言,行政诉讼是解决行政争议的一种程序制度。我国《行政诉讼法》第 2 条第 1 款规定:"公民、法人或者其他组织认为行政机关和行政机关工作人员的行政行为侵犯其合法权益,有权依照本法向人民法院提起诉讼。"行政诉讼不同于民事、刑事诉讼的特点之一,就在于争议双方中必有一方为行使行政职权的国家行政机关,如公安机关、税务机关、土地管理机关等。相对方当事人则是隶属于该行政机关管理权限范围内的公民、法人或者其他组织。行政诉讼当事人之间争议的焦点在于行政机关的具体行政行为是否合法或者显失公平。人民法院受案范围之内的行政案件几乎涉及所有行政管理领域,而且新类型案件层出不穷。

人民法院通过行政审判活动,依法保护公民、法人或者其他组织的人身权利、财产权利和其他权利,有助于落实人民群众诸多的宪法权利,增强社会公众的权利意识和法治观念,也有利于维护和监督行政机关依法行使行政职权。由此看来,认真制作人民法院行政法律文书的意义十分重大。

二、人民法院行政裁判文书的特点和种类

(一)人民法院行政裁判文书的特点

1. 裁判内容的审查性。行政案件的审理对象是当事人之间争议的具体行政行为的合法性或者行政处罚的适当性问题。行政诉讼活动主要围绕审查具体行

政行为是否合法展开，体现的是司法权对行政权的监督和制约。因此，行政裁判文书应当体现裁判内容的审查性，具体制作时应当以被诉具体行政行为的叙述为起点，阐明对被诉具体行政行为合法与否的审查过程，最后表明法院的审查结论。

2. 实体裁判的多样性。人民法院对行政案件作出何种处理，主要取决于对被诉行政行为违法状态的审查及结论。根据行政诉讼法的规定，第一审人民法院经过审理，认为具体行政行为证据确凿，适用法律、法规正确，符合法定程序的，判决维持；主要证据不足的、适用法律、法规错误的、违反法定程序的、超越职权或者滥用职权的，判决撤销或者部分撤销，并可以判决被告重新作出具体行政行为；被告不履行或者拖延履行法定职责的，判决其在一定期限内履行；行政处罚显失公正的，可以判决变更。另外，人民法院还可以作出确认具体行政行为合法有效或者违法无效的判决，以及驳回当事人诉讼请求的判决。

3. 法律适用的层级性。行政诉讼中的法律适用主要解决人民法院对被诉具体行政行为的合法性进行审查判断的标准问题。由于我国行政法律法规制定主体多元，等级、效力不一，故而在行政裁判的法律适用方面显得丰富而复杂。根据行政诉讼法和司法解释的有关规定，人民法院审判行政案件的法律适用包括以下几类：①法律、法规是行政审判的依据。人民法院审理行政案件必须依据法律、法规等作为裁判的依据。②规章的参照适用。人民法院审理行政案件可以参照规章，对合法有效的规章可以适用为审查具体行政行为合法性的根据；对不符合或者不完全符合法律、法规规定或者立法宗旨的规章，人民法院有权灵活处理，可以不予适用。③人民法院审理行政案件对于合法有效的其他规范性文件可以在裁判文书中引用。④人民法院审理行政案件，适用最高人民法院相关司法解释的，应当在裁判文书中援引。

（二）人民法院行政裁判文书的种类

自1993年4月21日以来，人民法院行政裁判文书都按照《法院诉讼文书样式（试行）》来拟制的。为规范行政裁判文书的制作水平，2004年12月8日，最高人民法院制定了《一审行政判决书样式（试行）》，对行政作为、不作为一审行政判决书作了明确规定。近年来，随着司法改革不断深入，为了全面树立司法权威，有效提升司法公信力，提高行政法律文书的制作水平，最高人民法院以修改后的《行政诉讼法》实施为契机，于2015年4月30日制定了统一的《行政诉讼文书样式（试行）》，新编、修订了132种行政诉讼文书样式。新样式共包括法院制作并发给当事人的判决（调解）类文书、裁定类文书、决定类文书、通知类文书等共96个，法院内部用报告、函件类文书14个和指导当事人诉讼行为用的文书22个。其要求全国各级人民法院全面贯彻修改后的

《行政诉讼法》，进一步规范和完善行政诉讼文书制作，不断提高行政审判工作水平。

最高人民法院制定的《行政诉讼文书样式（试行）》，将判决文书的样式由原来的两类扩展到了十三大类，主要有一审请求撤销、变更行政行为类；一审请求履行法定职责类；一审请求给付类；一审请求确认违法、无效类；一审复议机关作共同被告类；一审行政裁决类；一并审理的民事案件类；一审行政协议类及一审行政赔偿类等，对于其具体种类要根据不同的标准来划分。

1. 根据裁判方式的不同，分为行政判决书和行政裁定书。行政判决书是对行政案件的实体问题作出处理的文书，包括第一审行政判决书、第二审行政判决书、再审行政判决书、行政赔偿判决书；行政裁定书一般是对行政案件中的程序问题作出处理的文书，包括驳回起诉裁定书、准许或不准许撤销裁定书、终止或者终结诉讼裁定书、发回重审裁定书、指定继续审理裁定书等。

2. 根据行政诉讼审判程序不同，分为第一审行政裁判文书、第二审裁判文书、审判监督程序的行政裁判文书。第一审行政裁判文书主要有十种：第一审行政判决书、行政附带民事诉讼判决书、不予受理起诉的行政裁定书、驳回起诉的行政裁定书、管辖权异议的行政裁定书、移送或者指定管辖的行政裁定书、停止执行具体行政行为或者驳回停止执行申请的行政裁定书、准许或不准许撤诉的行政裁定书、行政赔偿判决书、行政赔偿调解书。第二审行政裁判文书主要有八种：第二审行政判决书、行政附带民事判决书、发回重审的行政裁定书、驳回起诉的行政裁定书、准许或不准许撤回上诉的行政裁定书、对不服一审裁定提出上诉的案件作出的行政裁定书、行政赔偿判决书、行政赔偿调解书。审判监督程序的行政裁判文书主要有四种：再审行政判决书、再审行政附带民事判决书、再审行政赔偿判决书、提起再审的行政裁定书。

3. 根据裁判结果不同，分为驳回诉讼请求的判决书、撤销或部分撤销具体行政行为的判决书、限期履行法定职责的判决书、履行给付义务的判决书、变更行政处罚的判决书、确认被诉具体行政行为违法或无效的判决书、行政附带民事判决书。

第二节　第一审行政判决书

一、概念和功能

第一审行政判决书，是指第一审人民法院在受理行政诉讼案件后，依照我国行政诉讼法规定的第一审程序审理终结，依照法律和行政法规、地方性法规的规定，参照有关行政规章，就实体问题作出处理决定时制作的法律文书。

根据我国《行政诉讼法》第 63 条及第 68 条之规定，人民法院审理行政案件，由审判员组成合议庭，或者由审判员、人民陪审员组成合议庭。合议庭审理行政案件，以法律、行政法规和地方性法规为依据。地方性法规适用于本行政区域内发生的行政案件。如果审理民族自治地方的行政案件，并以该民族自治地方的自治条例和单行条例为依据。此外，还可参照国务院各部、委根据法律和国务院的行政法规、决定、命令制定、发布的规章以及省、自治区、直辖市和省、自治区的人民政府所在地的市以及经国务院批准的较大的市的人民政府根据法律和国务院的行政法规制定、发布的规章。人民法院对行政争议审理终结后，应根据不同情况分别作出判决。

行政案件的审理对象很明确，即被诉的具体行政行为。法官应当围绕被诉具体行政行为进行合法性审查，根据"被告负举证责任"的原则，主要审查被告所举的证据是否客观、真实和充分，与被诉具体行政行为是否存在关联；审查具体行政行为所适用的法律是否正确，判断具体行政行为的程序是否合法，行政机关是否滥用职权等。行政判决书既要向诉讼当事人和社会公众公开法官对案件的实体裁判，也要充分展示诉讼程序的公平和正义。这样的行政判决书才符合行政案件的特点和行政裁判文书的制作要求。

人民法院通过审理行政案件，不仅可以对国家行政机关的具体行政行为是否合法作出公正的判决，以确定当事人之间的行政权利义务关系，纠正行政违法行为，调整、稳定行政法律关系，而且还能够依法保护公民、法人和其他组织的合法权益，维护和监督行政机关依法行使职权 。

二、结构、内容和写作方法

第一审行政判决书由首部、正文和尾部三部分组成。首部需要写明标题、文书编号、诉讼参加人的基本情况以及案件由来、审判组织和审判经过；第一审行政判决书的正文部分主要由事实部分、理由部分以及判决结果组成；最后就是尾部和附项的制作。

（一）首部

1. 标题、文书编号。标题应当写明制作的人民法院名称（法院名称，一般应与法院的印章保持一致，但基层法院应冠以省、市、自治区的名称）和文书名称。文书编号一般由年度号、法院代字、案件性质、审判程序代字、顺序号几部分组成。例如，武汉市洪山区人民法院 2018 年第 6 号一审行政案件，表述为"（2018）洪行初字第 6 号"。

2. 诉讼参加人的基本情况。提起行政诉讼的原告包括公民、法人或者其他组织。原告是公民的，写明姓名、性别、出生年月日、居民身份证号码、民族和住址。居民的住址应写住所地，住所地和经常居住地不一致的，写经常居住地。原告是法人的，第一行写明法人的名称和所在地址，第二行写明法定代表人及其姓名和职务等。原告是不具备法人资格的其他组织的，写明其名称或字号和所在地址，并另起一行写明负责人及其姓名和职务。原告是个体工商户的，写明业主的姓名、出生年月日、居民身份证号码、民族、住址。有字号的，在其姓名之后用括号注明"系……（字号）业主"。原告是无诉讼行为能力的公民，除写明原告本人的基本情况外，还应列项写明其法定代理人或指定代理人的姓名、住址，并在姓名后括注其与原告的关系。

群体诉讼案件中，推选或指定诉讼代表人的，在原告身份事项之后写明"原告暨诉讼代表人……"，并写明诉讼代表人的基本情况，格式与原告基本情况相同。如涉及原告人数众多的，可在首部仅列明诉讼代表人基本情况，原告名单及其基本身份情况可列入判决书附录部分。

行政判决书中的被告，应写明被诉的行政主体名称、所在地址；另起一行列项写明法定代表人或诉讼代表人姓名和职务；副职负责人出庭的，在此不要列写，在交待到庭参加庭审活动的当事人及其他诉讼参加人情况时载明。法定代表人项下，另起一行列写委托代理人的基本事项。

有第三人参加诉讼的，第三人列在被告之后，第三人基本情况的写法同上。

委托代理人系律师或基层法律服务工作者的，只写明其姓名、工作单位和职务。当事人的代理人系当事人的近亲属的，应在代理人的姓名后括注其与当事人的关系。代理人系当事人所在社区、单位以及有关社会团体推荐的公民的，应写明代理人的姓名、性别、出生年月日、居民身份证号码、民族、工作单位和住址。

3. 案件来源、审判组织、被告与第三人应诉、当事人进行证据交换情况以及开庭审理过程。应写为：

"原告×××不服×××（行政主体名称）×××（具体行政行为），于×××年××月××日向本院提起行政诉讼。本院于××××年××月××日向被告送达了起诉状副本及应诉通知书。本院依法组成合议庭，于××××年××月××日公开（或者不公开）开庭审理了本案。……（写明到庭参加庭审活动的当事人、诉讼代理人、证人、鉴定人、勘验人和翻译人员等）到庭参加诉讼。……（写明发生的其他重要程序活动，如：被批准延长本案审理期限等情况）。本案现已审理终结。"

"被告×××（行政主体名称）（写明作出具体行政行为的行政程序）于××××年××月××日对原告作出××号×××决定（或其他名称）……（详细写明被诉具体行政行为认定的事实、适用的法律规范和处理的内容）。被告于××××年××月××日向本院提供了作出被诉具体行政行为的证据、依据（若有经法院批准延期提供证据的情况，应当予以说明）：1.……（证据的名称及内容等），证明……（写明证据的证明目的。可以按被告举证顺序，归类概括证明目的）。2.……（可以根据案情，从法定职权、执法程序、认定事实、适用法律方面，分类列举有关证据和依据；或者综合列举证据，略写无争议部分）。"

书写案件来源、审判组织、被告与第三人的应诉、当事人进行证据交换情况以及开庭审理过程，是为了表明法院的审判活动公开和透明。如有第三人参加诉讼，可选择使用："因×××与本案被诉行政行为或与案件处理有利害关系，本院依法通知其为第三人参加诉讼（公民、法人或者其他组织申请作为第三人参加诉讼的写：因×××与本案被诉行政行为有利害关系，经×××申请，本院依法准许其为第三人参加诉讼）。"如当事人经合法传唤无正当理由未到庭的，应当写明："×告×××经本院合法传唤，无正当理由拒不到庭。"进行证据交换或召开庭前会议的应写明："本院于×××年××月××日组织原、被告及第三人进行了证据交换（或召开庭前会议），并送达了证据清单副本。"如有被批准延长审理期限情况，应写明批准延长审理期限批复的文号。不公开开庭审理的，应写明不予公开的理由。有关程序活动可根据时间节点的先后顺序写明。

（二）正文

1. 事实部分。广义的案件事实部分由以下几个部分组成：行政行为的叙述部分，当事人诉辩意见部分，当事人举证、质证和法庭认证部分，法庭"经审理查明"部分。这些不同的部分既可以互相独立，自成段落；也可以根据案情和证据、事实和当事人争议的具体内容，互相融合，而无需使用固定的相互独立样式。特别是要灵活区分当事人有争议的事实和无争议的事实；事实问题是当事人争议焦点的，也可采取灵活方式处理，留待"本院认为"部分再予认定。

（1）被诉的具体行政行为和证据。行政诉讼的审查对象是具体行政行为的合法性，所以事实部分首先应该充分展示作为被告的行政机关实施具体行政行为的经过和主要内容，包括被诉行政主体认定的事实、适用的法律规范和处理结果。此处关于行政行为的叙述应当简略得当，通过简洁的表述来说明案件的诉讼标的；行政行为内容较为简单的，也可全文引用；行政行为理由表述有歧义，被告在答辩中已经予以明确的，也可以被告明确后的理由为准。被告对作出的具体行政行为负有举证责任，应将被诉行政主体提供的证明自身行为合法性的证据罗列出来，写清证据名称及内容，说明证明目的以及提供证据的时间。不作为类型的案件还应写明"原告×××于×××年××月××日向被告××提出……申请。被告在原告起诉之前未作出处理决定"。

（2）当事人的诉辩意见。当事人诉辩意见与当事人提供的证据的撰写次序应当注意逻辑关系，因案而定。证据部分的撰写应当注意以下几个问题：

第一，一般情况下，写明当事人的诉辩意见后，即可写明其提供的相关证据。如果当事人提供的证据有较强的关联性，合并叙述更有利于综合反映案件证据情况的，也可酌情将当事人的证据合并叙述。总之，对证据的列举可以结合案情，既可以分别逐一列举证据，写明证据的名称、内容以及证明目的；也可以综合分类列举证据，并归纳证明目的。当事人提供的证据繁杂的，也可以概括说明。

第二，对于当事人超过法定举证期限提供的证据，人民法院予以采纳的，应当在判决中予以写明并说明理由。对于法院根据原告、第三人的申请调取的证据，可以作为原告、第三人提交的证据予以载明；对于法院依职权调取的证据，则应当单独予以说明。当事人在法定期限内未提交证据的，应当予以说明。对于当事人在诉讼中申请调取证据，法院决定不予调取的，应当在判决书中予以记载；申请调取的证据较多，难以一一列举的，也可以概括说明。对于根据原告（或者第三人、被告）的申请，委托鉴定部门进行鉴定的，需写明鉴定部门、鉴定事项和鉴定意见以及当事人的意见。

第三，当事人的诉辩意见部分，既要尊重当事人原意，也要注意归纳总结；既要避免照抄起诉状、答辩状或者第三人的陈述，又不宜删减当事人的理由要点。对于原告、被告以及第三人诉讼请求的记载，应当准确、完整。

（3）"经庭审质证"和"认证如下"部分。对于经过交换或者庭审质证的证据，合议庭认定与否应当给出明确的回答，在"经庭审质证（或交换证据），本院对以下证据做如下确认"之后，展示认证的过程和结果，应当注意因案而异、繁简得当。对于当事人无争议的证据或者与案件明显无关联的证据，可以通过归纳概括等方式简要写明当事人的质证意见；对于证据繁杂的案件，可以归纳概括当事人的主要质证意见。法院对证据的认证意见应当明确，对于当事人有争议的证据，特别是对行政行为的合法性有影响的证据，应当写明采纳或者不予采纳的理由。案件的争议主要集中在事实问题的，也可将对证据的具体质证、认证意见与案件的争议焦点结合起来，置于"本院认为"部分论述。

（4）法院认定的事实。在"经审理查明"之后引出人民法院对具体行政行为进行合法性审查的全过程，包括：引起被告作出具体行政行为的事实；确认被告作出具体行政行为的事实；被告作出具体行政行为所依据的法律、法规或规范性文件；人民法院对行政机关是否享有作出改变具体行政行为的行政管理职权的审查情况。表述事实时，应当详略有别，注意保守国家机密、保护当事人的声誉。

2. 理由部分。理由部分包括判决的事实理由和法律依据。事实理由部分就行政机关所作的具体行政行为是否合法，原告的诉讼请求是否合理进行论述，对于争议焦点，应当详细论述；对于无争议的部分，可以简写。如果原告请求对具体行政行为所依据的规范性文件进行合法性审查的，法院审查后应该按照行政诉讼法以及司法解释的规定，对规范性文件的合法性以及其能否作为论证被诉具体行政行为合法性的依据予以阐明。

论述被诉具体行政行为的合法性，包括：①被告是否具有法定职权；②被诉具体行政行为是否符合法定程序；③被诉具体行政行为认定事实是否清楚、主要证据是否充分；④适用法律、法规、司法解释、规章以及其他规范性文件是否正确；⑤被告是否超越职权、滥用职权，行政处罚是否显失公正。

根据案件的不同需要，"本院认为"部分在援引法律依据时，既可以写明整个条文的内容，也可以摘抄与案件相关的内容；条文内容较多的，也可以只援引法律条款，将具体内容附在判决书的附录部分，兼顾表述的准确性和文书的可读性。对于在理由部分已经论述过的实体法律规范，在"判决如下"前可以不再重复援引。直接作为判决结果依据的法律规范，一般应当按照先行政诉讼法后司法解释的次序排列，并写明具体规定的条、款、项、目。

3. 判决结果。判决结果是人民法院对当事人之间的行政争议作出的实体处理结论，根据我国《行政诉讼法》第69～79条以及司法解释的规定，判决结果可分为以下九种情形：

（1）驳回原告诉讼请求。根据《行政诉讼法》第69条规定，法院通过审理，认定行政行为合法有效，原告诉讼请求不能成立，但又不适宜对被诉行政行为作出其他类型判决的，直接作出否定原告诉讼请求的一种判决类型。写为：

"驳回原告请求撤销（或变更、确认违法等）（行政主体名称）××××年××月××日作出的（××××）×字第××号……（具体行政行为名称）的诉讼请求。"

（2）判决撤销或部分撤销。根据《行政诉讼法》第70条规定："行政行为有下列情形之一的，人民法院判决撤销或者部分撤销，并可以判决被告重新作出行政行为：①主要证据不足的；②适用法律、法规错误的；③违反法定程序的；④超越职权的；⑤滥用职权的；⑥明显不当的。"撤销判决是法院对被诉行政行为效力的全部或部分的否定，是司法机关纠正违法行政行为的有效手段；判决被告重新作出具体行政行为，是判决撤销行政机关具体行政行为的一种补充，但需要注意的是，撤销判决只能对行政机关作为的行政行为作出，不能针对行政机关的不作为作出。

我国《行政诉讼法》第71条规定："人民法院判决被告重新作出行政行为

的，被告不得以同一的事实和理由作出与原行政行为基本相同的行政行为。"具体行政行为虽因违法被撤销，但是问题并未得到解决，还需行政机关对相对人作出处理决定。在这种情况下，可以判决被告重新作出具体行政行为。这样做既可以使行政机关纠正原违法的具体行政行为，又可以重新作出合法的具体行政行为，以维护正常的行政管理秩序。但被告不得以同一事实和理由作出与原具体行政行为基本相同的具体行政行为。判决主文的表述分两种情况：

第一，撤销被诉具体行政行为的，写为：

"一、撤销被告×××（行政主体名称）作出的（××××）……字第××号……（行政行为名称）；

二、责令被告×××（行政主体名称）在××日内重新作出行政行为（不需要重作的，此项不写；不宜限定期限的，期限不写）。"

第二，部分撤销被诉行政行为的，写为：

"一、撤销被告×××（行政主体名称）作出的（××××）……字第××号……（行政行为名称）的第××项，即……（写明撤销的具体内容）；

二、责令被告×××（行政主体名称）在××日内重新作出行政行为（不需要重作的，此项不写；不宜限定期限的，期限不写）；

三、驳回原告×××的其他诉讼请求。"

（3）判决被告限期履行法定职责。《行政诉讼法》第72条规定："人民法院经过审理，查明被告不履行法定职责的，判决被告在一定期限内履行。"《最高人民法院关于适用〈中华人民共和国行政诉讼法〉的解释》第91条规定："原告请求被告履行法定职责的理由成立，被告违法拒绝履行或者无正当理由逾期不予答复的，人民法院可以根据行政诉讼法第72条的规定，判决被告在一定期限内依法履行原告请求的法定职责；尚需被告调查或者裁量的，应当判决被告针对原告的请求重新作出处理。"

（4）判决被告履行给付义务。《行政诉讼法》第73条规定："人民法院经审理，查明被告依法负有给付义务的，判决被告履行给付义务。"给付判决，是指具有公法上请求权的当事人对行政机关不履行给付义务的行为不服提起行政诉讼，法院经审理判令行政机关依法承担给付义务的判决。给付诉讼最重要的起诉条件是行政相对人拥有合法的给付请求权。判决被告履行给付义务的，分为两种情况：

第一，直接判决被告履行给付义务的，写为：

"责令被告×××（行政主体名称）……（写明被告应当在一定期限内履行给付义务的具体内容、方式及期限；因特殊情况难于确定的，可判决被告在一定期限内针对原告的请求作出处理；原告申请依法履行返还财产、排除妨碍、停止侵害、恢复原状等给付义务且无需被告再行作出处理的，可直接写明上述内容）。"

第二，判决撤销拒绝给付决定的同时，判决被告履行给付义务的，写为：

"一、撤销被告×××（行政主体名称）于××××年××月××日对原告作出×号拒绝决定（或其他名称）；

二、责令被告×××（行政主体名称）……（写明被告应当在一定期限内履行给付义务的具体内容、方式及期限；因特殊情况难于确定的，可判决被告在一定期限内针对原告的请求作出处理；原告申请依法履行返还财产、排除妨碍、停止侵害、恢复原状等给付义务且无需被告再行作出处理的，可直接写明上述内容）。"

（5）判决确认行政行为违法。法院经审理后认为被诉行政行为违法但不适合作出撤销判决或者履行判决，转而确认被诉行政行为违法的判决类型。根据《行政诉讼法》第74条规定："行政行为有下列情形之一的，人民法院判决确认违法，但不撤销行政行为：①行政行为依法应当撤销，但撤销会给国家利益、社会公共利益造成重大损害的；②行政行为程序轻微违法，但对原告权利不产生实际影响的。行政行为有下列情形之一，不需要撤销或者判决履行的，人民法院判决确认违法：①行政行为违法，但不具有可撤销内容的；②被告改变原违法行政行为，原告仍要求确认原行政行为违法的；③被告不履行或者拖延履行法定职责，判决履行没有意义的。"确认行政行为违法及责令采取补救措施的判决的写法。写为：

"确认（行政主体名称）××××年××月××日作出的（××××）×字第××号……（具体行政行为名称）违法。"

（6）判决确认行政行为无效。《行政诉讼法》第75条规定："行政行为有实施主体不具有行政主体资格或者没有依据等重大且明显违法情形，原告申请确认行政行为无效的，人民法院判决确认无效。"确认无效判决的条件是行政行为存在重大且明显的违法情形。所谓重大且明显违法，是指行政行为存在一般情况下正常的、有理智的人都足以判断的违法性。行政行为无效的后果是其自始不发生任何法律效力，也永远不发生法律效力。写为：

"确认（行政主体名称）××××年××月××日作出的（××××）×字第××号……（具体行政行为名称）无效。"

（7）判决责令被告采取补救措施与赔偿。《行政诉讼法》第76条规定："人民法院判决确认违法或者无效的，可以同时判决责令被告采取补救措施；给原告造成损失的，依法判决被告承担赔偿责任。"可见，补救措施和赔偿判决是依附于确认判决作出的，确认判决是主判决。在法院作出确认判决的前提下，根据案件的实际情形，法院再依法判决责令被告积极采取相应的补救措施，并对当事人遭受的损害承担赔偿责任。判决履行行政协议并采取补救措施的，可以分为以下几种情形：

第一，对于被告无法继续履行或者继续履行已无实际意义的，可写为：

"一、被告×××采取相应的补救措施……（写明具体补救措施）；

二、被告×××（行政主体名称）于本判决生效之日起××日内赔偿原告……（写明赔偿的金额，原告未请求赔偿的，该项不写）。"

第二，原告请求解除协议或者确认协议无效，并要求赔偿理由成立的，可写为：

"一、确认（协议名称）无效或者自××××年××月××日解除（协议名称）；

二、被告于本判决生效之日起××日内赔偿原告……（写明赔偿的金额，原告未提出赔偿请求的，第二项不写）。"

第三，被告因公共利益需要或者其他法定理由变更、解除协议，给原告造成损失的，可写为：

"被告×××（行政主体名称）于本判决生效之日起××日内补偿原告……（写明赔偿的金额）。"

（8）判决变更诉讼请求。《行政诉讼法》第77条规定："行政处罚明显不当，或者其他行政行为涉及对款额的确定、认定确有错误的，人民法院可以判决变更。人民法院判决变更，不得加重原告的义务或者减损原告的权益。但利害关系人同为原告，且诉讼请求相反的除外。"写为：

"变更被告×××（行政主体名称）作出的（××××）……字第××号……（写明行政行为内容或者具体项），改为……（写明变更内容）。"

（9）判决履行行政协议及补偿。《行政诉讼法》第78条规定："被告不依法履行、未按照约定履行或者违法变更、解除本法第12条第1款第11项规定的协议的，人民法院判决被告承担继续履行、采取补救措施或者赔偿损失等责任。被告变更、解除本法第12条第1款第11项规定的协议合法，但未依法给予补偿的，人民法院判决给予补偿。"可写为：

"一、被告继续履行协议（可写明具体内容）；

二、被告×××（行政主体名称）于本判决生效之日起××日内赔偿原告……（写明赔偿的金额，原告未请求赔偿的，该项不写）。"

（三）尾部

第一审行政判决书的尾部包括诉讼费用的负担，当事人的上诉权利、上诉期间和上诉法院名称，合议庭成员署名和判决决定的日期等事项。

1. 诉讼费用的负担。要分别写明费用名称，原告或被告应负担的数额。

2. 交代上诉事项。向当事人交代上诉事项时，应表述为："如不服本判决，可在判决书送达之日起十五日内，向本院递交上诉状，并按对方当事人的人数提出副本，上诉于×××人民法院。"

3. 合议庭组成人员署名。审理行政案件，一律实行合议制，不存在独任审判员署名问题。人民法院审理行政案件，由审判员组成合议庭，或者由审判员、陪审员组成合议庭。判决书应当由审理该案的合议庭组成人员署名。审判长、审判员、代理审判员、人民陪审员依次署名，院长、庭长参加合议庭审判案件，由院长、庭长担任审判长。助理审判员署代理审判员。

4. 写明日期并加盖院印。

5. 书记员署名。判决书的正本，应由书记员署名，并在判决日期的左下方、书记员署名的左上方加盖"本件与原本核对无异"字样的印戳。

此外，第一审行政判决书还需要写明附录部分的内容，即根据案件的不同需要，可将判决书中的有关内容载入附录部分。例如，将判决书中所提到的法律规范条文附上，以供当事人全面了解有关法律规定的内容。一般应当按照先实体法律规范，后程序法律规范；先上位法律规范，后下位法律规范；先法律后司法解释等次序排列，并按"1."的格式按顺序列明。另外，群体诉讼案件中的原告名单及其身份情况、知识产权案件中的图案等均可以列入此部分。

三、注意事项

1. 叙写"经审理查明"部分时应注意的问题。

（1）生效裁判文书确认的事实一般具有法定的证明力，因此事实部分应当准确、清晰。认定的事实应当是法官基于全案的证据能够形成内心确信的事实；通过推定确认事实必须要有依据，符合证据法则。

（2）事实的叙述以能够逻辑清晰地反映案件情况为原则，以案件争议焦点为核心，避免事无巨细的罗列，做到繁简适当，采取灵活多样的方式记载案件事实。

2. 制作该文书应体现行政诉讼的特点。人民法院审理行政案件应当依据行政诉讼法的规定和要求，着重对被诉具体行政行为所认定的事实是否清楚、证据是否确实充分、作出处理的程序和结果是否合法进行评判，从而根据有关的法律、法规作出判决。

3. 理由论证应当充分有力。要充分认识判决书说理的重要性，应该做到用词贴切，语言精炼，层次分明，逻辑严谨；论述事理清楚明白，详尽具体，且说服力强。评判观点和问题，必须有理有据、论述充分。对法律、法规、规章和其他规范性文件及司法解释的引用不仅具体到条、款、项、目，而且还应将条文内容的全部或部分引述出来，并加以分析说明。

4. 详细地展示认证的过程。进行认证的时候可按被告举证的顺序，归类概括证明的目的；也可以根据案情从法定职权、执法程序、认定事实、适用法律等方面分类评析有关证据的依据；还可以综合列举并评析证据，略写无争议的部分。对法院批准延期提供的证据，应当予以说明。

5. 仔细区分判决书的差异。第一审行政判决书有三种模式，分别适用于三种不同类别的行政案件，制作时应当仔细比较鉴别。在举证责任方面，行政不作为案件与作为案件就存在区别，应当在判决书中反映出来。原告应当提供其已经向被诉行政机关提出申请的事实以及被告不作为的证据和相关的法律依据。被告则应该提供证据证明原告的申请事项是否属于其法定职责或义务，是否存在法定期限内已经履行以及其不作为是否合法等。

第三节　第二审行政判决书

一、概念和功能

第二审行政判决书，是指第二审人民法院依照我国行政诉讼法规定的第二审程序，对不服第一审判决提起上诉的行政案件审理终结后，就实体问题依法作出维持原判或者改判的处理决定时制作的法律文书。

我国《行政诉讼法》第 85 条规定，当事人不服人民法院第一审判决的，有权在判决书送达之日起 15 日内向上一级人民法院提起上诉。当事人不服人民法院第一审裁定的，有权在裁定书送达之日起 10 日内向上一级人民法院提起上诉。逾期不提起上诉的，人民法院的第一审判决或者裁定发生法律效力。该法第 89 条第 1 款规定，人民法院审理上诉案件，按照下列情形，分别处理：①原判决、裁定认定事实清楚，适用法律、法规正确的，判决或者裁定驳回上诉，维持原判决、裁定；②原判决、裁定认定事实错误或者适用法律、法规错误的，依法改判、撤销或者变更；③原判决认定基本事实不清、证据不足的，发回原审人民法院重审，或者查清事实后改判；④原判决遗漏当事人或者违法缺席判决等严重违反法定程序的，裁定撤销原判决，发回原审人民法院重审。这是制作第二审行政判决书的法律依据。

在第二审程序中，上诉法院以第一审行政判决为审理对象，目的在于全面审查一审行政判决认定的事实和证据是否清楚，适用的法律是否正确。人民法院通过第二审审理并以二审行政判决结案，可以切实纠正第一审行政判决发生的错误，维护当事人的合法权益，避免错案、错判情况的发生，同时也是体现上级人民法院对下级人民法院行政审判工作的监督和指导，有助于提高人民法院行政审判的工作质量，维护司法公正。

二、结构、内容和写作方法

第二审行政判决书由首部、正文和尾部三部分组成。

（一）首部

1. 标题、案号。标题分两行写明第二审人民法院的名称和文书名称。案号，除审判程序代字外，其他同第一审行政判决书，即"（20××）×行终字第×号"。例如，湖北省高级人民法院 2018 年受理的第 16 号二审行政案件，写为："（2018）鄂行终字第 16 号"。

2. 诉讼参加人的基本情况。第二审行政案件中当事人的称谓分别为"上诉人""被上诉人"，要用括号注明其在原审中的诉讼地位。原告、被告和第三人都提出上诉的，可并列为"上诉人"。当事人中一人或者部分人提出上诉，上诉后是可分之诉的，未上诉的当事人在法律文书中可以不列；上诉后是不可分之诉的，未上诉的当事人可以列为被上诉人。上诉案件当事人中的代表人、诉讼代理人等，分别在该当事人项下另起一行列项书写。其具体制作要求与第一审行政判决书相同。

3. 案件来源、审判组织和审判方式。根据《行政诉讼法》第 86 条规定，人民法院对上诉案件，应当组成合议庭，开庭审理。经过阅卷、调查和询问当事人，对没有提出新的事实、证据或者理由，合议庭认为不需要开庭审理的，也可以不开庭审理。因此，第二审程序的审理方式有开庭审理和书面审理两种。具体写为："上诉人×××因……（写明案由）一案，不服××××人民法院（××××）×行初字第××号行政判决，向本院提起上诉。本院依法组成合议庭，公开（或不公开）开庭审理了本案。……（写明到庭的当事人、诉讼代理人等）到庭参加诉讼。本案现已审理终结（未开庭的，写本院依法组成合议庭，对本案进行了审理，现已审理终结）。"

（二）正文

1. 事实部分。第二审行政判决书的事实，由原审法院认定的事实和判决结果、当事人上诉争议的内容和二审法院确认的事实和证据组成。

（1）原审法院认定的事实和判决结果。写明原审法院认定的行政争议事实，根据案件的具体情况可概括叙述。但事实的基本要素及关键性情节仍需表述清楚。而后另起一段说明原审裁判的理由和判决结果，要引述原裁判论证说理的内容及所依据的法律规定。最后，完整列出原审的判决结果。

（2）当事人上诉争议的内容。主要写明上诉人提出的上诉请求和理由，包括其提出的新证据；接着写明被上诉人的答辩意见及对原判决的态度。有第三人的，表明第三人的意见。书写上诉争议的内容时，要概括简炼，抓住争议焦点，防止照抄原审判决书、上诉状和答辩状，但又要不失原意。

（3）二审法院认定的事实和证据。二审法院需对一审的定案证据正确与否作出评判并说明原由。二审中新提出的证据，应依据最高人民法院的司法解释，判断其是否超过举证时限，能否被采纳。然后依所认定的证据叙述二审确认的案件事实。叙述事实要有针对性，尤其对一审认定错误的情节应当详述二审的意见。二审审查认定的事实和证据，要根据不同类型的案件书写。如果原审判决事实清楚，上诉人亦无异议的，简要地确认原判认定的事实即可；如果原审判决认定事实清楚，但上诉人提出异议的，应对有异议的问题进行重点分析，予以确认；如果原审判决认定事实不清，证据不足，经二审查清事实后改判的，应具体叙述二审查明的事实和有关证据。

一般情况下，二审认定事实与一审一致的，可写为"本院经审理查明的事实与一审判决认定的事实一致，本院予以确认"。与一审认定的主要事实基本一致，但在个别事实作出新的认定的，可写为"本院经审理查明的事实与一审判决认定的事实基本一致。但一审认定的……事实不当，应认定为……"。本院认定的事实是一审未认定的，可写为"本院另查明：……"。

2. 理由部分。第二审行政判决书的理由部分，由以下两方面的内容构成：

（1）维持或者改判的理由。应针对上诉请求和理由，就原审判决认定的事实是否清楚，适用法律、法规是否正确，有无违反法定程序，上诉理由是否成立，上诉请求是否予以支持，以及被上诉人的答辩是否有理等，进行分析、论证，阐明维持原判或者撤销原判予以改判的理由。

（2）二审判决所依据的法律条款。应分别引用《行政诉讼法》第89条第1、2、3、4项的规定。其中，全部改判或者部分改判的，除先引用《行政诉讼法》的有关条款外，还应同时引用改判所依据的实体法的有关条款。

3. 判决结果。判决结果叙写如下：

（1）维持原审判决的，写为："驳回上诉，维持原判。"

（2）对原审判决部分维持、部分撤销的，写为：

"一、维持×××人民法院（××××）×行初字第××号行政判决第×项，即……（写明维持的具体内容）；

二、撤销×××人民法院（××××）×行初字第××号行政判决第×项，即……（写明撤销的具体内容）；

三、……（写明对撤销部分作出的改判内容。如无需作出改判的此项不写）。"

（3）撤销原审判决，驳回原审原告的诉讼请求的，写为：

"一、撤销×××人民法院（××××）×行初字第××号行政判决；

二、驳回×××（当事人姓名）的诉讼请求。"

（4）撤销原审判决，同时撤销或变更行政机关的行政行为的，写为：

"一、撤销××××人民法院（××××）×行初字第××号行政判决；

二、撤销（或变更）××××（行政主体名称）××××年××月××日（××××）×××字第××号……（写明具体行政行为或者复议决定名称或其他行政行为）；

三、……（写明二审法院改判结果的内容。如无需作出改判的，此项不写）。"

（三）尾部

尾部应依次写明诉讼费用的负担，二审判决的效力，合议庭组成人员署名，写明日期、书记员署名等内容。

1. 诉讼费用的承担。关于二审诉讼费用的负担，要区别情况作出决定。对驳回上诉，维持原判的案件，二审诉讼费用由上诉人承担；双方当事人都提出上诉的，由双方分担。对撤销原判，依法改判的案件，应同时对一、二两审的各项诉讼费用由谁负担，或者共同分担的问题作出决定，相应地变更一审法院对诉讼费用负担的决定。

2. 二审判决的效力。文末应当写明二审判决的效力，即"本判决为终审判决"。

三、注意事项

1. 第二审行政判决书应体现二审的全面性以及上诉审的特点，结合当事人提出的事实和理由，全面审查一审行政判决书认定的事实和证据，审查其适用的法律是否正确，是否违反法定程序，从而得出准确、具体、规范、符合逻辑的判决结果。

2. 判决书应当注意写明原审法院认定的争议事实，同时写明原审裁判的理由和判决结果。写明当事人上诉争议的内容，应当陈述上诉人提出上诉的请求和理由，被上诉人的答辩意见及对原判的态度。如有第三人的，要写明第三人的意见。要对一审认定事实的证据正确与否作出评判并说明理由。对二审提出的新证据要依据证据规则进行分析，决定是否采纳。然后依据证据叙述二审认定的案件事实。二审认定事实特别强调针对性，尤其对一审认定错误的情节应当详述二审的意见。

3. 判决书应针对当事人提出的请求和理由，就原判认定的事实是否清楚，适用法律、法规是否正确，是否违反法定程序，上诉请求应否予以支持以及被上诉人的答辩是否有理等进行分析论证，要具体阐明维持原判或者予以改判的理由。在引用法律条款时，应先引用行政诉讼法的有关规定，然后引用相关实体法条款。

第四节 再审行政判决书

一、概念和功能

再审行政判决书，是指人民法院依照我国行政诉讼法规定的审判监督程序，对已经发生法律效力的判决、裁定，发现违反法律、法规规定，进行重新审理后，就案件的实体问题作出处理决定时制作的法律文书。

根据《最高人民法院关于适用〈中华人民共和国行政诉讼法〉的解释》的规定，人民法院按照审判监督程序再审的案件，发生法律效力的判决、裁定是由第一审法院作出的，按照第一审程序审理，所作的判决、裁定，当事人可以上诉；发生法律效力的判决、裁定是由第二审法院作出的，按照第二审程序审理，所作的判决、裁定，是发生法律效力的判决、裁定；上级人民法院按照审判监督程序提审的，按照第二审程序审理，所作的判决、裁定是发生法律效力的判决、裁定。人民法院审理再审案件，应当另行组成合议庭。人民法院审理再审案件，认为原生效判决、裁定有错误的，在撤销原生效判决或者裁定的同时，可以对生效判决、裁定的内容作出相应裁判，也可以裁定撤销生效判决或裁定，发回原审法院重新审判，制作再审判决书必须遵循这些规定。

提起再审的条件和程序是很严格的，再审程序实际上是一种法律审查程序。其目的在于使已生效的判决但确实违反法律、法规规定的判决、裁定，依照法定程序予以纠正，以保证人民法院裁判的正确性和合法性，保障公民、法人和其他组织的合法权益，维护国家法律的统一。制作再审行政判决书，应当贯彻实事求是的精神和有错必纠的方针，以体现再审程序的特点。根据我国《行政诉讼法》第91条的规定，当事人的申请符合下列情形之一的，人民法院应当再审：①不予立案或者驳回起诉确有错误的；②有新的证据，足以推翻原判决、裁定的；③原判决、裁定认定事实的主要证据不足、未经质证或者系伪造的；④原判决、裁定适用法律、法规确有错误的；⑤违反法律规定的诉讼程序，可能影响公正审判的；⑥原判决、裁定遗漏诉讼请求的；⑦据以作出原判决、裁定的法律文书被撤销或者变更的；⑧审判人员在审理该案件时有贪污受贿、徇私舞弊、枉法裁判行为的。

二、结构、内容和写作方法

再审行政判决书由首部、正文和尾部三部分组成。

（一）首部

首部应依次写明标题、案号、当事人及其诉讼代理人的基本情况，以及案件来源、审判组织和开庭审理过程等。

1. 标题、案号、当事人及其诉讼代理人的基本情况。标题、案号、当事人及其诉讼代理人基本情况的写法可参照再审民事判决书。

2. 案件来源、审判组织、审判方式和审判过程。应写为：

"原审原告（或原审上诉人）×××与原审被告（或原审被上诉人）×××……（写明案由）一案，本院（或××××人民法院）于××××年××月××日作出（××××）×行×字第××号行政判决，已经发生法律效力。……（写明进行再审的根据）。本院依法组成合议庭，公开（或不公开）开庭审理了本案。……（写明到庭的当事人、代理人等）到庭参加诉讼。本案现已审理终结（未开庭的，写本院依法组成合议庭审理了本案，现已审理终结）。"

在依照我国行政诉讼法的规定写明对本案进行再审的根据时，可分别按下列四种情况表述：

（1）××××人民检察院于××××年××月××日提出抗诉。

（2）本院于××××年××月××日作出（××××）×行申（监）字第××号行政裁定，对本案提起再审。

（3）×××人民法院于××××年××月××日作出（××××）×行申（监）字第××号行政裁定，指令本院对本案进行再审。

（4）本院于××××年××月××日作出（××××）×行申（监）字第××号行政裁定，对本案进行提审。

（二）正文

正文是文书的核心内容，包括事实、理由和判决结果三部分内容。

1. 事实部分。再审判决书首先要写明原审判决认定的事实和判决结果，说明对原生效判决的执行情况。由检察院抗诉的需要简述抗诉的理由，由当事人申请再审的简述其主要理由和诉讼请求，由人民法院决定再审的简述当事人的主要意见、理由以及请求。由"经再审查明"导出再审法院对事实的叙述，一般情况下，如再审认定事实与原审一致的，写"本院经审理查明的事实与原审判决认定的事实一致，本院予以确认"。若与原审认定的主要事实基本一致，但对个别事实作出新的认定的，写"本院经审理查明的事实与原审判决认定的事实基本一致。但原审认定的……事实不当，应认定为……"。本院认定的事实是原审未认定的，写"本院另查明：……"。

2. 理由部分。再审行政判决书的理由，要有针对性和说服力，要注重事理分析和法理分析，兼顾全面审查和重点突出。针对再审申请请求和理由，重点围绕争议焦点，就原审判决及被诉行政行为是否合法，再审申请理由是否成立，再审请求是否应予支持等，阐明维持原判或者撤销原判并予以改判的理由。具体写法可参照二审判决书理由部分。检察院抗诉的，还应对检察院抗诉的请求和理由进行审查。

3. 判决结果。可以根据案件的不同情况分为以下三种情形：

（1）全部改判的，写为：

"一、撤销×××人民法院×××年××月××日（××××）×行×字第××号行政判决（如一审判决、二审判决、再审判决均需撤销的，应分项写明）；

二、……（写明改判的内容。内容多的可分项写）。"

（2）部分改判的，写为：

"一、维持×××人民法院×××年××月××日（××××）×行×字第××号行政判决第×项，即……（写明维持的具体内容）；

二、撤销×××人民法院×××年××月××日（××××）×行×字第××号行政判决第×项，即……（写明部分改判的具体内容；如一审判决、二审判决均需撤销的，应分项写明）；

三、……（写明部分改判的内容。内容多的可分项写）。"

（3）仍然维持原判的，写为：

"维持×××人民法院×××年××月××日（××××）×行×字第××号行政判决。"

（三）尾部

尾部应依次写明诉讼费用的负担、判决书的效力，合议庭组成人员进行署名，并写明日期、书记员署名等内容。

1. 诉讼费用的负担。对全部改判或部分改判而变更原审诉讼费用负担的，写明原审诉讼费用由谁负担或者双方如何分担；对依照《诉讼费用交纳办法》第9条规定，需要交纳案件受理费的，同时写明一、二审及再审诉讼费用由谁负担或者双方如何分担。对驳回再审申请的，但依照《诉讼费用交纳办法》第9条规定，需要交纳案件受理费的，写明再审诉讼费用的负担。

2. 判决书的效力。按第一审程序审理的再审行政案件，应交代上诉权利、上诉的方法、期限和上诉审法院。按第二审程序审理的或上级法院提审的再审行政案件，应写明"本判决为终审判决"。

三、注意事项

1. 再审案件不存在单独的再审程序，而是根据原来的审级分别按照第一审或第二审程序进行审理。制作再审判决书必须认真把握再审判决书与原审判决书之间的关系，既不能照抄也不能置之不理，应当区分不同的情形并结合再审的裁判结果而采取合适的方式进行表述。适用的审理程序不同，判决的效力也不同。按照第一审程序进行审理的，尾部应当向当事人交待上诉事项；按照第二审程序进行审理的，尾部应当写明终审判决的字样。

2. 再审行政判决书事实部分包括三方面的内容，应分层次逐一叙述清楚：①要写明原审生效判决认定的事实和判决结果；②要写明引起再审的原由；③再审认定的事实和证据。

3. 再审判决书的理由部分是再审判决书制作的重点。在阐述理由时要着重分析原生效判决适用法律、法规是否正确，检察院抗诉或者当事人申诉的理由是否成立，阐明应予改判、如何改判或者维持原判的理由。

第五节　行政赔偿调解书

一、概念和功能

行政赔偿调解书，是指人民法院依照行政诉讼法的规定，在审理行政赔偿案件的过程中主持调解，促使双方当事人自愿达成解决争议的赔偿协议，并以此为基础而制作的具有法律效力的法律文书。

我国《行政诉讼法》第60条规定："人民法院审理行政案件，不适用调解。但是，行政赔偿、补偿以及行政机关行使法律、法规规定的自由裁量权的案件可以调解。调解应当遵循自愿、合法原则，不得损害国家利益、社会公共利益和他人合法权益。"调解作为非诉纠纷解决机制的方式之一，本身就具有以相对平和的方式定纷止争的作用。这对于解决行政诉讼纠纷，维护当事人权益，维护政府机关信誉具有重要作用。所以《行政诉讼法》考虑到行政赔偿诉讼的特性，对之作了专门规定，行政赔偿诉讼可以适用调解。《最高人民法院关于审理行政赔偿案件若干问题的规定》第30条就直接指明："人民法院审理行政赔偿案件在坚持合法、自愿的前提下，可以就赔偿范围、赔偿方式和赔偿数额进行调解。调解成立的，应当制作行政赔偿调解书。"这就为行政赔偿案件调解结案提供了法律依据，也为制作行政赔偿调解书提供了法律依据。行政赔偿诉讼调解机制，为解决行政赔偿争议提供了一条新的途径，为行政诉讼纠纷的解决提供了多元化的解决方式。

根据《国家赔偿法》第3、4条规定的赔偿范围，行政机关及其工作人员在行使行政职权时侵犯人身权和财产权，给公民、法人或者其他组织造成损害的，受害人有获得赔偿的权利。受害人基于此规定享有了诉权，能够提起行政赔偿诉讼。在行政赔偿诉讼中，由合议庭成员主持调解，与民事诉讼相同，行政赔偿调解必须坚持自愿、合法的原则，而且调解所涉及的内容在于赔偿范围、赔偿方式和赔偿数额。原告与行政主体达成调解协议，审判人员应当制作行政赔偿调解书。

二、结构、内容和写作方法

行政赔偿调解书由首部、正文和尾部三部分组成。

（一）首部

1. 标题、案号和诉讼参加人的基本情况。除文书的名称为"行政赔偿调解书"外，制作机关名称、案号和诉讼参加人的基本情况的制作与同审级的行政判决书相同。

2. 案件来源、审判组织、审判方式和审判过程。应写为："原告×××因与被告×××……（写明案由）行政赔偿一案，于××××年××月××日向本院提起行政赔偿诉讼。本院于××××年××月××日立案后，于××××年××月××日向被告送达了起诉状副本及应诉通知书。本院依法组成合议庭，于××××年××月××日公开（或不公开）开庭审理了本案（不公开开庭的，写明原因）。……（写明到庭参加庭审活动的当事人、行政机关负责人、诉讼代理人、证人、鉴定人、勘验人和翻译人员等）到庭参加诉讼。……（写明发生的其他重要程序活动，如：被批准延长审理期限等）。本案现已审理终结。"

（二）正文

正文是文书的核心内容，包括事实、理由和协议内容。

1. 事实与理由。这部分需要简要写明行政赔偿诉讼当事人提出的实体权利请求和理由。案件事实的陈述依达成调解协议的程序阶段的不同而有所差别。如果属于经开庭审理法官对争议事实已经认定清楚后主持调解，促使双方当事人自愿达成调解协议的，应写明由法院所确认的事实；如果案件是在受理后，庭审开始之前，经法院征得当事人同意进行调解而达成协议的，则主要写明当事人的诉辩主张。写为："经审理查明，……（写明法院查明的事实）。"

正文中有关证据的列举、认证、说理方式以及相关的写作要求等，也可以参考第一审行政判决书样式。对当事人诉辩意见、审理查明部分应当与裁判文书有所区别，应当本着减少分歧、化解矛盾、有利于促进调解的原则，对争议和法院认定的事实适当简化叙述。

2. 协议内容。写明当事人自愿达成的解决争议的协议条款。可表述为："本案在审理过程中，经本院主持调解，双方当事人自愿达成如下协议：……（写明协议的内容）。"

（三）尾部

尾部包括对协议内容的确认、调解书的效力、合议庭组成人员署名，写明日期、书记员署名等内容。

1. 对协议内容的确认。在调解协议之下另起一行写明："上述协议，符合有关法律规定，本院予以确认。"

2. 调解书的效力。写明："本调解书经双方当事人签收后，即具有法律效力。"

3. 文书最后的签署等内容与行政判决书相同。

三、注意事项

1. 行政赔偿调解协议应着力体现当事人达成调解协议的平等性和自愿性，无须进行详细的分析论证。调解应当根据当事人自愿的原则，在查清事实，分清是非的基础上进行。协议的内容不得违反法律的规定。协议内容应明确、具体，便于履行。

2. 体现调解原则。调解书的事实部分不需要对当事人双方诉辩的理由、证据进行全面介绍，也无需详细记述法院审理查明的事实，只需概述原告的诉讼请求以及法院查明的基本事实即可。调解书也无需阐述理由，只要当事人自愿，并且调解协议符合法律规定，调解就能成立，所以无需论述理由。

3. 调解协议的内容应当规范，同时注意对调解协议效力的表达。在制作调解协议时，必须如实、全面反映当事人双方协商的结果，语意明确、内容合法，反映出当事人自愿的特点，不宜使用强制性的语言。调解书在经法院确认，交由当事人双方签字后，即具有法律效力。

第六节　行政裁定书

一、概念和功能

行政裁定书，是指人民法院在审理行政诉讼案件以及执行过程中，为了保证诉讼或者执行程序的顺利进行，就需要解决的有关程序性事项作出处理决定时制作的法律文书。行政裁定书按照审级可以分为一审裁定书、二审裁定书和再审裁定书。

《最高人民法院关于适用〈中华人民共和国行政诉讼法〉的解释》第101条第1、2款规定，裁定适用于下列范围：①不予受理；②驳回起诉；③管辖异议；④终结诉讼；⑤中止诉讼；⑥移送或者指定管辖；⑦诉讼期间停止行政行为的执行或者驳回停止执行的申请；⑧财产保全；⑨先予执行；⑩准许或者不准许诉；⑪补正裁判文书中的笔误；⑫中止或者终结执行；⑬提审、指令再审或者发回重审；⑭准许或者不准许执行行政机关的具体行政行为；⑮其他需要裁定的事项。其中第1、2、3项裁定，当事人可以上诉。根据我国《行政诉讼法》第89条的规定，人民法院审理上诉案件，可以作出发回重审、驳回上诉、准许或者不准许撤回上诉等裁定。

行政裁定书解决的是程序性问题，对整个行政诉讼的进程具有重要意义。在不同的诉讼阶段，为解决各种程序问题，审判人员必须依法作出不同的裁定。需要制作行政裁定书的，由审判人员、书记员署名，并加盖人民法院印章。当事人不服地方各级人民法院第一审的不予受理、驳回起诉、对管辖权异议的裁定，可以自收到第一审法院的裁定的次日起 10 日内向上一级法院提出上诉，逾期不提出上诉的，第一审法院的裁定即发生法律效力。相对于行政判决书来说，行政裁定书的内容单一、简明，制作难度不大。

二、结构、内容和写作方法

行政裁定书由首部、正文和尾部三部分组成。

（一）首部

1. 标题、文书编号。标题部分同样由制作机关名称和文书名称两项组成。制作机关名称的写作要求同行政判决书。文书名称为"行政裁定书"。文书编号由立案年度、制作法院简称、案件性质、审判程序代字以及案件的顺序号组成。审判程序代字与同级判决书相同。但是，需要注意一些特殊的程序代字的写法。例如，诉前财产保全，程序代字为"保"；提起再审，程序代字为"监"；执行程序，程序代字为"执"；等等。

2. 诉讼参加人的基本情况。在多数情况下，行政裁定书与行政判决书的表述内容和要求相同，但是行政裁定书因涉及的程序事项不同，当事人或利害关系人的称谓也各不相同，如不予受理起诉用的行政裁定书，应称其为起诉人；诉前财产保全的行政裁定书，利害关系人称为申请人和被申请人；执行程序的行政裁定书，当事人称谓申请执行人和被执行人；而提起再审的行政裁定书，无此项内容。

（二）正文

行政裁定书的制作重点在于正文部分，主要写明裁定所针对的程序性事项及裁定结果。一般先写明所要解决的程序性事项，包括案件由来和基本事实。然后再另起一段说明作出裁定的理由和法律依据，最后单列出裁定结果。内容特别简单的，不必分出段落。其制作的具体方法与相应的民事裁定书较为接近。

正文部分的写法可以根据具体的裁定事项分为以下几类：

1. 裁定不予立案、指定其他下级法院立案、指定管辖、证据保全、先予执行、依职权审理下级人民法院案件及依职权停止执行行政行为的，写明作出裁定的理由以及所依据的行政诉讼法以及相关司法解释的条、款、项、目。

2. 裁定驳回起诉的，正文部分写为：

"……（各方当事人对案件是否符合起诉条件有争议的，围绕争议内容分别概括写明原告、被告、第三人的意见及所依据的事实和理由；如果没有，此项不写）。

经审理查明，……（各方当事人对案件是否符合起诉条件的相关事实有争议的，写明法院对该事实认定情况；如果没有，此项不写）。

本院认为，……（写明驳回起诉的理由）。依照……（写明裁定依据的行政诉讼法以及相关司法解释的条、款、项、目）的规定，裁定如下：驳回原告×××的起诉。"

裁定事实、理由部分仅需围绕本案是否符合起诉条件予以写明。注意运用法律规范，对案件是否符合起诉条件进行分析论证，对各方当事人提出的与起诉条件相关的诉讼理由逐一分析，论证起诉是否成立，表明是否予以支持或采纳，并说明理由。

3. 裁定准许或不准许撤诉的，在裁定书正文中，应当写明准许撤诉或者不准许撤诉的理由。准许撤诉的裁定可以载明被告改变被诉行政行为的主要内容及履行情况，并可以根据案件具体情况，在裁定理由中明确被诉行政行为全部或者部分不再执行。

原告处分自己的诉讼权利，必须在法律规定的范围内进行，以不损害国家、社会的利益以及他人的合法权益为前提；即使行政机关改变其所作的行政行为，原告同意并申请撤诉的，也必须以合法为条件。"裁定结果"部分分为两种情况：

（1）准许撤诉的，写为："准许原告×××撤回起诉。"

（2）不准许撤诉的，写为："不准许原告×××撤诉，本案继续审理。"对于不符合撤回起诉的条件的，一般可以口头裁定，但必要时也可书面裁定。

4. 裁定按撤诉处理的，写明原告不预交诉讼费，或者经传票传唤，无正当理由拒不到庭，或者到庭后未经法庭准许中途退庭以及其他特殊情形，按撤诉处理的原由。一审按撤诉处理的，直接在裁定结果部分写明："本案按撤诉处理。"

5. 裁定中止诉讼或终结诉讼的，写明中止或终结诉讼的事实根据和法律依据，写明中止或终结的裁定结果即可。

6. 二审裁定维持或者撤销一审不予立案的，写明裁定理由后，判决结果部分，维持原裁定的，写为："驳回上诉，维持原裁定。"撤销原裁定的，写为：

"一、撤销××××人民法院（××××）×行初字第××号行政裁定；

二、本案指令××××人民法院予以立案。"

7. 二审裁定维持或者撤销一审驳回起诉裁定的，二审未开庭，或者案情简单、法律问题清晰，容易判断是否符合起诉条件的，二审裁定书可以简写。二审已开庭并且案情复杂或者法律问题疑难的，二审裁定书可以参照二审判决书的格式撰写，但与起诉条件无关的内容不写。"裁定结果"分为两种情况：

（1）驳回上诉，维持原裁定的，写为："驳回上诉，维持原裁定。"

（2）撤销原裁定，应继续审理的，写为：

"一、撤销×××人民法院（××××）×行初字第××号行政裁定；

二、本案指令×××人民法院继续审理。"

8. 二审裁定发回重审的，裁定书的正文部分，要详细写明原判决认定基本事实不清、证据不足，遗漏当事人或者违法缺席判决等严重违反法定程序而可能影响正确判决的理由。对原裁判存在的问题一律在裁判文书中予以表述，原则上不再发内部函。裁定结果写为：

"一、撤销×××人民法院（××××）×行初字第××号行政判决；

二、发回×××人民法院重审。"

9. 上一级法院根据再审申请裁定提审的，在阐述裁定理由时，指出本案符合法律规定的情形即可，可以不作"原判确有错误""原判认定事实不清、适用法律有误"之类的表述。当事人双方申请再审，一方主张的再审事由成立，另一方主张的再审事由不成立的，本裁定书仅写明一方的再审申请符合法律规定的情形，对于另一方的再审申请是否成立不必表态。

当事人在上级法院再审审查阶段达成调解协议，申请裁定提审后制作行政调解书的，提审理由写为：

"本院再审审查过程中，经本院主持调解，当事人自愿达成调解协议，申请由本院制作行政调解书。依照……（写明裁定依据的法律以及相关司法解释的条、款、项、目），裁定如下：……"

"裁定结果"分为三种情况：

（1）写为："一、本案由本院提审；二、再审期间，中止原判决（裁定或调解书）的执行。"

（2）若该案为支付抚恤金、最低生活保障待遇或者社会保险待遇案件，人民法院经审查认为可以不中止执行的，提审裁定主文第二项写为："…… 二、再审期间，不中止原判决（裁定或调解书）的执行。"

（3）原生效裁判没有实际执行内容的，如"驳回起诉""驳回诉讼请求"等，只写"本案由本院提审"，主文第二项不予表述。指令再审裁定和本院再审裁定亦同。

10. 裁定准予或不准予强制执行行政决定的，在事实与理由部分，写明申请执行人申请强制执行的具体执行内容、依据的事实和理由、提交的证据等。人民法院认为案件疑难复杂，需要组织听证的，应当在裁定书中列明具体情况。围绕听证会上双方当事人的争议焦点，概括写明各方当事人的意见、依据的事实和理由；如果没有听证，此项不写。针对行政机关强制执行申请所依据的事实，法院如有异议，写明认定情况及准予强制执行或不准予强制执行的理由。

"裁定结果"分为三种情况：

（1）准予强制执行的，写为："准予强制执行……"（写明准予强制执行的申请事项，如属于可由行政机关组织实施的，一并写明"由……组织实施"。）

（2）部分准予强制执行的，写为："准予强制执行……；不准予强制执行……"（写明准予和不准予强制执行的申请事项，如前者属于可由行政机关组织实施的，一并写明"由……组织实施"。）

（3）不准予强制执行的，写为："不准予强制执行……"（写明不准予强制执行的申请事项。）

11. 裁定补正裁判文书笔误的，只供各级人民法院对于在本院发出的行政判决书、行政裁定书或者行政调解书中，发现有个别文字上的错误或者遗漏，予以改正、补充时使用。仅限于裁判文书中的文字校对等技术上的失误，不涉及对实体（包括金额或者数额）和程序问题的处理。这部分内容，按格式应写为：

"本院×××年××月××日对原告×××诉被告×××……（写明案由）一案作出的（××××）×行×字第××号行政判决书（裁定书或调解书）中，文字上存在笔误，应予补正，现裁定如下：

原行政××书……（写明错、漏的字句及其所在页次和行数），现更正为……（写明改正、补充的字句）。"

（三）尾部

1. 人民法院裁定不予立案或驳回起诉的，尾部应写明："如不服本裁定，可在裁定书送达之日起十日内，向本院递交上诉状，并按对方当事人的人数提出副本，上诉于×××人民法院。"

2. 裁定驳回起诉、准许撤诉、按撤诉处理及中止或者终结诉讼的，应当在尾部写明诉讼费用的承担。

3. 裁定先予执行、依申请停止执行行政行为或驳回申请、依职权停止执行行政行为的，尾部写明："如不服本裁定，可以向本院申请复议一次，复议期间不停止裁定的执行。"

4. 二审维持或者撤销一审不予立案、驳回起诉裁定，及二审准许或不准许撤诉的，还应在尾部写明"本裁定为终审裁定"。

三、注意事项

1. 行政裁定书中的裁定结果必须准确、突出，应特别注意用语的规范化。对于裁定要解决的各种程序性事项之间的区别所造成的裁定书之间的差异应当仔细鉴别。

2. 行政裁定书用于解决诉讼程序问题，适用范围非常广泛，具体写作时要根据解决的不同事项，选用正确的格式。

3. 诉讼程序问题的多样化决定了裁定结果的多样化,因此,在裁定结果的表述时一定要明确、规范。

4. 第二审裁定书主要适用于撤销原判发回重审、维持或撤销一审裁定、准许或者不准许撤回上诉等程序性问题,裁定理由一般要求简单叙述,没必要详细论证,与法律依据、裁定结果前后一致即可。

【思考题】

1. 第一审行政判决书和第二审行政判决书的制作有哪些不同?

2. 第一审行政判决书的事实部分由哪些内容构成?

3. 第二审行政判决书应当如何阐述理由?

4. 行政裁定书主要适用范围有哪些?

5. 制作行政赔偿调解书应注意哪些问题?

【拓展示例】

示例一:第一审行政判决书

示例二:第二审行政判决书

示例三:再审行政判决书

示例四:行政赔偿调解书

示例五：行政裁定书

第七章

监狱法律文书——执法文书

学习目的和要求：通过本章的学习，要求学生全面了解本章的内容，具体掌握常用的几种监狱执法文书的概念、功能、结构、内容和写作方法及注意事项，并达到能写会用的要求。

第一节　概　述

一、概念和功能

监狱法律文书，是指我国监狱（含未成年犯管教所）在对判处死刑缓期年执行、无期徒刑、有期徒刑的罪犯执行刑罚和教育改造过程中，根据国家法律和监管规定，依照法定程序，制作的具有法律效力或法律意义的文书总称。监狱法律文书也被称为监狱执法文书。

我国《监狱法》第2条第1款规定："监狱是国家的刑罚执行机关。"第3条规定："监狱对罪犯实行惩罚和改造相结合、教育和劳动相结合的原则，将罪犯改造成为守法公民。"第4条规定："监狱对罪犯应当依法监管，根据改造罪犯的需要，组织罪犯从事生产劳动，对罪犯进行思想教育、文化教育、技术教育。"为实现上述任务，就必须制作相应的法律文书。

监狱法律文书忠实地记载了我国监狱对罪犯执行刑罚，进行教育改造，使其成为守法公民的全部实际情况。它既是执行刑罚、惩罚罪犯，使其认罪服法的有效手段，又是教育改造罪犯，使其痛改前非、重新做人的生动教材。此外，它还是检查执法情况，总结经验教训，健全和完善监狱法制的材料依据，并是国家的档案资料，具有保存的价值。因此，文书必须精心制作。

二、文书格式和分类

1982年6月，当时主管监狱的公安部制定下发了《劳动改造机关执法文书格式》，共32种。该文书格式的启用，使监狱法律文书的制作走上了规范化的道路，文书制作质量日益提高。1983年监狱工作交由司法部管理后，司法部监狱管理局又陆续补充制定一些文书格式。为了适应监狱工作的发展与变化，进一步提高监狱法律文书的制作质量，司法部监狱管理局根据修订后的我国《刑法》《刑事诉讼法》和《监狱法》的有关规定，对监狱法律文书进行了全面的制定，于 2002 年 7 月 1 日发布了《监狱执法文书格式（试行）》，共 48 种。

监狱法律文书，依据分类标准不同，有以下几种不同的分类：

1. 依写作和表达方法的不同，可分为文字叙述式文书、填空式文书、表格式文书和笔录式文书。

2. 依文种的不同，可分为决定类文书、建议和意见类文书、审批表和报告表类文书、通知和证明类文书、登记表和其他类文书。

3. 依文书内容和作用的不同，可分为执行刑罚文书、狱政管理文书和监狱侦查文书。

4. 依收文对象和处理方式的不同，可分为监狱内部文书和监狱对外文书。

第二节　罪犯入监登记表

一、概念和功能

罪犯入监登记表，是指监狱记载新入监罪犯基本情况的表格类文书。根据我国《监狱法》的有关规定，监狱在收押新入监罪犯时必须填写入监登记表，这是罪犯入监后必须填写的第一份表格文书，也是必须履行的法律手续，是服刑罪犯的重要档案材料。监狱通过此表可以掌握罪犯的基本情况，便于有针对性地对罪犯进行教育改造；而且，将来罪犯出监，此表格对出监人员进行社会帮助也有参考价值。

二、结构、内容和写作方法

罪犯入监登记表上规定的项目，应依次填写清楚。在表格上方填写收押罪犯单位名称、编号、入监日期。表格内要求写明下列各项内容：

1. 罪犯的基本情况。依次写明：姓名、别名、性别、民族、出生日期、文化程度等内容，并在表格内的右上方贴一寸免冠照片一张。

2. 罪犯被采取强制措施和被处罚的情况。依次写明：拘留日期、逮捕日期、判决机关、判决日期、罪名、刑种、刑期、刑期起止日期和附加刑、曾受何种惩处等内容。

3. 罪犯个人简历。依次写明：从入小学读书开始至入监这段时间的主要学习和工作的经历。工作经历要写明在何单位从事何种职业或担任何种职务。有何劣迹，应具体写明有关情况。

4. 主要犯罪事实。要根据人民法院已经发生法律效力的裁判文书上认定的犯罪事实，写明主要犯罪事实，不必照抄裁判文书。

5. 家庭成员及主要社会关系。要依次写明：关系、姓名、出生日期、政治面貌、工作单位和职业（职务）、住址、电话等项内容。

6. 同案犯。如果属于共同犯罪，应当写明同案犯的姓名、性别、出生日期、捕前职业、罪名、刑期和家庭住址等。如没有同案犯，这项内容应当填写"无"或空白。

三、注意事项

1. 表格内的各个项目，可根据罪犯案卷中的有关材料填写。如果有一些项目从案卷中查找不到，可通过讯问罪犯或内查外调等途径查明后，再填写清楚。

2. 某些项目无具体内容可填的，其栏目不要留空白，可写"无"或画上斜线。

3. 此表一式两份。

4. 如果罪犯属于外国籍，其外文名字应填写在"别名"栏中，国籍应填在"籍贯（国籍）"栏中；原户籍所在地应填写捕前户口登记所在地。

第三节　提请减刑建议书

一、概念和功能

提请减刑建议书，是指监狱依法对在服刑改造期间确有悔改或立功表现且已执行符合法定要求的刑期的罪犯，提请法院审核裁定减刑时制作的一种法律文书。

我国《刑法》第 78 条第 1 款规定："被判处管制、拘役、有期徒刑、无期徒刑的犯罪分子，在执行期间，如果认真遵守监规，接受教育改造，确有悔改表现的，或者有立功表现的，可以减刑；有下列重大立功表现之一的，应当减刑：①阻止他人重大犯罪活动的；②检举监狱内外重大犯罪活动，经查证属实的；③有发明创造或者重大技术革新的；④在日常生产、生活中舍己救人的；⑤在抗御自然灾害或者排除重大事故中，有突出表现的；⑥对国家和社会有其他重大贡献的。"同条第 2 款规定："减刑以后实际执行的刑期不能少于下列期限：①判处管制、拘役、有期徒刑的，不能少于原判刑期的 1/2；②判处无期徒刑的，不能少于 13 年；③人民法院依照本法第 50 条第 2 款规定限制减刑的死刑缓期执行的犯罪分子，缓期执行期满后依法减为无期徒刑的，不能少于 25 年，缓期执行期满后依法减为 25 年有期徒刑的，不能少于 20 年。"另据我国《刑事诉讼法》第 261 条第 2 款规定："被判处死刑缓期二年执行的罪犯，在死刑缓期执行期间，如果没有故意犯罪，死刑缓期执行期满，应当予以减刑，由执行机关提出书面意见，报请高级人民法院裁定；如果故意犯罪，情节恶劣，查证属实，应当执行死刑，由高级人民法院报请最高人民法院核准；对于故意犯罪未执行死刑的，死刑缓期执行的期间重新计算，并报最高人民法院备案。"同法第 273 条第 2 款规定："被判处管制、拘役、有期徒刑或者无期徒刑的罪犯，在执行期间确有悔改或者立功表现，应当依法予以减刑、假释的时候，由执行机关提出建议书，报请人民法院审核裁定，并将建议书副本抄送人民检察院……"上述法律条款的规定，是监狱对罪犯提出减刑建议和制作提请减刑建议书的法律根据。

提请减刑建议书的主要功能是要求人民法院依法对罪犯裁定减刑，体现党和国家对罪犯所采取的惩办与宽大相结合的政策，促使罪犯接受改造，改恶从善，重新做人。

二、结构、内容和写作方法

提请减刑建议书由首部、正文和尾部三部分组成。

（一）首部

1. 标题。包括文书制作机关和文书的名称，分上下行居中写明"××××监狱""提请减刑建议书"。

2. 编号。包括年度、机关代字、文书代字和文书序号，可写为："（20××）×监减字第×号"。

3. 罪犯基本情况。应依次写其姓名、曾用名、性别、出生年月日、民族、文化程度、原户籍所在地、前科或累犯情况、罪名、作出生效判决法院名称、判决时间、文书案号、判决刑罚情况（包括主刑和附加刑）、刑期的起止时间、收监日期以及服刑期间执行刑期变动情况等。

（二）正文

1. 事实依据。主要包括下列两项内容：

（1）事实结论。先写事实结论，后写具体事实，二者前呼后应，浑然一体。按照格式规定，事实结论一段文字表述为"该犯近期确有悔改（立功）表现，具体事实如下：……"，下面叙述具体事实。根据 2016 年 9 月 19 日最高人民法院公布，并于 2017 年 1 月 1 日起施行的《最高人民法院关于办理减刑、假释案件具体应用法律的规定》第 3、4、5 条之规定，对有期徒刑罪犯在刑罚执行期间符合减刑条件的实行减刑，由于"悔改"或"立功"表现具体情况的不同，减刑幅度也是不一样的，所以表述事实结论的用语要确切，要符合上述司法解释的有关规定，可分别写为："确有悔改表现""确有立功表现""确有悔改表现并有立功表现""确有重大立功表现""确有悔改表现并有重大立功表现"。

（2）具体事实。这是减刑的必备条件和事实依据，是提请减刑建议书的重点内容，应当具体地、详细地叙写清楚。我国《刑法》第 78 条第 1 款和我国《监狱法》第 29 条，都列举了重大立功的六种具体表现，《监狱、劳改队管教工作细则》第 136 条对此也作了相应的规定。2016 年 11 月 14 日发布的《最高人民法院关于办理减刑、假释案件具体应用法律的规定》中，对悔改和立功表现作了明确而又具体的规定。

"确有悔改表现"是指同时具备以下四个条件：①认罪悔罪；②遵守法律法规及监规，接受教育改造；③积极参加思想、文化、职业技术教育；④积极参加劳动，努力完成劳动任务。

"立功表现"是指具有下列情形之一的：①阻止他人实施犯罪活动的；②检举、揭发监狱内外犯罪活动，或者提供重要的破案线索，经查证属实的；③协助司法机关抓捕其他犯罪嫌疑人的；④在生产、科研中进行技术革新，成绩突出的；⑤在抵御自然灾害或者排除重大事故中，表现积极的；⑥对国家和社会有其他较大贡献的。

"重大立功表现"是指具有下列情形之一的：①阻止他人实施重大犯罪活动的；②检举监狱内外重大犯罪活动，经查证属实的；③协助司法机关抓捕其他重大犯罪嫌疑人的；④有发明创造或者重大技术革新的；⑤在日常生产、生活中舍己救人的；⑥在抗御自然灾害或者排除重大事故中，有突出表现的；⑦对国家和社会有其他重大贡献的。

以上规定，是收集、整理和叙写"悔改"和"立功"的具体事实的依据和指导思想。此外，还应当注意以下几点：①所写的事实材料必须经查证属实，准确可靠，没有差错；②突出重点，抓住关键，以具体的、典型的事例说明罪犯确有悔改或立功表现，切忌空泛叙说；③叙事时注意写明时间、地点、人物、主要情节、经过、原因和结果诸要素，要注意层次分明，脉络清楚。

2. 减刑的理由。

（1）依事论理。要根据所叙述的具体事实进行分析评论，说理要实事求是，掌握分寸，与客观事实相一致，概括出结论性的意见，切不可离开事实空泛议论，以免出现结论与事实相脱节、相矛盾的现象。

（2）依法论理。要根据有关法律法规的规定，进行分析说理，使理由合法，有根有据，令人信服。

3. 法律依据和建议事项。根据文书格式统一规定的文字表述为：

"为此，根据《中华人民共和国监狱法》第×××条、《中华人民共和国刑法》第×××条第×××款、《中华人民共和国刑事诉讼法》第×××条第×××款的规定，建议对罪犯×××予以减刑，特提请裁定。"

（三）尾部

1. 致送机关名称。分上下行写明"此致""×××人民法院"。

2. 注明年月日，加盖监狱公章。

3. 附项。罪犯×××卷宗材料共××卷××册××页。

三、注意事项

监狱在向人民法院提请减刑、假释的同时，应当将提请减刑、假释的建议书副本抄送人民检察院。

第四节　提请假释建议书

一、概念和功能

提请假释建议书，是指监狱依法对服刑改造期间的罪犯符合法定假释条件的，建议法院审核裁定假释时制作的一种法律文书。

该文书具有要求人民法院在规定的期限内对罪犯假释进行审核裁定的作用，体现了党和国家对罪犯实行惩办与宽大相结合的政策。

我国《刑法》第 81 条第 1 款规定："被判处有期徒刑的犯罪分子，执行原判刑期 1/2 以上，被判处无期徒刑的犯罪分子，实际执行 13 年以上，如果认真遵守监规，接受教育改造，确有悔改表现，没有再犯罪的危险的，可以假释。如果有特殊情况，经最高人民法院核准，可以不受上述执行刑期的限制。"同法第 82 条规定："对于犯罪分子的假释，依照本法第 79 条规定的程序进行。非经法定程序不得假释。"对罪犯提出假释建议和制作提请假释建议书必须符合上述法律规定。

二、结构、内容和写作方法

假释建议书的结构、内容和写法，与提请减刑建议书基本相同。正文部分的事实依据、假释理由、法律依据和建议事项是写作的重点，其写作要求和写作方法，可参阅提请减刑建议书正文部分相关论述。

需要注意的是，根据法律规定，事实结论有两种情况：一是"没有再犯罪的危险"，二是具有"特殊情况"。根据《最高人民法院关于办理减刑、假释案件具体应用法律的规定》第 22 条规定："办理假释案件，认定'没有再犯罪的危险'，除符合刑法第 81 条规定的情形外，还应当根据犯罪的具体情节、原判刑罚情况，在刑罚执行中的一贯表现，罪犯的年龄、身体状况、性格特征，假释后生活来源以及监管条件等因素综合考虑。"第 24 条规定："刑法第 81 条第 1 款规定的'特殊情况'，是指有国家政治、国防、外交等方面特殊需要的情况。"以上司法解释，是写作事实结论的依据。

三、注意事项

人民法院裁定假释的，监狱应当按期假释并发给假释证明书。对被假释的罪犯，依法实行社区矫正，由社区矫正机构负责执行。

第五节　监狱起诉意见书

一、概念和功能

监狱起诉意见书，是指监狱对罪犯在服刑期间又犯罪，或者发现了判决时所没有发现的罪行，认为需要追究刑事责任，并提出起诉意见，移送人民检察院审查决定时制作的一种法律文书。

我国《刑事诉讼法》第 273 条第 1 款规定："罪犯在服刑期间又犯罪的，或者发现了判决的时候所没有发现的罪行，由执行机关移送人民检察院处理。"根据这一法律规定，监狱对罪犯在服刑期间又犯新罪，或者发现判决时漏判的罪行，经侦查终结，认为犯罪事实清楚，证据确实、充分应当追究刑事责任，就要制作起诉意见书，连同案卷材料、证据一并移送同级人民检察院审查处理。

监狱起诉意见书与公安机关起诉意见书性质相同，具有同等的法律效力，都有要求人民检察院对案件进行审查处理的作用。这两种起诉意见书，都是根据案件侦查终结的结论而制作的，文书格式和写作内容大体上相同或相近。但是上述两种意见书也有区别，主要是：

（1）文书制作的法律依据不同。监狱起诉意见书制作的法律根据是我国《刑事诉讼法》第 273 条第 1 款；公安机关起诉意见书制作的法律根据是我国《刑事诉讼法》第 162 条。

（2）文书适用的范围不同。监狱起诉意见书，只适用罪犯在服刑期间又重新犯罪或者发现了判决时所没有发现的罪行，依法应当追究刑事责任的案件；公安机关起诉意见书，适用范围具有广泛性，社会上发生的应当追究刑事责任的各类刑事案件一般均适用。

（3）要求起诉的对象不同。监狱要求起诉的对象是正在服刑的罪犯，在文书中称为"罪犯"；公安机关要求起诉的对象一般属于社会上的自由人，在文书中称为"犯罪嫌疑人"。两种文书要求起诉的对象所处的法律地位不同。

（4）制作主体和署名不同。对罪犯起诉意见书的制作主体是隶属于司法行政机关的监狱。对犯罪嫌疑人起诉意见书的制作主体是公安机关。监狱起诉意见书，最后只加盖公章，不加盖负责人的印章；公安机关起诉意见书，则由公安局长盖章，并在其下加盖公章。

监狱起诉意见书的功能主要体现在以下几个方面：①具有向人民检察院提出起诉意见的作用，要求人民检察院在法定的期限内对案件进行审查，并作出处理决定。②是人民检察院审查起诉案件的基础和依据。③具有揭露犯罪、打击犯罪的作用，是促使罪犯认罪服法，接受法律制裁的武器。

二、结构、内容和写作方法

（一）首部

1. 标题和编号。与提请减刑建议书基本相同。

2. 罪犯基本情况。依次写明罪犯姓名、性别、出生年月日、民族、原户籍所在地、罪名、作出生效判决法院名称、作出判决的时间、文书案号、判处刑罚（主刑及附加刑）的起止时间、交付执行日期、现押处所。

（二）正文

正文部分包括事实结论、犯罪事实、法律依据和提请事项。

1. 事实结论。即认定罪犯涉嫌的罪名，写在正文前面，然后用主要事实印证结论的正确性。这种结论前置的写法，与先写"主文"、后写"事实和理由"的那种判决书的写法相似，引人注目。按照统一格式规定，其文字表述为"现经侦查，罪犯×××在服刑期间涉嫌××罪。主要事实如下："。

2. 犯罪事实。

（1）记叙犯罪事实，既要反映案件的全貌，即写明案件发生的前因后果和始末情况；又要突出重点，不能平铺直叙，要重点写明犯罪的时间、地点、涉及的人和事、动机、目的、手段、行为过程和危害结果等要素。

（2）要以犯罪构成理论和刑法分则为指导，注意写明构成某种犯罪的要件，为确定犯罪性质提供事实依据。例如，构成强奸罪的要件包括：一是采用暴力胁迫或者其他手段；二是违背妇女意志。因此，记叙强奸事实，应当注意写明构成强奸罪的两个要件。

（3）共同犯罪的案件，要注意写明各自在共同犯罪中所处的地位和所起的作用以及各自应负的具体罪责。

3. 法律依据和提请事项。按格式统一规定，法律依据和提请事项文字表述为：

"为此，根据《中华人民共和国监狱法》第×××条、《中华人民共和国刑法》第×××条、《中华人民共和国刑事诉讼法》第×××条之规定，特提请你院审查处理。"

对法律条款的填写要准确无误。

（三）尾部

1. 写明送达机关的名称。

2. 注明年月日，同时加盖公章。

3. 附项。罪犯×××档案共××卷××册；罪犯×××涉嫌又犯罪（或发现余罪）的案卷材料共××卷××册；注明无法移送的证据材料名称、件数以及存放的地点；其他。

三、注意事项

1. 作为提请起诉的事实依据，必须是依法应当追究刑事责任的犯罪事实，已处理过的历史罪行材料、已过了追诉时效的犯罪事实或者法律规定不需要追究刑事责任的犯罪行为，则均不要写进起诉意见书。

2. 写进起诉意见书中的事实材料必须经查证属实，在案卷中可以找到确实、充分的证据。未经查实，或证据不确实、不充分的犯罪事实勿写进事实之中。

第六节　对罪犯刑事判决提请处理意见书

一、概念和功能

对罪犯刑事判决提请处理意见书，是指监狱在刑罚执行中，如果认为判决有错误，或者根据罪犯申诉，认为判决可能有错误的，依照法定程序，提请人民检察院或者人民法院处理时制作的一种文书。

我国《刑事诉讼法》第 275 条规定："监狱和其他执行机关在刑罚执行中，如果认为判决有错误或者罪犯提出申诉，应当转请人民检察院或者原判人民法院处理。"我国《监狱法》第 24 条规定："监狱在执行刑罚过程中，根据罪犯的申诉，认为判决可能有错误的，应当提请人民检察院或者人民法院处理，人民检察院或者人民法院应当自收到监狱提请处理意见书之日起 6 个月内将处理结果通知监狱。"上述规定是监狱制作对罪犯刑事判决提请处理意见书的法律依据。

该文书是人民检察院和人民法院对错案进行复查的依据和基础；经复查，可以及时纠正错误，使案件得到正确处理，以避免和减少错案，确保监狱准确执行刑罚。同时，对保护在押罪犯的合法权利，促进他们认罪服法和接受教育改造，也具有积极的意义。

二、结构、内容和写作方法

对罪犯刑事判决提请处理意见书属填空结合叙议式文书，共两联，一联为存根，以备查阅；一联为正本，送提请处理的机关。行文格式与一般公函大体相同。

（一）正本

1. 首部。依次写明：标题、文号和主管机关。主管机关即×××人民检察院或×××人民法院。

2. 正文。主要写明下列三项内容：

（1）事由。写明提请处理事由，以引出下文，根据统一格式规定的行文为："罪犯×××经×××人民法院以（××××）×刑×字第×号刑事判决判处××（刑罚内容）。在刑罚执行中，我狱（所）发现对罪犯×××的判决可能有错误。具体理由是：……"，接着阐明提请复查的具体理由。

（2）具体理由。这是该文书的核心内容，是写作的重点，一定要认真对待。要从实际出发，找准原判决中的错误，抓住要害，依据据实进行分析评论，阐明提请复查的理由。一是针对原判决在认定事实上存在的问题，阐明提请复查的理由。犯罪事实是定罪量刑的基础和依据，如果原判决认定事实与客观实际存在较大的出入，或事实不清、证据不足，或张冠李戴，或子虚乌有，就应当提出来进行分析论证，指出错误所在。要注意摆事实、讲道理，也可采用对比的方法，叙写客观事实和确实证据，使其与原判决认定的事实形成鲜明的对比，孰是孰非，让人一目了然。二是针对原判决在适用法律上存在的错误，阐明提请复查的理由。法律条款是定罪量刑的准绳，适用法律不当，在定性定罪上就会出现偏差，可能将无罪定为有罪，将此罪定成彼罪；在量刑上也可能判得畸轻畸重，出现罚不当罪的现象。因此，对原判决适用法律不当的，一定要进行分析论证，指出错误所在，并阐明本案应当如何正确地适用法律条款。三是针对原判决有较严重违反诉讼程序之处，阐明提请处理的理由。人民法院审判刑事案件必须严格按照我国刑事诉讼法规定的程序办事，以确保审判质量。如果本案在审判过程中有较严重违反诉讼程序之处，就应指出并进一步论证，由于违反诉讼程序，影响本判决的公正性、正确性，从而阐明了提请处理的理由。此外，在刑期计算上存在差错，亦可以作为提请处理的理由提出来。

（3）提请复查的法律依据和提请事项。在具体理由写完以后，应另起一段援引提请处理的法律依据，并提出提请事项，具体行文为：

"为此，根据《中华人民共和国监狱法》第二十四条和《中华人民共和国刑事诉讼法》第二百七十五条的规定，提请你院对×××的判决予以处理，并请将处理结果函告我狱（所）。"

3. 尾部。写明发文的年月日，加盖制作文书单位的公章。

（二）存根

1. 首部。首部包括标题和文号。在标题下写有"（存根）"字样。

2. 正文。正文依次填写下列项目：姓名、罪名、刑期、提请理由、转请单位、时间、承办人、回复时间、回复结果。对以上各项应认真填写，确保没有差错。

三、注意事项

罪犯对生效的判决不服的，可以提出申诉。对于罪犯的申诉，人民检察院或者人民法院应当及时处理。

第七节 罪犯奖励审批表

一、概念和功能

罪犯奖励审批表，是指监狱依据监管法规给予服刑罪犯行政奖励时填写的供审批用的表格式文书。

我国《监狱法》第57条第1款规定："罪犯有下列情形之一的，监狱可以给予表扬、物质奖励或者记功：①遵守监规纪律，努力学习，积极劳动，有认罪服法表现的；②阻止违法犯罪活动的；③超额完成生产任务的；④节约原材料或者爱护公物，有成绩的；⑤进行技术革新或者传授生产技术，有一定成效的；⑥在防止或者消除灾害事故中作出一定贡献的；⑦对国家和社会有其他贡献的。"第57条第2款规定："被判处有期徒刑的罪犯有前款所列情形之一，执行原判刑期1/2以上，在服刑期间一贯表现好，离开监狱不致再危害社会的，监狱可以根据情况准其离监探亲。"填写该表格式文书，必须严格依法办事。

填写罪犯奖励审批表，履行审批程序，以确保对罪犯奖励合法有效。审批表经批准，就成为对罪犯进行奖励的凭据。根据审批表，及时准确地对积极改造的罪犯予以奖励，可以体现国家的"惩办与宽大相结合"和对罪犯实行赏罚严明的政策，有利于调动广大罪犯自我改造的积极性，化消极因素为积极因素，促使他们早日改造为守法的公民。而且，它也是考查罪犯在服刑期间改造情况的依据，故应将此表存入罪犯的档案之中。

二、结构、内容和写作方法

该审批表填写的内容是：①罪犯基本情况，应当依次写明罪犯的姓名、性别、出生日期、民族、文化程度、罪名、刑种、刑期、刑期起止年月日等项目；②奖励依据；③分监区意见；④监区意见；⑤狱政科意见；⑥监狱意见。

对表格各项内容要逐项依次填写，行文要实事求是，准确可靠。具体填写方法和要求，请参阅罪犯出监鉴定表中的有关论述。

另外，在此说明一点，罪犯处罚审批表填写的项目，与罪犯奖励审批表本相同，在此不再赘述。

三、注意事项

1. 奖励分为表扬、记功、物质奖励以及被评为劳改积极分子，因此，填表时要具体写明是何种奖励，不可笼统地写给予奖励。

2. 监狱意见是最后一项内容，是决定对罪犯是否奖励的关键，具有法律效力；因此监狱主管领导一定要认真审查，严格把关，以保证奖励制度的正确执行。

第八节 罪犯评审鉴定表

一、概念和功能

罪犯评审鉴定表，是指监狱在年终对罪犯进行评审、鉴定时填写的表格式文书。

我国《监狱、劳改队管教工作细则》第130条规定："对犯人要建立考核制度。……作为考核奖惩的依据。"根据这一规定，监狱等机关每年都要对服刑改造的罪犯进行一次评审、鉴定工作，并要填写好罪犯评审鉴定表。

填写罪犯评审鉴定表，可以促使管教干部深入细致地了解、考查罪犯这一年来在认罪服法、思想改造、生产劳动、监规纪律、政治文化技术学习等方面的实际表现，全面地、具体地掌握罪犯改造的真实情况，总结管教罪犯的经验教训，肯定成绩，找出差距，以便进一步做好教育改造工作，促使罪犯今后继续认罪服法，积极改造，争取光明的前途。因此，年终评审鉴定和填写表格，既是严肃的执法检查活动，又是又对罪犯进行教育改造的好机会。

二、结构、内容和写作方法

该评审鉴定表需要填写的内容如下：

（一）罪犯基本情况

罪犯基本情况由管教人员填写。内容包括罪犯姓名、性别、民族、文化程度、家庭住址、罪名、刑种、刑期起止年月日、刑种及刑期变动情况、主要犯罪事实、本年度奖惩情况。

（二）个人鉴定

一般由罪犯本人或犯人小组长填写。罪犯个人鉴定内容如下：

1. 认罪服法情况，包括：①认罪过程、前后思想变化情况，挖掘犯罪根源，提高认识或出现的反复表现；②坦白交代余罪的主要事实；③检举揭发同案犯或其他知情案件的情况。

2. 遵守监规纪律表现，包括：①遵守或违反监规纪律的主要事实；②对违反监规纪律的行为，是及时报告、检举揭发、勇于斗争，还是知情不报不敢斗争。

3. 劳动表现，包括：①参加生产劳动的态度；②完成生产定额、其他指定任务或参加义务劳动等表现和有关数字统计；③提合理化建议，搞技术革新或发明创造，取得科技成果等情况。

4. 接受思想、文化、技术教育情况，包括：①原有、现有文化程度比较；②考核成绩情况；③学习态度、表现等。

5. 今后努力方向，包括：①概括肯定成绩或总结教训；②具体指明今后努力改造的侧重点。

罪犯在填写个人鉴定之前，管教人员应当组织他们进行座谈，以端正态度，明确要求，实事求是地进行总结，客观正确地评价自己的改造表现。

（三）意见批示

意见批示包括：①分监区意见；②监区意见；③教育改造科意见；④监狱意见；⑤批准机关意见。这五方面意见，分五个栏目分别填写。分监区管教人员对罪犯改造情况比较了解，要根据平时对罪犯考查掌握的情况，结合年终评审鉴定的情况，全面地、客观地评价罪犯的改造表现，结论要合乎实际情况，分寸得当，用语确切，为上级机关签署意见或作出批示提供可靠的依据。监区管教人员、监狱和批准机关的负责人则根据个人鉴定和分监区意见概括地、有重点地写明自己的意见。

三、注意事项

罪犯在填写个人鉴定前，管教人员应当组织罪犯进行座谈，明确要求，以使罪犯端正态度，实事求是、客观公正地评价自己的改造表现。

第九节　罪犯暂予监外执行审批表

一、概念和功能

罪犯暂予监外执行审批表，是指监狱向省（自治区、直辖市）监狱管理局请求审批对罪犯暂予监外执行时制作的一种法律文书。该文书一经监狱管理机关负责人审查批准，就成为对罪犯采取暂予监外执行措施的凭据，就可以按照规定程序，为罪犯办理暂予监外执行的有关法律手续，制作相关的文书。

我国《刑事诉讼法》第265条第1~4款规定："对判处有期徒刑或者拘役的罪犯，有下列情形之一的，可以暂予监外执行：①有严重疾病需要保外就医的；②怀孕或者正在哺乳自己婴儿的妇女；③生活不能自理，适用暂予监外执行不致危害社会的。对判处无期徒刑的罪犯，有前款第2项规定情形的，可以暂予监外执行。对于适用保外就医可能有社会危险性的罪犯，或者自伤自残的罪犯，不得保外就医。对于罪犯确有严重疾病，必须保外就医的，由省级人民政府指定的医院诊断并开具证明文件。"根据上述法律规定，对保外就医的罪犯必须依法进行认真的审查，符合有关保外就医规定的，证明文件齐全，手续完备，才能批准保外就医，否则不予批准，以确保保外就医工作顺利进行。依照法律规定的审批程序，如果发现被保外就医的罪犯不符合保外就医条件的，或者严重违反有关保外就医的规定的，应当及时收监。

二、结构、内容和写作方法

罪犯暂予监外执行审批表，属于表格式文书。表上有标题，即文书的名称，标题下面还有单位名称和罪犯编号。表格内栏目有：罪犯基本情况、主要犯罪事实、具保人意见、改造表现、病残鉴定情况、监狱意见和监狱管理局批示等项目。以上项目应认真填写罪犯基本情况，填写姓名、性别、出生年月日等项目的要求，同一般文书。对于主要犯罪事实，可根据生效判决书认定的事实填写，力求抓住重点，简明扼要。对于具保人意见，根据保证书填写改造表现，根据罪犯实际表现，如实填写，如有受奖惩情况亦应写明，行文力求简洁明白。对于病残鉴定情况，应写明病残鉴定的结论。根据监狱意见和监狱管理局批示，应对暂予监外执行写明结论性意见。

三、注意事项

1. 根据我国《刑事诉讼法》第 267 条的规定，决定或者批准暂予监外执行的机关应当将暂予监外执行决定抄送人民检察院。人民检察院认为暂予监外执行不当的，应当自接到通知之日起 1 个月以内将书面意见送交决定或者批准暂予监外执行的机关，决定或者批准暂予监外执行的机关接到人民检察院的书面意见后，应当立即对该决定进行重新核查。

2. 监狱管理局批准暂予监外执行的，要将该决定通知公安机关和原判人民法院。

3. 对于暂予监外执行的罪犯，由居住地公安机关执行，执行机关应当对其严格管理监督，基层组织或者罪犯的原所在单位协助进行监督。

第十节　罪犯出监鉴定表

一、概念和功能

罪犯出监鉴定表，是指监狱填写的记载出监罪犯在服刑改造期间的表现和监狱对其表现作出结论的文书。

在罪犯由于服刑期满、裁定假释、裁定释放、暂予监外执行等原因需要出监时，监狱应当对罪犯进行鉴定，并填写罪犯出监鉴定表。罪犯出监鉴定表记载罪犯在服刑改造期间的表现，并有监狱对其表现的评价和结论性意见，这便于接收单位掌握情况，有的放矢地对其进行帮助教育，巩固改造成果，防止出监人员重新犯罪，有利于改善社会治安状况。认真填写罪犯出监鉴定表，对于完备罪犯出监的法律手续，健全罪犯服刑改造的档案材料，也具有重要的意义。

二、结构、内容和写作方法

罪犯出监鉴定表属于表格式文书，封面印有"罪犯出监鉴定表"字样，正下方填写罪犯姓名、填表机关名称并加盖公章、注明年月日。表格有两页，各页填写的内容如下：

1. 第一页填写的内容是：罪犯姓名、性别、民族、出生年月日、健康状况、家庭住址、原籍所在地、罪名、原判法院、判决书号、原判刑期、附加刑、原判刑期起止日期、刑期变动情况、出监原因、原有文化程度、现有文化程度、有何特长及技术等级、主要犯罪事实等。填写本页内容应当注意：

（1）姓名至刑期各栏，填写要准确无误，不可出现差错，而且应当与原判决书、入监登记表以及其他案卷材料一致，如有不一致之处，必须核对，且讲明原因。关于"附加刑"一栏，原判决书上有的，则要写明；没有的，则写"无"。原判为死刑缓期执行的罪犯，需要出监时，应当根据人民法院裁定书裁定的年限，经过认真计算，准确填写剥夺政治权利年限以及起止年月日。

（2）"刑期"一栏，应当注意两个方面：①根据原判决书将刑期起止日期填写清楚。②将刑期变动情况填写清楚，分别注明加刑、减刑或改判情况，刑期变化包括主刑和附加刑，二者的变动情况均应填写清楚；若刑期无变动情况，则写"无"。

（3）"有何特长及技术等级"一栏，应当从实际出发，根据有关部门的规定，写明罪犯出监时具有的特长及技术等级，以便于社会安置部门和用人单位对出监人员安排适当的工作。

（4）"主要犯罪事实"一栏，应当根据原判决书写明罪犯的主要犯罪事实。如入监后又犯新罪或发现判决时遗漏了的罪行，则也要根据人民法院另制作的判决书，填写清楚。

2. 第二页填写的内容是：家庭主要成员及主要社会关系、本人简历、改造表现、服刑期间奖罚情况、分监区意见、监区意见、监狱意见和备注。填写本页内容应当注意：

（1）"家庭成员及主要社会关系"栏，应根据实际情况填写，写明有关人员姓名、职业、政治面貌及与罪犯的关系。

（2）"个人简历"一栏，应当写明罪犯入监前后的简历，入监前主要写罪犯个人学习与工作的经历，有何劣迹应当写明；入监后主要写罪犯个人接受教育改造的经历。时间要有连续性，不可间断。

（3）"改造表现"一栏，应当写明出监的罪犯在认罪服法、思想改造、遵守监视纪律、劳动改造、生产技能以及文化学习诸方面的实际表现。对某些罪犯在服刑改造期间，因确有悔改或者立功表现，而受到减刑或者假释的处理，或者因隐瞒余罪、重新犯罪以及发生其他重大抗拒改造行为受到惩处都要叙写清楚。对某些罪犯出监时，发现有重大的思想问题或某种异常表现，亦要写明有关情况，供公安机关参考，以便有针对性地对罪犯帮助教育。

（4）"服刑期间奖惩情况"一栏，应从实际出发，实事求是地、具体详细地写明奖惩情况。

（5）"分监区意见"一栏，应根据出监罪犯在服刑改造期间的实际情况，写出结论性的意见。评价要切合实际，分寸得当，语言中肯，文字准确精当。

（6）"监区意见"和"监狱意见"一栏，应当以极其简洁的语言写明概括性的结论，针对性要强，态度要明朗，如"同意释放"等。

三、注意事项

对依法释放的罪犯（包括刑满释放、裁定假释和裁定释放等），监狱必须对他们进行鉴定，将鉴定意见填入罪犯出监鉴定表，并同时签发释放证明书。对依法监外执行的罪犯，监狱也要对他们进行鉴定，将鉴定意见填入罪犯出监鉴定表，并同时签发罪犯监外执行通知书，但不签发释放证明书。

【思考题】

1. 简述监狱执法文书的概念和功能。
2. 什么是罪犯入监登记表？它的功能是什么？
3. 在提请减刑建议书中如何阐明减刑的理由？
4. 监狱起诉意见书的正文部分应写明哪几项内容？

【拓展示例】

示例一：罪犯入监登记表

示例二：提请减刑建议书

示例三：提请假释建议书

示例四：监狱起诉意见书

示例五：对罪犯刑事判决提请处理意见书

示例六：罪犯奖励审批表

示例七：罪犯评审鉴定表

示例八：罪犯暂予监外执行审批表

示例九：罪犯出监鉴定表

第八章

笔 录

学习目的和要求：通过本章学习，要求学习者在全面了解笔录的概念、特点、作用和种类的基础上，具体了解和掌握几种常用笔录的概念、作用、具体写作要求和文书写作需要注意的问题，并达到结合司法实践能写会用的要求。

第一节 概 述

一、笔录的概念和种类

在法律活动中，凡是以实录的性质记录的文字材料，均可被统称为笔录。

笔录类文书的适用范围非常广泛，按照不同的标准可以进行不同的分类。按照制作主体的不同，笔录可以分为公安机关笔录、检察机关笔录、法院笔录、监狱笔录、仲裁笔录、公证笔录、律师笔录等。按照性质的不同，可以分为诉讼笔录和非诉讼笔录。诉讼笔录又可以分为刑事诉讼笔录、民事诉讼笔录和行政诉讼笔录。

在各项法律活动中，大多涉及笔录文书的具体运用。以民事诉讼为例，包括口头起诉笔录、现场勘验笔录、调查笔录、调解笔录、法庭审理笔录、合议庭评议笔录、审判委员会讨论案件笔录、宣判笔录、执行笔录、查封扣押财产笔录等，涉及范围非常广泛。本章主要介绍几种常用的笔录，即现场勘查笔录、询问笔录、讯问笔录、法庭审理笔录、合议庭评议笔录。

二、笔录的特点

笔录是一类重要的法律文书，在各种诉讼和非诉讼法律活动中，笔录的用途非常广泛，具有重要的作用。笔录主要具有以下几个特点：

1. 客观性。笔录是以文字的形式对各种法律活动所作的忠实记录，笔录的内容必须客观、真实。笔录的制作者应当客观、全面、实事求是地记录法律活动的全部过程，不能擅自取舍、删改，更不能弄虚作假、生搬硬造。只有客观地记录案件真实情况的笔录，在法律上才能起到应有的作用。否则，笔录将失去存在的法律价值。

2. 合法性。依法制作的笔录才具有法律效力或者法律意义，在法律活动中才能起到应有的作用。为了保证笔录文书制作的合法性，我国法律对笔录的制作主体、制作程序和笔录的形式都作出了明确的规定，笔录的制作者应当在法律规定的范围内，依法履行职责，按照法律规定的程序，制作符合法律规定的笔录文书，使笔录文书在各种法律活动中真正发挥作用。

3. 准确性。笔录往往是在特定的时间、特定的场所、特定的人在场的情况下，当场形成的法律活动文字记载材料。笔录文书一旦形成，需要按照法定的程序，履行相应的法律手续。例如，记录人要签字，被询问人、被讯问人要签字，在场的特定人也要签字，这是法律规定必须履行的手续。手续完备的笔录文书，才具有法律效力或者法律意义。而且，根据法律规定，笔录文书一旦形成，非经法定程序，任何人不能对笔录文书的内容擅自进行更改，更不能伪造、变造笔录文书的内容。否则，不仅经修改、篡改的笔录文书会失去法律价值，相关人员也需要承担相应的法律责任。因此，文书制作者应当准确地记载文书内容，以保证笔录文书的客观性和时效性。

三、笔录的作用

笔录文书忠实地记载了各种诉讼活动和非诉讼活动的实际情况，能够证明某一事实的客观存在，在法律实践中具有重要的作用。笔录的作用主要体现在以下几个方面：

1. 各项法律活动的真实记录。在各类诉讼活动和非诉讼活动中，笔录文书的用途非常广泛。以诉讼活动为例，为了查明案情，进行必要的调查走访，需要制作调查笔录；讯问犯罪嫌疑人，需要制作讯问笔录；记录法庭开庭审理的全部过程，需要制作法庭审理笔录等。笔录文书的适用贯穿于法律活动的始终，真实地记载了法律活动的全部过程。符合法定条件要求的笔录，不仅是证明案件事实的证据，而且是复查案件的依据。

2. 查明案件事实的可靠依据。在法律实践中，无论是诉讼活动还是非诉讼活动，都应当以事实为根据、以法律为准绳，案件事实是法律活动的基础。以诉讼活动为例，无论是公安机关的侦查、预审，检察机关的批捕、提起公诉和法律监督，还是法院审判职能的行使，都离不开笔录的具体运用，笔录既是记录案件真实情况的可靠依据，也是确定案件事实的有力证据。真实合法的笔录，有利于确定、查明案件事实，保证法律活动的顺利进行。

3. 进行法律活动的重要工具。由于笔录在法律活动中具有重要作用，我国法律对笔录文书的制作作出了明确的规定，包括笔录的名称、笔录的内容、笔录的形式等。根据法律规定，符合法定程序，经有关人员签名盖章的笔录，具有法定的证据效力。笔录应当立卷归档，依法固定保存的笔录，对分析案情、核实证据、审核复查案件等方面具有重要的作用。同时，笔录文书也是总结法律活动经验、指导法律活动进行的重要参考资料。因此，笔录是进行法律活动的重要工具。

第二节　现场勘查笔录

一、概念和功能

现场勘查笔录，又称现场勘验笔录，是指办案人员全面记录发案现场及相关场所的勘验、检查情况，以及依法搜集、提取证据等事项时制作的法律文书。

《刑事诉讼法》第 128 条规定，侦查人员对于与犯罪有关的场所、物品、人身、尸体应当进行勘验或者检查。在必要的时候，可以指派或者聘请具有专门知识的人，在侦查人员的主持下进行勘验、检查。第 133 条规定，勘验、检查的情况应当写成笔录，由参加勘验、检查的人和见证人签名或者盖章。

现场勘查笔录的功能主要体现在以下两个方面：①收集罪证、发现犯罪线索的依据；②甄别犯罪嫌疑人口供，证实犯罪分子犯罪事实的有力证据。

二、结构、内容和写作方法

现场勘查笔录由首部、正文和尾部组成。

（一）首部

首部包括标题、时间、地点、勘查人的基本情况、勘查对象、当事人的基本情况、见证人的基本情况。

1. 标题。应当写明文书制作机关名称和文书名称，即写为："×××公安局""现场勘验笔录"。

2. 时间。应当具体写明勘查现场开始和结束的年月日时分，即写为："××××年×月×日×时×分至××××年×月×日×时×分"。

3. 地点。应当准确、具体地写明勘查现场的地点。

4. 勘查人的基本情况。应当写明勘查人的姓名和工作单位。

5. 勘查对象。应当具体写明检查的对象。

6. 当事人、辨认人的基本情况。应当写明当事人、辨认人的姓名、性别、身份证件种类和号码。

7. 见证人的基本情况。应当写明见证人的姓名、性别、身份证件种类和号码。

（二）正文

正文是文书的核心内容，包括事由和目的、勘验过程和勘验结果。

1. 事由和目的。事由，是指案件的原由。目的，是指根据自身的需要，借助意识、观念的中介作用，预先设想的行为目标和结果。例如，写为："记录现场情况，固定证据。"

2. 勘验过程。勘验过程应当写明现场概况、勘验情况。

（1）现场概况。应当写明勘验现场的地点、位置、周围环境，以及现场中心处所、有关场所变动、变化的情况。现场的地点，应当尽量写得明确、具体。现场的位置，应当写清需要勘验的现场所处的具体位置。周围环境，通常需要写明勘验现场的周边情况。例如，如果勘验现场处于临街室内，应当写明所临街道、马路的名称，毗邻的建筑物或者院落等。如果勘验现场处于荒郊野外，应当写明现场的方位、周边的环境、离村庄或者城镇的距离以及交通状况等。现场中心处所是犯罪分子实施犯罪的主要场所，应当其在勘验现场中的位置。如果现场有变动、变化的情况，应当具体写明变动、变化的原因和具体情况。

（2）勘验情况。这是勘验笔录的核心内容，应当认真填写。现场勘验应当根据案件的具体情况，首先划定勘查范围，包括发生犯罪事件的地点、遗留的与犯罪事件有关的痕迹、物品的处所等，然后确定勘查顺序。勘查顺序可以沿着犯罪分子进出现场的路线进行，也可以由中心向外围或者由外围向中心进行，有时还可以分片分段，或者沿着地形、地物界线进行。确定了勘查范围和勘查顺序后，应当进行现场照相。拍照顺序应当是，先拍方位照片、全貌照片，然后随着勘查工作的开展，再拍中心照片和细目照片。

在勘查方式上，可以采取静的勘查和动的勘查两种方式。所谓静的勘查，是指观察勘验现场由于犯罪行为引起的变化情况，包括各种物体和痕迹所处的位置、状态及其相互关系。例如，如果犯罪现场在室内，需要观察门窗、入口通道、钥匙等有无损坏情况；室内家具、物件是否有翻动情况；室内有无打斗、挣扎的痕迹；犯罪嫌疑人在现场留下的物品和痕迹等。在采取静的勘查方式勘查现场时需要注意，不能轻易地触及任何物体、痕迹或改变其位置。所谓动的勘查，是指在不破坏痕迹的原则下，对怀疑与事件有关的痕迹或物品进行逐个勘验和检查，必要时可以翻转移动物品，也可以放在不同的光照角度下进行观察，或者采用各种技术方法进一步发现痕迹和细微物证，以研究各个痕迹形成的原因和各种物证的状态，以及它们与犯罪行为的关系。在动的勘查过程中，对有证据价值的痕迹、物品必须进行比例照相，并把痕迹、物品在周围环境中的位置拍摄下来。从两者之间的关系看，静的勘查和动的勘查是勘查每个或每一组痕迹、物品时互相联系的先后两个步骤，不是对整个现场进行勘查的两个截然分开的阶段。

3. 勘验结果。勘验结果应当写明发现和提取物证的情况。发现和提取痕迹的情况，照相、录像的内容和数量，绘图的种类和数量等。

（1）发现和提取物证的情况。应当根据物证的不同特点，分别写明物品的名称、品质、重量、尺寸、体积、标识等。

（2）发现和提取痕迹的情况。应当根据不同痕迹的特点，分别写明痕迹的名称、位置、形状、数量、面积、距离、特征等情况。

（3）照相、录像的内容和数量，绘图的种类和数量。这部分内容应当详细记录。

（三）尾部

应当由勘验人、当事人、见证人、记录人分别签名或者盖章，并写明年月日。

三、注意事项

1. 公安机关对案件现场进行勘查不得少于 2 人。勘查现场时，应当邀请与案件无关的公民作为见证人。

2. 为了确定被害人、犯罪嫌疑人的某些特征、伤害情况或者生理状态，可以对人身进行检查，提取指纹信息，采集血液、尿液等生物样本。被害人死亡的，应当通过被害人近亲属辨认、提取生物样本鉴定等方式确定被害人身份。

3. 为了确定死因，经县级以上公安机关负责人批准，可以解剖尸体，并且通知死者家属到场，让其在解剖尸体通知书上签名。死者家属无正当理由拒不到场或者拒绝签名的，侦查人员应当在解剖尸体通知书上注明。对身份不明的尸体，无法通知死者家属的，应当在笔录中注明。

第三节 询问笔录

一、概念和功能

询问笔录，是指司法机关办案人员为了查明案情，核实相关证据，依法向了解案件情况的人进行调查、询问时制作的法律文书。

《刑事诉讼法》第 52 条规定，审判人员、检察人员、侦查人员必须依照法定程序，收集能够证实犯罪嫌疑人、被告人有罪或者无罪、犯罪情节轻重的各种证据。严禁刑讯逼供和以威胁、引诱、欺骗以及其他非法方法收集证据，不得强迫任何人证实自己有罪。必须保证一切与案件有关或者了解案情的公民，有客观地充分地提供证据的条件，除特殊情况外，可以吸收他们协助调查。第 54 条第 1 款规定，人民法院、人民检察院和公安机关有权向有关单位和个人收集、调取证据。有关单位和个人应当如实提供证据。

《民事诉讼法》第 64 条规定，当事人对自己提出的主张，有责任提供证据。当事人及其诉讼代理人因客观原因不能自行收集的证据，或者人民法院认为审理案件需要的证据，人民法院应当调查收集。人民法院应当按照法定程序，全面地、客观地审查核实证据。

《行政诉讼法》第 40 条规定，人民法院有权向有关行政机关以及其他组织、公民调取证据。但是，不得为证明行政行为的合法性调取被告作出行政行为时未收集的证据。第41条规定，与本案有关的下列证据，原告或者第三人不能自行收集的，可以申请人民法院调取：①由国家机关保存而须由人民法院调取的证据；②涉及国家秘密、商业秘密和个人隐私的证据；③确因客观原因不能自行收集的其他证据。

询问笔录的功能主要体现在以下几个方面：①可以作为分析案件情况，查明案件事实的参考资料；②有价值的询问笔录，可以作为认定案件事实的证据；③有些询问笔录，可以为进一步查明案件事实提供证据线索。

二、结构、内容和写作方法

询问笔录由首部、正文和尾部组成。

（一）首部

首部包括标题，时间和地点，询问人、记录人、被询问人的基本情况。

1. 标题。应当写为："询问笔录"或者"×××一案询问笔录"。

2. 时间和地点。涉及时间，应当具体写明询问开始和结束的年月日时分，即写为："××××年×月×日×时×分至××××年×月×日×时×分"。涉及地点，应当准确、具体的写明询问地点。例如，"×××县公安局刑警大队""×××县人民法院"。

3. 询问人、记录人、被询问人的基本情况。具体叙写要求如下：

（1）询问人的基本情况。应当写明询问人的姓名和工作单位。

（2）记录人的基本情况。应当写明记录人的姓名和工作单位。

（3）被询问人的基本情况。通常需要写明被询问人的姓名、性别、年龄、出生日期、民族、文化程度、身份证种类及号码、现住址、户籍所在地、职业、工作单位和职务等。

（二）正文

正文是文书的核心内容，包括告知事项和被询问人陈述的内容。

1. 告知事项。我国《刑事诉讼法》第125条规定，询问证人，应当告知他应当如实地提供证据、证言和有意作伪证或者隐匿罪证要负的法律责任。第127条规定，询问被害人，适用本节各条规定。我国《民事诉讼法》第111条第1款第1项规定，伪造、毁灭重要证据，妨碍人民法院审理案件的诉讼参与人或者其他人，人民法院可以根据情节轻重予以罚款、拘留；构成犯罪的，依法追究刑事责任。根据上述法律规定，询问人在询问前，应当告知被询问人如实陈述的义务，以及不如实陈述应当承担的法律责任。

2. 被询问人陈述的内容。这部分内容是文书的核心，在询问时，通常有两种记录方法：一种是问答式，即由询问人提出问题，被询问人回答；另一种是综合记录式，即询问人将需要询问的问题了解清楚后，采用综合归纳的方法，将询问人的询问和被询问人回答的问题简明扼要地记写清楚。为了使询问笔录的内容更加清晰，采用综合记录式的方法记录时，可以将询问笔录的内容分成两个自然段，一段记写提问的内容，另一段记写回答的内容，以使笔录的内容更加条理化。

根据案件性质的不同，涉及被询问人陈述内容的记录也存在差别。涉及刑事案件，应当重点记录被询问人陈述的与犯罪事实有关的时间、地点、手段、情节、危害结果、涉及的人和事等。涉及民事案件，应当重点记录当事人之间的关系、民事纠纷发生的时间、地点、涉及的人、起因、过程、结果和争议焦点等。涉及行政案件，应当重点记录行政机关实施具体行政行为的时间、地点、过程、结果，以及行政管理相对人提起诉讼的原因等。

叙写这部分内容，需要注意以下几个问题：

第一，记录的内容应当明确、具体，文字阐述应当简明扼要。

第二，涉及被询问人与被调查人的关系应当记写清楚。

第三，如果被询问人在调查过程中提供了其他知情人的线索，应当详细、具体地记写清楚，包括知情人的姓名、住址、所在单位等。

第四，对被询问人阐述的与调查内容无关的情况，可以不予记录。

（三）尾部

应当由询问人、被询问人、见证人、记录人分别签名或者盖章，并写明年月日。

叙写尾部内容需要注意的是，询问笔录记录完毕后，应当依法履行法定的手续，即让被询问人阅读、核对笔录的内容。如果被询问人没有阅读能力，应向其宣读。如果有错记、漏记的内容，应当予以改正和补充，在增加、删除、涂改之处，应当由被询问人签名、盖章或者捺手印。

笔录内容核对完毕后，由被询问人在笔录尾页写明"以上笔录我已看过（或以上笔录已经向我宣读过），与我说的相符"字样，并由被调查人签名或盖章，写明年月日。最后由询问人和记录人分别签名，写明年月日。

三、注意事项

1. 被询问人要求就被询问事项自行提供书面材料的，应当准许。

2. 调查时，如果有其他人在场，应当写明在场人的姓名、性别、职业、工作单位和职务等。

3. 侦查人员询问证人，可以在现场进行，也可以到证人所在单位、住处或者证人提出的地点进行，在必要的时候，可以通知证人到人民检察院或者公安机关提供证言。在现场询问证人，应当出示工作证件；到证人所在单位、住处或者证人提出的地点询问证人，应当出示人民检察院或者公安机关的证明文件。

第四节　讯问笔录

一、概念和功能

讯问笔录，是指公安机关、人民检察院在办理刑事案件过程中，为了证实犯罪、查明犯罪事实，对犯罪嫌疑人进行讯问时依法制作的如实记载讯问情况的法律文书。

我国《刑事诉讼法》第 118 条规定，讯问犯罪嫌疑人必须由人民检察院或者公安机关的侦查人员负责进行。讯问的时候，侦查人员不得少于 2 人。犯罪嫌疑人被送交看守所羁押以后，侦查人员对其进行讯问，应当在看守所内进行。第 120 条规定，侦查人员在讯问犯罪嫌疑人的时候，应当首先讯问犯罪嫌疑人是否有犯罪行为，让他陈述有罪的情节或者无罪的辩解，然后向他提出问题。犯罪嫌疑人对侦查人员的提问，应当如实回答。但是对与本案无关的问题，有拒绝回答的权利。侦查人员在讯问犯罪嫌疑人的时候，应当告知犯罪嫌疑人享有的诉讼权利，如实供述自己罪行可以从宽处理和认罪认罚的法律规定。第 221 条规定，讯问聋、哑的犯罪嫌疑人，应当有通晓聋、哑手势的人参加，并且将这种情况记明笔录。

《刑事诉讼法》第 173 条第 1 款规定，人民检察院审查案件，应当讯问犯罪嫌疑人，听取辩护人、被害人及其诉讼代理人的意见，并记录在案。辩护人或者值班律师、被害人及其诉讼代理人提出书面意见的，应当附卷。

讯问笔录主要具有以下功能：①笔录中记载的犯罪嫌疑人的供述和辩解，经查证属实后，可以作为认定案件事实的证据；②通过对讯问笔录记载内容进行分析，可以初步确定案件的性质，为案件定性处理提供依据；③通过讯问笔录，可以了解讯问情况，证实讯问程序的合法性；④通过对笔录的分析研究，可以总结经验教训，提高办案质量。

二、结构、内容和写作方法

讯问笔录由首部、正文和尾部组成。

（一）首部

首部包括标题，时间和地点，讯问人、记录人、被讯问人的基本情况。

1. 标题。应当写为："讯问笔录"或者"×××一案讯问笔录"。

2. 时间和地点。具体叙写要求如下：

（1）时间。应当具体写明讯问开始和结束的年月日时分，即写为："××××年×月×日×时×分至××××年×月×日×时×分"。

（2）地点。应当准确、具体的写明讯问地点。例如，"×××县公安局刑警大队""×××县人民检察院"。

3. 讯问人、记录人、被讯问人的基本情况。具体叙写要求如下：

（1）讯问人的基本情况。应当写明讯问人的姓名和工作单位。

（2）记录人的基本情况。应当写明记录人的姓名和工作单位。

（3）被讯问人的基本情况。通常需要写明被讯问人的姓名、性别、年龄、出生日期、民族、文化程度、身份证种类及号码、现住址、户籍所在地、职业、工作单位和职务等。

（二）正文

正文是文书的核心内容，包括告知事项和被讯问人陈述的内容。

1. 告知事项。我国《刑事诉讼法》第 34 条规定，犯罪嫌疑人自被侦查机关第一次讯问或者采取强制措施之日起，有权委托辩护人；在侦查期间，只能委托律师作为辩护人。被告人有权随时委托辩护人。侦查机关在第一次讯问犯罪嫌疑人或者对犯罪嫌疑人采取强制措施的时候，应当告知犯罪嫌疑人有权委托辩护人。人民检察院自收到移送审查起诉的案件材料之日起 3 日以内，应当告知犯罪嫌疑人有权委托辩护人。人民法院自受理案件之日起 3 日以内，应当告知被告人有权委托辩护人。犯罪嫌疑人、被告人在押期间要求委托辩护人的，人民法院、人民检察院和公安机关应当及时转达其要求。犯罪嫌疑人、被告人在押的，也可以由其监护人、近亲属代为委托辩护人。辩护人接受犯罪嫌疑人、被告人委托后，应当及时告知办理案件的机关。第 120 条第 2 款规定，侦查人员在讯问犯罪嫌疑人的时候，应当告知犯罪嫌疑人享有诉讼权利，如实供述自己罪行可以从宽处理和认罪认罚的法律规定。根据上述法律规定，讯问人在讯问犯罪嫌疑人时，应当首先讯问犯罪嫌疑人是否有犯罪行为，告知犯罪嫌疑人依法享有委托辩护人的权利，以及如实供述自己的罪行可以从宽处理和认罪认罚的法律规定。然后向犯罪嫌疑人提问，讯问犯罪嫌疑人。

2. 被讯问人陈述的内容。这部分内容是讯问笔录记录的重点。根据讯问次数的不同，记录内容也有所不同。第一次讯问时，应当在第一部分详细记录清楚犯罪嫌疑人的基本情况，包括姓名、别名、曾用名、出生年月日、户籍所在地、现住地、籍贯、出生地、民族、职业、文化程度、家庭情况、社会经历、是否属于人大代表、政协委员、是否受过刑事处罚或者行政处理等情况。同时，需要与原案件材料认真核对，严防错拘错捕。另外，还要问清记明犯罪嫌疑人是否知道为什么被拘留或被逮捕。除第一次讯问外，以后的系列讯问可不再问基本情况，直接进行讯问即可。

涉及被讯问人陈述的内容，在制作讯问笔录时，应当采用问答的方式，问清记明讯问的全部过程。首先，应当记清讯问人的提问。然后，根据讯问人提出的问题，全面准确地记载犯罪嫌疑人关于犯罪事实的供述和辩解。这部分内容是文书的核心内容，应当根据讯问的过程，准确清楚地记明犯罪嫌疑人实施犯罪的时间、地点、动机、目的、手段、情节、起因、过程、后果、证据、涉及的人和事等。其中，涉及证明案件性质的关键性情节、有关的证据、有明显矛盾的地方等重要情况，应当准确清楚地重点记录。在讯问过程中，如果犯罪嫌疑人进行无罪辩解，应当记清其陈述的理由和依据。此外，对犯罪嫌疑人在讯问过程中的认罪态度等情形，也应当准确地予以记录。

叙写这部分内容，需要主要注意以下几个问题：

第一，笔录应当将问话和犯罪嫌疑人的供述或者辩解如实地记录清楚，并且制作讯问笔录应当使用能够长期保持字迹的材料。

第二，笔录的内容既要全面，又要突出重点，主要应当围绕犯罪事实以及与犯罪有关的情况进行记录。

第三，笔录应当如实反映犯罪嫌疑人供述的原意，不能随意夸大、缩小，更不能改变原意。对于涉及定罪定性的重要情节，应尽可能地记录原话。

第四，在记录时，对于讯问过程中犯罪嫌疑人的表情、语气、体态语等，也应当用括号作准确适当的描写。

第五，对于涉及黑话、方言、特殊内容的词语，也应当用括号作说明解释。

（三）尾部

应当由讯问人、被讯问人、记录人分别签名或者盖章，并写明年月日。

叙写尾部内容需要注意的是，讯问笔录记录完毕后，应当依法履行法定的手续，即让被讯问人阅读、核对笔录的内容。如果被讯问人没有阅读能力，应向其宣读。如果有错记、漏记的内容，应当予以改正和补充，在增加、删除、涂改之处，应当由被讯问人签名、盖章或者捺手印。

笔录内容核对完毕，犯罪嫌疑人承认笔录没有错误后，由被讯问人在笔录尾页写明"以上笔录我已看过（或以上笔录已经向我宣读过），与我说的相符"字样，并由被讯问人签名或盖章，写明年月日。被讯问人拒绝签名、捺指印的，也应当在笔录上注明。最后由讯问人和记录人分别签名，写明年月日。

三、注意事项

1. 犯罪嫌疑人请求自行书写供述的，应当准许。必要的时候，侦查人员也可以要犯罪嫌疑人亲笔书写供词。

2. 侦查人员在讯问犯罪嫌疑人时，可以对讯问过程进行录音或者录像；对于可能判处无期徒刑、死刑的案件或者其他重大犯罪案件，应当对讯问过程进行录音或者录像。录音或者录像应当全程进行，保持完整性。

3. 对不需要逮捕、拘留的犯罪嫌疑人，可以传唤到犯罪嫌疑人所在市、县内的指定地点或者到他的住处进行讯问，但是应当出示人民检察院或者公安机关的证明文件。对在现场发现的犯罪嫌疑人，经出示工作证件，可以口头传唤，但应当在讯问笔录中注明。

4. 讯问聋、哑的犯罪嫌疑人，应当有通晓聋、哑手势的人参加，并在讯问笔录上注明犯罪嫌疑人的聋、哑情况，以及翻译人员的姓名、工作单位和职业。讯问不通晓当地语言文字的犯罪嫌疑人，应当配备翻译人员。

5. 讯问犯罪嫌疑人，必须由侦查人员进行。讯问的时候，侦查人员不得少于2人。讯问同案的犯罪嫌疑人，应当个别进行。

第五节　法庭审理笔录

一、概念和功能

法庭审理笔录，又称法庭笔录或庭审笔录，是指人民法院依法开庭审理各类诉讼案件时，书记员当庭记载的全部法庭审理活动的文字材料。

我国《刑事诉讼法》第207条第1款规定，法庭审判的全部活动，应当由书记员写成笔录，经审判长审阅后，由审判长和书记员签名。《民事诉讼法》第147条第1款规定，书记员应当将法庭审理的全部活动记入笔录，由审判人员和书记员签名。

法庭审理笔录具有法律意义，其功能主要体现在以下几个方面：①法庭审理笔录是整个庭审活动的真实记录；②法庭审理笔录是人民法院认定案件事实、核实证据、作出判决的依据；③法庭审理笔录是制作裁判文书的依据；④法庭审理笔录是依法进行法律监督，总结经验教训的重要资料。

二、结构、内容和写作方法

法庭审理笔录由首部、正文和尾部组成。

（一）首部

首部包括标题、开庭时间和地点、审理方式、审判组织的情况。

1. 标题。应当写为："法庭审理笔录"，并用括号标明是第几次开庭审理案件。例如，标明"（第一次）"。

2. 开庭时间和地点。应当写明开庭审理的起止时间，地点应当写得明确、具体。

3. 审理方式。应当写明是否是公开审理，如果是公开审理的案件，应当写明到庭旁听的大概人数。

4. 审判组织的情况。应当写明审判人员（独任审判员）和书记员的姓名。

（二）正文

正文是文书的核心内容，包括开庭前准备、法庭调查、法庭辩论、当事人最后陈述、合议庭评议、宣告判决、法庭审理中出现的特殊情形。

1. 开庭前准备。具体需要记明以下内容：书记员宣布法庭纪律；全体起立，请审判人员入庭；书记员向合议庭组成人员报告当事人到庭情况；审判长核对当事人情况；宣布审判人员、书记员名单；依法告知当事人享有的权利和应当履行的义务，询问当事人是否申请回避等；审判长宣布案由，说明案件是公开审理还是不公开审理，如果是不公开审理的，需要说明理由；宣布开庭。

2. 法庭调查。叙写时需要注意以下问题：

（1）刑事案件。依次需要记明以下情况：

第一，宣读起诉书。应当由公诉人宣读起诉书；有附带民事诉讼的，应由附带民事诉讼原告人或者其法定代理人、诉讼代理人宣读附带民事起诉状。

第二，讯问当事人。在审判长主持下，被告人、被害人可以就起诉书指控的犯罪事实分别陈述，公诉人可以就起诉书指控的犯罪事实讯问被告人。

第三，发问。经审判长准许，被害人及其法定代理人、诉讼代理人可以就公诉人讯问的犯罪事实补充发问；附带民事诉讼原告人及其法定代理人、诉讼代理人可以就附带民事部分的事实向被告人发问；被告人的法定代理人、辩护人，附带民事诉讼被告人及其法定代理人、诉讼代理人可以在控诉一方就某一问题讯问完毕后向被告人发问；控辩双方可以向被害人、附带民事诉讼原告人发问。必要时，审判人员可以向被害人、附带民事诉讼当事人发问。

第四，核实证据。公诉人可以提请审判长通知证人、鉴定人出庭作证，或者出示证据。被害人及其法定代理人、诉讼代理人，附带民事诉讼原告人及其诉讼代理人也可以提出申请。在控诉一方举证后，被告人及其法定代理人、辩护人可以提请审判长通知证人、鉴定人出庭作证，或者出示证据。控辩双方申请证人出庭作证，出示证据，应当说明证据的名称、来源和拟证明的事实。法庭认为有必要的，应当准许；对方提出异议，认为有关证据与案件无关或者明显重复、不必要，法庭经审查异议成立的，可以不予准许。举证方当庭出示证据后，由对方进行辨认并发表意见。控辩双方可以互相质问、辩论。法庭对证据有疑问的，可以告知公诉人、当事人及其法定代理人、辩护人、诉讼代理人补充证据或者作出说明。法庭审理过程中，对与量刑有关的事实、证据，审判人员应当进行调查。

（2）民事案件。依次需要记明以下情况：

第一，当事人陈述。应当按以下顺序记录，即原告口头陈述起诉的请求和理由，或者宣读起诉状；被告针对原告起诉作出承认或者否定的答辩，或者宣读答辩状；第三人陈述或者答辩时，有独立请求权的第三人应当陈述其诉讼请求及理由，无独立请求权的第三人应当针对原、被告的陈述提出承认或否定的答辩意见。

第二，告知出庭证人的权利义务，证人作证，宣读未到庭的证人证言。应当征询当事人对证人证言的意见。经法庭许可，当事人及其诉讼代理人可以向证人发问。询问证人时，其他证人不得在场。人民法院认为有必要的，可以让证人进行对质。当事人提交的书面证言，应当当庭宣读。当事人自己调查取得的证人证言，由当事人宣读后提交法庭，对方当事人可以质询；人民法院调查取得的证人证言，由书记员宣读，双方当事人可以质询。

第三，出示书证、物证、视听资料和电子数据，宣读鉴定意见、勘验笔录。书证、物证、视听资料和电子数据均应在法庭上出示，由当事人质证。未经质证的证据不能作为认定案件事实的依据。案件中的专门性问题经过鉴定的，应当由鉴定人到庭宣读鉴定意见。宣读后，由双方当事人发表意见。经法庭许可，当事人可以向鉴定人发问。如果人民法院在审理案件过程中对物证或者现场进行过勘验的，应由勘验人当庭宣读勘验笔录，经法庭许可，当事人可以向勘验人发问。

按照上列顺序经过法庭调查，当事人争议的事实查清后，审判长应当询问双方当事人有无新的证据提出。法庭调查结束前，审判长应就法庭调查认定的事实和当事人争议的问题进行归纳总结。

3. 法庭辩论和当事人最后陈述。涉及法庭辩论和当事人最后陈述，根据案件性质的不同，主要需要记明以下内容：

（1）刑事案件。在刑事诉讼中，合议庭认为案件事实已经调查清楚的，应当由审判长宣布法庭调查结束，开始就定罪、量刑的事实、证据和适用法律等问题进行法庭辩论。法庭辩论应当在审判长的主持下，按照下列顺序进行，即公诉人发言；被害人及其诉讼代理人发言；被告人自行辩护；辩护人辩护；控辩双方进行辩论。附带民事部分的辩论应当在刑事部分的辩论结束后进行，先由附带民事诉讼原告人及其诉讼代理人发言，后由附带民事诉讼被告人及其诉讼代理人答辩。法庭辩论过程中，合议庭发现与定罪、量刑有关的新的事实，有必要调查的，审判长可以宣布暂停辩论，恢复法庭调查，在对新的事实调查后，继续法庭辩论。审判长宣布法庭辩论终结后，合议庭应当保证被告人充分行使最后陈述的权利。

（2）民事案件。在民事诉讼中，法庭辩论，是指在合议庭的主持下，双方当事人根据法庭调查已经基本查明的案件事实和证据材料，各自阐明自己的观点，论述自己的意见，反驳对方当事人的主张，相互进行言词辩论的诉讼活动。法庭辩论按照以下顺序进行，即原告及其诉讼代理人发言；被告及其诉讼代理人答辩；第三人及其诉讼代理人发言或者答辩；互相辩论。在法庭辩论中，审判人员始终处于指挥者的地位，引导当事人围绕争议的焦点进行辩论。当事人及其诉讼代理人的发言与本案无关或者重复时，审判人员应当予以制止。第一轮辩论结束后，审判长应当询问当事人是否还有补充意见。当事人要求继续发言的，应当允许，但审判长要提醒当事人不可重复已经发表过的辩论意见。如果当事人没有补充意见的，审判长按照原告、被告、第三人的顺序依次征询各方的最后意见。

4. 合议庭评议和宣告判决。我国《刑事诉讼法》第 200 条规定，在被告人最后陈述后，审判长应当宣布休庭，合议庭进行评议。《民事诉讼法》第 142 条规定，法庭辩论终结，应当依法作出判决。判决前能够调解的，还可以进行调解，调解不成的，应当及时判决。根据上述法律规定，当事人最后陈述后，审判长宣布休庭，合议庭成员退庭，对案件进行评议，涉及评议的程序应当如实记录。但是，由于合议庭评议的具体情况，依法应当另行单独制作合议庭评议笔录。因此，在法庭审理笔录中，只需注明"审判长宣布休庭，由合议庭进行评议"即可。

我国《刑事诉讼法》第 202 条第 1 款规定，宣告判决，一律公开进行。公诉人、辩护人、诉讼代理人、被害人、自诉人或者附带民事诉讼原告人未到庭的，不影响宣判的进行。《民事诉讼法》第 148 条第 1 款规定，人民法院对公开审理或者不公开审理的案件，一律公开宣告判决。

当庭宣判的案件，在休庭评议后继续开庭进行宣判，法庭审理笔录应当记明宣判的情况。定期宣判的，单独制作宣判笔录。在宣告判决时，主要应当记明以下内容：①判决结果和当事人对判决的意见。②告知当事人上诉权利、上诉期限和上诉法院。③询问当事人是否提起上诉，以及当事人的表示。④涉及离婚案件的判决应当告知的事项。《民事诉讼法》第 148 条第 4 款规定，宣告离婚判决，必须告知当事人在判决发生法律效力前不得另行结婚。⑤送达判决书。根据我国法律规定，当庭宣判的，只需要宣读判决结果，定期宣判的，应当立即送达判决书，并区分不同情况，进行记录。

5. 法庭审理中出现的特殊情形。包括需要延期审理、违反法庭纪律等特殊情形，应当在笔录中予以记明。

（1）延期审理。在案件审理过程中，如果遇到影响审判正常进行而决定延期审理的情形，应当记写清楚。包括必须到庭的当事人和其他诉讼参与人没有到庭；需要通知新的证人到庭调取新的证据，重新鉴定或者勘验的；检察人员发现提起公诉的案件需要补充侦查，提出建议的；合议庭认为案件证据不充分，或者发现新的事实，需要人民检察院进行补充侦查或者自行调查的；因当事人申请回避而不能如期进行审判的；以及其他应当延期审理等情况。

（2）违反法庭纪律。在刑事案件法庭审判过程中，如果诉讼参与人违反法庭秩序，经审判长警告制止，或者情节严重的，被责令退出法庭或应依法追究刑事责任的情况，应当依法予以详细记明。在民事案件法庭审理过程中，诉讼参与人或其他人员违反法庭秩序的，如哄闹、冲击法庭，侮辱、诽谤、威胁、殴打审判人员等情况。对上述严重扰乱法庭秩序的人的处理等情况，应当依法详细记明。

另外，在民事诉讼中，涉及原告、被告经合法传唤拒不到庭，或者未经法庭许可中途退庭等情况的处理，也应当记写清楚。

（三）尾部

尾部包括履行法定程序、有关人员签名或盖章。

1. 履行法定程序。我国《刑事诉讼法》第 207 条第 2、3 款规定，法庭笔录中的证人证言部分，应当当庭宣读或者交给证人阅读。证人在承认没有错误后，应当签名或者盖章。法庭笔录应当交给当事人阅读或者向他宣读。当事人认为记载有遗漏或者差错的，可以请求补充或者改正。当事人承认没有错误后，应当签名或盖章。《民事诉讼法》第 147 条第 2 款规定，法庭笔录应当当庭宣读，也可以告知当事人和其他诉讼参与人当庭或者在 5 日内阅读。当事人和其他诉讼参与人认为对自己的陈述记录有遗漏或者差错的，有权申请补正。如果不予补正，应当将申请记录在案。根据上述法律规定，合议庭笔录中，应当记明履行法定程序的情形。

2. 有关人员签名或盖章。我国《刑事诉讼法》第 207 条第 1 款规定，法庭审判的全部活动，应当由书记员写成笔录，经审判长审阅后，由审判长和书记员签名。《民事诉讼法》第 147 条第 1、3 款规定，书记员应当将法庭审理的全部活动记入笔录，由审判人员和书记员签名。法庭笔录由当事人和其他诉讼参与人签名或者盖章。拒绝签名盖章的，记明情况附卷。根据上述法律规定，合议庭笔录应当由审判人员和书记员签名，并由案件当事人、其他诉讼参与人签名或者盖章。

三、注意事项

1. 在民事案件法庭审理过程中，涉及法庭主持进行调解的，属于法庭审理活动的组成部分，应当在笔录中记写清楚。

2. 在刑事案件法庭审理过程中，当事人及其辩护人、诉讼代理人申请通知新的证人到庭，调取新的证据，申请重新鉴定或者勘验的，应当提供证人的姓名、证据的存放地点，说明拟证明的案件事实，要求重新鉴定或者勘验的理由。法庭认为有必要的，应当同意，并宣布延期审理；不同意的，应当说明理由并继续审理。审判期间，公诉人发现案件需要补充侦查，建议延期审理的，合议庭应当同意，但建议延期审理不得超过两次。在案件审理中出现上述情形，应当记写清楚。

第六节　合议庭评议笔录

一、概念和功能

合议庭评议笔录，是指审判长宣布休庭后，合议庭根据已经查明的事实、证据和相关法律规定，对案件进行评议，依法作出裁决时制作的法律文书。

我国《刑事诉讼法》第184条规定，合议庭进行评议的时候，如果意见分歧，应当按多数人的意见作出决定，但是少数人的意见应当写入笔录。评议笔录由合议庭的组成人员签名。第185条规定，合议庭开庭审理并且评议后，应当作出判决。对于疑难、复杂、重大的案件，合议庭认为难以作出决定的，由合议庭提请院长决定提交审判委员会讨论决定。审判委员会的决定，合议庭应当执行。《民事诉讼法》第42条规定，合议庭评议案件，实行少数服从多数的原则。评议应当制作笔录，由合议庭成员签名。评议中的不同意见，必须如实记入笔录。

合议庭评议笔录既是制作裁判文书的记载，也是总结经验教训、检查办案情况的参考资料。

二、结构、内容和写作方法

合议庭评议笔录由首部、正文和尾部组成。

（一）首部

首部包括标题和案号、案由、评议的时间和地点、参加的评议人员等。

1. 标题和案号。标题应当写为："合议庭评议笔录"。案号应当写为："（×××）×民×字×第×号"。

2. 案由。如果是民事案件，通常写为："×××（原告姓名或名称）诉×××（被告姓名或名称）×××（案由）一案"。如果是刑事案件，通常写为："×××（被告人姓名）×××（罪名）一案"。

3. 评议的时间和地点。应当具体写明评议开始和结束的年月日时分，即写为："××××年××月××日×时×分至××××年××月××日×时×分"。地点应当准确、具体的写明评议地点。

4. 参加的评议人员。应当具体写明审判人员的姓名和职务、书记员的姓名。

（二）正文

正文是文书的核心内容，主要应当写明评议的情况和评议的结果。

在刑事诉讼中，适用第一审程序审理案件，根据刑事诉讼法的规定，在被告人最后陈述后，审判长宣布休庭，合议庭进行评议，根据已经查明的事实、证据和有关的法律规定，分别作出以下判决：①案件事实清楚，证据确实、充分，依据法律认定被告人有罪的，应当作出有罪判决；②依据法律认定被告人无罪的，应当作出无罪判决；③证据不足，不能认定被告人有罪的，应当作出证据不足、指控的犯罪不能成立的无罪判决。

在民事诉讼中，根据民事诉讼法的规定，合议庭评议案件，实行少数服从多数的原则。评议应当制作笔录，由合议庭成员签名。评议中的不同意见，必须如实记入笔录。

根据上述法律规定，第一审刑事案件评议笔录，通常需要记写清楚以下内容，即对犯罪事实和证据的认定；对被告人行为性质的认定；对被告人的处理决定；涉及附带民事诉讼的具体处理；涉及赃物、物证的处理；具体法律条款的适用等。第一审民事案件评议笔录，通常需要记写清楚以下内容，即对纠纷事实和证据的认定；纠纷的性质；权利义务和是非责任；案件的争执焦点；法院的处理决定；具体适用的法律条款等。

涉及二审和再审的案件，通常需要记写清楚以下内容，即对原审判决的评议；对上诉和抗诉理由的评议；二审的处理决定；具体适用的法律条款等。

总之，合议庭评议笔录主要应当针对案件的性质、事实和证据的认定、案件的具体处理结果、法律适用等方面的问题，详细、具体地记录审判人员发表的意见，以展示合议庭评议的过程，并具体写明评议结果。

（三）尾部

尾部应当由审判人员和书记员签名或者盖章。

三、注意事项

1. 制作合议庭笔录，应当如实记载评议的全过程，对重点问题应当详细记录；涉及评议结果，应当记录的明确具体。

2. 在案件评议过程中，合议庭成员评议意见有分歧的，也应当如实记入笔录。

3. 根据法律规定，合议庭评议笔录是人民法院的内部文书，归入副卷保存，当事人、诉讼代理人、辩护人（包括律师），均无权查阅。

【思考题】

1. 简述笔录的概念和特点。

2. 简述笔录的种类和作用。

3. 简述现场勘查笔录的概念和作用。

4. 简述询问笔录的概念和作用。

5. 制作讯问笔录应当注意哪些问题？

6. 合议庭评议笔录的正文部分包括哪些内容?

7. 简述法庭审理笔录正文部分应当记录的内容。

【拓展示例】

示例一：现场勘查笔录

示例二：询问笔录

示例三：讯问笔录

示例四：法庭审理笔录

示例五：合议庭评议笔录

下编　文体分论（下）
——其他法律文书

第九章

律师实务文书

学习目的和要求：通过本章学习，要求学生了解和掌握律师实务文书的概念、功能、结构、内容和写作方法及注意事项，并达到能写会用的要求。

第一节　概　述

律师实务文书，是指律师依法从事业务活动时经常使用的文书。它包括两个方面：一是律师办理诉讼案件时使用的文书，二是从事非诉讼活动时使用的文书。本章主要介绍律师从事诉讼活动经常使用的文书。

律师实务文书具有一定的法律效力或法律意义，有的律师实务文书是诉讼活动中必不可少的文字依据。

律师实务文书主要分为两大类，一类是律师自用文书，包括律师参加诉讼活动，担任刑事案件被告人的辩护人时撰写的辩护词，担任刑事自诉案件自诉人和刑事公诉案件被害人的诉讼代理人时撰写的代理词，担任民事和行政诉讼当事人诉讼代理人时撰写的代理词等。另一类是代书文书，即律师为公民法人以及其他组织代书的文书。所谓代书，就是律师代表委托人的意志，以委托人的名义，根据事实，依照法律，代替委托人书写诉讼文书和其他有关法律事务的文书。代书是律师的日常业务活动。代书文书可分为两类，一类是诉讼文书，如起诉状、上诉状、申诉书和答辩状等；另一类是法律事务文书，如经济合同、协议书、赠与书和遗嘱等。因本书篇幅有限，对律师实务文书，本章只介绍与诉讼活动有关的一些主要文书，例如起诉状、上诉状和答辩状等。这些法律文书与诉讼活动有关，具有法律效力或法律意义。辩护词、代理词的内容，见本书第十章的介绍。

本章介绍的文书具有广泛的实用价值，在日常生活中使用的频率相当高。

参加法律专业学习的学生，不管将来是否当律师，这些文书总有机会用到。因此，要求学生认真学习，对重点文书不仅要了解其内容、格式和写作要求，而且要会实际操作，即能根据案情材料撰写文书。

第二节　民事起诉状

一、概念和功能

民事起诉状，是指原告在自己的民事权益受到侵害或者与人发生争执时，为维护自身合法权益，依照事实和法律，根据法定的程序，向人民法院提起民事诉讼时使用的一种诉讼法律文书。此种文书，通常称为民事诉状。

我国《民事诉讼法》第119条规定："起诉必须符合下列条件：①原告是与本案有直接利害关系的公民、法人和其他组织；②有明确的被告；③有具体的诉讼请求和事实、理由；④属于人民法院受理民事诉讼的范围和受诉人民法院管辖。"第120条规定："起诉应当向人民法院递交起诉状，并按照被告人数提出副本。书写起诉状确有困难的，可以口头起诉，由人民法院记入笔录，并告知对方当事人。"根据上述法律规定，可以明确以下几点：其一，起诉必须具备法定的四个条件，此四个条件是统一的整体，缺一不可。其二，起诉的方式有两种，一般情况下必须采用书面方式，即应当向人民法院递交起诉状；如当事人书写起诉状确有困难的，可以口头的方式起诉，由人民法院记入笔录，并告知对方当事人。其三，向人民法院递交起诉状的同时必须按照被告人数提出副本，由人民法院转交被告。

根据上述法律规定，公民、法人和其他组织的民事权益受到侵害或者与他人发生纠纷，可以书写起诉状递交人民法院，提起民事诉讼。

原告的起诉符合法定条件，人民法院对原告的起诉，就受理、立案并进行审理。因此可以说，起诉用的起诉状是民事诉讼的凭据，没有起诉状，诉讼就没有依据，"官司"就打不起来。起诉状的另一个作用是人民法院审理的基础。原告在起诉状里把被告侵权行为或与被告发生争执的具体情况讲清楚，把起诉的理由和法律根据说明白，并向人民法院提出明确具体的诉讼请求，使人民法院了解原告的意见、想法和要求，这就为人民法院对本案进行调查了解和依法处理打下了基础。

二、结构、内容和写作方法

民事起诉状由首部、正文和尾部三部分组成。

（一）首部

1. 标题。写为"民事起诉状"，也可写为"民事诉状"。但是，有两种写法不可取：一是过于简单，只写"起诉状"或"诉状"的字样，别人看了不知是什么起诉状，即标题不能反映出案件性质；二是过于繁琐，标题太长。例如，"张三诉李四离婚民事起诉状""刘××诉××县××乡××村财务纠纷一案民事诉状"等。当事人姓名及案由在民事起诉状中写得一清二楚，没有必要写在标题中。标题应当醒目，一目了然。

2. 当事人的基本情况。应当按原告、被告和第三人的顺序分别列写。当事人是自然人的，写明姓名、性别、年龄、民族、职业、工作单位、住所、联系方式。当事人是法人或其他组织的，写明单位全称、地址（即注册地址）和法定代表人或者负责人的姓名、职务、联系方式。

叙写当事人基本情况时，应当注意以下几点：

（1）书写的各项内容要查证属实，准确无误。

（2）书写的项目不能增减，排列的次序不能颠倒。

（3）职业和工作单位这一项目要根据实际情况来写，无业的，写为"无职业"；有职业无工作单位的，写明职业名称。例如，"个体演员""个体作家""个体商贩"等。有工作单位的，把单位名称和职务结合在一起列写。例如，"××公司经理""××工厂工程师"等。

（4）农民打官司，基本情况后几个项目可以合并起来写，即把"籍贯、职业或工作单位和职务、住址"等几项合在一起叙写。例如，"××县××乡××村农民"。

（5）法人或其他组织为当事人的，写其名称时一定要写全称，不要写简称。

（6）公民住址或法人及其他组织所在地址，要详细具体，确实可靠。

（7）法人的正职负责人是法人的法定代表人。没有正职负责人的，由主持工作的副职负责人担任法定代表人。设有董事会的法人，以董事长为法定代表人；没有董事长的法人，经董事会授权的负责人可以作为法定代表人。不具备法人资格的其他组织，以其主要负责人为代表人。

（8）在当事人称谓与姓名（或名称）之间不用冒号分开，而是连在一起列写。例如，"原告张三""被告李四"等。基本情况各项目之间用逗号断开，最后加上句号即可，其他的标点符号不要用。

（二）诉讼请求

诉讼请求即原告提起诉讼所要达到的目的，也是原告要求人民法院解决的问题，有的写成"起诉目的"或"诉讼目的"，虽不规范，意思亦很明确。有的写成"请求目的"，这就有问题了。这话有歧义，一是可以理解为"请求与目的"，这里的"请求"就是要求人民法院解决问题，也就是起诉状要达到的"目的"，这里"请求"与"目的"是一致的，所以写"请求"与"目的"，二者是同义语重复，没有必要；二是可以理解为"请求的目的"，上面说了请求即是目的，"请求的目的"即是目的的目的，目的的目的其实就是动机了，离婚案件的原告提起诉讼的目的就是离婚，至于离婚的目的是什么，似乎没有写明的必要。

书写诉讼请求时，应当注意以下几点：

1. 要明确具体。提出的诉讼请求语意要清楚，语气要肯定，不能含糊其辞、模棱两可，这才符合明确的要求。例如，财产继承案件，对被继承人的遗产是由原告全部继承，还是与被告共同等额继承，应明确地提出来。同时提出的诉讼请求不能笼统，不能抽象，这才符合具体的要求。又如，伤害赔偿的案件，要求被告赔偿经济损失，应当具体写明医疗费、住院费、营养费、误工费各多少元，共计多少元，由被告全部赔偿。

2. 要合理合法。首先，提出的诉讼请求应当合法，也就是说要符合民法通则、继承法、婚姻法等民事法律的有关规定。违反法律规定的诉讼请求是不能实现的。例如，借款纠纷中，原告在起诉状中提出"被告返还所欠原告的赌资"这一请求就是非法的。其次，提出的诉讼请求还应当符合情理。例如，赡养的案件，父亲起诉要求儿子负担赡养费，提出的数目太大，超过了儿子的经济负担能力，这就是不合情理了。

3. 文字要简明扼要。提出诉讼请求，无需解释原因，不需要说明理由，因为后面将具体地写明"事实与理由"，这里对提出诉讼请求加以解释和说明，势必与后面重复。

4. 书写方式采用分点列出或分层次叙述。对比较复杂的案件，诉讼的请求事项较多，可分点列出；对比较简单的案件，诉讼的请求事项较少，可分层叙述。总之，要做到眉清目楚，一目了然。

（三）事实和证据

这是起诉状的主要内容之一。叙事清楚，举证充分，不仅为说理奠定基础，而且对取得胜诉亦有重要的意义。

1. 事实。叙写事实应当注意以下几点：

（1）叙事应当实事求是，如实、客观地反映纠纷的实际情况，事实是提起诉讼、实现诉讼请求的基础和依据，也是人民法院进行裁判的基础和依据。因此，原告在起诉状中向人民法院叙述事实，必须采取实事求是的态度，如实、客观地反映纠纷的实际情况。这是唯一正确的态度。这样做对维护原告的合法权益，促进诉讼顺利进行，有益无害。在纠纷过程中，原告如有过错，要主动承认，并作自我批评；应负的责任，该尽的义务，要主动承担。对被告的侵权违法行为以及侵权违法行为造成的危害后果应当如实、客观地叙述。总之，叙事要实事求是，一就是一，二就是二，不夸大有利于自己、不利于对方的情节，不缩小不利于自己、有利于对方的因素，一定要说真话说实话。在生活中，有一些人进行诉讼的思想不端正，为了胜诉，在起诉状中进行叙事时采取不老实的态度，有意渲染，夸大对方的侵权违法事实，甚至添枝加叶、无中生有捏造事实强加在对方头上，如此，不仅不能胜诉，恐怕还要负法律责任。

（2）对所叙事实应当经查证属实，并有确实、充分的证据予以证实。为了慎重起见，避免差错，原告对起诉状中所叙事实应当经查证属实，并有确实、充分的证据予以证实，凡是经查证不属实的材料，以及没有证据或证据不确实、不充分的材料，均不能写入起诉状。我国《民事诉讼法》第64条第1款规定："当事人对自己提出的主张，有责任提供证据。"诉讼文书样式中规定起诉状的内容，把证据单列一部分，要求写明"证据和证据来源，证人姓名和住址"，由此可见，原告举证是法定的责任，是司法机关的要求，因此，起诉状中叙述的事实应当有确实、充分的证据予以证实。有人叙事时不调查、不研究、不核实，仅凭记忆和印象办事，甚至把道听途说、捕风捉影的内容都写入事实部分。结果，在法庭调查时，被告及其代理人质询、反驳时，漏洞百出，无法自圆其说，弄得狼狈不堪，下不了台，其教训是沉痛的。

（3）叙事要为实现"诉讼请求"服务，要寓观点于叙事之中。原告到法院告状，其目的是实现某种诉讼请求，而实现诉讼请求必须有事实作依据，因此，在起诉状中叙事就是为了实现诉讼请求服务的。凡是有利于实现诉讼请求，可以作为实现诉讼请求的事实依据的具体材料，均可写入起诉状的事实部分；凡是对实现诉讼请求无用的材料，一定要弃之不用。例如，对于离婚案件，人民法院是依照《婚姻法》的规定进行裁判的，我国《婚姻法》第32条第2款规定："人民法院审理离婚案件，应当进行调解；如感情确已破裂，调解无效，应准予离婚。"本条款明确离婚的唯一条件就是"感情确已破裂"。因此，请求离婚的起诉状叙事的唯一任务，就是以典型的、具体的、有力的事实材料来说明当事人双方"感情确已破裂"。凡是能够说明"感情确已破裂"的材料都可以写进事实部分。当然，一般来说感情演变有个过程，即从感情隔阂开始，逐步发展到感情恶化，再进一步发展到感情破裂。因此，叙事时可以先写感情隔阂、恶化方面的材料，后写感情破裂方面的材料，以客观地再现感情演变过程。凡是不能说明感情隔阂、恶化、破裂方面的材料均不要写入事实部分。

起诉状中事实与理由一般情况下应当分开写，叙事过程中不发表议论。但是要善于寓观点于叙事之中。俗话说："让事实说话"，应当做到让人看了事实以后，自然而然地得出应有的结论。

（4）既要反映案件的全貌，又要突出重点。所谓反映案件的全貌，就是说清案件的来龙去脉、前因后果，讲明侵权（纠纷）发生的情况，发展演变的经过，以及最后的结果，使人对案件的始末情况有个清楚的了解，留下清晰的印象。但是叙事不能不分轻重主次，平铺直叙，这样将会成为流水账。这显然不符合要求，叙事在注意反映案件全貌的同时，也要注意突出重点。所谓突出重点，就是要写明构成案件的一些必备要素，一般应当写明时间、地点、人物、原因、经过（侵权或纠纷的过程）、情节（包括侵权的方式方法等）、结果以及双方争执的焦点等有关要素。这些要素要求写得具体明确，切忌笼统，含糊其辞，由于案件性质不同，案情繁简有别，因此并非每一份起诉状都要写明上述要素，而且叙写的详略相同。一定要从具体案情实际出发，实事求是，有什么要素写什么要素，详略情况视实际需要而定。要灵活掌握，不要生搬硬套，不能千篇一律。

（5）采取适当的叙事方法，把材料组成有机的整体，使行文条理清楚，脉络分明。案情复杂，可按侵权（纠纷）发生、发展的时间顺序把材料组织起来；案情比较复杂，如被告几次非法侵害原告的合法权益，其中有一次情节较为恶劣，产生的危害后果较为严重；可按主次顺序组织材料，先详写某次严重的侵害的事实，后略写其他几次侵害事实，做到主次分明，详略得当；案情比较简单，可先写当事人争执的标的情况，后写争执的原因和焦点。例如，财产继承案件，其纠纷无复杂的过程，叙写事实时，先交代一下原、被告之间的关系，以及原、被告与被继承人之间的关系，接着写争执的遗产情况（分门别类写明遗产的具体情况），后写争执的原因和焦点，这些即构成了事实部分的内容。

2. 证据。列举证据应当注意以下几点：

（1）首先要充分认识举证的重要性。在起诉状写作实践中一直对举证不够重视，有的举证不充分，有的甚至不举证，表明作者对举证的重要性缺乏认识。我国《民事诉讼法》第64条第1款规定：“当事人对自己提出的主张，有责任提供证据。”原告起诉到法院，向法院提出诉讼请求，就有责任提供有关的证据。如果提不出证据，那么摆出的事实就得不到证实，真假难辨，是非难分，那么其提出诉讼请求也就实现不了。可见，证据在诉讼中起着十分重要的作用，与诉讼的成败有着密切的关系。因此，写起诉状一定要重视证据，善于运用证据，努力做到所叙事实都有确实、充分的证据予以证实。这样起诉状才能起到应有的作用。

（2）证据名称要规范化。根据《民事诉讼法》第63条的规定，证据共有8种。在起诉状中列举证据，对证据分类和确定名称要与法律规定相吻合，合乎规范化的要求。

（3）举证要确实、充分。确实，就是列举的证据经过核实、准确可靠；充分，就是必备的证据应当有，具有一定的数量足以证明事实存在。

（4）分析证据的价值。举证以后，有时需要对证据进行分析论证，说明证据真实可靠，来源合法，与被证明的事实有着内在的联系，具有很强的证明力。

（5）应当具体写明证据的有关情况。例如，物证应当写明其名称、件数、来源等有关情况；证人证言应当写明证人姓名、住址以及证言名称、内容和页数等有关情况等。

（6）举证的方法有两种，一种是事实写完后，另起一段文字，集中写明各种证据；另一种是一面叙事，一面举证，即"夹叙夹证"，使每一个事实情节都有相应的证据予以证明。要从实际案情出发，选择适当的举证方法。根据最高人民法院制订的起诉状格式样本规定，现在一般都把证据单独列写，这样便于审查。证据既可写在事实后面，又可写在理由后面。从起诉状内容的内在逻辑关系来看，在叙事后，接着列举证据，比较得当。

（四）理由和法律根据

1. 理由。阐明起诉理由应当注意以下几点：

（1）理由要与事实相一致，与诉讼请求相一致。俗话说，摆事实讲道理，就是根据上面叙述的事实材料，阐明起诉的道理。道理来自于对事实的分析评论，是从事实中引出来的合乎逻辑的结论，应与事实相吻合。这样的道理，具有折服人的力量。离开事实说理，就是离开案情实际讲空话、套话、大话，就成了无源之水、无本之木，主观随意性充斥字里行间，即使道理讲得头头是道，洋洋洒洒写了一大篇，也苍白无力。摆事实讲道理即依事论理，要求说理一定要从实际出发，实事求是，掌握分寸，每一个结论，不仅有事实作依据，而且与案情实际相吻合。此外，说理要为实现诉讼请求服务，与诉讼请求相一致，使起诉状各部分相互照应，上下一致，衔接自然，浑然一体。

（2）说理要抓住要点，击中要害，一语破的。理由是否有折服人的力量，能否使原告立于不败之地，不在于篇幅长短、字数多少，而在于分析是否抓住要点，评论是否击中要害，是否能一语破的。不同性质的案件，根据其要点不同，要善于从具体案情出发，抓住要点进行评论，阐明起诉的理由。例如，非法侵权的案件，应抓住被告行为实质进行评论，明确指出其行为违反了某法律某条款的规定，构成了非法侵权，应负法律责任；又如，财产继承案件，原告要求与被告共同继承父母遗产，起诉到法院，应抓住两点阐明理由，一是根据我国《继承法》第10条的规定，指出子女可以继承父母遗产，原、被告均是父母遗产合法继承人，均有权继承父母的遗产；二是根据权利与义务一致的原则，指出父母在世的时候原、被告都尽了赡养的义务，而且所尽的义务大体上相当，因此继承的权利应当是平等的。这样阐述理由，就是抓住了要点，击中了要害，具有说服力，起到了应有的作用。相反，如果没有抓住要点，而在一些鸡毛蒜皮问题上做文章，下了一大堆结论，可以想象这样的理由，对实现诉讼请求能起到什么作用呢？

（3）要注意依法论理。要根据不同性质的案件，援引有关的法律条款阐明起诉的理由。婚姻纠纷与继承纠纷的案件，可以援引我国婚姻法与继承法的有关条款作为法律依据等。法律是裁判案件的准绳，因此，准确地恰当地援引法律条款具有重要的意义，可以加强起诉状的说明力量。

（4）要采用适当的说理方法。对事实进行评论，阐明起诉的理由，要采用适当的方法。常用的说理方法是：先以极其精练的语言概括一下事实（有的可以不概括事实，直接说理），使事实部分与理由部分在意思上和文字上紧密联系起来；然后逐条阐明起诉的理由，即根据上面叙述的事实和证据，由主到次，从几个方面说明起诉和提出的诉讼请求是合理合法的，有根有据的，最后援引程序法的有关条款作为提起诉讼的法律根据。这样行文思路清晰，层次分明，结构严谨，衔接自然，合乎逻辑，令人信服。

2. 法律根据。援引法律根据应当注意以下几点：

（1）民事案件范围广泛，应当根据不同的具体案由，援引各种民事法律条款。适用法律条款针对性要强，要有的放矢，能解决问题。

（2）援引法律条款要准确、得当，与实际案情完全相吻合。书写法律名称以及具体条款要求准确无误，不要发生差错。

（3）援引法律条款要具体，不要笼统，应当具体写明援引什么法律的哪条哪款，不要抽象地说"根据××法律的有关规定"。

（4）援引法律条款要完整，不要有疏漏。对提出的诉讼请求，都应当在理由部分提出法律根据，加以分析论证。每一项诉讼请求都应当援引恰当法律条款作依据。例如，离婚案件，原告认为双方感情确已破裂，要求法院准予离婚，则应当援引我国《婚姻法》第 32 条第 2 款；关于子女抚养问题的解决，则援引《婚姻法》第 36 条第 2 款；关于夫妻共同财产的处理，则援引《婚姻法》第 39 条。有的只引离婚的条款，而不引子女抚养和财产分割方面的条款，这就是援引法律条款不完整的具体表现。

（5）在理由部分的末尾，应当引用程序法的有关条款，作为起诉的法律根据。

以上分别对理由和法律根据进行了论述，这些意见供起诉状写作者参考。在一般起诉状中，起诉的理由和法律根据就写在一段里，称为"理由部分"。在理由部分如何把说理与援引法律根据巧妙地结合在一起，形成一个有机的整体，并且做到观点明确，说理充分，结构严谨，合理合法，有根有据，逻辑性强，令人折服。这是很不容易的，里面大有学问，值得深入研究。

（五）尾部

1. 写明起诉状送达法院的名称，即分两行写明"此致""××××人民法院"。

2. 起诉人签名或盖章，并在下面注明年月日。附项包括：①本状副本×份；②物证、书证名称及件数；③其他。

三、注意事项

1. 使用起诉状起诉，必须符合民事诉讼法规定的四个条件，缺一不可。

2. 《民事诉讼法》第124条规定了七种特殊情形的处理，因此具有七种情形之一的，均不得使用起诉状进行起诉。

3. 判决不准离婚和调解和好的离婚案件，以及判决、调解维持收养关系案件的被告向人民法院起诉，不受《民事诉讼法》第124条第7项规定的条件限制。

4. 无民事行为能力人、限制民事行为能力人由法定代理人代为诉讼，当他们为原告起诉时，应当在原告下面列写法定代理人的基本情况。

5. 应当按照对方当事人的人数提供起诉状副本，由人民法院转交。

6. 原告起诉应当以第一人称书写起诉状。

7. 当事人可以委托律师等人为诉讼代理人。诉讼代理人根据授权委托书进行诉讼活动，因此起诉状中无须列写委托代理人的情况。

8. 当事人向人民法院提出授权委托书，应在开庭审理前送交人民法院。授权委托书仅写"全权代理"而无具体授权的，诉讼代理人无权代为承认、放弃、变更诉讼请求，进行和解，提起反诉或者上诉。

9. 关于案由，无论是20世纪80年代初司法部制订的诉状格式，还是90年代初最高人民法院制订的起诉状样式，都无写案由的规定，前者规定写请求事项，后者规定写诉讼请求，二者要求一致。笔者认为，由于请求事项和诉讼请求都包括（或体现）案由，所以单独列写就没有必要了。有人主张，把案由写在当事人基本情况下面，然后接着写"事实和理由"，最后写诉讼请求，笔者赞成这一主张。这样写，便突出了案由，使人一看便知案件性质；同时案由与诉讼请求之间有"事实和理由"隔开，即使二者有重复之处，也不那么刺眼了。有人把案由写在标题之下，当事人基本情况之上，单列一行顶格写，处于"顶天立地"的位置，很显眼，不过此种写法没有根据。

第三节　行政起诉状

一、概念和功能

行政起诉状，是指公民、法人或者其他组织认为具体行政行为侵犯了自己的合法权益，即不服被告（行政机关）作出的具体行政行为（处理或处罚决定），或者原告要求被告依法履行某种职责，依据行政诉讼法的有关规定向人民法院提起诉讼，要求人民法院行使审判权，对被告作出的具体行政行为（处理或处罚决定）或者拒绝作出某种具体行政行为（不履行法定职责）是否合法、是否合理进行审理并作出裁判，为此向人民法院递交的诉讼文书。

我国《行政诉讼法》第49条规定："提起诉讼应当符合下列条件：①原告是符合本法第25条规定的公民、法人或者其他组织；②有明确的被告；③有具体的诉讼请求和事实根据；④属于人民法院受案范围和受诉人民法院管辖。"第51条第1、2款规定："人民法院在接到起诉状时对符合本法规定的起诉条件的，应当登记立案。对当场不能判定是否符合本法规定的起诉条件的，应当接收起诉状，出具注明收到日期的书面凭证，并在7日内决定是否立案。不符合起诉条件的，作出不予立案的裁定。裁定书应当载明不予立案的理由。原告对裁定不服的，可以提起上诉。"根据上述法律规定，可以明确下列几点：①提起行政诉讼必须具备法定的四个条件，此四个条件是统一的整体，缺一不可起诉。②起诉采用书面方式，一般情况下起诉人应向人民法院提交书面起诉状。③对当场能够判定的起诉状，应当直接登记立案。对当场不能判定的起诉状，也应当先接收，且出具收到日期的书面凭证，并在7日内作出是否立案的决定，对不予立案的要作出不予立案裁定。原告对裁定不服的可以提起上诉。

行政起诉状是当事人提起诉讼的工具，是人民法院受理和审查立案的依据。由于行政起诉状向人民法院明确提出了诉讼请求，同时厘清了案情事实和有关证据以及起诉的理由和有关法律根据，这就使人民法院能够比较系统地了解到原告一方的意见、看法和要求，这就为人民法院进一步查清案情并作出处理打下了基础。可见，行政起诉状在行政诉讼中起着重要的作用。

民事起诉状和行政起诉状的书写项目和行文格式是相同的，二者样式可以通用。但是二者制作的法律根据不同，前者是民事诉讼法，后者是行政诉讼法，加之案件性质和具体案情各异，因此，这两种起诉状各个栏目所写的具体内容不同，行文的方法和写作要求各有自己的特点，不尽相同。

二、结构、内容和写作方法

行政起诉状由首部、正文和尾部组成。

（一）首部

首部应当写明下列两项内容：

1. 标题。即文书的名称，写"行政起诉状"或者"行政诉状"，但不得省去"行政"二字，只写"起诉状"或者"诉状"，因为那样写太笼统，反映不出是哪类案件的"起诉状"或者"诉状",也就是说反映不出案件的性质。

2. 当事人的基本情况。分别写明原告和被告的基本情况。原告是自然人的,应当分别写明其姓名、性别、年龄、民族、职业、工作单位、住所、联系方式。原告是法人或者其他组织的,先写明其名称、住所和法定代表人或者主要负责人的姓名、职务、联系方式。如有共同诉讼人的,即原告为二人以上的,应当依照上列项目分别写明各自的基本情况。

被告的基本情况,先写被告(即行政机关)的名称(全称)、所在地址后另起一行写明法定代表人的姓名、职务、电话及邮编。被告有共同诉讼人的,即被告为二人以上的,应当依照上列项目分别写明各自的基本情况。

(二)诉讼请求

诉讼请求即原告向法院提出的请求事项,也就是原告要求法院解决的问题。叙写诉讼请求应当注意以下几点:

1. 明确具体。请求法院解决什么问题,应当明确具体地提出来。例如,提起"撤销之诉",如果要求全部撤销被告的处罚(处理)决定,一定要写明被告的名称,处罚(处理)决定的名称,发文年度及字号。如:"请求撤销××市工商行政管理局〔××××〕第××号《关于×××违规经营的处理决定》"。如果是部分撤销之诉,则应当写明"撤销×××决定第×项;维护×××决定第×项"。这样写比较明确具体。如果诉讼请求写成"请人民法院依法判决",就显得笼而统之,不符合明确具体的要求。

2. 合法合理。提出的诉讼请求应当合乎法律规定,合乎人情事理,例如,《行政诉讼法》第76条规定,人民法院判决确认违法或者无效的,可以同时判决责令被告采取补救措施;给原告造成损失的,依法判决被告承担赔偿责任。如果在起诉状中提出赔偿请求,就要符合上述法律规定,损害必须是具体行政行为造成的,若不是就不能提,提了就不合法。再有,提出赔偿请求要合乎人情事理,例如工商部门没收营业执照3天造成的损失,按开业以来营业收入最高的某日为标准计算,以此向法院提出赔偿要求,就不合乎情理,只能以日平均营业收入为标准计算,才显得合乎情理。

3. 简洁明了。提出诉讼请求要开门见山,直截了当,有什么要求就提什么要求,无须说明原因、解释理由,以免与事实和理由的部分相重复。行文力求简洁明了,干净利索。

(三)事实与证据

这一部分是行政起诉状的重要内容,包括叙事和举证两个方面,认真写好这一部分具有重要的意义。

1. 事实。叙写事实应当注意以下几点：

（1）要根据行政诉讼的请求事项来确定叙事的内容。原告诉讼的请求事项归纳起来有三方面内容：一是请求判决撤销被告的处罚（处理）决定，可称之为"撤销之诉"；二是请求判决变更被告的处罚（处理）决定，可称之为"变更之诉"；三是请求判令被告履行法定职责，即作出某种具体行政行为（如批准开业，发放营业执照等），可称之为"履行之诉"。诉讼请求不同，起诉状的叙事内容就不同。提出第一、二种诉讼请求的，则起诉状叙事一般应当包括三方面内容：①引起被告作出具体行政行为的特定的具体事项，即原告实施了何种行为，被告才据此作出行政处罚（处理）决定的。但是应当注意，治安管理行政处罚案件，被侵害人对公安机关作出的处罚裁决不服的，可以向人民法院起诉，如果是被侵害人到法院起诉，则其起诉状叙事的第一方面内容即引起被告作出具体行政行为的"特定具体事项"，应当写明被处罚人的具体违法事实，同时说明自己被侵害的具体情况。这是与其他行政案件起诉状叙事不同之处。②被告处罚（处理）决定的事实依据（包括认定事实的证据）和法律依据以及处罚（处理）决定的具体事项。③是否申请复议（治安案件是否提出申诉）、复议机关复议的结果和复议决定的具体内容。如果提出第三种诉讼请求，其起诉状叙事则应当写明申请被告履行法定职责的经过情形以及被告所持的态度。重点是写明原告申请被告作出某种具体行政行为是具备法定条件的和被告不履行或者拖延履行法定职责等事实。重点内容应当具体写明，而申请的过程则需概括写明。

（2）要以行政诉讼法有关条款的规定为指导，明确叙事的重点。《行政诉讼法》第70条规定："行政行为有下列情形之一的，人民法院判决撤销或者部分撤销，并可以判决被告重新作出行政行为：①主要证据不足的；②适用法律、法规错误的；③违反法定程序的；④超越职权的；⑤滥用职权的；⑥明显不当的。"如果原告提起"撤销之诉"，要求人民法院依法撤销或者部分撤销被告处罚（处理）决定，或者判决被告重新作出具体行政行为。那么原告在书写起诉状时，首先要明确被告的具体行政行为符合上述六种情形中的哪一种，叙事就以此种情形为重点，将符合此种情形的有关材料详细而具体地叙述清楚。例如，认为被告作出的处罚（处理）决定"主要证据不足"，就应当写明被告认定原告具有何种违法事实，证据是什么，缺少哪些应当具备的主要证据，把这些情况详细而具体地交代清楚，法院办案人员一看便知被告认定原告违法事实只有一些次要证据，而缺少应有的主要证据，因此认定的违法事实不能成立，据此作出的处罚（处理）决定当然应该撤销。如果原告提起"变更之诉"，要求人民法院变更被告的处罚（处理）决定，书写起诉状叙事时，应当以上述法律规定为指导，主要写明被告处罚显失公正的具体情形。法律条款的规定为起诉状叙事指明了方向，规定了重点，只要按照法律规定，详细具体地写明有关事实，其他情况比如争议的经过情形概叙即可。这样叙事就能做到表意明确，重点突出，选材精当，详略得体，与"诉讼请求"部分在逻辑上和语意上前后呼应，浑然一体，为实现诉讼请求提供事实基础和依据。

（3）要讲清各种要素。原告提起行政诉讼，不论是"撤销之诉""变更之诉"还是"履行之诉"，起诉状叙事时应当讲清时间、地点、人物、原因、经过和主要情节、结果以及双方当事人争执的焦点这"七要素"。由于案情不同，原告的诉讼请求不同，因而在不同的起诉状里，"七要素"所具有的意义也各不相同，叙写的详略自然各异。到底如何掌握，应当从具体案情实际出发，因案而异，灵活运用，切勿千篇一律。一般来说，讲清案情事实需要讲清"七要素"，因此，在叙事时应当在适当的地方分别将"七要素"交代清楚。其目的使人看了起诉状以后，对何时何地因为什么发生何种案件涉及何人，经过和主要情节怎样，结果如何，当事人争执的焦点是什么，诸如此类问题能有一个清晰的印象。

（4）如果原告对被告作出的具体行政行为所依据的事实和证据没有异议，而是对适用法律法规条款或者其他什么问题有异议，因而提起行政诉讼。那么在起诉状中叙事时叙写第一方面内容，即讲引起被告作出具体行政行为的"特定具体事项"即原告实施了什么行为时，应当把有关情况全面具体地叙写清楚；叙写第二方面内容时，对被告作出具体行政行为所依据的事实和证据就不用详写了，只需概括交代一下即可。如果对被告作出具体行政行为所依据的事实和证据有异议，那么这一方面内容则要具体写明，以便前后形成鲜明对比，为理由部分的评论说理打下基础。如果原告对被告作出具体行政行为所依据的事实和证据持完全否定的态度，还可以把事实部分放在理由部分来写，作为起诉理由的组成部分，在理由部分叙事，其目的是澄清被歪曲被混淆了的事实，还原客观事实的本来面目，从而驳倒被告认定的事实和证据。这样写既可以让人了解客观事实真相，又可以让人了解被告认定的事实和证据错在什么地方，一举两得。这样叙事是为说理服务的，因而就成为理由的组成部分了。

（5）叙事采用综合归纳的方法。叙事时对案情材料要进行认真的研究，去伪存真，去粗存精，以综合归纳的方法将有用的材料组成有机统一的整体，使行文做到条理清楚，脉络分明，重点突出，详略得当，前呼后应，衔接自然，简洁明了。

2. 证据。行政诉讼原告不负举证责任。此项可重点列举与案件事实有内在联系的主要证据即可。

（四）理由和法律根据

1. 说理应当注意以下几点：

（1）理由要与事实相一致，要为实现诉讼请求服务。"撤销之诉"，应当通过对所叙事实的分析评论，阐明要求人民法院撤销被告作出的具体行政行为的理由，指出被告作出具体行政行为所依据的主要证据不足；或者适用法律法规错误；或者违反法定程序；或者超越职权；或者滥用职权等。"变更之诉"，应当根据所叙事实指出被告作出的处罚（处理）决定是显失公正的；或者畸轻畸重；或者不一视同仁；或者反复无常等，总之处罚不公正、不合理。"履行之诉"要在叙事的基础上，剖析被告应当履行法定职责的道理。这样说理，使事实与理由前呼后应，浑然一体，为实现诉讼请求提供了事实上和理论上的依据。

（2）说理要有针对性。阐明起诉的理由，还应当结合被告的处罚（处理）决定，对认定事实和适用法律法规等方面存在的主要问题进行分析，反驳错误，同时阐明正确的道理，把正面说理与反面批驳有机地结合起来，使说理针锋相对，切中要害，具有较强的说服力。

（3）说理要实事求是。对事实进行分析评论要实事求是，不夸大有利于自己、不利于对方的事实情节，不缩小不利于自己、有利于对方的事实情节，对自己过错检讨自责不轻描淡写，不避重就轻，对对方过错批评指责不浓抹重写，不言过其实。总之，说理要以事实为根据，以法律为准绳，实事求是得出来的结论合乎逻辑，恰如其分，令人信服。

（4）说理要充分有力。说理要充分，就是该讲明的道理都应当讲到，不要遗漏。例如，起诉的理由有三条，可起诉状只讲了一条，就显得苍白无力。说理要有力，就是要一语中的，击中要害，使对方无以辩驳，只好心服口服地接受自己的观点。

（5）要依法论理。要善于依照法律法规的有关规定，阐明起诉的道理，使所言之理于法有据，令人信服。

2. 法律依据。援引法律、法规条款应当注意以下几点：

（1）援引法律、法规条款要准确。应当从实际出发，根据不同的具体案情，有针对性地援引有关的法律、法规条款，使其与事实情节相吻合，恰到好处。

（2）援引法律、法规条款要具体。要写明援引法律、法规的名称（全称），并具体写明是哪条哪款哪项。

（3）援引法律、法规条款要完整。所谓完整，就是该援引的法律、法规条款，都要援引到，不要丢三落四，遗漏了应当援引的法律条款。

（4）法律条款应当排列有序。一般先引实体法，后引程序法。实体法条款排列顺序，或根据诉讼请求的主次顺序，或根据说理行文的逻辑顺序排列。

（五）尾部

1. 写明送达的法院名称，即分两行写明"此致""××××人民法院"。

2. 在右下方由起诉人签名或盖章，并注明年月日。

3. 附项。在附项中写明本状副本×份等内容。

三、注意事项

1. 根据《行政诉讼法》第 45 条规定，公民、法人或者其他组织不服复议决定的，可以在收到复议决定书之日起 15 日内向人民法院提起诉讼。复议机关逾期不作决定的，申请人可以在复议期满之日起 15 日内向人民法院提起诉讼。法律另有规定的除外。

2. 根据《行政诉讼法》第 46 条第 1 款规定，公民、法人或者其他组织直接向人民法院提起诉讼的，应当自知道或者应当知道作出具体行政行为之日起 6 个月内提出。法律另有规定的除外。第 48 条规定，公民、法人或者其他组织因不可抗力或者其他不属于自身的原因耽误起诉期限的，被耽误的时间不计算在起诉期限内。公民、法人或者其他组织因前款规定以外的其他特殊情况耽误起诉期限的，在障碍消除后 10 日内，可以申请延长期限，是否准许由人民法院决定。

3. 原告向人民法院递交起诉状的同时，应当按被告和第三人的人数提供副本，由人民法院转交给他们。

4. 没有诉讼行为能力的公民，由其法定代理人代为诉讼。法定代理人代没有诉讼行为能力的公民提起诉讼，应当在原告下面列写法定代理人的基本情况。

第四节 刑事自诉状

一、概念和功能

刑事自诉状，是指自诉案件的自诉人及其法定代理人，为了维护人身权利和其他合法权益不受侵犯，依照法定程序，向有管辖权的人民法院控诉被告人的犯罪行为，要求依法追究其刑事责任，为此向人民法院递交的诉讼文书。

我国《刑事诉讼法》第 210 条规定："自诉案件包括下列案件：①告诉才处理的案件；②被害人有证据证明的轻微刑事案件；③被害人有证据证明对被告人侵犯自己人身、财产权利的行为应当依法追究刑事责任，而公安机关或者人民检察院不予追究被告人刑事责任的案件。"2012 年 12 月 20 日发布的《最高人民法院关于适用〈中华人民共和国刑事诉讼法〉的解释》第 1 条第 1、2款规定："人民法院直接受理的自诉案件包括：①告诉才处理的案件：侮辱、诽谤案；暴力干涉婚姻自由案；虐待案；侵占案。②人民检察院没有提起公诉，被害人有证据证明的轻微刑事案件：故意伤害案；非法侵入住宅案；侵犯通信自由案；重婚案；遗弃案；生产、销售伪劣商品案；侵犯知识产权案；刑法分则第四章、第五章规定的，对被告人可能判处 3 年有期徒刑以下刑罚的案件。本项规定的案件，被害人直接向人民法院起诉的，人民法院应当依法受理。对其中证据不足、可以由公安机关受理的，或者认为对被告人可能判处 3 年有期徒刑以上刑罚的，应当告知被害人向公安机关报案，或者移送公安机关立案侦查。"

刑事自诉状是人民法院对直接受理的刑事案件进行立案和审理的依据，是揭露犯罪，保护当事人合法权益的有力工具。

二、结构、内容和写作方法

根据《法院刑事诉讼文书样式（样本）》对刑事自诉状的内容和格式的规定，参照诉状写作的实践经验，刑事自诉状可分五个部分，现将各部分写作要求简述如下：

（一）首部

1. 标题。即文书的名称，写明"刑事自诉状"即可。

2. 当事人的基本情况。在自诉人栏目内和被告人栏目内，分别写明其姓名、性别、出生日期、民族、职务、工作单位、住址以及联系方式。对被告人出生年月日确实不知的，可写其年龄。

自诉人和被告人为 2 人以上的，自诉人按受害程度轻重列出，被告人按罪行轻重列出，重的在前，轻的在后，然后分别写明各人的基本情况。

叙写当事人的基本情况，应当注意：①按规定项目写，既不能随意增添项目，又不能随意减少项目；②按照规定的顺序书写，不得颠倒各项的排列顺序；③对"职业或工作单位和职务"一项，要根据实际情况写明，对无单位的个体户则写其职业。例如，"个体司机""个体演员""个体歌手"等。对有单位的，则要写明在单位担任什么职务。例如，"××公司经理""××工厂会计""××局人事处长"等；④住址要写得具体、详细；⑤当事人是农民的，可将"籍贯、职业或工作单位和职务、住址"等项内容合在一起写，如"××县××乡××村农民"，这句话上述几项内容均包括在内，节省了笔墨；⑥各项内容要准确无误，文字要简洁明了。

（二）案由和诉讼请求

1. 根据被告人的犯罪事实和触犯的刑法条款认定其行为性质，明确案由，且冠以具体的罪名。案由是案件的内容提要，而罪名则集中体现案由表明被告人的犯罪性质，因此在通常的情况下，案由写成罪名即可，写罪名要准确，不能搞错；要具体，不能笼统。例如，把"重婚罪"写成"侵犯公民人身权、民主权利罪"，就过于笼统，因为上述罪名是刑法分则第四章总的罪名，下面包括重婚等若干个具体罪名，确定罪名不能根据被告人行为触犯的同类客体，而应当根据被告人行为触犯的直接客体，来确定合适的具体罪名，这样才符合规范化的要求。

2. 根据被告人的犯罪性质，向人民法院提出明确的诉讼请求。例如，"被告人×××犯暴力干涉婚姻自由罪，请依法惩处"。提诉讼请求，一要明确，即明确向人民法院提出被告人×××犯了什么罪，请依法惩处，但不要提过于具体的要求，如果附带提起民事诉讼，要求被告人赔偿损失，则要具体写明有关情况。二要开门见山，直截了当，有什么要求就提出来，不要解释原因，不要阐述理由，以免与后面的"犯罪事实和证据、理由和法律根据"相重复。三要言简意赅。

（三）犯罪事实和证据

1. 犯罪事实。叙写犯罪事实应注意以下几点：

（1）叙事要实事求是，对写进自诉状里的被告人犯罪事实应当查证属实，而且有确实充分的证据予以证实。所谓实事求是，就是自诉人应当持正确的诉讼态度，如实、客观地向人民法院反映案情事实，一就是一，二就是二，不夸大不利于被告人的情节，不缩小有利于被告人的因素。所谓查证属实，就是自诉人对构成犯罪事实的诸要素，如犯罪的时间、地点、动机、目的、手段、行为过程以及危害结果等应当经过调查核实，一清二楚，准确无误，且有确实充分的证据予以证实。这样自诉状里所叙事实就经得起法庭调查，就经得起被告人及其辩护人的质询和反驳，就能使自诉人在诉讼中处于主动有利的地位，就能为实现自诉人的诉讼请求奠定可靠的基础。

有的自诉人由于对被告人的犯罪行为十分气愤，强烈要求司法机关对其绳之以法，严惩不贷。这是可以理解的。但是，在这样心态和情绪的支配和影响下，自诉人往往不够冷静，对所叙事实缺乏调查研究，没有查证属实，也没有收集足够的证据，而是凭主观记忆和推测叙事，难免有不实之词，给对方留下反击的把柄。结果在法庭上遇到麻烦，处于被动地位，其教训是深刻的。

（2）要以法律为准绳，严格区分罪与非罪的界限，特别要注意区分一般的违法乱纪行为与犯罪的界限，切忌将被告人一般违法行为、违反党纪政纪的行为、道德品质和思想意识方面的问题当成犯罪事实，写入自诉状中。

（3）叙写犯罪事实时，应当注意写明犯罪的时间、地点、动机、目的、手段、行为过程、危害结果，被告人事后的态度以及涉及的人和事等要素。这些要素一般地说，应当写得明确具体。但是由于案件性质和具体案情各不相同，这些要素在不同的案件中意义也不一样，因此在叙事时哪些要素需要详写，哪些要素可以略写，要从实际出发，灵活掌握，不要千篇一律。

（4）要根据我国刑法规定，写明构成某种犯罪的要件，同时注意写明影响量刑轻重的各种情节和条件。自诉的刑事案件，其中某些犯罪的构成刑法规定了必备的要件，在犯罪事实部分应当写明。例如，《刑法》第 261 条规定："对于年老、年幼、患病或者其他没有独立生活能力的人，负有扶养义务而拒绝扶养，情节恶劣的，处 5 年以下有期徒刑、拘役或者管制。"叙事时就应当根据这条法律规定，注意写明自诉人的情况，是"年老、年幼、患病或者其他没有独立生活能力的人"；写明自诉人与被告人的关系，根据什么法律哪条哪款的规定，被告人负有扶养义务；还要写明拒绝扶养的恶劣情节，因为这些是构成遗弃罪的必备要件。又如，《刑法》第 257 条第 1 款规定："以暴力干涉他人婚姻自由的，处 2 年以下有期徒刑或者拘役。"叙事时，一定要写明被告人采用什么样的暴力手段干涉自诉人婚姻自由的，具体情况如何，因为这是构成暴力干涉婚姻自由罪的必备要件。如果不写刑法规定的这些要件；是否构成某种犯罪就难以判断。

此外，还要注意写明影响量刑的有关情节和条件。被告人如属累犯，应在适当的地方交代清楚。还有，犯罪后果比较严重的，手段比较残忍，动机比较恶劣的，应当具体写明。再有，被告人犯罪时不满 18 岁的，是聋哑人的，共同犯罪中的从犯等，亦应当写明。因为这些同量刑有密切的关系。

（5）采用适当的叙事方法，把罪行材料组成有机的整体。自诉状中叙事最常用的方法是自然顺序法，即按犯罪事实发生的时间顺序来写，从犯罪的起因、犯罪的预备到实施犯罪一一写明。这样写层次分明、条理清楚，犯罪始末情况一目了然。对被告人连续两三次犯同一性质的罪，比如说被告人两次犯伤害罪，第一次罪行较轻经派出所处理了，第二次犯伤害罪情节较重，自诉人决定到法院起诉，叙事可采用突出主罪法，先详写第二次犯罪，把有关要素具体写明，后略写第一次犯罪。

2. 证据。列举证据十分重要，不仅关系到上述事实能否成立，而且关系到诉讼的胜败。有了充分确实的证据，才能证明犯罪事实是客观存在的、真实可信的，既然犯罪事实客观存在，那么根据犯罪事实阐明的起诉理由也就成立。这样以事实为基础、以理由为依据提出来的诉讼请求才能实现。

列举证据应当注意：①证据要与犯罪事实有客观的联系。证据应当具有客观性、关联性、法律性。②证据名称要规范化，应当与《刑事诉讼法》第 50 条规定的八种证据相一致，不要另起名称。③举证要明确具体。例如，物证应当写明具体物证的名称和件数。又如，鉴定意见应当写明什么单位对何种物品作出的结论。④证据来源要清楚，要说明证据是以合理合法的方式方法，通过正当的渠道收集来的。⑤证人姓名要准确无误，住址要具体详细。

（四）理由和法律根据

叙写这一部分内容，应当注意以下几点：

1. 以事实为根据，以法律为准绳，依照犯罪构成的理论，说明被告人已具备构成某一犯罪的要件，指出被告人行为触犯的具体刑法条款，冠以恰当的罪名。例如，"被告人×××公然在校园内先后三次张贴小字报，捏造事实诽谤自诉人，情节严重，其行为触犯了《中华人民共和国刑法》第二百四十六条第一款之规定，已构成诽谤罪。"

2. 根据犯罪事实，对被告人犯罪的动机、目的、手段、危害结果和被告人事后态度以及其他与量刑有关的情节、条件进行评论，以高度精练的语言写明结论性意见，并援引恰当的法律条款作依据，从而阐明依法从重从轻处罚的理由。

3. 理由要与事实相一致，前呼后应，浑然一体，不能出现脱节或矛盾的现象。

4. 援引法律条款要准确、具体、完整。法律条款排列顺序要合乎规范化要求，先引实体法后引程序法，引刑法条款先引分则后引总则；最后引人大常委会的有关决定。

（五）尾部

1. 写明送达的法院名称，即写明"此致""××××人民法院"。

2. 在右下方由自诉人签字或盖章，并注明年月日。

3. 附项包括：①本状副本×份；②其他。

三、注意事项

1. 应当按照被告人的人数提供刑事自诉状的副本，由法院转交给被告人。

2. 根据《最高人民法院关于适用〈中华人民共和国刑事诉讼法〉的解释》第260条第1款规定："本解释第1条规定的案件，如果被害人死亡、丧失行为能力或者因受强制、威吓等无法告诉，或者是限制行为能力人以及因年老、患病、盲、聋、哑等不能亲自告诉，其法定代理人、近亲属告诉或者代为告诉的，人民法院应当依法受理。"

3. 要严格区分罪与非罪的界限，掌握自诉刑事案件的标准。根据刑法规定，被告人的行为构成犯罪，才能自诉到法院；如果被告人的行为不构成犯罪，或者说法律不认为是犯罪的，那就不能提起刑事诉讼。

4. 根据我国刑事诉讼法的规定，案件属于自诉刑事案件范围，才可以用刑事自诉状提起诉讼。如果案情比较复杂，需要侦查，就不属于自诉刑事案件范围了，应当属于公诉的刑事案件，由公安机关侦查，由检察机关提起公诉。例如强奸案件的被害人，不能用刑事自诉状提起诉讼，但可以用控告书向司法机关揭发控告被告人的罪行。因此，要注意区分自诉与公诉案件的界限。

5. 人民法院对自诉案件，应当进行调解；自诉人在法庭宣告判决前，可以同被告人自行和解或者撤回自诉。

6. 自诉案件的被告人在诉讼过程中，可以对自诉人提起反诉。反诉适用自诉的规定。

第五节　反诉状

一、概念和功能

反诉状，是指刑事自诉案件的被告人或者民事（含经济）案件的被告，在第一审诉讼程序进行之中，为抵消、排斥或吞并自诉人或者原告的诉讼请求，维护自身的合法权益，以自诉人为被告人或者以原告为被告，以同一个法律事实向人民法院提出独立的诉讼请求时所使用的诉讼文书，

我国《刑事诉讼法》第 213 条规定："自诉案件的被告人在诉讼过程中，可以对自诉人提起反诉。反诉适用自诉的规定。"《民事诉讼法》第 51 条规定："原告可以放弃或者变更诉讼请求。被告可以承认或者反驳诉讼请求，有权提起反诉。"第 140 条规定："原告增加诉讼请求，被告提出反诉，第三人提出与本案有关的诉讼请求，可以合并审理。"以上规定是制作刑、民事反诉状的法律根据。《行政诉讼法》没有反诉的规定，因此在行政诉讼中不存在反诉一说。

反诉是相对起诉而言的，反诉提起以后，自诉人或者原告提起的诉讼，称为"原诉"或"本诉"。

二、反诉状的特点

反诉状是一种特殊的诉讼文书，其特点是：

1. 反诉状是刑事自诉案件的被告人或者民事案件的被告使用的一种诉讼文书，其他人不得使用。例如，行政案件的被告不能使用反诉状提起反诉。刑事反诉状的被告人必须是本诉的自诉人，民事反诉状的被告必须是本诉的原告，换句话说，反诉状的当事人与起诉状的当事人是相同的，只是彼此互换了位置而已。

2. 反诉状上记载的反诉内容，必须与本诉的内容有密切的关系，而且是针锋相对的；刑事反诉的内容必须与本诉有关的犯罪行为；民事反诉内容必须与本诉基于同一纠纷事实或法律关系。

3. 反诉状必须在本诉起诉经法院受理以后开庭审理以前提交，最迟在宣判以前提交。如果不在这一诉讼期限提出反诉状，法庭就无法依照法律规定将本诉与反诉合并审理，反诉的诉讼请求将无法实现。在本诉审判以后，再提交反

诉状就毫无意义了。

4. 反诉状必须向审理本诉的人民法院提交，以便法院将本诉与反诉合并审理。

反诉状与答辩状是两种不同的诉讼文书，其作用是不一样的。反诉状是刑事被告人或者民事被告对自诉人或者原告提出反诉，即提出实体权利的诉讼请求时使用的文书。刑事反诉是被告人控告自诉人的犯罪行为，要求法院依法惩处之诉；民事反诉是被告针对原告的本诉提出的新的并可抵消、排斥或吞并原告诉讼请求的独立之诉。反诉一经法院受理，即使当事人撤回本诉，法院对反诉照样开庭审理，依法判决。而答辩则是刑事被告人和民事被告的一种诉讼权利，是针对自诉人或原告在本诉中提出的"诉讼请求""事实与理由"予以答复和辩驳的法律行为，不是诉讼过程中的独立之诉。答辩状的作用在于讲清答辩人主张的事实、所持的理由以及提出的请求事项，使本案得到及时、合法、正确的处理，从而维护答辩人的合法权益。而不是向对方当事人提出实体权利的诉讼请求。答辩状必须在规定的时间内提出，如不提交答辩状，则不影响人民法院的审判。反诉虽说与本诉一并审理，但反诉法院要另行立案，并按规定收取诉讼费用，而答辩则不用交诉讼费用。可见反诉与答辩是两种不同的诉讼行为。因此，反诉状与答辩状这两种不同的诉讼文书不能混同使用。可是在实践中有些人为了省事，将这两种文书混用，这是不妥的。在一般情况下，这两种文书应当尽量分开使用。如果案情简单，答辩人在答辩过程中已经讲清了主张的事实和所持的理由，顺便向法院提出反诉的请求；或者反诉人在讲清反诉的事实根据和法律根据以后，顺便就起诉状中涉及的一两个问题予以"回答和辩驳"，这样可以方便当事人诉讼，当可通融。硬要当事人提交反诉状和答辩状两种文书，既无必要，又增加了当事人的负担。在使用这两种文书时，既要坚持原则，又要灵活掌握。

三、结构、内容和写作方法

反诉状的内容、格式和写作要求与起诉状大体相同，但也不完全一样。现根据最高人民法院颁发的《法院诉讼文书样式（试行）》对反诉状的规定谈几点意见，供大家参考。

（一）首部

1. 标题。即文书的名称，刑事自诉案件的被告人提起反诉，反诉状的标题写"刑事反诉状"，民事（含经济）案件的被告提起反诉，反诉状的标题写"民事反诉状"。在反诉状前面加上"刑事"或"民事"二字，可以看出案件的性质和文书的种类，以便及时送有关法庭立案审理。

2. 当事人的基本情况。当事人称反诉人和被反诉人，并用括号注明其在本诉中诉讼地位。例如，"反诉人（本诉被告人）"或"反诉人（本诉被告）"；"被反诉人（本诉自诉人）"或"被反诉人（本诉原告）"。

当事人的基本情况分别写明其姓名、性别、年龄、民族、出生地、文化程度、职业、工作单位、住址、联系方式。如果当事人是法人或其他组织，应当分两行书写，先写法人或其他组织的名称和所在地址；后写法定代表人（或代表人）姓名、职务和联系方式。各项内容书写要准确无误，文字要简洁明了。

（二）反诉请求

反诉请求是反诉人提出实体权利的要求，是需要法院通过审判解决的问题，应当写明。在刑事反诉案件中，例如本诉自诉人控告被告人犯伤害罪，要求依法处理；而被告人认为双方在互殴过程中，自己也被对方打伤，对方的行为亦构成伤害罪，因而提出反诉，则反诉请求可写为："被反诉人犯伤害罪，请依法判处。"如果附带民事诉讼，即要求对方赔偿医药费之类的经济损失，亦应当写明。在民事反诉案件中，例如本诉原告到法庭起诉，要求法院判令被告履行购货合同，按合同规定交付货物；而被告认为所签合同违反国家有关规定，没有法律效力，因而提出反诉，要求法院确认合同无效，则反诉请求可写为："请依法确认反诉人与被反诉人所签购货合同无效，并予以撤销。"提反诉请求要以事实为根据，以法律为准绳，有根有据，合理合法；行文要言简意赅，表意明白无误。

（三）事实和证据

1. 事实。反诉状事实部分叙事的原则、要求和方法与起诉状大体上相同。请读者注意，关于民事和经济起诉状以及刑事自诉状中如何叙事，可参阅本书前面有关论述。

反诉状叙事的根本目的在于为反诉提供事实依据，正如起诉状叙事的根本目的在于为起诉提供事实依据一样。反诉是由本诉引起的，反诉人提起反诉时，已经从起诉状副本中知道了被反诉人对事实的主张和态度，因此叙事应当加强针对性，做到针锋相对，有的放矢。

如果起诉状所叙事实存在严重的问题，比如说歪曲事实，故意夸大有利于原告、不利于被告的事实情节，缩小不利于原告、有利于被告的事实情节；或者捕风捉影，不实之词充斥于字里行间。那么，反诉状在叙事时一定要客观全面地叙写案件事实，特别是案件事实发生的原因、经过（始末情况）、情节、结果（危害或损失情况）等要素要详细而具体地写明，以再现事实真相，使其与起诉状事实部分形成鲜明的对照，孰是孰非，以便法院审查判断。

如果起诉状所叙事实部分有出入，即有一部分事实不符合客观实际情况，那么，反诉状在叙事时，对双方认识一致的事实叙写可予以概括，而对有出入的部分则要详细而具体地写明，以表明反诉人对这一部分事实的主张，为法院查明事实真相打下基础。

如果起诉状叙事基本属实，那么，反诉状叙事应当考虑适应反诉的需要，叙写的事实为提出反诉请求服务，为反诉提供事实依据，与反诉请求相吻合，不允许出现任何脱节与矛盾的现象。

2. 证据。关于这一部分写作的方法与要求，请读者参阅本书前面有关证据部分的论述，这里不再赘述。有一点应当注意，就是列举证据的根本目的是为了证明所叙事实是客观存在的，真实可信的。举证是为证明所叙事实属实服务的。因此，如何列举和分析证据，应当掌握一条原则，即以列举的证据能够充分地、确实地证明所叙事实是客观存在的为宜。

（四）理由和法律根据

反诉状的理由部分，要通过对事实的分析论证，阐明反诉的理由和法律根据，为反诉获胜提供理论上和法律上的根据。同时可以结合对起诉状中谬误之处进行必要的批驳，把正面说理与反面批驳巧妙地结合起来。反驳要击中要害，一针见血，一语破的，切忌离开事实讲空泛的道理。援引法律根据要有针对性，有的放矢，所引条款要准确、具体、完整。

（五）尾部及附项

尾部及附项写作的方法与要求与起诉状基本相同。先写明反诉状送达的法院名称，即写明"此致""××××人民法院"；后写明反诉人姓名，是法人或其他组织的，应写明法人或其他组织全称，加盖单位公章，并注明年月日。在附项中写明反诉状副本的份数等内容。

四、注意事项

1. 必须按被反诉人的人数提供反诉状的副本，由人民法院转交对方当事人。

2. 反诉状应当提交受理本诉的人民法院。

3. 反诉人与被反诉人自行和解的，应当向人民法院申请撤诉，分别撤回起诉状和反诉状，以便结案。

第六节　民事上诉状

一、概念和功能

民事上诉状，是指民事诉讼的当事人及其法定代理人不服地方人民法院第一审的判决或者裁定，依照法定程序，在规定的期限内向上一级人民法院提起上诉，请求撤销或者变更原裁判，使案件得到合法公正处理时使用的一种诉讼文书。

《民事诉讼法》第 164 条第 1 款规定："当事人不服地方人民法院第一审判决的，有权在判决书送达之日起 15 日内向上一级人民法院提起上诉。"第 2 款规定："当事人不服地方人民法院第一审裁定的，有权在裁定书送达之日起 10 日内向上一级人民法院提起上诉。"根据上述法律规定，可以明确下列几点：①民事上诉人为民事案件的当事人，即原告、被告和有独立请求权的第三人；无独立请求权的第三人，一般不能提起上诉，但如果在第一审中判决他承担民事责任的，那么他就有权提起上诉。第 57 条规定："无诉讼行为能力人由他的监护人作为法定代理人代为诉讼。法定代理人之间互相推诿代理责任的，由人民法院指定其中一人代为诉讼。"根据这一规定，当事人的法定代理人以及指定代理人有权提起上诉。委托代理人提起上诉，必须经被代理人在委托书中特别授权，否则无权提起上诉。②必须在法定期限内提起上诉，超过上诉期限，则上诉无效。如果当事人因为不可抗拒的事由或者其他正当理由耽误期限的，在障碍消除后的 10 日内，可以申请顺延期限，是否准许，由人民法院决定。经人民法院批准后，当事人可以恢复上诉权，递交的上诉状具有法律效力。③必须向原审人民法院上一级法院提起上诉，不得越级上诉。另据《民事诉讼法》第 165 条规定，上诉应当递交上诉状。

民事上诉状是当事人行使上诉权、维护自身合法权益的有力工具，是上一级人民法院依法对下一级人民法院第一审判决或裁定进行全面审查，经过审理并作出裁判的依据。因此，民事上诉状在保障法律正确实施、防止错案发生、提高办案质量、维护当事人合法权益等方面均具有积极的意义。

二、结构、内容和写作方法

（一）首部

依次写明文书标题、当事人的基本情况和案由等项内容。

1. 标题。应写为"民事上诉状"，不要简写为"上诉状"。

2. 当事人的基本情况。当事人是自然人，还是法人或者其他组织，写法不同：

上诉人和被上诉人是自然人的，应分别列写各自的基本情况，各写一个自然段。列写的项目为姓名、性别、出生年月日、民族、籍贯、职业或工作单位和职务、住址等。

上诉人和被上诉人是法人或者其他组织的，应分别列写各自的基本情况，各分两行写，先写法人或者其他组织的名称和所在地址，后写法定代表人或者代表人的姓名和职务以及联系方式。上诉人是企业法人的，还应写明企业性质、工商登记核准号、经营范围和方式、开户银行以及账号等。

上诉人和被上诉人为 2 以上的，应当在上诉人栏内和被上诉人栏内依次写明各自的基本情况。

书写当事人基本情况应当注意以下几点：

（1）各项内容要经过核实，表述得准确无误。

（2）法人名称要写全称，不要写简称，要与单位印章相一致；法人所在地址要详细具体。

（3）法人的正职负责人是法定代表人。没有正职负责人的，由主持工作的副职负责人担任法定代表人。设有董事会的法人，以董事长为法定代表人；没有董事长的法人，经董事会授权的负责人可以作为法人的法定代表人。不具备法人资格的其他组织，以其主要负责人为代表人。

（4）自然人无单位的，应写其从事的职业的名称，如"个体演员""个体商贩"等；有单位的，要把单位与具体的职务结合起来写，如"××公司副经理""××宾馆厨师"等。

（5）在上诉人与被上诉人称谓后面用括号注明在原审中的诉讼地位，如上诉人（原审被告），被上诉人（原审原告）。

（6）有第三人的，应根据实际情况，列为上诉人或者被上诉人。

（7）双方当事人和第三人都提出上诉的，均可自称为上诉人，称对方为被上诉人。

3. 案由部分。这是一段承上启下的文字，包括案由、原审人民法院名称、判决或裁定的年月日、文书字号等项内容。当事人提起上诉的，可这样表述："上诉人因××一案，不服×××人民法院（20××）民初字第×号判决，现提起上诉。上诉的请求与理由如下：……"

（二）上诉请求

上诉请求是上诉人请求上一级人民法院所解决的问题，也就是上诉的目的。这是一项重要内容，书写时应当注意以下几点：

1. 提出上诉请求要符合法律规定。根据我国《民事诉讼法》第 170 条的规定："第二审人民法院对上诉案件，经过审理，按照下列情形，分别处理：①原判决、裁定认定事实清楚，适用法律正确的，以判决、裁定方式驳回上诉，维持原判决、裁定；②原判决、裁定认定事实错误或者适用法律错误的，以判决、裁定方式依法改判、撤销或者变更；③原判决认定基本事实不清的，裁定撤销原判决，发回原审人民法院重审，或者查清事实后改判；④原判决遗漏当事人或者违法缺席判决等严重违反法定程序的，裁定撤销原判决，发回原审人民法院重审。原审人民法院对发回重审的案件作出判决后，当事人提起上诉的，第二审人民法院不得再次发回重审。"因此提出上诉请求，必须依据上述法律规定，从本案实际出发，分别提出："请求改判、撤销或者变更原判决或裁定"

"请撤销原判决,发回重审或查清事实真相后改判""请求撤销原判决,发回原审人民法院重审"。如果认为原判决某项或某几项内容不当,其余各项内容正确,则上诉请求可提:"请撤销原判决第×项,变更其内容为×××;维持原判决第×项、第×项"。总之,提上诉请求要符合法律规定,不得提出有悖于法律规定的上诉请求。

2. 提出上诉请求要明确具体,不得含糊其辞,不可笼统。例如,有的提"请上级人民法院依法处理""请上级人民法院纠正原判决不当之处,作出公正的判决"等。这样提出上诉请求显得空泛抽象,不符合明确具体的要求。应当明确具体地向人民法院提出如何"依法处理",如何"作出公正的判决",把自己的主张和意见告诉法院。

3. 提出上诉请求要全面,不要有疏漏。民事案件(包括经济纠纷)有的案情比较复杂,当事人在一审中争执的内容涉及面比较广,因此一审判决结果项目较多,上诉人提上诉请求时要经过周密细致的考虑,对不服的项目如何处理,要逐项列出。切忌粗心大意、丢三落四、发生疏漏的现象。

4. 提出上诉请求,要开门见山,直截了当,言简意赅,不要讲解理由,不要说明原因,以免与后面的理由部分相重复。

(三)上诉理由

上诉理由是上诉状的重要内容和关键部分。上诉理由言之有据,持之有故,合乎法理,顺乎人情,就为上诉请求的实现提供了可靠的保证。因此必须着力写好上诉理由。阐明上诉理由应当注意以下几点:

1. 对一审裁判文书进行认真研究,深入剖析,把握精神实质,把它存在的问题和错误逐一列出,并加以整理,概括成几点,以便针锋相对予以驳斥。俗话说:"知己知彼,百战不殆。"但是对原裁判文书的内容理解要正确,问题要找准,千万不可望文生义,各取所需,更不可为了达到某种目的,对原裁判内容加以歪曲和篡改。

2. 抓住要害问题进行分析论证,据理驳斥。对原裁判存在的问题找出来以后,不要眉毛胡子一把抓,不分芝麻和西瓜,不分轻重主次,全面开花,逐一进行反驳。这样做使得精力分散,驳斥无重点,不能击中要害,使人看后印象模糊,不得要领,起不到应有的作用。应当突出重点,抓住要害问题,即足以影响裁判结果的问题进行分析论证。要害问题一般有如下几方面:

(1)认定事实方面。如果认定事实错误,或者认定事实与客观真相有重大出入,或者遗漏了重要的事实情节,或者认定事实的证据不充分、不确实等,一定要首先提出来分析论证,以澄清事实真相。因为事实是裁判的基础和根据,把事实辩论清楚,裁判才能公正合理。

（2）确定性质、责任、是非方面。如果原裁判对案件性质（案由）确定错误，对责任、是非判断失当，例如民法通则规定，违反合同的应当负民事责任，侵权的应当负民事责任，可是原裁判对违反合同和侵权的非法行为认定有错误，对谁该承担民事责任、谁不该承担民事责任认定错误，那么应当提出来进行分析论证，以分清性质，明确是非，弄清责任，求得裁判公平合理。

（3）适用法律方面。各种各样的民事案件（包括经济纠纷），人民法院总是根据有关的实体法条款进行裁判。如果适用法律条款错误或者不当，势必要影响裁判结果。因此，对适用法律方面存在的问题必须论述清楚。

（4）办案程序方面。人民法院应当严格按照民事诉讼法规定的程序办案，如果违反诉讼程序，就有可能影响裁判结果的正确性。例如，审理本案的审判人员、书记员应当回避未回避；未经开庭审理而作出判决；适用普通程序审理的案件当事人未经传票传唤而缺席判决；其他严重违反法定程序等。如有上述违反程序的情况发生，应当作为一条上诉理由提出来，因为它可能影响该案裁判结果的正确性。

3. 要有的放矢，针锋相对。上诉状是针对一审裁判文书在认定事实、适用法律以及办案程序等方面存在的问题进行分析论证，指出错误所在，为实现上诉请求，要求上一级人民法院作出合法公正的判决提供事实上和法律上的依据。上诉状中不针对当事人的主张发表不同的意见，如果在上诉状中评论对方当事人的主张，那就搞错了争辩的对象，成了无的放矢。

4. 上诉状虽说以批驳一审裁判中的错误为主，但在批驳中应注意正面说理，把正确的主张、观点讲清楚，使正反两方面的观点形成鲜明对比，给人以明晰而深刻的印象。

（四）尾部

依次写明以下几点内容：

1. 写明本文书送达的法院名称，即分上下两行写明"此致""××××人民法院"。

2. 在正文右下方，署名"上诉人×××"，并在其下面注明年月日。

3. 在正文左下方附项栏目里，注明本状副本份数以及书证、物证的名称和件数等。

三、注意事项

1. 上诉人是法定的，即本文开头部分谈到的几种人可以使用上诉状进行上诉，其他任何人均不得使用上诉状进行上诉。

2. 上诉应当递交上诉状。当事人口头表示上诉的，人民法院应告知其必须在法定上诉期间内提出上诉状。未在法定上诉期内递交上诉状的，视为未提出上诉。

3. 上诉状应当通过原审人民法院提出，并按照对方当事人或者代表人的人数提出副本。当事人直接向第二审人民法院上诉的，第二审人民法院应当在5日内将上诉状移交原审人民法院。原审人民法院收到上诉状，应当在5日内将上诉状副本送达对方当事人，对方当事人在收到之日起15日内提出答辩状。人民法院应当在收到答辩状之日起5日内将副本送达上诉人。对方当事人不提出答辩状的，不影响人民法院审理。原审人民法院收到上诉状、答辩状，应当在5日内连同全部案卷和证据，报送第二审人民法院。

4. 在第二审程序中，当事人申请撤回上诉，人民法院通过审查认为一审判决确有错误，或者双方当事人恶意串通且损害国家和集体利益、社会利益及他人合法利益的，不应准许。

5. 当事人在第二审中达成和解协议的，人民法院可以根据当事人的请求，对双方达成的和解协议进行审查并制作调解书送达当事人；因和解而申请撤诉的，经审查符合撤诉条件的，人民法院应予准许。

6. 上诉状不必列明委托代理人的情况。上诉人的委托代理人凭被代理人的授权委托书参加诉讼；至于被上诉人的委托代理人因不知道是谁当然就无法写明，如果根据一审情况予以写明，则盲目性很大。例如，被上诉人一审委托代理人是张三，在上诉状里把张三又列上了，可是在第二审中被上诉人更换李四为委托代理人，岂不被动？最主要的是书写委托代理人无实际意义，所以有关部门制定上诉状的样式，从来没有规定要写明委托代理人。

7. 无民事行为能力人或限制民事行为能力人的法定代理人或指定代理人，代为当事人提起上诉的，仍应将无民事行为能力人或限制民事行为能力人列为"上诉人"，可在"上诉人"下面列写法定代理人或指定代理人的情况。

第七节　行政上诉状

一、概念和功能

行政上诉状，是指行政诉讼的当事人及其法定代理人，对地方各级人民法院作出的第一审判决或者裁定不服，按照行政诉讼法规定的程序和期限，向上一级人民法院提起上诉时所制作的一种诉讼文书。

《行政诉讼法》第85条规定："当事人不服人民法院第一审判决的，有权在判决书送达之日起15日内向上一级人民法院提起上诉。当事人不服人民法院第一审裁定的，有权在裁定书送达之日起10日内向上一级人民法院提起上诉。逾期不提起上诉的，人民法院的第一审判决或者裁定发生法律效力。"同法第30条规定："没有诉讼行为能力的公民，由其法定代理人代为诉讼。法定代理人互相推诿代理责任的，由人民法院指定其中一人代为诉讼。"根据上述法律规定，可以明确下列几点：

1. 上诉人是特定的，即只有当事人和法定代理人才有权提起上诉。当事人既可以是作为第一审当事人的公民、法人或其他组织，也可以是作为第一审当事人的有关行政机关。法定代理人在行政诉讼中，仅适用于代理未成年人、精神病人等无诉讼行为能力的原告或者第三人进行诉讼，不适用作为被告的行政机关。法定代理人有权提起上诉。至于委托代理人，只有被代理人在授权委托书中特别记明有权提起上诉的，才能提起上诉。

2. 必须在法定的期限内提起上诉。不服判决提起上诉的期限为15天，不服裁定提起上诉的期限为10天。期限均按当事人接到判决书或者裁定书的次日起计算。逾期不提起上诉，当事人就丧失了上诉权。但是，在上诉期限内，当事人因不可抗拒的事由或者其他正当理由而延误了上诉期限的，在障碍消除后10日内，可以申请顺延期限，是否准许由人民法院裁定。

3. 只能向原审人民法院的上一级人民法院提起上诉，不得越级上诉。上诉状可以通过原审人民法院转交或者直接向上一级人民法院递交。

行政上诉状是行政诉讼当事人行使上诉权一种书面形式，可以引起二审诉讼程序，对于纠正一审裁判的差错，维护当事人的合法权益，均具有积极的意义。

二、结构、内容和写作方法

（一）首部

依次写明下列几项内容：

1. 标题。写"行政上诉状"，不要简写为"上诉状"。

2. 当事人的基本情况。第二审案件的当事人的称谓，提起上诉的一方，称"上诉人"，对方称为"被上诉人"，并用括号注明其在原审中的诉讼地位。例如，"上诉人（原审原告）""被上诉人（原审被告）"。原审有第三人的，提起上诉的，列为"上诉人"，没有提起上诉的，仍列为"第三人"。

上诉人是公民的，应写明其姓名、性别、年龄、民族、职业、工作单位、住所、联系方式；上诉人是法人或其他组织的，写明单位全称、地址（即注册地址）、法定代表人姓名、职务、联系方式。被上诉人及第三人的基本情况列写项目与上诉人相同。

3. 案由部分与民事上诉状的案由部分基本相同。其内容包括案由、原审人民法院名称、判决或裁定的年月日、文书字号等。当事人提起上诉的，行文可这样表述："上诉人因××一案，不服××××人民法院××××年×月×日（××××）×行×字第×号判决（或裁定），现提起上诉。上诉的请求与理由如下"。此段文字，具有承上启下的作用。

（二）上诉请求

上诉请求，是上诉人提起上诉所要达到的目的，也是上诉人要求人民法院解决的问题。行政上诉状的上诉请求部分的写作要求与民事上诉状相应部分本相同。这里从简论述。提上诉请求应当符合法律规定，我国《行政诉讼法》第89条第1、2款规定："人民法院审理上诉案件，按照下列情形，分别处理：①原判决、裁定认定事实清楚，适用法律、法规正确的，判决或者裁定驳回上诉，维持原判决、裁定；②原判决、裁定认定事实错误或者适用法律、法规错误的，依法改判、撤销或者变更；③原判决认定基本事实不清、证据不足的，发回原审人民法院重审，或者查清事实后改判；④原判决遗漏当事人或者违法缺席判决等严重违反法定程序的，裁定撤销原判决，发回原审人民法院重审。原审人民法院对发回重审的案件作出判决后，当事人提起上诉的，第二审人民法院不得再次发回重审。"因此，提出上诉请求要依照上述法律规定，结合原审裁判存在问题的实际情况，明确地具体地提出自己的主张。例如，"原判决适用法律、法规错误，依法改判""原判决认定事实不清，证据不足，请查明事实后改判"等。如果有其他请求，例如要求人民法院判令被上诉人赔偿经济损失，亦应在上诉请求部分提出自己的主张。

（三）上诉理由

上诉理由部分由两方面内容组成，因而理由部分从段落层次方面来说，就形成了两大部分。

1. 第一方面内容，是采用综合归纳的方法概述案情，为说理服务，为说理打基础。如果是原审原告上诉，概述案情应当讲明下列内容：原审原告实施了何种行为，原审被告对此作出了何种具体行政行为；原审原告不服，是否向上一级行政机关或者法律、法规规定的行政机关申请复议，复议机关作出的复议决定内容是什么；原审原告为何不服，提起行政诉讼的理由是什么；原审人民法院裁判结果如何；上诉人提起上诉的理由是什么；等等。若因为原审原告申请原审被告（行政机关）履行法定职责，而原审被告拒绝履行或者拖延履行法定职责，为此原审原告向法庭提起行政诉讼，一审裁判后又不服，提起上诉，则可以事情发展过程为线索，以时间先后为序，将案情概述清楚即可。

如果原审被告提起上诉，则案情概述应当讲明下列内容：原审被告（行政机关）针对原审原告何种行为作出了具体的行政行为，即作出了处理（或处罚）决定，内容是什么；原审原告不服，是否申请复议，复议结果如何；原审原告不服，提起行政诉讼的理由是什么；原审人民法院裁判结果是什么；上诉人不服，提起上诉的理由是什么；等等。若是原审原告申请被告作出某种具体行政行为，而被告拒绝或者拖延作出某种具体行政行为，原审原告不服，提起行政诉讼，一审人民法院裁判后原审被告不服，提起上诉，亦应当将案情概述清楚。

　　叙写第一方面内容，一是为让二审人民法院对案情有一个概括的了解；二是为说理服务，为说理打基础。因此，对原裁判中的错误与不当之处需要具体写明。例如，原裁判认定事实不清，证据不足，适用法律、法规错误，违反诉讼程序等。上述内容叙写得具体一些，才能为阐述上诉理由奠定基础，才能达到为阐述上诉理由服务的目的。

　　2. 第二方面内容，是针对原裁判中的错误和问题进行分析论证，驳斥谬误，表述正确主张，从而阐明上诉理由，为实现上诉请求提供了事实上、法律上、理论上的依据。行政上诉状理由部分的写作要求和需要注意的事项，与民事上诉状理由部分基本相同。笔者对民事上诉状理由部分的写作要求和需要注意的事项提了四点意见，同样适用于行政上诉状理由部分，读者可参阅民事上诉状理由部分论述，这里就不再赘言了。

　　在这里只想强调一点，就是阐述行政上诉状的理由，一定要从实际出发，加强针对性，有的放矢，抓住原裁判在认定事实上、适用法律法规上以及适用诉讼程序上存在的主要错误和问题进行分析论证，摆事实讲道理，以理服人，对谬误的表现、实质及其危害进行切实而具体剖析，驳斥一语中的、击中要害，说理有根有据、符合法律、合情合理、令人信服。

　　还有一点要提醒大家注意，就是上诉人上诉的对象是未发生法律效力的原审裁判。上诉人往往是败诉的一方，被上诉人则是胜诉的一方。上诉人驳斥原裁判中的谬误，很可能就是被上诉人认为正确的观点，因为这时被上诉人是站在维护原审裁判的立场上，与原审裁判中的观点相一致。上诉人驳斥原审裁判中的谬误，实际上就是间接对被上诉人观点的驳斥。但是应当注意上诉的对象毕竟是原审裁判，驳斥的对象当然也是原审裁判。驳斥原审裁判中的谬误时，如有需要，可在适当的地方点明这就是被上诉人坚持的错误观点，可是不能离开原审裁判去批驳被上诉人的观点，那样做有可能会导致转移批驳的大方向，搞错了上诉的对象。

　　（四）尾部

1. 写明致送的人民法院名称，分两行写明"此致""××××人民法院"。

2. 在右下方由上诉人署名，并注明年月日。

3. 附项写明：①本状副本×份；②物证名称、件数；③书证名称、件数；④证人姓名和住址等。

三、注意事项

1. 上诉人必须符合法定的条件。只有上诉人可以使用上诉状进行上诉，其他任何人不得使用上诉状进行上诉。

2. 上诉必须遵守法定的期限，逾期上诉无效。上诉只能向原审人民法院的上一级人民法院提出，不得越级上诉。

3. 上诉状的正本送交人民法院，但同时必须按照被上诉人的人数提供副本，由人民法院转交被上诉人。

4. 上诉人如果自愿撤诉，必须在上诉审人民法院宣判以前提出申请，是否准许，由人民法院裁定。

第八节　刑事上诉状

一、概念和功能

刑事上诉状，是指刑事案件的被告人、自诉人或者他们的法定代理人以及被告人的辩护人和近亲属（需经被告人同意），不服地方各级人民法院第一审的判决、裁定，并在法定期限内，向上一级人民法院提出上诉要求撤销、变更原裁判而制作的一种诉讼文书。

我国《刑事诉讼法》第 227 条第 1 款规定：“被告人、自诉人和他们的法定代理人，不服地方各级人民法院第一审的判决、裁定，有权用书状或者口头向上一级人民法院上诉。被告人的辩护人和近亲属，经被告人同意，可以提出上诉。”第 2 款规定：“附带民事诉讼的当事人和他们的法定代理人，可以对地方各级人民法院第一审的判决、裁定中的附带民事诉讼部分，提出上诉。”根据上述法律规定，可以明确下列几点：其一，对第一审的刑事判决、裁定不服的，只有下列人员可以提出上诉：①被告人、自诉人、附带民事诉讼的原告人和被告人；②法定代理人，即被代理人的父母、养父母、监护人和负有保护责任的机关、团体的代表；③辩护人，即本案被告人的辩护人，但要经被告人同意；④近亲属，即本案被告人的夫、妻、父、母、子、女、同胞兄弟姐妹，但要经被告人同意。其他人无权提出上诉。其二，上诉的方式有两种，既可以口头上诉，又可以用书状上诉。其三，附带民事诉讼的当事人和他们的法定代理人，可以对地方各级人民法院第一审的判决、裁定中的附带民事诉讼部分提出上诉，但是不能对刑事诉讼部分提出上诉。其四，上诉法院是第一审人民法院的上一级人民法院。

刑事上诉状是当事人及其法定代理人行使上诉权的工具，可以使冤假错案得到纠正，从而维护当事人的合法权益；同时，也是上一级人民法院对上诉案件进行审理并作出裁判的依据。因此，刑事上诉状是一种重要的诉讼文书。

二、结构、内容和写作方法

根据《法院刑事诉讼文书样式（样本）》的规定，现对刑事上诉状的内容及其写作要求阐述如下：

（一）首部

1. 文书标题。居中写明"刑事上诉状"即可。

2. 上诉人的基本情况。叙写这部分内容需要注意以下几个问题：①刑事公诉案件中，被告人提出上诉的，只写上诉人（原审被告人）的基本情况，没有被上诉人。②刑事自诉案件中，应当分别写明上诉人、被上诉人的身份情况与信息，并在上诉人、被上诉人的称谓后，用括号内注明其在原审中的诉讼地位。例如，上诉人（原审被告人/原审自诉人）。③上诉人、被上诉人有委托诉讼代理人的，写法参考民事起诉状中的相关内容。

3. 案由。案由是一段承上启下的文字，把首部与正文有机联系在一起。对这段文字，可这样叙写："上诉人因××（案由）一案，不服×××人民法院×××年××月××日（××××）×刑初字第××号判决（或裁定），现提出上诉。上诉请求与理由如下：……"

（二）正文

1. 上诉请求。上诉请求是上诉人提出上诉所要达到的目的，反映了上诉人的利益，体现了上诉人的愿望。因此这一部分内容一定要写得符合要求。书写时应当注意以下几点：

（1）从实际出发，根据一审裁判存在的主要问题，有针对性地提出上诉请求。例如，上诉人对一审判决认定的事实和定罪量刑均持否定的态度，认为存在严重问题，要求上诉审法院依法审理，进行改判，则上诉请求可表述为："请求撤销×××人民法院×××年××月××日（××××）×刑初字第×号判决，依法进行改判。"又如，上诉人认为一审判决认定的犯罪事实根本不存在，则上诉请求可表述为："请求撤销×××人民法院×××年××月××日（××××）×刑初字第×号判决，依法重新审理本案，改判上诉人无罪。"

（2）提出上诉请求要明确具体，不能笼统，不能含糊其辞。例如，有的写"请上级法院依法审判""请撤销原判"等，这样表述上诉请求就不符合明确具体的要求。不服原判的，是全部不服，还是部分不服；撤销原判的，是全部撤销，还是部分撤销，都应当写得一清二楚。如果请求部分撤销原判，则应当写明撤销原判第×项，维持原判第×项，如何改判亦可提出明确要求。"原判"应当具体写明"×××人民法院×××年××月××日（××××）×刑初字第×号判决"，这样写具体明确，便于查找案卷。

（3）提上诉请求要开门见山，言简意赅，无须讲什么道理，以免与"上诉理由"重复。

2. 上诉理由。上诉理由是为实现上诉请求服务的。持之有故，言之有据，言之有理，具有折服人的力量，则上诉请求就可以实现。因此，写好上诉理由至关重要。阐述上诉理由应当注意下列几点：

（1）要认真研究一审裁判文书，正确理解其内容，准确把握其精神，找出存在的问题和错误，然后依据事实和法律进行反驳。对裁判文书研究是一项基础性工作，只有吃透内容，抓准问题，才能有的放矢，战而胜之，古人云："知己知彼，百战不殆"。一定要注意，对裁判文书不能一知半解、望文生义，不能断章取义，取其所需，不能攻其一点不及其余，更不能歪曲原意，凭主观臆断进行批驳，那样做非但徒劳无益，反而会使上诉人处于不利的境地。

（2）要抓住主要问题进行分析论证，阐明上诉理由，以实现上诉请求。所谓主要问题，就是能够影响定罪量刑的问题。在通常情况下，能够影响定罪量刑的问题有以下几方面：①认定犯罪事实有问题。例如，一审判决认定的犯罪事实不是被告人所为，而是张冠李戴；或者认定的犯罪事实与客观真实情况有原则性的出入；或者缺乏证据，硬性认定犯罪事实等。因此上诉状首先要就犯罪事实方面存在的问题进行辩论，以澄清事实，还原事实的本来面目，使案件得到公正的处理。②确定犯罪性质有问题。例如，一审判决的定性不准或者有错误，有的把故意伤害定为故意杀人，有的把侮辱妇女行为定为强奸犯罪（未遂），有的把抢夺定为抢劫等。犯罪性质同刑事处罚有密切的关系，因此上诉状要抓住犯罪性质方面存在的问题辩论清楚，以求定性准确，罪刑相当，刑罚合理。③量刑上有问题。例如，一审判决没有依法正确量刑，存在量刑畸重的现象，或者忽视从轻、减轻处罚的情节与条件，因此上诉状就要对量刑方面存在的问题进行分析，阐明观点，讲清道理，以使其罪有应得，处罚恰当。④诉讼程序有问题。例如，一审法院没有按照刑事诉讼法的规定进行审判，有严重违反程序的地方，影响了本案处理结果，因此上诉状就要对违反程序之处提出异议，分析其对定罪量刑的影响，引起上级人民法院重视。以上四方面与定罪量刑关系密切，是考虑问题的重点，如有问题一定要进行分析论证，阐明上诉的理由。有的上诉状分析问题，不分轻重主次，不突出重点，而是眉毛胡子一把抓，西瓜芝麻不分，罗列问题，平铺直叙，平均使用力量，甚至在枝节问题上纠缠不休，其结果是理由讲了一大堆，但主要问题没有说清楚，给人留下一片模糊印象，起不了什么作用，这是应当吸取的教训。

（3）要善于以极其精练的语言将一审裁判文书中存在的问题概括成几个观点，然后据理驳斥。反驳的方法大体上有两种，一是将概括出来的观点，依主次为序，集中列出，接着逐条进行反驳；二是将概括出来的观点，逐个分别列出，并可加上序号，摆一个观点反驳一个观点，这样理由部分就形成了条理清楚、层次分明的几个段落，使人一目了然。

（4）要明确针对性。上诉人不服一审裁判提出上诉，那么上诉状就应当针对一审裁判中存在的问题进行分析论证，说明上诉的理由，从而达到上诉的目的。但是有的上诉状针对性不明确，比如说有的自诉刑事案件的被告人上诉，在上诉状中针对自诉人的观点进行辩论；有的公诉刑事案件被告人上诉，在上诉状中针对公诉人和起诉书上的观点进行辩论，这样做就不合要求。

（5）上诉状可以说是以反驳为主的论述文，应当注意将反面驳斥与正面说理紧密结合起来，通过摆事实讲道理，既要驳倒错误观点，又要树立正确思想，赞成什么、反对什么，态度明朗，使对和错、是和非形成鲜明对比，给人以明晰的印象。

（6）观点要明确，论据要充分，论证要严密，使行文浑然一体，具有较强的说服力。

（三）尾部

应当写明送达的人民法院名称，附项中注明提交的本状副本份数，在右下方由上诉人署名并注明年月日。

三、注意事项

1. 刑事上诉状首部只写上诉人情况，不必写被上诉人情况，更不可将人民检察院列为被上诉人。

2. 必须在法定的期限内提出上诉，逾期不得上诉，但可以申诉，以便通过审判监督程序纠正错误。

3. 上诉人在法定期限内可以向人民法院递交上诉状，提出上诉，也可以在法定期限内撤回上诉，把上诉状收回，这完全听其自便。

4. 上诉人既可以向原审人民法院递交上诉状提出上诉，也可以直接向上一级人民法院递交上诉状提出上诉。

5. 上诉人用上诉状提出上诉，必须按有关规定提供上诉状的副本一并交人民法院。自诉的刑事案件，上诉人必须按对方当事人的人数提供相应的副本；公诉的刑事案件，上诉人必须提供副本一份，由人民法院送交提起公诉的人民检察院。

第九节　民事答辩状

一、概念和功能

民事答辩状，是指民事诉讼的被告，在收到原告的起诉状副本后，在法定的期限内，针对原告在起诉状中提出的诉讼请求及其所依据的事实与理由，进行回答和辩驳时所使用的一种诉讼文书。

《民事诉讼法》第125条规定："人民法院应当在立案之日起5日内将起诉状副本发送被告，被告在收到之日起15日内提出答辩状。答辩状应当记明被告的姓名、性别、年龄、民族、职业、工作单位、住所、联系方式；法人或者其他组织的名称、住所和法定代表人或者主要负责人的姓名、职务、联系方式。人民法院应当在收到答辩状之日起5日内将答辩状副本发送原告。被告不提出答辩状的，不影响人民法院审理。"这是民事答辩状制作的法律依据。

根据上述法律规定，可以明确下列几点：①只有民事诉讼的被告，才有权提出答辩状，其他任何人不得使用答辩状。②被告必须在法定的期限内提出答辩状，即在收到起诉状副本之日起15日内提出答辩状。③提出答辩状是一项诉讼权利。权利可以行使，也可以不行使。被告不提出答辩状的，不影响人民法院审理。

答辩状的功能主要有两点：①向人民法院阐明被告的意见和主张，使人民法院全面了解案情，以便做到"兼听则明"，避免"偏听则暗"。②通过答辩状，被告既可以驳斥原告的谬误，又可以阐明自己的正确观点，是帮助被告取得诉讼胜利，维护被告合法权益的有力工具。

二、结构、内容和写作方法

（一）首部

1. 标题。应写为"民事答辩状"，不要只写"答辩状"，因为那样写从标题上看不出案件的性质。

2. 当事人的基本情况。提出答辩的一方称答辩人，应在其称谓后面写明基本情况。答辩人是公民的，应当依次写明其姓名、性别、出生年月日、民族、工作单位和职务或职业、住址、联系方式。答辩人是法人或其他组织的，应写明单位全称、地址（即注册地址）和法定代表人或者负责人的姓名、职务、联系方式。答辩人是企业法人的，还应当写明企业性质，工商登记核准号，经营范围和方式，开户银行及账号。

对方当事人的基本情况不单独列写，因为人民法院已从起诉状中知晓，只需在案由部分指出其姓名即可。

3. 案由部分。这是具有过渡性的一段文字，承上启下，把首部与正文联系起来。应当写明原告的姓名及其起诉的案由，以及启开下文的习惯用语。具体行文模式为"因××××一案，提出答辩如下："。例如，原告张三起诉请求法院准予与被告李四离婚，答辩状的案由部分行文应为："因原告张三起诉要求与答辩人离婚一案，提出答辩如下：……"。这是一般的写法，换个写法当然也行，只要将原告姓名及其起诉案由表述清楚，加上启开下文的用语即可，其并非是固定不变的一个模式。不管具体行文如何，但必备的内容要写明，表意要清楚，文字要简洁，这样才能起到应有的作用。

（二）正文

答辩状正文部分应写两方面内容，一是答辩理由；二是答辩请求。

1. 答辩理由。所谓答辩理由，就是答辩人针对原告在起诉状中提出的诉讼请求及其所依据的事实与理由进行答复和辩驳，对起诉状中不实之词、错误论点以及不当的诉讼请求进行驳斥，并阐明自己的意见和主张，这一部分内容称为答辩理由。阐述答辩理由应当注意以下几点：

（1）针锋相对，有的放矢。答辩状一个鲜明的特点，就是具有很强的针对性，答辩状一定要针对起诉状中提出的"诉讼请求"以及"事实与理由"进行针对性地答复和辩驳，不能避开起诉状的内容，另讲一套，"你说你的，我说我的"，彼此不交锋，二者对不上号。结果道理讲了一大篇，什么问题也解决不了。要面对现实，不要回避矛盾，应当对原告提出的诉讼请求、事实与理由进行正面答辩，特别是对有争议的问题和争执的焦点要表明态度，讲清观点，阐明理由，说明是非，分清责任，以理服人。例如，起诉状指责被告违法侵权的行为给原告造成了巨大的经济损失，要求赔偿×××万元。对这一指责，答辩状应当作出正面的答复和辩驳。说得对，就接受；说得不对，就驳斥。不能避而不答，或者所答非所问，甚至"顾左右而言他"。有一起民事案件，原告以"被告思想堕落，长期与第三者一起寻欢作乐，导致夫妻感情破裂"为由，起诉到法院，要求与被告离婚。被告在答辩状中对原告提出的这一要害问题不置一词，避而不答；相反却说原告脾气不好，经常因琐事吵闹，希望对方克服缺点，搞好夫妻关系。这样的答辩状与起诉状的关系是"你说你的，我说我的"，各不相干。试问，这样的答辩状又有何用？对方提出的这一要害问题，你在答辩状中避而不答，等到开庭的时候，对法官的询问，难道你还能避而不答吗？

（2）要抓住主要的和关键性的问题进行答辩。被告叙写答辩状时，一定要认真研究起诉状副本，吃透内容，把握实质，抓住能影响判决结果的、有助于自己胜诉的主要的和关键性的问题进行答辩。不要在枝节问题上做文章，不要纠缠琐事，以免浪费笔墨。不要全面开花，不分轻重主次，什么问题都答辩，结果分散精力，哪个问题都讲得不清楚，不深不透。首先，要看起诉状所叙事实是否客观存在。如果原告在起诉状中歪曲或捏造事实，夸大或缩小事实，那么答辩状就应集中力量澄清事实，讲明客观事实真相，并提供确实而充分的证据，从根本上动摇起诉的基础，为胜诉奠定牢固的基础。列举证据的名称要规范，要讲清证据的来源，注明证人的姓名、住址、联系方式，以便人民法院调查核实。其次，要看起诉状适用的法律条款有无错误。如果起诉状适用的实体法错了，应当提出来辩论清楚。对各种民事（含经济）纠纷，人民法院总是要从具体案情出发，适用各种民事（或经济）的法律条款加以裁判的。适用法律条款正确，就能维护当事人的合法权益。因此，对适用法律上存在的问题，一定要辩论清楚。最后，要看起诉是否符合法律规定的条件。如果起诉不符合法定的条件，则请求人民法院驳回起诉。例如，原告起诉不具备或不完全具备《民事诉讼法》第 119 条规定的条件；法律规定在一定期限内不得起诉的案件，原告起诉了；还有法律规定的诉讼时效已经过了，原告又起诉了；等等。发现此类问题应辩论清楚，并请求法院依法驳回起诉。

（3）实事求是，以理服人。叙写答辩状一定要采取实事求是的态度，摆事实讲道理，以理服人。对方说得对，有道理，符合事实和法律，就应当接受，该作自我批评的，就作自我批评，恰当地承认自己的缺点和错误。这有利于缓和矛盾，有助于问题的解决。切不可为了追求胜诉，对错误采取不承认主义。相反地，对对方的批评不实事求是，乱上纲上线，横加指责，甚至歪曲捏造事实，嫁祸于人，这样做会加深与激化矛盾，增加案件处理的难度，并使自己陷于不利的境地。叙写答辩状时头脑要冷静，即使起诉状中有过激的言论，或者有谩骂和人身攻击之词，也要尽量克制自己的感情，心平气和，以事实为根据，以法律为准绳，讲清道理，以理服人。这样才能发挥答辩状的应有作用。

（4）在驳斥起诉状错误观点的同时，要注意正面说理，讲明答辩人的意见，特别是对双方争执的焦点一定要表明自己的观点，以便使法院了解自己的主张。

2. 答辩请求。所谓答辩请求，就是答辩人在讲明答辩理由的基础上，向人民法院提出的诉讼请求。提答辩请求要切实可行，合理合法，具体明确，事项完整，言简意赅。

（三）尾部

1. 写明致送机关名称，分两行写明"此致""××××人民法院"。

2. 在正文下方由答辩人署名或盖章，并注明年月日。

3. 附项应写明：①本状副本 × 份；②物证、书证名称及件数；③证人姓名、住址、联系方式。

三、注意事项

1. 使用答辩状必须符合《民事诉讼法》第 125 条的规定。在诉讼中，无民事行为能力人、限制民事行为能力人的法定代理人有权以当事人的名义提出答辩状进行答辩。

2. 必须按照对方当事人的人数提供答辩状副本，由人民法院转送。

3. 依照《民事诉讼法》第 125 条规定，提出答辩状的期限为收到起诉状副本之次日起计算，15 日内提出。

4. 答辩是一项诉讼权利，不要轻易放弃。答辩状在诉讼中具有重要的作用，应当加以利用。

第十节 行政答辩状

一、概念和功能

行政答辩状，是指行政诉讼的被告，在收到起诉状副本后，于法定期限内，针对原告在起诉状中提出的"事实和证据""理由和法律根据"以及"诉讼请求"，进行回答和辩驳用的一种诉讼文书。

《行政诉讼法》第 67 条规定："人民法院应当在立案之日起 5 日内，将起诉状副本发送被告。被告应当在收到起诉状副本之日起 15 日内向人民法院提交作出行政行为的证据和所依据的规范性文件，并提出答辩状。人民法院应当在收到答辩状之日起 5 日内，将答辩状副本发送原告。被告不提出答辩状的，不影响人民法院审理。"根据上述法律规定，被告应当在法定的期限内提交作出行政行为的有关材料，并提出答辩状。答辩是一项诉讼权利，可以行使也可以放弃，被告不提出答辩状的，不影响人民法院审理。

《行政诉讼法》第 25、26 条分别对行政诉讼的原告与被告作了明确而具体的规定，便于当事人参加诉讼。

行政答辩状是对行政起诉状中提出的诉讼请求及其所依据的事实与理由作出的比较系统全面地回答和辩驳，并可对本案性质、起因、争执焦点以及如何处理充分发表意见，帮助人民法院做到"兼听则明"，避免"偏听则暗"，有利于对本案作出正确、合法、及时的处理。由此可见，放弃答辩的机会，是不明智的。

二、结构、内容和写作方法

（一）首部

1. 标题。应写为"行政答辩状"，不要简写为"答辩状"。

2. 当事人的基本情况。提出答辩的被告在这里称"答辩人"，应当在"答辩人"称谓后面写明基本情况。行政诉讼的被告是特定的，是作出具体行政行为或拒绝和拖延作出具体行政行为的行政机关，其基本情况应分两行写，第一行写答辩人名称和所在地址；第二行写法定代表人姓名和职务以及联系方式。

3. 案由。行文模式与民事答辩状相同，其表述为："因××××一案，提出答辩如下：……"案由部分是一段承上启下的文字，应当写明对方当事人即原告的姓名（法人或其他组织的名称），诉讼的案由即具体行政行为的名称，亦即被告作出的处理（或处罚）决定的名称，加上联系上下文的习惯用语。例如，"因原告指控我单位所作××行罚〔20××〕第××号一案，提出答辩如下"。

（二）正文

与民事答辩状一样，正文也包括两方面内容，一是答辩理由；二是答辩请求。

1. 答辩理由。答辩理由写作的内容、方法和要求与民事答辩状的相应部分基本相同，请读者参阅前面的有关论述。

这里只补充作一些说明。行政诉讼一个突出的特点，就是被告是特定的，即作出具体行政行为的行政机关。而作为原告的公民、法人或其他组织，总是由于自己实施了某种行为（不包括要求行政机关履行职责之诉），被告认为其行为违反了法律、法规的有关规定，于是作出了具体行政行为，即对原告作出处理（或处罚）决定，原告不服，诉诸法院。因此诉讼是围绕处理（或处罚）决定进行的，原告认为该决定是非法的、错误的，被告认为决定是合法的、正确的，这是双方当事人争执的焦点。

叙写答辩状时，要针对原告在起诉状中提出的中心论点，即被告的处理（或处罚）决定是非法的、错误的进行回答和辩驳。而要驳倒这一中心论点，就要驳倒支持论点存在的论据。因此对起诉状中提出的所谓论据，要进行具体的分析论证，予以有力的驳斥。一般地说，起诉状主要从以下几方面提出论据：

（1）从事实和证据方面提出论据，阐明被告在处理（或处罚）决定中认定的事实是错误的，或者与实际情况有重大的出入，或者认定的事实缺乏证据。那么答辩状就应当在事实和证据方面做文章，针对起诉状中的论点进行辩驳，以查证属实的事实和确实充分的证据驳倒这一论点。俗话说："事实胜于雄辩""铁证如山，无法抵赖"。此种论点，在可靠的事实和证据面前会不攻自破。

（2）从适用法律、法规条款方面提出论据，阐明被告在处理（或处罚）决定中适用的法律、法规条款错误或不当，那么答辩状就要把适用法律、法规条款方面的问题辩论清楚，着重论说根据原告的行为，适用某法某条款作为处理（或处罚）的依据是正确的、恰当的，原告指责毫无根据，不能成立。

（3）从程序方面提出论据，阐明被告作出的处理（或处罚）决定，不符合法定的程序，法律手续不完备；那么答辩状可就程序问题辩论清楚，用事实说明作出的处理（或处罚）决定完全符合法定的程序，应履行的法律手续完备，整个过程完全合法，无可指责。

（4）从其他方面提出论据，针锋相对地进行辩驳，并把问题说清楚。既然起诉状中支持论点的论据一一被驳倒，那么论点自然就无法成立。还有一点，就是进行答辩一定要实事求是。如果作出的具体行政行为确有疏漏、不当甚至错误之处，也应当实事求是地加以承认。总之，书写答辩状要贯彻实事求是的原则，坚持真理，修正错误，对起诉状中的错误论点，要旗帜鲜明地进行驳斥，以维护执法的严肃性；对起诉中论述正确的地方，应当接受，对工作中的差错应当及时纠正，这同样是维护执法的严肃性。只有这样，才能使国家的法律、法规得到正确的实施，才能使执法机关在群众中树立起良好的形象。

2. 答辩请求。答辩请求就是答辩人提出的诉讼请求，是答辩人对本案如何处理的主张。提出答辩请求要明确具体，合理合法，符合实际案情，有的放矢。如果认为原处理（或处罚）决定正确，则要求维持原决定；如果认为原决定有问题，则可以提出同意撤销或部分撤销原决定，重新作出具体行政行为；如果认为原告提起诉讼，不符合行政诉讼法的有关规定，可要求法院裁定不予受理。

（三）尾部

1. 写明致送的法院名称，即分两行写明"此致""××××人民法院"。

2. 在正文的右下方，先写答辩人的名称，后在其下写法定代表人姓名。最后注明年月日，并加盖公章。

3. 附项写明：①本状副本×份；②物证、书证的名称及件数；③提交作出具体行政行为的有关材料的名称、件数、页数。

三、注意事项

1. 应当在法定的期限内提出答辩状，即在收到起诉状副本的次日起 15 日内提出，逾期提出无效。

2. 应当按照对方当事人的人数提供答辩状副本，由人民法院转交原告。

第十一节　再审申请书

一、概念和功能

再审申请书，是指民事（含经济纠纷）案件的当事人对已经发生法律效力的判决、裁定不服，认为确有错误，依法向原审人民法院或者上一级人民法院申请再审时制作的一种诉讼文书。

我国《民事诉讼法》第 199 条规定："当事人对已经发生法律效力的判决、裁定，认为有错误的，可以向上一级人民法院申请再审；当事人一方人数众多或者当事人双方为公民的案件，也可以向原审人民法院申请再审。当事人申请再审的，不停止判决、裁定的执行。"第 202 条规定："当事人对已经发生法律效力的解除婚姻关系的判决、调解书，不得申请再审。"第 205 条规定："当事人申请再审，应当在判决、裁定发生法律效力后 6 个月内提出；……"从以上的法律规定可以明确这样几点：

1. 对已经发生法律效力的判决、裁定，只有当事人即原审原告（或原审上诉人）和原审被告（或原审被上诉人）以及原审第三人才有权利申请再审。如果当事人是无诉讼行为能力人，可由其法定代理人代为申请。当事人是法人或者其他组织的，由法定代表人或者代表人行使申请权。其他人不能申请再审。

2. 再审申请原则上应当向上一级人民法院提出，既不可向原审人民法院的下一级人民法院提出，又不可向原审人民法院的上两级以上人民法院提出，也不可向人民检察院提出。但当事人一方人数众多或者当事人双方为公民的案件，也可以向原审人民法院申请再审。

3. 申请再审的法定期限为 6 个月，即应当在判决、裁定发生法律效力后 6 个月内提出。

4. 解除婚姻关系的判决，发生法律效力以后，不得申请再审。应当严格按照上述法律规定制作和使用再审申请书。

接受申请的人民法院经过认真审查，认为申请符合《民事诉讼法》第 200 条规定的十三种情形之一的，就可以按照法定程序提起再审。可见，再审申请书是当事人提起再审用的诉讼文书，是人民法院审查并决定再审的案件来源之一，是维护当事人合法权益的有力工具，因此必须认真制作。

二、结构、内容和写作方法

根据最高人民法院制定的《民事诉讼文书样式》的规定，民事案件用的再审申请书由首部、请求事项、事实与理由以及尾部等四部分组成，现将各部分制作要求简述如下：

（一）首部

1. 标题。应写为"民事再审申请书"，不要写成"申请再审书"。

2. 当事人的基本情况。分两个自然段书写申请人与被申请人的基本情况。申请人如系公民的，应写明姓名、性别、年龄、民族、籍贯、职业、工作单位、住所、联系方式；如系法人或其他组织的，应写明名称、住所、法定代表人或主要负责人的姓名、职务及有效联系电话、邮寄地址。被申请人书写的项目与申请人相同。各项内容要准确无误，文字要简洁明了，标点要正确规范。有的再审申请书不写被申请人的基本情况，这是不符合要求的，因为后面叙事说理难免不涉及被申请人，写明被申请人情况有助于法院全面了解案情。

3. 表明申请再审的意愿。以极其简洁的语言表明对哪个人民法院何时以何案号作出的判决（或裁定）申请再审。具体可表述为："再审申请人×××（姓名）因与×××（被申请人姓名）××××（写明案由）一案，不服××××人民法院×××年××月××日作出的（××××）×民×字×号民事判决/裁定/调解书，现提出再审申请。"这一段文字具有承上启下的作用，使首部与正文（请求事项、事实与理由）比较自然地联系了起来。

（二）再审请求

再审请求部分，应当写明申请人要求法院解决的具体问题。叙写这一部分内容要求做到：

1. 要明确具体，不要含糊其辞，笼而统之。例如，请求撤销原判，进行再审改判，就应当写明撤销哪个法院何时以何字号作出的判决，要求原审法院再审（或上一级法院提审），作出公正判决。又如，请求部分改判，就应当写明撤销原判决某一项或某几项，维持原判决某一项或某几项，对某一项或某几项进行改判等。

2. 要合理合法，不得违背有关法律规定，不得有悖于人情事理。

3. 要言简意赅，干净利落，无须说明申请的原由，以免与"事实与理由"部分相重复。

4. 再审请求内容较多的，可以分项列出或分层叙写，力求做到条理清楚，层次分明。再审请求在申请书里不宜写成"请求目的"。因为，"请求目的"一则可以理解为"请求"与"目的"，请求就是要求法院解决的问题，就是诉讼的目的，所以写"请求"与"目的"是同义语重复，没有必要；二则可以理解为"请求的目的"，请求本身就是目的，请求的目的意思即为目的的目的，其内容是什么，恐怕难以表述清楚，当然也无须交代清楚。因此，不宜用"请求目的"代替"再审请求"，前者语意两歧，后者语意单一；前者用语不规范，后者用语符合规范化的要求。

（三）事实与理由

1. 记叙事实应当注意以下几点：

（1）再审申请书的叙事有一点与起诉状等诉讼文书是相同的，就是叙事一定要实事求是，不夸大、不缩小，运用的材料一定要准确可靠，经查证属实，并有确实充分的证据予以证明，经得起法庭调查和历史的检验。

（2）在事实部分，首先用一段文字，以综合的方法概叙本案被处理的情况，一审裁判生效的，要写明一审裁判的简况，如果案件经过二审，还要写明二审裁判的简况。应当特别注意，对原裁判中存在的问题，也就是申请再审需要解决的问题，要简明扼要地叙写清楚。叙写这一部分的目的是让再审的审判人员对本案过去受处理的情况和存在的问题有个大概的了解。同时这一段文字有启开下文的作用，与下面记叙的事实前呼后应，联系紧密，衔接自然。

（3）事实与理由和再审请求要相一致，不允许出现矛盾或脱节的现象。叙事既是为实现再审请求提供事实依据的，又是为说理打基础，提供论据材料的；

而叙事说理的目的在于实现再审请求，是为实现再审请求服务的。因此三者相辅相成，内在联系十分紧密。

（4）应当从具体案件的实际出发，针对要解决的问题，有的放矢地记叙事实。我国《民事诉讼法》第200条对再审条件作了明确的规定，只有符合该条规定十三种情形之一的，才能申请再审。因此申请书如何叙事，怎样运用和取舍材料，应当根据法定的十三种情形来确定，对于不同的情形，叙事的内容、方法和要求各异。

下面对其中主要的五种情形如何叙事分别说明如下：

第一，"有新的证据，足以推翻原判决、裁定的"。此种情形，是申请人掌握了新的证据，而新的证据在数量和质量上足以推翻原裁判的结论，因此申请再审。一般有两种情况：一是新的证据证明原裁判认定的事实完全错误，予以彻底否定，从而推翻原裁判的结论。二是新的证据证明原裁判认定的事实部分有错误，予以部分否定，从而推翻部分结论。行文方法大体上亦有两种：一是通过否定原裁判采用的证据，进而否定原裁判认定的事实。以收集到新的证据为根据，进行分析论证，充分揭露原裁判中证据存在的问题，指出证据或是伪造的，或是经过篡改的，或是胡编乱造的，或是与证明的事实缺乏内在的联系等。原裁判中的证据一旦被推翻，那么依靠证据支持的事实自然就被否定。二是以收集到新的证据证明新的事实成立，从而与原裁判认定的事实和证据形成鲜明的对比，略加论说，孰是孰非，便一目了然。这样利用新的证据否定了原裁判认定的事实，自然也就推翻了原裁判的结论。

第二，"原判决、裁定认定的基本事实缺乏证据证明的"。此种情形，应具体详细地写明原裁判认定了什么基本事实，而证明事实存在的有哪些证据，缺少哪些应有的主要证据。

第三，"原判决、裁定适用法律确有错误的"。此种情形，由于申请人对原裁判认定的事实和证据没有异议，只认为适用法律确有错误，因此叙事时对原裁判认定的事实和证据只需概叙，无须详写。重点是在概叙事实以后，具体写明错误适用法律的名称及条款项，并指出应当适用的法律的名称和条款项。

第四，"人民法院违反法定程序，可能影响案件正确判决、裁定的"。此种情形，可先交代一下，申请人对原裁定认定的事实和证据以及适用的法律无异议；接着笔锋一转，就具体叙写原审违反法定程序的事实和证据，重点写明在诉讼的哪个阶段，审判人员何时违反我国民事诉讼法哪条哪款规定的程序，具体情节如何，产生了什么结果，均应写得一清二楚。

第五，"审判人员在审理该案件时有贪污受贿，徇私舞弊，枉法裁判行为的"。此种情形，同第四种情形写法相同，也是先交代一下，申请人对原裁判的内容无异议，接着根据掌握的材料，在审判人员违法的方面大做文章，重点叙写审判人员贪污受贿、徇私舞弊、枉法裁判的事实和证据。应当具体详细地写明违法事实发生的时间、地点、原因、情节（包括贪污受贿财物的名称和数额）、后果以及有关的人和事，并写明证据的名称、来源、件数以及证人姓名和住址等。

2. 阐述理由应当注意以下几点：

（1）坚持以事实为根据，以法律为准绳的原则。通过对事实进行分析评论，指明原裁判存在的问题，阐明申请再审的理由；并注意引述恰当的法律条款，证明申请再审是符合法律规定。总之，通过从事实上和法律上的论证，说明申请再审是合情合理的，有根有据的。

（2）说理为实现请求事项服务。讲述的每一条理由应都有助于再审请求的实现，无助于再审请求实现的一般道理应当少讲或者不讲。

（3）说理要有的放矢，击中要害，言简意赅。符合我国《民事诉讼法》第200条规定情形之一的，就应当再审。因此，必须紧扣法律规定来阐明申请再审的理由，这样才能有的放矢，击中要害。现就上述五种主要情形如何说理，分述如下：

第一，主要阐明申请人提供的新证据是确实充分的，与证明的事实有着内在的联系，并能证明原裁判认定的事实确有错误，不能成立。既然原裁判认定的事实错误，那么根据事实作出来的裁判结论也理应随之推翻。

第二，着重指明原裁判认定事实的主要证据不足，缺乏证明事实存在的应有必备的主要证据，因而根据法律规定，应当进行再审。

第三，重点指出原裁判适用法律是错误的，为什么错，道理是什么，应当适用什么法律条款。

第四，主要阐明违反法定的诉讼程序，实际上就是剥夺了申请人的某种诉讼权利，使其不能运用程序法的有关规定保护自己的合法权益，这样势必会影响本案得到正确、合法、及时的处理，从而损害申请人的利益。

第五，要指明由于审判人员在审理本案的过程中贪污受贿、徇私舞弊，因而必然枉法裁判，铸成错案，应当依法再审。说理从实际出发，有的放矢，击中要害，话虽不多，却有力量，使申请再审的理由立于不败之地。

（四）尾部

民事再审申请书的尾部，与起诉状、上诉状等书状尾部基本相同，在此不再赘述。有一点要注意，即要提交原判决（或裁定）书抄件一份。此外，还要按被申请人的人数提交再审申请书的副本。

三、注意事项

1. 对已经发生法律效力的民事判决或裁定，只有当事人及其法定代理人、法定的案外人有权申请再审，其他任何人不能申请再审。提出申请符合《民事诉讼法》第 200 条规定的条件，才能引起审判监督程序进行再审。

2. 当事人对已经发生法律效力的解除婚姻关系的判决，不得申请再审。但是，当事人就离婚案件中的财产分割问题申请再审的，如涉及判决中已分割的财产，人民法院应依照《民事诉讼法》第 200 条的规定进行审查，符合再审条件的，应立案审理；如涉及判决中未作处理的夫妻共同财产，应告知当事人另行起诉。

3. 当事人对已经发生法律效力的调解书，提出证据证明调解违反自愿原则或者调解协议的内容违反法律的，可以申请再审。申请再审的期限，适用《民事诉讼法》第 205 条的规定，应在该调解书发生法律效力后 6 个月内提出。

4. 按照督促程序、公示催告程序、企业法人破产还债程序审理的案件以及依照审判监督程序审理后维持原判的案件，当事人不得申请再审。

5. 不予受理、驳回起诉的裁定，当事人可以申请再审。

6. 当事人应以书面形式提出申请，即应向人民法院提交再审申请书。是否再审，由人民法院审查决定。

第十二节　刑事申诉书

一、概念和功能

刑事申诉书，是指申诉人对已经发生法律效力的判决、裁定不服，认为有错误，向人民法院或者人民检察院提出申诉，要求对案件进行复查，重新作出公正合法的处理时制作和使用的法律文书。

《刑事诉讼法》第 252 条规定："当事人及其法定代理人、近亲属，对已经发生法律效力的判决、裁定，可以向人民法院或者人民检察院提出申诉，但是不能停止判决、裁定的执行。"从上述法律规定可以知道：

第一，当事人及其法定代理人、近亲属对各级人民法院已经发生法律效力的判决、裁定不服，认为有错误，有权提出申诉；

第二，申诉既可以向人民法院提出，又可以向人民检察院提出；

第三，申诉期间不能停止判决、裁定的执行。

申诉案件必须通过审判监督程序，依法进行再审，才能解决问题。但申诉可能引起审判监督程序，也可能不引起审判监督程序。审判监督程序的任务，就是纠正错误的判决、裁定，维护正确的判决、裁定，保障国家的法律正确实施。人民法院对申诉的申请经过审查，认为申诉有理，正如《刑事诉讼法》第

254 条规定的那样，各级人民法院院长对本院已经发生法律效力的判决和裁定，如果发现在认定事实上或者在适用法律上确有错误，必须提交审判委员会处理。最高人民法院对各级人民法院已经发生法律效力的判决和裁定，上级人民法院对下级人民法院已经发生法律效力的判决和裁定，如果发现确有错误，有权提审或者指令下级人民法院再审。最高人民检察院对各级人民法院已经发生法律效力的判决和裁定，上级人民检察院对下级人民法院已经发生法律效力的判决和裁定，如果发现确有错误，有权按照审判监督程序向同级人民法院提出抗诉。人民检察院抗诉的案件，接受抗诉的人民法院应当组成合议庭重新审理，对于原判决事实不清楚或者证据不足的，可以指令下级人民法院再审。

　　申诉人申诉虽说不一定引起审判监督程序，但是申诉人向人民法院或者人民检察院送达的申诉书，却是上述两个机关提起审判监督程序的材料的重要来源，经审查申诉有理，就可以引起审判监督程序，原裁判中的错误，就可以得到纠正，从而使国家法律得到了正确的实施，同时维护了申诉人的合法权益。

　　二、结构、内容和写作方法

　　（一）首部

　　1. 标题。写"刑事申诉书"或"刑事申诉状"。

　　2. 申诉人的基本情况。依次写明申诉人的姓名、性别、年龄、民族、籍贯、职业、工作单位、住所、联系方式。书写的各项内容要准确无误，明确具体，简洁明了。

　　3. 写明申诉的事由。这是一段过渡性文字，应当写明原案件的案由，原裁判法院的名称和裁判日期，文书的名称和编号等，并表明对原裁判不服提出申诉的意愿。具体行文可表述为："因××一案，申诉人对××××人民法院××××年××月××日（××××）×刑初（或终）字第×号刑事判决（或裁定）不服，现提出申诉。"接着转入正文，阐述申诉的请求事项以及提出请求事项所依据的事实和理由。

　　（二）正文

　　1. 请求事项。申诉人申诉的目的，是希望通过审判监督程序对案件进行再审，以求得公正合法的裁判，所以在请求事项栏目内，要写明请求事项。叙写请求事项应当注意以下两点：

　　（1）要根据我国刑事诉讼法关于审判监督程序的规定，提出请求事项。例如，《刑事诉讼法》第 254 条第 1 款规定，各级人民法院院长对本院已经发生法律效力的判决和裁定，如果发现在认定事实上或者在适用法律上确有错误，必须提交审判委员会处理。因此，申诉人向原审人民法院递交申诉书，请求事项应写为："请依法按照审判监督程序进行再审，使本案得到公正合法的判处。"

同法第254条第2款规定，最高人民法院对各级人民法院已经发生法律效力的判决和裁定，上级人民法院对下级人民法院已经发生法律效力的判决和裁定，如果发现确有错误，有权提审或者指令下级人民法院再审。因此，申诉人向最高人民法院或原审人民法院的上级人民法院递交申诉书时，请求事项应写为："请依法对本案提审或指令×××人民法院（原审人民法院名称）再审，使本案得到公正合法的判处。"同法第254条第3款规定，最高人民检察院对各级人民法院已经发生法律效力的判决和裁定，上级人民检察院对下级人民法院已经发生法律效力的判决和裁定，如果发现确有错误，有权按照审判监督程序向同级人民法院提出抗诉。因此，申诉人向最高人民检察院或上级人民检察院递交申诉书，请求事项应写为："请对本案进行复查，依法按照审判监督程序提出抗诉，使本案得到公正合法判处。"总之，提出请求事项要符合法律规定，要从实际出发，切忌千篇一律，一成不变。

（2）提出请求事项要明确具体。例如，向原审人民法院的上一级人民法院申诉，希望上级人民法院亲自审判，不希望指令原审人民法院再审，则请求事项应写："请依法对本案提审，作出公正合法的判决"；如果请求事项写"请依法处理"，未写明是要求"提审"还是要求"指令再审"，就显得比较笼统，不符合明确具体的要求。如果确属冤假错案，当事人根本无罪，现当事人向原审人民法院申诉，则请求事项可写："请依法对本案进行再审，宣告申诉人无罪"；如果原判决还对申诉人判处罚金或没收财产，则要按照实际情况，提出明确具体的请求。总之，提出请求事项，要从案件实际出发，根据法律对刑事申诉案件的有关规定，提出明确具体的请求。

2. 事实与理由。

（1）叙事的方法和要求需要注意以下几点：

第一，要明确刑事申诉书的事实部分与刑事自诉状的事实部分在写作内容上区别较大，后者叙写被告人的犯罪事实，前者概叙已经发生法律效力裁判的主要内容，即原裁判认定的事实和证据、裁判的理由和法律根据以及裁判的结果，这几方面的内容构成了刑事申诉书的事实部分。把事实部分理解为叙写被告人犯罪或原裁判认定的事实是不妥当的。

第二，采用综合归纳的方法叙事，把原裁判的主要内容综合在一起，形成一个有机的整体，使叙述条理清楚，层次分明，给人留下清晰的印象。切忌简单化，图省事，照抄原裁判文书上的内容。

第三，一般地说，申诉书的事实部分要概括地写，行文要言简意赅，语言精练。但是，对原裁判在认定事实上和适用法律上的错误，则要具体写明，为理由部分的评析批驳提供依据，打下基础。这样可以做到叙事为说理服务，为实现申诉请求服务，使申诉书各部分内容紧密相连，浑然一体。

第四，如果案件经过几次裁判，则主要写最后裁判的内容，其他的裁判以极其简洁的文字交代一下即可。

第五，对原裁判内容要认真研究，吃透其精神实质，准确地概述其要点，为说理提供可靠的依据，注意不要损害其原意，更不能断章取义，各取所需。

（2）申诉书的理由部分是申诉书的主要内容、关键部分。在理由部分，要揭示已经发生法律效力的裁判在认定事实上和适用法律上存在错误，并具体剖析错在哪里，为什么错。说理透彻，击中要害，令人信服，申诉的目的才可望达到。因此，一定要写好这一部分。阐述理由主要应当注意以下几点：

第一，从实际出发，有的放矢。说理要从已经发生法律效力的裁判存在错误的实际出发，针锋相对，有的放矢，击中要害。

首先，对原裁判在认定事实上的错误进行分析。认定事实上的错误通常有以下几种情况：①认定事实完全错误，或认定事实与实际情况有重大的出入；②认定主要事实的证据不确实不充分；③发现了足以影响原裁判结果正确性的新事实、新证据。

对第一种情况，认定事实完全错误，应当通过分析论证，说明此案系错案。所谓案件事实，或系他人栽赃陷害，或系他人捏造，或不存在，或张冠李戴；认定事实与实际情况有重大出入的，则对重大出入之处进行分析，指出哪些方面有出入，差距在什么地方。采用对比的方法进行论述，让人一目了然。

对第二种情况，应在论据上做文章，对原裁判认定主要事实的证据进行分析论证，指出哪些证据不可靠，或证据之间存在矛盾，或证据不能证明案件事实存在，因而证据本身不确实，缺乏证明力；还要指出证据不充分，数量单薄，特别是缺乏必备的基本证据，不足以证明案件事实存在。

对第三种情况，重点是通过列举和分析发现的新事实、新证据，说明原裁判认定的事实有问题、有错误。既然原裁判认定的事实有问题、有错误，那么以有问题、有错误的事实为依据作出的裁判结果，肯定不正确，因此要求法院根据发现的新事实、新证据进行改判，就显得顺理成章。

其次，对原裁判在适用法律上的错误进行分析。适用法律上的错误通常有以下几种情况：①认定的案件性质和罪名出现错误，混淆了罪与非罪的界限，混淆了此罪与彼罪的界限；②量刑不当，畸轻畸重，罪与罚不相当；③严重违反法定的诉讼程序，以至于影响了裁判的正确性、公正性。

对第一种情况，应当以本案事实为根据，以刑事法律条款为准绳，运用犯罪构成的理论进行论证，指出原裁判在哪些方面混淆了罪与非罪的界限，理由是什么；指出原裁判适用法律不当，定性不准，不应当以刑法某条某款确定此罪，而应当以刑法某条某款确定彼罪。

对第二种情况，应当从案情实际出发，结合被告人犯罪的动机、目的、手段、情节、危害后果以及事后态度进行分析，阐明对被告人量刑失当，畸轻或畸重的理由，并指出应当适用什么法律条款，怎样对被告人进行量刑才能做到罪罚相当、公正合法。

对第三种情况，主要指出在诉讼的哪个阶段严重地违反了诉讼程序，并分析违反诉讼程序如何影响了本案裁判的正确性、合法性。

第二，对原裁判在认定事实和适用法律上的错误，不仅要一针见血地指出错在何处，而且要讲明为什么错。批驳错误要注意摆事实讲道理，以理服人，不空泛议论，不一味地指责，不乱扣帽子。

第三，分析要具体，说理要透彻，论证要严密，语意要赅备，文字要简洁。

第四，说理为实现请求事项服务，二者要相互照应，前后一致。

（三）尾部

1. 写明申诉书送达的机关名称，即分行写"此致""××××人民法院"或"××××人民检察院"。

2. 申诉人在右下方署名，并注明年月日。

三、注意事项

1. 申诉与上诉不同，提出的上诉不论是否有理，都会引起上诉审程序；而申诉必须有理，即原裁判在认定事实上或者在适用法律上确有错误，才会引起审判监督程序。因此，撰写申诉书时，应当对原裁判文书进行认真的研究，发现原裁判在认定事实上或者在适用法律上确有错误，才撰写申诉书提出申诉。否则不要撰写，以免浪费笔墨。

2. 到底向哪个司法机关申诉，要以方便申诉为原则。人民检察院直接受理的刑事案件，可以向人民检察院申诉，由于它了解情况，复查起来较方便。向人民法院申诉，一般应向原审人民法院或其上一级人民法院申诉，不宜越级申诉。不宜越级申诉的理由在于，往往申诉人住所地距离被越级的上级人民法院路程较远，往返不方便，不如向原审人民法院或其上一级人民法院申诉方便。

【思考题】

1. 民事起诉状的正文部分应写明哪几项内容？

2. 叙写民事答辩状的答辩意见部分应当注意哪几个问题？

3. 刑事自诉状的正文部分应写明哪几项内容？

4. 叙写民事再审申请书应当注意哪几个问题？

5. 反诉状的特点是什么？

【拓展示例】

示例一：民事起诉状

示例二：行政起诉状

示例三：刑事自诉状

示例四：民事反诉状

示例五：民事上诉状

示例六：行政上诉状

示例七：刑事上诉状

示例八：民事答辩状

示例九：行政答辩状

示例十：民事再审申请书

示例十一：刑事申诉书

第十章

法庭发言词

学习目的和要求：通过本章学习，要求学生了解和掌握律师法庭发言词的概念、功能、结构、内容、写作方法及注意事项，并达到能写会用的要求。

第一节　辩护词

一、概念和功能

辩护词，是指被告人委托的辩护人为维护被告人的合法权益，在法庭辩论阶段所作的系统性发言。

辩护制度是我国法律规定的一项诉讼制度，它是体现社会主义法治民主精神的一项重要制度。根据我国刑事诉讼法的规定，被告人在受到法庭的审理时，享有为了维护自身的合法权益进行辩护的权利。其不仅自己可以行使辩护的权利，还可以委托律师或其他法律允许的人员为自己辩护。同时，刑事诉讼法还规定，辩护人的责任是根据事实和法律，提出被告人无罪、罪轻或者减轻、免除其刑事责任的材料和意见，以维护被告人的合法权益，辩护词正是实现这种辩护职能最重要的工具。辩护词虽然是在法庭辩论阶段当庭的发言，但多数都是事先有所准备的，特别是第一轮的发言，通常是要写成文稿。而在法庭审理中，根据情况的变化，再及时做某些必要的修改。它不属于法定的法律文书，但也有许多值得研究的写作问题。作为律师，更应该从中总结一些辩护词写作的要领和规律，以提高辩护的质量，更好地发挥律师在诉讼活动中的重要作用。

基于上述辩护人的责任，辩护人发表的辩护词从写作上说是一篇具有驳辩性的说理文，具有很强的针对性，它的主要论点一般是针对检察机关所提的起诉书和公诉人当庭发表的公诉意见书。在辩护内容上，主要是针对起诉书或公诉意见书对被告人犯罪事实的认定、对罪名的确定，以及适用法律的理由和根据等方面，有的还可能涉及诉讼程序方面存在的不当等问题。但不论针对什么问题，都必须本着"以事实为根据，以法律为准绳"的原则，据理驳辩，以理服人。既要注意切实维护被告人的合法权益，体现社会主义法律的公正、无私的精神，又要注意维护国家的法律，以实事求是的态度来维护国家法律的正确实施。

二、结构、内容和写作方法

辩护词不是一种法定的文书，因此也谈不到格式。但是从司法实践看，多数的辩护词（指第一轮的发言）大体有一个类似的结构。辩护词的结构大体可以分为前言、辩护意见、结束语三个部分。

（一）前言

1. 申明辩护人的合法地位。根据法律规定，应申明辩护人或者受被告人的委托，或是由×××人民法院指定。有的写受××律师事务所的指派，指派是第二步的问题，是由于被告人委托了××律师事务所，然后律师事务所指派××律师担任被告人的辩护人，从法律根据上说，还是属于受被告人的委托。

2. 辩护人在出庭前所做的工作。一般是查阅了案卷材料，会见了被告人（或是与被告人通了信），作了必要的调查等。最后还要附带地说明其听了法庭调查的情况。

3. 对全案的基本看法。在前文内容叙述的基础上，引出对辩护理由的阐述。前言这一部分，文字力求简洁。

（二）辩护意见

辩护意见是辩护词的核心部分，通常主要是从以下几个方面展开辩论：

1. 对犯罪事实的认定方面。犯罪事实是定罪量刑的事实根据，如果犯罪事实不存在或有较大的出入，就有可能从根本上推翻检察机关对被告人的指控，从而否定被告人的罪行。作为辩护律师，如果发现起诉书中所认定的被告人的行为事实有错误，首先自然要从否定所指控的事实方面进行辩护。在否定行为事实时，最有效的方法是否定原有的证据，提供新的证据，证明被告人根本没有被指控的犯罪事实。具体地说，又有以下几种常见的情况：

（1）某种行为事实虽然存在，但辩护人和公诉人对此行为事实的性质有根本不同的认识。例如，公诉人认为被告人的行为属于防卫过当，而辩护人认为完全是正当防卫；或公诉人认为被告人的罪行属于强奸未遂，而辩护人则认为被告人的行为属于侮辱妇女罪等。

（2）事实部分虽然存在，但有所夸大，甚至于被歪曲。这样辩护律师就需要说明事实真相，建议法庭根据被告人的行为事实来评判被告的人罪行轻重。

（3）被指控的行为事实根本不存在。

2. 对法律适用方面。在适用法律方面主要是指定罪和量刑两个重要的内容。因此，在辩护时就常常涉及罪名的确定是否恰当的问题和量刑轻重的问题。在罪名确定上，自然要根据事实和法律，以较轻的罪名来为被告人辩护。例如，对构不成抢劫罪的被告人，以抢夺罪的罪名为被告人辩护；对构不成强奸罪（未遂）的，以侮辱妇女罪的罪名为被告人辩护。

对确定罪名的辩护，首先要弄清某一罪名的准确含义和条件，并运用法律理论分析、辩驳，说明被告人的行为应属于较轻的一种罪名，而不属于起诉书中所指控的较重的罪名。

关于量刑轻重的辩护，是在承认公诉人指控的罪名的前提下，辩护律师指明被告人还存在着可以从轻处理的事实情节。因而建议法庭在作出处理时予以从轻量刑。因为在法庭辩论阶段，法庭对被告人还没有作出最后的判决，检察院的起诉书中也不可能提出具体的量刑意见，只能有一些原则性的意见，因此，辩护律师所提的有关量刑的意见，也只能是一种建议性的意见，而且也只能提出被告人确实存在的可以从轻的情节和理由。这些情节常见的是被告人已构成了某种罪行，但有自首、未遂或中止的事实情节；或者认罪态度较好、积极退赃等情节；或者虽然构成罪行，但后果不甚严重；或者共同犯罪中不属于主犯而是从犯，个人犯罪中不属于累犯而属于初犯等。总之，这种辩护不是从根本上否定某种罪名，而着重是申明被告人应从轻判处的理由。

3. 某些犯罪行为发生过程中的"情理"可以成为替被告人辩护的内容。这里所说的"情理"，是指符合于社会主义制度的人情事理，例如，符合广大人民群众合法利益的人情事理，而不是别的什么人情事理。例如，被告人的行为属于义愤行为，但造成了严重后果，构成了犯罪。其中如果有可以原谅的因素在内，辩护律师就可以从这方面为被告人辩护。当然多数情况下，也只能作为一种从轻论处的因素，而且从法律理论上说也并不悖谬。因为从犯罪的主观方面看，这也是有可以从轻论处条件的。

（三）结束语

结束语不属于必备的部分，但如能就整个辩护词加以小结，概括全篇发言的论点，并对法庭的最后判决提出一些原则性的建议，也是十分重要的。结束语的文字应该简洁明晰、概括有力，力求做到观点鲜明、意见恳切。

三、注意事项

关于辩护词展开论证的思路（或者称章法），也是一个值得研究的问题。下面提供几种常见的论证问题的章法。

1. 欲进先退。基于大部分刑事案件的被告人都犯有这样那样的罪行。作为刑事案件被告人的辩护人，首先必须尊重客观事实，同时也要以法律为准绳，衡量被告人的行为事实是否已经构成某种罪行。如果确已构成某种罪行，就必须在辩护词中承认被告人犯罪、应承担法律责任；对于被害人也必须深表同情。这些都是"退让"的表现。但作为辩护人还应在此基础上进一步申述理由，进行事理分析，分析事端的引起、各方的责任以及有关方面的处置不当等。这属于"推进"的内容。通过这种推进，可以为被告人提供从轻处理的理由和根据。而且这种展开论证的辩护词，容易为人所接受，也可以减少与公诉人之间的不必要的纷争。

2. 针锋相对。不能否认的是，某些刑事案件中也确有少数被告人被指控的罪行不实，或罪名不当。如果确实遇到这种案件，辩护人自然也不能隐瞒自己的观点。与之相反，辩护人应该观点鲜明地据理驳辩，需要讲明事实真相，以否定起诉书中认定的事实。同时也应据实说理，为被告人作无罪辩护。这时就需要采取与起诉书中的指控针锋相对地论辩的章法。当然，上述论辩必须遵循"以事实为根据，以法律为准绳"的原则，抓住要害，以理服人。任何无理狡辩，或在枝节问题上大做文章的论辩都是不足取的，是必须注意避免的。

3. 借题发挥。有些刑事案件的被告人在起诉书中所认定的事实完全属实，指控的罪名也完全恰当。辩护人从被告人的行为事实，很难为其找到从轻的情节，甚至连被告人的认罪态度也很不好。在这种情况下，辩护人应怎样为被告人辩护呢？这也是值得认真对待的一种情况。有的辩护人则通过被告人的犯罪行为本身，发现足以引起有关方面吸取教训的某些问题，加以发挥。这样的论辩方式，对于加强法制宣传，乃至于对客观地评判案件、公正地处理被告人，也是有作用的。当然，这种发挥必须是和案件有关的问题相联系，切忌随意发挥、漫无边际。

第二节　代理词

一、概念和功能

代理词，是指民事案件的当事人委托他的诉讼代理人在法庭辩论阶段代表原告或被告的一方，为维护其所代表的一方的合法权益，所作的综合性发言。其中代表原告一方的代理词，其作用在于进一步论证和补充原来起诉状的主要内容；代表被告一方的，其作用在于答辩原告所提出的指控。因此，从某种意义上说，代表原告所发表的代理词近似于公诉人所发表的公诉意见书；代表被告一方的代理词，近似于代表刑事被告人发表的辩护词。

代理词的写法大体上和上述两种口头发言的写法相类似。首先要申明代理人的合法地位和开庭前所进行的准备工作。随后着重申明控告被告或答辩原告的理由。就其具体的内容来看，主要是说明纠纷事实本身和必要的证据，阐述控告的理由或答辩的理由。

二、结构、内容和写作方法

律师使用的常见的代理词，结构大体可以分为前言、代理意见、结束语三个部分。

（一）前言

前言即开场白，应当高度概括、精练。写明："尊敬的审判长、人民陪审员：作为原告/被告代理人，现发表以下代理意见。我认为：原告/被告的行为已经……，具体理由如下……"

（二）代理意见

代理意见用来阐述代理律师持有观点的理由与主张。主要陈述己方认可的事实经过，分析当事人的行为性质，说明当事人负有的具体责任形式，以及对案件处理结果的看法与建议。

1. 叙写代理词需要注意的问题。叙写代理词时，应当注意以下几个方面的问题：

（1）论证当事人行为、法律关系的性质。在案件审理过程中，首先需要确认案件中的主要事实、法律行为是否存在及其效力，这是查清事实经过以及确认当事人法律责任的前提。应当重点论证有利于己方当事人行为的合法性，指出对方当事人行为上的瑕疵，依据相关法律规定认定当事人之间形成的法律关系，准确评价法律关系的效力，为确认对方当事人的法律责任奠定事实方面的基础。

（2）充分利用证据证明有利于己方的事实。在客观上，任何一个民事、行政案件都会存在有利于当事人各方的证据。应当根据案情的具体情况，充分肯定有利于己方证据所证明的事实，驳斥对方歪曲真实事实的辩解。同时，应当对不利于己方证据所证明的事实作出符合情理的解释。

（3）分析、评价当事人的行为及其法律责任。在社会交往中，人们的行为应当符合相关法律规定或者相互之间的合同约定，任何一方当事人的行为违反法律规定、约定，都应当承担相应的责任。应当指明对方当事人行为违反法律规定、约定之处，要求对方当事人承担相应的法律责任。

（4）提出、论证己方的合理主张。在说明案件事实、明确对方当事人责任的基础上，论证己方主张的合理性。

2. 几类案件代理词制作的具体要求。以下就民事代理词关于几类不同案件所要求提供的事实和理由提出些参考意见：

（1）关于离婚的案件。首先在事实方面，应讲清双方的婚姻基础，包括相识时间长短、了解程度深浅，是否家庭包办等。然后说明婚后感情的发展变化情况，感情是否破裂、破裂的原因、责任在谁，目前是否分居、分居时间长短、子女的具体情况等。如果要求离婚，应提出正当的离婚理由和具体的要求，如子女的抚养问题、关于财产分割的具体意见等。如果另一方不同意离婚，也应提出正当的理由，举出可以和好的根据。同时，应当注意以婚姻法为法律依据阐明理由。

（2）关于继承案件。首先要用事实说明被代理的一方与被继承人之间的关系，是否属于合法继承人，同时也应说明对方与被继承人之间的关系。讲明继承的标的是动产还是不动产，当前的保管情况，具体的数额等。然后讲清争执的情况和被代理一方以及对方的主张和理由，提出被代理一方的具体要求，反驳对方的理由和要求，并以继承法为法律根据，对被代理一方的理由加以论证。

（3）关于赡养的案件。首先要说明被代理一方与对方之间的关系，说明双方之间是否存在扶养与赡养的关系。然后交代双方之间争执的事实和各自的理由。最后依照有关的民事法规，论证所代理的一方提出要求赡养的理由，或答辩不能给付赡养费的理由。

（4）关于赔偿的案件。首先要写明一方或双方造成损失的事实、损失的财物、数额、价值，以及造成损失的责任。根据有关的民法规定，提出赔偿或拒绝赔偿的要求、理由和根据。

（5）关于合同纠纷的案件。首先写明在何时、何地与对方订立了以何种内容为标的的合同，合同中对标的、价值、规格、履行方式、违约处理办法等项内容的规定，合同履行中所产生的争执。然后根据我国合同法和其他民事法规的规定，阐明指控和答辩对方的理由，明确提出具体的要求。

（三）结束语

结束语可以重申或者强调自己的主张，应当高度概括、确定，无须过多赘述。之后写明："以上代理意见仅供合议庭审理本案时参考。"以此结束在法庭辩论时的首轮发言。

三、注意事项

关于代理词的主要论证方法，即代理词展开论证的思路（或者称章法），也是一个值得研究的问题。下面提供几种常见的论证问题的章法：

1. 据实论证。案情事实是案件的基础，一般情况下，只要把事实如实地说清楚，就能把是非曲直分辨清楚，特别是一些是非界限明确的事实。因此，代表符合事理一方的代理词，常常运用的说理方法就是据实论证的方法，也就是通常所说的"摆事实，讲道理"的方法。这种方法既容易发挥其折服对方的作用，也容易为法庭所接受。

2. 据法论证。事实是案件的基础，但法律是衡量是非的准绳。特别是比较复杂的纠纷事实，倘不用法律加以衡量和分析论证，是不易辨清其具体的是非界限和双方的法律责任的。

3. 据情说理。一般说来，法律与情理是相一致的（但有时也有一定的差距）。在相一致的情况下，有时代理词除应加强法律论证外，还需在情理上作进一步的申说，以取得更好的论辩说理的效果。

【思考题】

1. 辩护词的主要论证方法有哪几种？

2. 辩护词中的"辩护意见"部分通常主要从哪几个方面开展论证？

3. 代理词的主要论证方法有哪几种？

4. 叙写代理词中的"代理意见"部分应当注意哪些问题？

【拓展示例】

示例一：辩护词

示例二：代理词

第 十一 章

仲裁法律文书

学习目的和要求: 通过本章学习, 要求学习者在全面了解仲裁法律文书的概念、特点、功能和种类的基础上, 具体了解和掌握几种常用仲裁法律文书的概念、作用、格式、内容和写作方法以及文书写作需要注意的事项, 并达到结合司法实践能写会用的要求。

第一节 概 述

一、仲裁法律文书的概念和特点

(一) 仲裁法律文书的概念

仲裁, 从字面上讲, 即居中公断之意。这里所说的仲裁, 属于解决社会矛盾的一种制度, 是平等主体之间自愿将争议包括可能发生的争议、已经发生的争议提交第三方进行公平裁断的一种制度。仲裁必须由独立于双方申请人的中立的第三方作出。仲裁文书则是仲裁过程中产生的法律文书, 是仲裁机构和仲裁申请人依据仲裁法和仲裁规则制定的具有法律意义和法律效力的法律文书。

仲裁法律文书是仲裁过程中产生的具有法律意义和法律效力的文书, 既包括仲裁委员会为处理案件而制作的文书, 如仲裁裁决书、仲裁调解书等; 又包括当事人申请仲裁及参加仲裁而制作的文书, 如仲裁申请书、仲裁答辩书等。仲裁文书的写法与诉讼文书有相似之处, 但由于仲裁的特殊性, 仲裁文书也有自己的特点。制作仲裁文书一方面要符合法律、法规的规定, 如《仲裁法》以及仲裁规则对仲裁文书及仲裁申请书、仲裁裁决书的内容都作了具体的规定, 制作时要严格遵守; 另一方面要符合仲裁文书的格式, 做到要素齐全、格式规范、层次分明。仲裁文书一般都由首部、正文、尾部三个部分组成, 正文通常由事实、证据和理由组成, 事实即客观事实, 理由一般是从法律上予以论证, 这两个部分之间在结构上存在内在的逻辑关系。

(二) 仲裁法律文书的特点

1. 仲裁法律文书的制作主体包括仲裁申请人和仲裁机构。仲裁申请人为参加仲裁活动而制作仲裁法律文书; 仲裁机构为处理争议事实和确定申请人之间的权利义务关系而制作仲裁法律文书。在我国, 仲裁机构即仲裁委员会, 包括中国国际经济贸易仲裁委员会、中国海事仲裁委员会以及依仲裁法新组建的各种仲裁委员会。

2. 仲裁法律文书的制作必须符合仲裁法和仲裁规则的规定。仲裁机构和仲裁申请人只能依据仲裁法和仲裁规则所赋予的职权或者权利来制作和使用仲裁文书。仲裁法或者仲裁规则如果对仲裁文书的格式、内容有明确要求的，应当按照相应的要求制作仲裁文书。

3. 仲裁法律文书具有法律意义或法律效力。仲裁文书是在仲裁过程中由仲裁机构和仲裁申请人依法制作和使用的法律文书，是如实反映和记录仲裁活动的专业文书，也是具体适用法律、实现权利义务的结果。因此，无论是仲裁机构制作、使用的仲裁文书，还是申请人制作、使用的仲裁文书，都是具有一定法律意义或效力的。尤其是仲裁机构制作的仲裁裁决书、仲裁调解书，其依法生效后具有强制执行的法律效力，并且未经法定程序，任何人不得随意变更或者撤销。

二、仲裁法律文书的种类

仲裁法律文书可以根据不同的标准划分为不同的类型。

1. 依据制作主体的不同，分为当事人制作的仲裁文书和仲裁机构制作的仲裁文书。当事人制作的仲裁文书包括仲裁协议书、仲裁申请书、仲裁反请求书、仲裁答辩书、仲裁保全措施申请书等；仲裁机构制作的仲裁文书，包括仲裁调解书、仲裁裁决书以及受理或不受理仲裁申请通知书等。

2. 根据案件是否具有涉外因素，分为国内仲裁文书和涉外仲裁文书。国内仲裁文书是仲裁机构和申请人在国内纠纷案件的仲裁过程中，按照国内仲裁程序制作的具有法律效力的文书。涉外仲裁文书是仲裁机构和申请人在涉外经济贸易、运输和海事纠纷案件的仲裁过程中，按照涉外仲裁程序制作的具有法律效力的文书。

3. 根据文书的内容，分为：①申请类，如仲裁申请书、财产保全申请书等；②通知类，如受理案件通知书、应裁通知书等；③笔录类，如调查笔录、仲裁庭开庭笔录类等；④决定类，如仲裁调解书、仲裁裁决书等。⑤其他，如送达回证等。

4. 根据是申请或作出的内容是实体方面还是程序方面，分为仲裁实体文书和仲裁程序文书。前者包括仲裁协议书、仲裁申请书、仲裁调解书、仲裁裁决书等；后者则包括受理或不受理仲裁申请通知书、仲裁应诉通知书、仲裁通知书、指定仲裁员通知书等。

本章主要介绍仲裁协议书、仲裁申请书、仲裁答辩书、仲裁反请求书、仲裁裁决书和仲裁调解书的结构、内容和写作方法。

三、仲裁法律文书的功能

仲裁是指当事人根据他们之间订立的仲裁协议，自愿将其争议提交由非司法机构的仲裁员组成的仲裁庭进行裁判，并受该裁判约束的一种制度。仲裁有民商事仲裁、劳动争议仲裁、人事争议仲裁和农村土地承包纠纷仲裁，本章仅介绍民商事仲裁。仲裁法律文书的功能主要体现在以下几个方面：

1. 维护争议双方的合法权益。仲裁的功能是解决当事人之间发生的纠纷，仲裁委员会在查明事实、适用法律的基础上，确定双方的责任，并通过裁决书体现出来，以确认当事人之间的权利、义务关系，从而维护当事人的合法权益。

2. 有效地约束争议双方。仲裁裁决书一经作出即发生法律效力，仲裁裁决书的效力与生效的民事判决书相同，非经法定程序不得撤销，由国家强制力保障实施，即如果一方不执行仲裁裁决的内容，另一方有权向人民法院申请强制执行。

3. 仲裁的客观依据与记录。仲裁裁决的作出要遵循严格的程序，如争议双方必须事先签订仲裁协议书或者在合同中有仲裁条款，才能够申请仲裁。仲裁协议书和仲裁条款是他们申请的依据，其他文书如当事人制作的仲裁申请书、仲裁答辩书，仲裁保全措施申请书等；仲裁机构制作的受理仲裁申请通知书、仲裁裁决书。无论是涉及程序还是实体内容的仲裁文书，都是仲裁程序的客观记录。

第二节　仲裁协议书

一、概念和功能

仲裁协议书，是指申请人将已发生或将来可能发生的争议提交仲裁机构予以解决，并服从仲裁机构的裁决，以解决纷争为目的的书面协议。仲裁协议在整个仲裁制度中处于至关重要的位置，是仲裁的前提和依据。无论是国际公法上的仲裁，还是国际商事仲裁，抑或是海事仲裁，仲裁协议是整个仲裁制度的基石。

我国《仲裁法》第 16 条第 1 款规定："仲裁协议包括合同中订立的仲裁条款和以其他书面方式在纠纷发生前或者纠纷发生后达成的请求仲裁的协议。"根据该条规定，仲裁协议主要有三种形式：合同中订立的仲裁条款、仲裁协议书和其他书面方式。仲裁条款是仲裁协议的最常见和最主要的表现形式，是指双方申请人在其所签订的合同中约定将来就合同的相关事项发生的争议提交仲裁机构解决的条款，作为合同的一项内容。同时根据《仲裁法》的规定，仲裁协议独立存在，主合同的变更、解除、终止或者无效，不影响仲裁协议的效力。仲裁条款的制作比较简单，通常是在合同中插入"凡因执行本合同而产生的或者与本合同有关的一切争议，双方申请人一致同意提请×××仲裁委员会进行仲裁"这样的条款。仲裁协议是专门性的单独订立的协议书，是独立于主合同之外的专门为解决争议的合意，是在约定没有仲裁条款的情况下而订立的。这种形式是本节介绍的内容。其他书面形式，主要指双方当事人的来往信函、传真、电报等书面材料。例如，两个公司发生经济纠纷后，其中一个公司发出一份传真告知另一公司，希望将双方的纠纷向某仲裁机构仲裁，对方回电予以认可。

仲裁协议的法律特征是：①双方当事人的自愿，如果是一方的意思表示，他方提出异议的，则协议仲裁不成立；②双方当事人可以事先约定或者事后约定将双方的争议交由仲裁机构裁决；③仲裁协议必须是书面的，而不是口头的。

仲裁协议书的功能主要体现在以下几个方面：

1. 约束争议双方。如果当事人发生争议，就必须按照双方签订的仲裁协议并以仲裁方式解决，不得向法院起诉。任何一方如果违反协议向法院提起诉讼，另一方可以根据仲裁协议予以抗辩，要求法院停止诉讼程序，撤销诉讼立案。任何一方提请仲裁的，应向协议中约定的仲裁机构提起申请，不得任意改变仲裁机构或仲裁地点。

2. 是仲裁机构受理仲裁案件的依据。仲裁协议书是申请人选择仲裁方式解决纠纷的依据。《仲裁法》第 4 条规定："当事人采用仲裁方式解决纠纷，应当双方自愿，达成仲裁协议。没有仲裁协议，一方申请仲裁的，仲裁委员会不予受理。"由此可见，仲裁协议是仲裁机构受理仲裁申请的依据和前提，申请人申请仲裁，应当向仲裁委员会递交仲裁协议，仲裁庭便有权进行审理并裁决，否则不予受理。

3. 排除法院的管辖权。《仲裁法》第 5 条规定："当事人达成仲裁协议，一方向人民法院起诉的，人民法院不予受理，但仲裁协议无效的除外。"所以，仲裁协议书还具有排除人民法院对有关案件的管辖权的功能，只要存在有效的仲裁协议书，申请人就无权向法院起诉，只能向选定的仲裁机构申请仲裁，法院不得强制管辖。即使一方违反仲裁协议向法院提起诉讼，法院亦不得立案受理。如果申请人对仲裁裁决不服，申请人向法院起诉或上诉的，法院也不得立案受理。

当事人对仲裁协议的效力有异议的，可以请求仲裁委员会作出决定或者请求人民法院作出裁定。一方请求仲裁委员会作出决定，另一方请求人民法院作出裁定的，由人民法院裁定。当事人对仲裁协议的效力有异议，应当在仲裁庭首次开庭前提出。

二、结构、内容和写作方法

仲裁协议书由首部、正文和尾部三部分组成。

（一）首部

1. 标题。应居中写明文书全称，不能简写成"协议书"。

2. 当事人的基本情况。一般称为甲方与乙方，以及他们的姓名、住址或名称、地址。

（二）正文

正文部分应写明仲裁协议的具体内容。仲裁协议书的内容直接关系到仲裁协议的效力，也就决定争议能否通过仲裁方式予以解决，关系到仲裁机构的管辖权。为了保证仲裁协议有效，仲裁协议书的内容必须全面、完整、清楚地表明申请人的仲裁意愿。根据《仲裁法》第16条第2款规定，仲裁协议书应具备以下内容：

1. 请求仲裁的意思表示。即争议双方在订立合同或者签订其他形式的仲裁协议时，一致同意将他们之间已发生或者将来可能发生的争议，采取仲裁方式解决的共同而明确的意思表示。

2. 仲裁事项。仲裁事项决定申请人提起仲裁的争议以及仲裁委员会受理的争议的范围。仲裁协议中约定仲裁事项要广泛、明确。常见的用语有"因本合同引起的争议""与本合同有关的争议""因本合同引起的及与本合同有关的争议"等。

3. 选定的仲裁委员会。仲裁协议书中必须写明申请人约定的、有权解决争议的仲裁委员会的名称，该名称必须正确。同时，选定的仲裁委员会必须确定、唯一。

（三）尾部

由申请人或者其委托代理人签字，加盖公章，并写明仲裁协议书签订的日期和地点。

三、注意事项

1. 请求仲裁的意思表示必须明确肯定，不允许含糊；同时，请求仲裁的意思表示必须单一指向，不能既指向仲裁又指向诉讼。

2. 仲裁事项必须明确。根据《仲裁法》的规定，如果仲裁协议对仲裁事项没有约定或者约定不明确的，申请人可以补充约定；达不成补充协议的，则仲裁协议无效。

3. 注意争议事项的可仲裁性。《仲裁法》第2条规定："平等主体的公民、法人和其他组织之间发生的合同纠纷和其他财产权益纠纷，可以仲裁。"第3条规定："下列纠纷不能仲裁：①婚姻、收养、监护、扶养、继承纠纷；②依法应当由行政机关处理的行政争议。"所以，申请人约定的仲裁事项必须符合法定的仲裁范围。否则，将导致仲裁协议无效。

4. 选定的仲裁委员会的名称必须正确。最常见的错误是对仲裁委员会的名称表达不正确。例如，"北京仲裁委员会"常常被表达为"北京市仲裁委员会"。如前所述，选定仲裁委员会不仅要明确，还要单一。《仲裁法》规定，仲裁协议对仲裁委员会没有约定或者约定不明确的，申请人可以补充协议；达不成补充协议的，仲裁协议无效。例如，某仲裁协议中："双方同意向北京仲裁委员会或者中国国际经济贸易仲裁委员会申请仲裁……"这里双方约定了两个仲裁机构，属于约定不明确。所以，申请人选定仲裁委员会时，不能选定两个以上的仲裁委员会。

第三节　仲裁申请书

一、概念和功能

仲裁申请书，是指平等主体的公民、法人或者其他组织在发生合同纠纷或者其他财产权益纠纷后，申请人一方或双方根据双方自愿达成的仲裁协议，向其所选定的仲裁委员会提出仲裁申请，要求通过仲裁解决纠纷的书面请求。

仲裁申请书的功能主要体现在以下两个方面：①是申请人提起仲裁的依据与手段。我国《仲裁法》第22条规定，当事人申请仲裁，应当向仲裁委员会提交仲裁申请书。按照此条的规定提请仲裁必须以书面的形式。申请人达成仲裁协议只是表明申请仲裁的可能，此时仲裁程序还未启动。只有当纠纷发生后，申请人向其选定的仲裁机构提交仲裁申请书时，仲裁程序才被启动。②有助于仲裁庭解决纠纷。争议一方提起申请后，对方可提出答辩或仲裁反请求，因此也是被申请人答辩的基础和根据。一份质量较高的仲裁申请书，不仅有利于申请人完整准确地陈述自己的意见和主张，也有利于仲裁庭顺利受理并查明案件。

二、结构、内容和写作方法

仲裁申请书包括首部、正文、尾部三部分。

（一）首部

1. 标题。居中写明文书的名称，即"仲裁申请书"，不能简写成"申请书"。

2. 申请人和被申请人的基本情况。争议双方当事人的称谓应为"申请人""被申请人"。实践中，有将双方当事人称谓写为"申诉人""被诉人"；"原告""被告"，都是不准确的。基本情况包括申请人的姓名或名称、住所、邮编、电子信箱、电话、传真等。申请人如果是法人或者其他组织的，还要写明法定代表人或者主要负责人的姓名、职务、电话、传真等。如果申请人委托律师或者其他人员作为代理人进行仲裁活动的，还应写明委托代理人的姓名、地址、邮编、电话和传真等。

（二）正文

1. 申请仲裁的依据。即申请仲裁所依据的书面仲裁协议或仲裁条款。因为书面仲裁协议是使仲裁机构具有解决纠纷的管辖权的依据，所以应写明仲裁协议或仲裁条款的内容，同时注明仲裁条款具体所在的合同的位置以及合同具体所在的附件序号。

2. 仲裁请求。即申请人要求仲裁机构予以评断、解决的具体事项，包括要求仲裁机构确认某种法律关系是否存在，裁决被申请人履行给付义务，变更某种法律关系等。仲裁请求应当合理合法、具体完整，语言表达力求言简意赅。如果是给付之诉，就要写明给付的标的和给付的具体数额。如果有多项请求，要逐项分行写明。同时注意，仲裁请求只能在仲裁协议所约定的范围内，且不能超出仲裁委员会有权裁决的事项范围。

3. 申请仲裁的事实与理由。这是仲裁申请书的核心内容，也是仲裁机构审理的对象和依据。事实与理由主要包括：申请人之间就争议事项形成的事实；双方申请人争执的具体内容和焦点；被申请人应承担的责任并说明理由以及所适用的法律等。仲裁申请大多为合同纠纷案，这类案件的事实部分要写明：订立合同的时间、地点和合同的主要内容；被申请人违反合同中的什么义务事项，给申请人造成了怎样的经济损失，被申请人以什么理由为借口拒不履行合同等内容。而且根据具体的案情，写作时的侧重点有所不同，如果因合同本身发生争执，要写明订立合同的经过及合同的内容；如果是在履行合同时产生纠纷，着重写明履行合同的情况。

在理由部分，首先必须判明当事人存在何种法律关系及所存在的法律关系（如买卖合同关系）是否有效；其次对违反合同的事实进行概括、归纳，使案情与分析衔接呼应；再次依据有关实体法、法规、政策等，联系上述事实，指明被申请人行为违反合同的性质，说明申请人的正当权益应该受到保护。

（三）尾部

1. 写明致送的仲裁委员会的名称，即在仲裁协议中选定的仲裁委员会的名称。

2. 右下方写明申请人的姓名或者名称，申请人是法人或者其他组织的，要加盖印章，并写明法定代表人的姓名和职务。另起一行写明制作文书的日期。

3. 附项。注明仲裁申请书副本的份数；提交证据的名称、份数，并按编号顺序附于申请书后。如果要仲裁机关支持自己的主张，必须提供相应的证据，即写明有关证据的名称。

4. 声明。在涉外仲裁申请书的尾部通常都要附加选定仲裁员的声明。《仲裁法》第31条规定："当事人约定由三名仲裁员组成仲裁庭的，应当各自选定或者各自委托仲裁委员会主任指定一名仲裁员，第三名仲裁员由当事人共同选定或者共同委托仲裁委员会主任指定。第三名仲裁员是首席仲裁员。当事人约定由一名仲裁员成立仲裁庭的，应当由当事人共同选定或者共同委托仲裁委员会主任指定仲裁员。"

三、注意事项

把握好了仲裁申请，就为胜诉打下了良好的基础。但是，实践中申请人往往不太注重仲裁申请，如果申请不正确或超越了合同的规定，会使本来应该胜诉的案件导致败诉的结果，尤其是比较复杂的案件，应当对有关事实、证据及相关的合同规定、法律规定进行全面分析判断，经过慎重考虑之后再提出仲裁申请。提出仲裁申请应注意以下问题：

1. 仲裁请求。书写仲裁请求时，要注意以下几点：

（1）当事人的名称要与包含仲裁条款的合同中或双方达成的仲裁协议中签字盖章的名称一致。如果合同中或仲裁协议中的一方或双方使用英文名称，则申请书中当事人的名称也应当用英文。申请书中当事人名称与仲裁协议中名称的一致性，通常是仲裁委员会在决定是否受理案件时审查的一个重要方面。申请人在提起仲裁申请时，总是希望仲裁委员会尽快立案，使该案尽快进入仲裁程序，但如果对方名称不清，反而会延误时间。争议双方的通讯地址必须是有效送达的通讯地址。如果主张利息请求，应明确利息计算的起止日期及计算的利息。

（2）依据法律及合同规定确定恰当、合理的诉讼请求。提出仲裁请求时一定要紧紧围绕法律及合同进行，所提的仲裁请求一定要有相应的法律及合同依据，不能凭主观臆断，更不能感情用事。

（3）仲裁请求的内容不能超越特定的合同规定。申请人申请仲裁时，只能对特定合同中发生的争议事项提请仲裁，超出合同范围的请求，仲裁庭一律不予支持，也无权支持。

（4）仲裁请求赔偿的金额要适当。申请人确定赔偿数额时，不要盲目地扩大请求额，因为对申请人而言，即使多主张也不会得到支持，反而需要多交仲裁费。确定赔偿的数额要根据法律的规定，同时要举出充足的证据。请求的金额要写明币种。

（5）申请书后最好附一张证据清单，按先后顺序列明证据材料的内容或要证明的事项。

2. 申请仲裁的事实。书写申请仲裁的事实时，要注意以下几点：

（1）注意人称的一致性，不要第一人称与第三人称混用。

（2）要围绕纠纷发生的起因、经过和结果来写事实，并突出双方的争执点或主要分歧。

（3）注意事实的客观性，并运用证据予以支持。

3. 申请仲裁的理由。对申请仲裁的理由的论证要充分、严密。首先针对仲裁请求、主张或意见进行分析，有针对性地论证，做到有的放矢。其次要运用法律论理，不能仅凭法律意识空发议论。

第四节　仲裁答辩书

一、概念和功能

答辩是被申请人所享有的一项重要权利，被申请人提交仲裁答辩书是其行使答辩权的重要体现。仲裁答辩书，是指仲裁案件的被申请人针对申请人在仲裁申请书中提出的仲裁请求以及所依据的事实和理由作出辩解和反驳而制作的法律文书。根据《仲裁法》第25条第2款规定，被申请人收到仲裁申请书副本后，应当在仲裁规则规定的期限内向仲裁委员会提交答辩书。仲裁委员会收到答辩书后，应当在仲裁规则规定的期限内将答辩书副本送达申请人。

仲裁答辩书的功能主要体现在以下两个方面：①维护被申请人的合法权益。被申请人依法提出答辩书，针对申请人的仲裁请求进行答复和反驳，可以表明自己对申请人的仲裁态度，维护自己的合法权益。②有利于仲裁机构作出公正的裁决。仲裁答辩书可以使仲裁机构在全面了解案情，掌握双方申请人争议的焦点，查明案件事实之后作出裁决。因此，仲裁答辩书是一种非常重要的仲裁文书。当然，仲裁答辩书在仲裁程序中并非必不可少的，被申请人未提交答辩书的，不影响仲裁程序的进行。

二、结构、内容和写作方法

仲裁答辩书包括首部、正文和尾部三个部分。

（一）首部

1. 标题。居中写明文书名称，即"仲裁答辩书"。

2. 被申请人（答辩人）的基本情况。应当写明被申请人的姓名或名称、住所、邮编、电子信箱、电话、传真等。被申请人如果是法人或者其他组织的，还应当写明法定代表人或者主要负责人的姓名、职务等。如果有委托代理人的，还应写明其姓名、地址、邮编、电话和传真等。

3. 案由及案件的来源。应写明答辩人进行答辩所针对的具体纠纷。一般表述为："答辩人就与×××之间的争议仲裁案（案件编号：（×××）京仲案字第×××号）提出答辩意见如下："。

（二）正文

正文包括答辩理由和答辩意见。这是仲裁答辩书的核心。答辩人既可以从事实、证据和法律方面对申请人的仲裁请求进行答复和反驳，也可以从程序和实体方面的内容进行反驳。答辩人要清楚地表明自己的态度，提出对案件的主张和理由。如果认为申请人提出的事实有误，要澄清事实并提供相应的证据；如果认为申请人适用法律错误，则援引自己认为正确的法律依据并阐明理由。同样，也可以从仲裁程序方面进行反驳，如指出仲裁协议无效或者仲裁委员会对该争议无权管辖等。无论从哪个方面进行答辩，都要注意有理有据、合理、合法。最后要在充分反驳仲裁申请书的内容之后，提出自己的主张及要求。

（三）尾部

1. 写明致送的仲裁委员会的名称。

2. 右下方写明答辩人的姓名或者名称，如果答辩人是法人或者其他组织的，要加盖印章。另起一行写明制作文书的日期。

3. 附项。注明仲裁答辩书副本的份数，提交证据的名称、份数，并按编号顺序附于答辩书后。

三、注意事项

1. 围绕申请人的仲裁请求及双方签订的合同进行答辩。一方面，答辩书的事实及理由应当紧紧围绕申请人的仲裁请求进行，证明申请人的仲裁请求哪些是不成立的，哪些是没有事实依据的，哪些是缺乏法律依据的。答辩书切忌漫无目的，而应当有针对性，通过事实及法律依据，反驳对方观点并提出自己的主张。另一方面，还要针对合同进行答辩。仲裁是对具体合同项下双方当事人因履行合同而产生争议的审理。因此，合同中有明确规定的，当事人才能享受相应的权利；同样，也只有合同中有明确规定的，当事人才应当承担相应的义务。被申请人应对照合同，看对方指责己方如何违反合同，违反的是什么条款，再结合实际作出答辩。

2. 事实和理由要有针对性地展开。答辩人要根据申请人在仲裁申请书中所叙述的事实和理由进行回答和反驳。要紧紧围绕争议的事实是否存在，谁有过错，谁承担责任等问题，结合法律进行反驳，不要脱离仲裁申请书所阐述的内容。反驳要有理有据，不能强词夺理。

3. 答辩书应当尽量全面完整。不能对仲裁申请作简单的反驳，这样会不利于被申请人；反驳对方的事实时都要举出过硬的证据。

第五节　仲裁反请求书

一、概念和功能

仲裁反请求是在仲裁程序进行过程中，被申请人对申请人提出的独立的反请求。反请求可以单独提出，也可以与答辩一起提出。仲裁中提起反请求不得以口头的方式提出，必须以书面的形式，即书写仲裁反请求书。仲裁反请求书，是指仲裁机构在受理了一方申请人的仲裁申请后，另一方申请人就同一争议，依据同一仲裁协议，向同一仲裁机构针对申请人的仲裁请求提出要求仲裁机构作出对自己有利的裁决的书面请求。仲裁反请求书不同于仲裁答辩书，而是兼具仲裁申请书与仲裁答辩书的特点。仲裁答辩书只是反驳申请人的主张，说明其仲裁请求不能成立，仲裁机构应予驳回；而仲裁反请求书不仅要反驳申请人的仲裁请求，更重要的是要提出自己的仲裁请求，要求仲裁机构支持自己的仲裁请求。

仲裁反请求书的功能主要体现在以下几个方面：

1. 用以抵消或吞并申请人的诉讼请求。仲裁大多涉及的是一些比较复杂的案件，双方或多方当事人之间有时往往互有错误。在这种情况下，被申请人提出反请求，有利于案件得到全面、公正的解决，使双方的利益都能得到很好的保护。

2. 使双方当事人真正处于平等地位。仲裁庭就申请人提出的请求事项进行审理，如果被申请人提出答辩，则只能就申请人提出的指控作出反驳或解释，这样在整个仲裁审理过程中，被申请人就只能处于被动挨打的地位。而反请求的提出，使被申请人也有权利对申请人的违约行为提出指控，要求其承担相应的违约责任，使被申请人的被动地位得以转变。

3. 增加谈判筹码，促使双方达成和解。实践证明，当双方谈判破裂，一方当事人提出仲裁申请后，被申请人如果再想通过调解解决纠纷，就需要作出更大让步，因为对方既然已经下决心提起仲裁，往往不会轻易撤回申请。但是，如果被申请人能够提出理由充分的反请求，则会增加自己手中的谈判筹码，迫使申请人不得不重新考虑各方在遵守合同方面的优势与劣势，有利于争议能够公正、迅速地得以解决。

二、结构、内容和写作方法

（一）首部

1. 标题。应写明文书的名称，即"仲裁反请求书"。

2. 写明被申请人与申请人的基本情况。被申请人与申请人基本情况的写法同仲裁申请书。

（二）正文

1. 反驳对方的仲裁请求和所根据的事实、理由，充分论证对方的仲裁请求不能成立或不能完全成立。具体写法可参照仲裁答辩书的相关要求。

2. 提出反请求所根据的事实。仲裁反请求书从根本上说就是一个独立的仲裁申请书，所以一定要明确提出自己的仲裁请求，不能只反驳申请人的请求，而忘了提出自己的请求事项。该部分的具体要求，可参照仲裁申请书的相关内容。

3. 提出反请求的理由。通常需要运用法律进行论证，说明反请求的合法性，以支持自己的主张。

（三）尾部

1. 写明致送的仲裁委员会的名称。

2. 右下方写明反请求人的姓名或者名称，反请求人是法人或者其他组织的，要加盖印章。另起一行写明制作文书的日期。

3. 附项。注明仲裁反请求书副本的份数，提交证据的名称、证人的姓名、住所等，并按编号顺序附于反请求书后。

三、注意事项

在叙述有关争议事实与提供有关证据后，在正文中的理由部分，除应论证申请人的仲裁请求不能成立或者不能全部成立外，重点应论证自己所提出的仲裁请求的合理性与合法性，说明自己的仲裁请求能够成立，请求仲裁机构支持。要立论和反驳并存，一般先证明对方所提事实与证据虚假因而不能成立，或者说明对方的主张没有法律依据或与法律相抵触，再证明自己所提事实的真实性和请求的合法性。

第六节　仲裁裁决书

一、概念和功能

仲裁裁决书，是指仲裁庭依据申请人的申请，依照法定的程序，对申请人与被申请人之间的纠纷进行审理后，根据查明的事实和认定的证据，适用相关的法律，最终在实体上对双方的权利义务争议所作出的具有法律效力的裁判文书。仲裁裁决分为中间裁决、部分裁决和最终裁决，这里主要是指最终裁决。在案件审理结束时所作的裁决是终局的，仲裁裁决书的作出标志着仲裁程序的终结，裁决对争议双方具有约束力和强制执行力。

根据《仲裁法》的规定，仲裁案件在以下三种情况下制作裁决书：①当事人达成和解协议，即当事人自行和解，经仲裁庭审查后，可基于当事人的和解协议作出裁决。②在仲裁庭主持下当事人达成调解协议，仲裁庭根据协议的结果制作裁决书。这两种裁决书的制作相对较为简单，因为当事人已对争议事项的解决达成了一致意见，只不过需要仲裁庭以裁决的形式对协议的结果进行确认。③当事人没能达成和解，或仲裁庭调解未果，仲裁庭径行对仲裁请求事项作的裁决。这类仲裁裁决书的写作难度最大，要求也最高。

仲裁裁决书的功能体现在：①正确及时地解决经济纠纷，维护经济秩序；②确定当事人的权利与义务，保护当事人的合法权益。

二、结构、内容和写作方法

《仲裁法》第54条规定："裁决书应当写明仲裁请求、争议事实、裁决理由、裁决结果、仲裁费用的负担和裁决日期。当事人协议不愿写明争议事实和裁决理由的，可以不写。裁决书由仲裁员签名，加盖仲裁委员会印章。对裁决持不同意见的仲裁员，可以签名，也可以不签名。"这是制作仲裁裁决书的法律依据。仲裁裁决书与民事判决书很相似，尤其是正文部分。但是相比之下，仲裁裁决书的制作灵活性较大，对争议事实和裁决理由，申请人协议不愿写明的，可以不写。仲裁裁决书也包括首部、正文、尾部三部分。

（一）首部

1. 写明文书制作机关、文书名称和文书编号。

2. 申请人与被申请人的基本情况。其写法同仲裁申请书。

3. 仲裁的程序。包括：当事人名称；仲裁委员会受理案件的时间和依据；案件的编号；案件适用的仲裁程序；仲裁庭组成的情况，包括当事人选定的仲裁员、仲裁委员会主任指定的仲裁员、组庭日期、仲裁员姓名，仲裁员有无回避情形；仲裁材料提交、送达的情况；当事人申请财产保全、证据保全及对此申请的处理和关于保全的结果情况；当事人提出的反请求或仲裁协议效力及其处理情况；案件书面审理或开庭的情况；仲裁程序中止或中断的情况；缺席裁决、部分先行裁决的情况和延长仲裁时间的情况等。

（二）正文

这部分是仲裁裁决书的主体，包括案情、仲裁庭的意见和裁决结果三个部分。

1. 案情。对仲裁申请书、仲裁答辩书及仲裁反请求书的主张和意见加以概括，反映争议双方及其他们代理人的观点和意见。叙写这一部分应注意对双方的意见要做客观的反映，即不失原意、完整准确地表达出来。一方面要准确归纳、概括；另一方面还要简洁、扼要。此外，裁决书要反映争议双方举证和质证的情况。当事人基于证明案件的真实情况，都要提供相关证据，双方还要进行质疑和说明，仲裁庭围绕真实性、合法性与关联性进行认证。特别是对有争议的证据，裁决书要进行分析，并在此基础上作出采纳和否定。

2. 仲裁庭的意见。应当先提出双方争议的焦点，然后根据仲裁庭查明的事实和证据，依据有关的法律、法规，说明双方的哪些主张和请求是合法的，应予支持；哪些主张和请求是不合法的，不予支持或驳回。该部分要说理充分，有针对性，针对双方的争议焦点和仲裁请求，摆事实、讲道理，对申请人的每个仲裁请求都要明确表明态度。焦点问题通常包括：适用的法律、合同的效力、双方的责任等。

书写仲裁庭的意见要注意以下几点：

（1）论证清楚申请人与被申请人之间的法律关系或双方行为的效力。有时案件很复杂，申请人与被申请人之间存在多重关系，因此首先说明他们之间存在何种法律关系，其次说明法律关系是否有效，这是解决纷争的前提。论述时不能含混不清、似是而非，或不论述有效、无效及合法、违法的原因与理由。

（2）运用法律论理。这是目前仲裁裁决书比较缺乏的，如果双方对适用法律有争议时，裁决书更要对为什么适用此种法律规定而不适用彼种法律规定加以解释。至于具体的违约事实有哪些，当事人为什么要承担违约责任的具体理由，也要详细论证，如果判决的结论是一果多因，就要论证充分，从多个角度进行分析，不能只选择其中一二项加以说明。

（3）说理要有针对性。应针对申请人的诉讼请求、主张，采信或否定证据，以及适用仲裁程序等内容进行分析说理。仲裁裁决书应当认真地分析当事人的请求、主张或意见是否合理和合法，有针对性地发表支持或否认的评论和理由，一定要做到有的放矢，使论述的理由准确，说服力强。

（4）说理要有逻辑性。仲裁裁决的作出是以事实和法律适用为基础，以逻辑推理为思维方式进行推演并得出裁决结果。阐述裁决理由是一个综合的、缜密的和严格的推理过程，说理要反映仲裁庭判断是非责任的法律思维过程，即仲裁员心证的过程。

（5）说理要有合理性。我国《仲裁法》第7条规定，"仲裁应当根据事实，符合法律规定，公平合理地解决纠纷"。在成文法不足的情况下，仲裁庭在符合法律规定的前提下，可以遵循商业惯例、行业惯例，公平合理地作出裁决。相比之下，仲裁裁决体现了对客观商业活动规律的尊重，更有利于纠纷的解决。裁决书中援引商业惯例、行业惯例要以合理解决纠纷为目的，依情说理，情理讲得透、说得明。

3. 裁决结果。裁决结果是对案件实体问题所作的处理决定，是根据仲裁庭查明的事实、证据和法律依据等，针对申请人的仲裁请求作出的仲裁裁决。裁决结果明确双方的法律关系以及责任的承担，确定双方的权利义务以及履行责任的期限和方式等。对这部分的表述要清楚，对仲裁请求都要作出决定。同时，还应写明仲裁费用的数额及分担，确定是一方负担还是双方分担以及分担的理由。

（三）尾部

1. 写明仲裁裁决书的生效时间。根据《仲裁法》的规定，一般表述为"本裁决为终局裁决，自作出之日起发生法律效力"。

2. 仲裁庭成员的署名并加盖仲裁委员会印章，注明制作裁决书的日期。由三名仲裁员组成仲裁庭的，依序写明首席仲裁员及其他两名仲裁员的姓名。由一名仲裁员组成仲裁庭的，只写其姓名即可。对仲裁裁决持有不同意见的仲裁员，在仲裁书上可以签名，也可以不签名。

3. 仲裁秘书署名。

三、注意事项

1. 裁决书的文字表达要清楚明确。仲裁裁决书是仲裁庭行使仲裁权的集中体现，也是申请人行使权利、履行义务的依据，所以语言表达要清楚明确。

2. 一般情况下应写明争议事实和仲裁理由，但如果申请人不愿写明争议事实和理由的，可以不写。这是仲裁裁决书与民事判决书的不同之处。

3. 仲裁裁决书的引言部分一定要写明受理案件的依据，即申请人之间的仲裁协议和申请人的仲裁申请。因为根据法律规定，如果没有仲裁协议，作出的仲裁裁决可能会因申请人的申请，由人民法院予以撤销。

4. 仲裁裁决书的案情部分，要概括双方申请人在仲裁申请书和仲裁答辩书中，以及仲裁过程中提出的事实、理由和仲裁请求。排列顺序是先写申请人的主张和请求，再写被申请人的答辩理由和要求。要注意全面、客观，表达清楚，抓住争执的焦点。

5. 对于仲裁结果，既要对双方的请求予以答复，或支持或驳回，分项表述；同时又不能超出仲裁请求，必须针对双方的请求事项作出。裁决结果必须明确、具体，便于申请人与被申请人执行。

第七节　仲裁调解书

一、概念和功能

仲裁调解书，是指在仲裁过程中，仲裁庭根据申请人双方自愿就申请仲裁的争议达成的协议所制作的具有法律效力的法律文书。调解并不是仲裁的必经程序，仲裁庭应当在查明事实、分清是非的基础上，以自愿、合法为原则，进行调解。

我国《仲裁法》第51条规定，仲裁庭在作出裁决前，可以先行调解。当事人自愿调解的，仲裁庭应当调解。调解不成的，应当及时作出裁决。调解达成协议的，仲裁庭应当制作调解书或者根据协议的结果制作裁决书。仲裁调解书只适用于国内仲裁，为了便于在国外执行，涉外仲裁即使是调解结案的，仍用裁决书的形式。仲裁调解书自双方申请人签收之日起生效，与裁决书具有同等的法律效力，可作为执行的根据，如果一方申请人不履行调解书，另一方申请人可以据此向有关的人民法院申请强制执行。《仲裁法》第52条规定："调解书应当写明仲裁请求和当事人协议的结果。调解书由仲裁员签名，加盖仲裁委员会印章，送达双方当事人。调解书经双方当事人签收后，即发生法律效力。在调解书签收前当事人反悔的，仲裁庭应当及时作出裁决。"这是制作仲裁调解书的法律依据。

仲裁调解书是争议双方在仲裁员的主持下，在互谅与协商的基础上达成协议后，由仲裁员制作调解书，因此，仲裁调解书对于迅速、彻底地解决纠纷起着重要作用，同时也便于裁决的执行。

二、结构、内容和写作方法

（一）首部

1. 标题。包括文书名称和文书编号。文书名称包括制作机关名称。例如，"×××仲裁委员会调解书"。文书编号在文书名称的右下方标明。

2. 申请人与被申请人的基本情况。

3. 引言。包括仲裁委员会受理案件的依据、仲裁庭的产生和组成情况以及仲裁庭对案件的审理情况等程序性事项。主要是为了表明仲裁程序的合法性。

（二）正文

1. 写明双方申请人争议的事实和仲裁请求。双方申请人争议的事实可以简要概括，但是对于仲裁请求则要根据申请人的仲裁申请书以及仲裁反请求书，写得清楚、完整。写明仲裁请求是法律要求写出的内容。

2. 写明双方申请人达成的调解协议的具体内容。《仲裁法》明确规定，调解书应当写明申请人与被申请人协议的结果。该部分是仲裁调解书的核心部分，其内容决定双方的权利义务，既包括实体权利争议所达成的协议内容，也包括有关仲裁费用分担的内容。

3. 仲裁庭经过对调解协议的审查，表明对调解协议的态度。仲裁庭应当对双方申请人达成协议的内容进行审查，确认其与事实相符，不违反法律规定，不损害他人的合法权益。

（三）尾部

1. 写明仲裁调解书的生效时间。根据《仲裁法》的规定，可表述为："本调解书与仲裁裁决书具有同等法律效力，自双方申请人签收之日起生效。"

2. 仲裁庭成员的署名并加盖仲裁委员会印章，注明制作调解书的日期。由三名仲裁员组成仲裁庭的，依序写明首席仲裁员及其他两名仲裁员的姓名。由一名仲裁员组成仲裁庭的，只写其姓名即可。

3. 仲裁秘书署名。

三、注意事项

1. 仲裁调解书的内容，一定是申请人双方达成协议的内容。另外，写入调解书的内容必须是符合法律规定的。

2. 仲裁调解书对于争议的事实可以简要概括，但对于仲裁请求和协议内容一定要具体、明确。同时，对于放弃仲裁请求的内容也应一并写明。协议的内容不止一项的，应分项列明，并记载履行的期限和履行方式，使调解书具有可操作性。

3. 调解依据的写作必须实事求是。申请人达成调解协议既可以依法而成，也可以是依照一定的社会情理，应结合实际情况表明其依据。

【思考题】

1. 简述仲裁协议书的概念和功能。

2. 简述仲裁答辩书的功能。

3. 仲裁申请书在写作时应注意哪些问题？

4. 仲裁裁决书应主要写明哪些内容？

5. 仲裁调解书正文部分需要写清哪些内容？

6. 简述仲裁反申请书的概念和功能。

【拓展示例】

示例一：仲裁协议书

示例二：仲裁申请书

示例三：仲裁答辩书

示例四：仲裁反请求书

示例五：仲裁裁决书

示例六：仲裁调解书

第十二章

公证法律文书

学习目的和要求：通过本章学习，要求学习者在全面了解公证法律文书的概念、特点、作用和种类的基础上，具体了解和掌握几种常用公证法律文书的概念、功能、结构、格式内容、写作方法和需要注意的事项，并结合司法实践，达到能写会用的要求。

第一节 概 述

一、公证法律文书的概念和特点

（一）公证法律文书的概念

公证是公证机构根据自然人、法人或者其他组织的申请，依照法定程序对民事法律行为、有法律意义的事实和文书的真实性、合法性予以证明的活动。公证法律文书，从广义上讲，是指公证机构依法制作的各类法律文书、表格的总称。具体包括公证书、公证决定书、公证申请表、公证受理通知书、公证告知书、公证送达回证、公证谈话笔录等；从狭义上讲，公证法律文书主要是指各类公证书，即公证机构根据当事人的申请、依照事实和法律，按照法定程序和格式出具的证明民事法律行为、有法律意义的事实和文书真实、合法的证明文书。

（二）公证法律文书的特点

1. 公证法律文书是由法定的机构出具的法律文书。《公证法》第 6 条规定："公证机构是依法设立，不以营利为目的，依法独立行使公证职能、承担民事责任的证明机构。"公证是由专门机构和专业人员进行的一种特殊证明活动。我国法律规定，公证机构是进行公证活动的法律证明机构。公证处应成为执行国家公证职能、自主开展业务、独立承担责任、按市场规律和自律机制运行的公益性、非营利性的事业法人。

2. 公证法律文书是按照法定程序及格式出具的法律文书。公证证明活动要按照法律规定的程序进行。为了规范办证程序，保证公证质量，司法部专门制定了《公证程序规则》来规范公证办证程序。因此，公证法律文书是经过严格审查，按照法律程序出具的，具有特殊效力的法律文书。公证书从申请、办理到最后的出证环节，都严格遵循法定程序，是在法定期限内出具的。此外，司法部先后颁布了《要素式公证书格式》及《定式公证书格式》，要求公证书严格按照固定格式出具，不得随意更改，以保证公证法律文书的严肃性。

3. 出具公证法律文书遵循"真实、合法"的原则。公证机构受理公证申请后，公证人员应当根据不同公证事项的办证规则审查当事人的意思表示是否真实，申请公证的文书的内容是否完备，含义是否清晰，签名、印鉴是否齐全，提供的证明材料是否真实、合法、充分，申请公证的事项是否真实、合法。当事人应当向公证机构如实说明申请公证事项的有关情况，提交的证明材料应当真实、合法、充分。公证机构在审查中，对申请公证事项的真实性、合法性有疑义的，认为当事人的情况说明或者提供的证明材料不充分、不完备或者有疑义的，可以要求当事人作出说明或者补充证明材料。作为公证证明活动的记录和成果的公证法律文书应遵循"真实、合法"的原则。

二、公证法律文书的种类

（一）按照公证证明对象的不同分类

按照公证证明的对象的不同，分为法律行为类公证书、有法律意义的事实和文书类公证书、认证类公证书三类。

1. 法律行为类公证书证明公证申请人具有从事所为行为的资格和相应的民事行为，意思表示真实，行为内容和形式合法。

根据《公证法》第31条和《公证程序规则》第36条的规定可知，法律行为公证的申请人应具有相应的民事行为能力或由法定代理人代为申请，意思表示应当明示且自由、真实，无被人欺诈、受他人胁迫的情形，意思与表示一致，无瑕疵，申请人对行为的方式、内容、后果无重大误解。法律行为类公证包括：各类合同、协议、委托、声明、招标、投标、拍卖、贷款、抵押、股票发行、股份制企业的创立、有价证券转让、票据拒付、提存、国有土地使用权的出让、转让、商品房的买卖、预售、房屋租赁、各类社会活动、保全证据以及继承、收养、遗嘱、赠与等。

2. 有法律意义的事实和文书类公证书证明申请人与申请的公证事项具有利害关系，所证事实或文书真实无误，事实或者文书的内容和形式合法。

有法律意义的事实是指法律上对当事人民事权利义务关系的设立、变更或者终止，或民事权利的实现有一定影响作用的客观事实，分为法律事件及非争议性事实两类，包括意外事件、空难、海难、出生、生存、死亡、亲属关系、国籍等。

有法律意义的文书是指一切在法律上和事实上具有特定意义或作用、能够对当事人之间权利义务关系的设立、变更和终止产生影响的各种文件、文字材料和证书等的总称，包括法人资格证书、公司章程、资产负债表、董事会决议、资信证明、商标注册证书、存款证明、各类专业技术资格证书、毕业证书、学位证书、成绩单、结婚证书、离婚证书等。

3. 认证类公证书证明文书上的签字、印鉴、日期真实无误，文书的副本、影印本、译本等文本内容与原本相符。

认证类公证是指公证机构证明当事人在文书上的签名、印鉴属实，文书的副本、影印本与原本相符。认证类公证只需要审查签名、印鉴的真实性，而对文书的内容不进行审查，对于经过审查的事项如委托书、声明书、遗嘱、证人证言等文书上的签名、印鉴属实的出具认证书。

认证类公证书与领事认证有一些区别和联系。

《公证法》第33条规定："公证书需要在国外使用，使用国要求先认证的，应当经中华人民共和国外交部或者外交部授权的机构和有关国家驻中华人民共和国使（领）馆认证。"这一条是关于涉外公证书领事认证的规定。领事认证是指领事认证机构根据自然人、法人或其他组织的申请，对国内涉外公证书上最后一个印鉴、签名的真实性予以确认的活动。认证的目的是使公证书能在其他国家境内得以承认，不会因怀疑公证法律文书上的印鉴、签名的真实性而影响其域外的法律效力。认证不对公证书证明的事项行使证明职能，不对公证书内容本身的真实性、合法性负责，公证书内容由公证法律文书出具机构负责。

一般情况下，我国内地出具的涉外公证书在送往国外使用前，应按有关规定办理领事认证。目前，日本等少数国家对我国文书免除领事认证，美国、法国等国免除我国部分种类文书的领事认证。但如上述国家的有关主管机关要求文书办理领事认证的，则应按其要求办理领事认证。

公证书的领事认证分为单认证和双认证两种。所谓"单认证"，是指我国内地有关机构出具的涉外公证书或其他证明文书在送往国外使用前只需办理我国外交部领事司或其委托的地方人民政府外事部门（以下称地方外办）的领事认证，文书使用国即可接受该文书。被委托办理领事认证的地方外办只有本省（市、区）内涉外公证机构或其他出文机构的印章或签字备案，因此不能为其他省（市、区）出具的文书办理领事认证。所谓"双认证"，是指我国内地有关机构出具的涉外公证书或其他证明文书在送国外使用前，办理好我国外交部领事司或其委托的地方外办的领事认证后，还需按文书使用国要求办理该国驻华使领馆的领事认证，方可被文书使用国接受。

两者的区别有：①受理机构不同。公证由公证机构受理，办理领事认证的机关则是中华人民共和国外交部或者外交部授权的机构和有关国家驻中华人民共和国使（领）馆。②审查要求不同。公证要审查民事法律行为、有法律意义的事实和文书的真实性、合法性；领事认证则不需要审查上述内容，只需要审查公证机构的签名或印章是否属实。③目的不同。公证的目的在于通过证明民事法律行为、有法律意义的事实和文书的真实性、合法性来预防纠纷，保障自然人、法人或者其他组织的合法权益。领事认证的目的在于使一国公证机构所制作的公证书能为使用国有关当局确信，而保证其在域外的效力。④证明对象不同。公证的证明对象是民事法律行为、有法律意义的事实和文书，领事认证的证明对象则是公证书上公证机构或认证机关的签名或印章。

两者的联系有：①两者都证明某项事实的真实性。②公证是领事认证的前提，即公证书需要在国外使用时，才有领事认证的必要。但并非所有的涉外公证书都必须经过领事认证，需以使用国要求认证为前提，如果使用国不要求认证的，则无须领事认证。此外，按照国际惯例，国家之间可以相互免除认证、单方免除认证或对部分文书免除认证。在这种情况下，公证文书可直接发往免除认证的国家使用。

（二）按公证申请主体和公证书使用地的不同分类

按照公证申请主体和公证书使用地的不同，分为国内经济公证书、国内民事公证书、涉外公证书、涉港澳台公证书四类。

在国内公证书中，公证申请主体为法人或者其他组织的为国内经济类。民事公证是指公证机关对民事法律规范调整平等主体之间的财产关系和人身关系所形成的具体的民事权利义务关系进行公证，以确认其民事权利义务关系的真实性、合法性。一般来讲，国内民事公证包括遗嘱公证、继承公证、收养公证、赠与公证、民事协议类公证等。国内经济类公证包括合同、抽奖、招投标、拍卖、证据保全等。

凡在我国内地使用的公证书均为国内公证书，因在我国港澳台地区使用的公证书具有特殊性，专设一类。在我国领域外使用的公证书为涉外公证书。涉外民事类公证包括学历、学位、成绩、未受刑事处分、婚姻状况、出生等。涉外经济类公证包括公司章程、法人委托书、完税证明等。

（三）按照证词格式的不同分类

按照证词格式的不同，可分为要素式公证书和定式公证书两类。

1. 要素式公证书。2000年7月1日起，司法部在北京、上海、天津三地开展合同协议类、现场监督类、证据保全类要素式公证书格式的试点工作，在学习、试点的基础上，从2001年1月1日起（北京、上海、天津从2000年7月1日起），在全国各公证处全面推行使用要素式公证书格式。从2000年7月1日起，司法部在北京、天津、吉林、上海、广东、四川等省（市）的部分公证处开展了继承类、强制执行类要素式公证书和法律意见书格式的试点工作，在试点工作进行总结的基础上，自 2009 年 7 月 1 日起，在全国范围内推行继承类、强制执行类要素式公证书和法律意见书格式。这样，目前已有六大类公证书采用了要素式公证书格式。

要素式公证书的内容包括必备要素和选择要素两部分。推行要素式公证书格式，是深化公证工作改革的一项重要内容，对于进一步完善公证制度、增强公证公信力具有重要的推动作用。一方面，要素式公证书能够更好地满足社会多层次、多方面的公证法律服务需求，有助于进一步拓展公证服务领域，使公证工作更好地适应经济社会发展的需要；另一方面，要素式公证书更加符合法律规定的公证法律文书作为"认定事实的根据"和"强制执行的根据"的标准和要求，有助于进一步强化公证法律文书的法律效力，使公证法律文书和公证工作更好地取信于社会。

2. 定式公证书。固定格式的公证书即为定式公证书。原定式公证书格式是 1992 年制定的，为规范公证活动，保证公证质量，司法部于 2011 年颁布了《定式公证书格式》（计 35 式），涉及人身状况、婚姻状况、亲属关系、学历、经历、职务（职称）、未受刑事处罚等大部分事项的，均适用定式公证书。

三、公证法律文书的作用

公证法律文书的作用，即公证法律文书的效力，是指公证法律文书所具有的法律上确定的效果。公证法律文书的作用包括法定的证据效力、强制执行效力、确认权利与义务效力。

（一）法定的证据效力

公证法律文书的法定证据效力是公证法律文书最基本的效力，公证法律文书的其他效力都建立在这一基础之上。公证法律文书的法定证据效力是指公证书具有证明公证对象真实、合法的证明力，可直接认定为事实的依据。《公证法》第 36 条规定："经公证的民事法律行为、有法律意义的事实和文书，应当作为认定事实的根据，但有相反证据足以推翻该项公证的除外。"这是《公证法》对公证法律文书的法定证据效力的明确规定，同时《民事诉讼法》第 69 条规定："经过法定程序公证证明的法律事实和文书，人民法院应当作为认定事实的根据，但是有相反的证据足以推翻公证证明的除外。"

任何公证法律文书都具有证据效力，而且公证法律文书证据效力不受一国空间所限制，也不受各国政治或者法律制度的影响，可以延伸至域外。这不仅体现于民事诉讼活动中，还普遍存在于仲裁机构的仲裁活动，政府的行政管理活动和民间自然人、法人、其他组织的各类交易行为等日常活动中。公证机构作为国家的司法证明机关，在公证过程中，通过对公证对象进行全面的调查、核实，确定公证的对象真实、合法的才予以公证，因此，公证法律文书才具有法定的证据效力，这是其他文书所不具备的。

（二）强制执行效力

公证法律文书的强制执行效力是指公证机构依法赋予强制执行效力的债权文书，当债务人不履行或者不适当履行时，债权人可以直接向有管辖权的人民法院申请强制执行，而不再经过诉讼程序。《公证法》第 37 条第 1 款规定："对经公证的以给付为内容并载明债务人愿意接受强制执行承诺的债权文书，债务人不履行或者履行不适当的，债权人可以依法向有管辖权的人民法院申请强制执行。"公证机构出具的公证法律文书与法院生效的裁判文书、仲裁机构的裁决书具有同样的执行力。

公证法律文书的强制执行效力是当事人意思自治的体现，其效力来源于债权人与债务人的约定和债务人作出的愿意接受强制执行的承诺。公证法律文书的强制执行效力具有特定性，只限于具有给付内容、债权债务明确并且载明了债务人愿意接受强制执行承诺的债权文书。根据 2000 年 9 月最高人民法院、司法部联合发布的《关于公证机关赋予强制执行效力的债权文书执行有关问题的联合通知》的规定，公证机关赋予强制执行效力的债权文书的范围如下：①借款合同、借用合同、无财产担保的租赁合同；②赊欠货物的债权文书；③各种借据、欠单；④还款（物）协议；⑤以给付赡养费、扶养费、抚育费、学费、赔（补）偿金为内容的协议；⑥符合赋予强制执行效力条件的其他债权文书。

（三）确认权利与义务效力

公证法律文书的确认权利与义务效力是指在财产继承等领域，公证机构出具的继承权公证书具有确认自然人继受取得财产合法、有效的作用。

1. 对于特定民事行为具有不可撤销的法律效力。在财产赠与、继承等民事活动中，某些特定的民事行为一旦经过公证，效力即被固定，主要有以下两种情形：①民事行为经公证即不得撤销。例如，《合同法》第 186 条规定："赠与人在赠与财产的权利转移之前可以撤销赠与……经过公证的赠与合同，不适用前款规定。"②民事行为一经公证不得以未经公证方式自行撤销或变更。例如，《继承法》第 20 条第 3 款规定："自书、代书、录音、口头遗嘱，不得撤销、变更公证遗嘱。"

2. 法律行为成立生效要件效力。公证法律文书的法律行为成立要件效力，是指根据法律、法规、规章的规定或者国际惯例或当事人的约定，特定的法律行为只有经过公证证明才能成立，并产生法律效力；不履行公证程序，该项法律行为就不能成立，不具有法律效力。具有法律要件效力的公证法律文书主要有三种：①根据我国法律、法规、规章规定应当办理公证的行为和文书；②根据当事人约定需要办理公证的法律行为或者文书；③根据国际惯例、双边协定或者外国法律的规定，涉外法律行为或者文书非经公证不能生效。

四、公证书的结构、内容和写法

公证书应当按照司法部规定或批准的格式和要求制作。根据规定，公证书为 16 开大小，由封面、主要内容、封底组成。封面上部居中为"公证书"三个字，使用初号宋体字；下部居中为公证处全称，使用二号宋体字。一份完整的公证书主体内容由首部、正文和尾部三部分组成，包括以下主要内容：①公证书编号；②当事人及其代理人的基本情况；③公证证词；④承办公证员的签名（签名章）、公证机构印章；⑤出具日期。公证书应当使用全国通用的文字。在民族自治地方，根据当事人的要求，可以同时制作当地通用的民族文字文本。两种文字的文本，具有同等效力。发往香港、澳门、台湾地区使用的公证书，应当使用全国通用的文字。发往国外使用的公证书，应当使用全国通用的文字。根据需要和当事人的要求，公证书可以附外文译文。

（一）首部

1. 文书名称。顶部居中写"公证书"。

2. 文书编号。在公证书正文的右上方，由年度编号、公证处及公证类别和公证书序号编码组成，年度编号代码分为国内民事、国内经济、涉外民事、涉外经济、涉港澳、涉台、公证事务、补正等。公证类别代码因不同的公证处办证业务量不同而异。序号编码应当以年度为单位编排，同一公证处在同一年度办理的同类公证的序号编码应当连续，不得有断号和重号。

3. 当事人的基本情况。即公证申请人、关系人及代理人的基本情况。

4. 公证事项。写在公证事项的基本情况下面，单独列一行，写明公证证明对象的名称。

（二）正文

证词即是公证书的正文部分。根据公证书格式的不同，定式公证书和要素式公证书的首部和尾部没有太大的区别，但是正文部分有明显区别。

定式公证书正文，顾名思义，其有固定的格式，只需按照模板"填空"即可，在办理公证的过程中，根据当事人的实际情况填入统一的格式中。

要素式公证书正文，由两部分组成，即选择性要素和必备性要素，前者是根据公证的实际情况选择性填写的内容，后者是证词中必须具备的内容。

（三）尾部

公证书的尾部包括公证机构全称、承办公证员签名章或签名、出证日期、公证机构红色公证和钢印，钢印应该加盖在公证书左下方。另外，部分涉外和涉港澳台证书还需要贴公证申请人的照片，照片应贴在证词左下方的空白处，公证机构的钢印则应加盖在照片的骑缝处。

第二节　公证申请书

一、概念和功能

公证申请书，是指公民、法人、非法人团体向国家公证机关提出的书面文书，用以请求其依照法定程序对法律行为及有法律意义的文书或事实的真实性与合法性予以证明。当事人向公证机关申请公证，一般应提交书面申请书，如书写申请书有困难的，可请公证员代为书写。

根据《公证程序规则》第 17 条的规定，自然人、法人或者其他组织向公证机构申请办理公证，应当填写公证申请表。公证申请表应当载明下列内容：①申请人及其代理人的基本情况；②申请公证的事项及公证书的用途；③申请公证的文书的名称；④提交证明材料的名称、份数及有关证人的姓名、住址、联系方式；⑤申请的日期；⑥其他需要说明的情况。申请人应当在申请表上签名或者盖章，不能签名、盖章的由本人捺指印。

二、结构、内容和写作方法

公证申请书由以下五部分组成：

（一）名称

即在首行的中央部分写明"公证申请书"五个字。

（二）申请人的自然情况

申请人如果是个人的，应写明姓名、性别、年龄、职业、籍贯、单位、住址、联系方式等内容；如若委托代理人代为公证的，还应写明代理人的上述自然情况。申请人如果是法人的，应写明单位名称、法定地址、企业性质、开户银行、账号，法定代表人的姓名、性别、年龄、职务、籍贯、电话和住址；如委托代理人代为公证的，还应写明代理人的上述情况。

（三）申办事项及作用

在这一项中主要应写明办理的公证是属于哪种公证。例如，证明经济合同的证明文件的副本与原本相符等。如果办理的公证有特殊用途，也应一并注明。

（四）所提供的证明材料

在这一项里应逐一说明办理公证所需的证明材料的名称。根据《公证程序规则》第 18 条的规定，自然人、法人或者其他组织申请办理公证，应当提交下列材料：①自然人的身份证明，法人的资格证明及其法定代表人的身份证明，其他组织的资格证明及其负责人的身份证明；②委托他人代为申请的，代理人须提交当事人的授权委托书，法定代理人或者其他代理人须提交有代理权的证明；③申请公证的文书；④申请公证的事项的证明材料，涉及财产关系的须提交有关财产权利证明；⑤与申请公证的事项有关的其他材料。

（五）结尾

这一部分应首先写明申请人或单位，并签字盖章，然后由法定代表人签字或盖章，最后注明申请时间。

第三节　几种常用公证书的具体写作

一、合同公证书

（一）概念和功能

合同公证书，是指公证机构根据法律的规定和当事人的申请，依法证明当事人之间签订合同的行为真实、合法的公证书。合同公证是国家对合同进行法律监督管理，预防、减少经济诉讼，保护合同当事人合法权益的重要法律途径。

（二）结构、内容和写作方法

1. 首部。首部由公证书标题、公证书编号、申请人、公证事项四项内容构成。

申请人为合同当事人，可以是自然人或法人、非法人组织，申请人有数个时，应一并申请。

公证事项为"×××合同（协议）"。列明合同（协议）的名称或类别。例如，承包合同、租赁合同、借款合同等。

2. 正文。正文（证词）应该包括必备要素和选择要素。

（1）必备要素。必备要素包括：

第一，自然人的基本情况，或者法人或非法人组织的全称，并要写法定代表人或代理人姓名、申请日期及申请事项。

第二，公证处审查（查明）的事实，包括：当事人的身份，资格及签订合同的民事权利能力和行为能力；代理人的身份及代理权限；担保人的身份、资格及担保能力；当事人签订合同的意思表示是否真实，是否对合同的主要条款取得了一致意见；合同条款书是否完备，内容是否明确、具体。可简述合同的关键性内容，是否履行了法律规定的批准或许可手续，不需要经批准或许可的，不写此内容。

第三，公证结论，包括：当事人签订合同的日期、地点、方式等；当事人签订合同（协议）行为的合法性。

（2）选择要素。选择要素包括：

第一，合同标的物的权属情况及相关权利人的意思表示。权属情况是指所有权、使用权、担保物权、专有权、专用权等；相关权利人包括与合同标的物有关的共有权人、所有权人、使用权人、担保权人等。涉及转让、承包或租赁合同标的物时，应按照法律规定征得相关权利人同意或认可。

第二，当事人对合同内容的重要解释或说明。

第三，当事人是否了解合同的全部内容。

第四，合同生效日期及条件等。如法律规定合同须经登记或批准方能生效的，公证书中应予以注明。

第五，公证员认为需要说明的其他事实或情节。

第六，有附件的，附件的名称、顺序号应在公证词中列明。

3. 尾部。尾部包括承办公证机构的名称、承办公证员的签名或签名章、公证书出具日期和公证处印章等内容。

（三）赋予强制执行效力的公证

1. 概念和功能。合同公证书，按照是否具有强制执行效力分为具有强制执行效力的公证和不具有强制执行效力的公证。具有强制执行的债权文书公证是公证机构按照当事人的申请，对债权债务关系明确、无疑义的具有给付货币、物品、有价证券内容的债权文书赋予强制执行效力，当债务人未履行或者未能够适当履行债权文书中约定的义务时，债权人可向原出具债权文书强制执行效力公证书的公证机构申请签发执行证书，公证机构经审查并向债务人核实后出具执行证书，依据公证的债权文书和执行证书直接向有管辖权的人民法院申请强制执行。办理了强制执行公证后，债务人到期不履行时，债权人不经审判程序可以直接向有管辖权的人民法院申请执行，公证程序和法院执行程序的有序衔接，疏减了诉源，减轻了诉累，同时为民事经济活动的顺利进行提供了有力的保障。

2. 结构、内容和写作方法。

（1）首部。具有强制执行效力的公证书的格式与合同类公证书的格式无异，但公证事项为"赋予×××合同/协议强制执行效力"。

（2）正文中需要增加的必备要素有：

第一，向各方当事人告知强制执行的效力的法律意义和后果，并将此告知情况写入证词。

第二，债权文书当事人对强制执行的约定及债务人、担保人自愿直接接受强制执行的意思表示。

第三，债权文书当事人就《执行证书》出具前公证机构核查内容，达成的在先约定。

（四）执行证书

执行证书是和具有强制执行效力的债权文书配套使用的法律文书，当债务人不履行或不完全履行公证机构赋予强制执行效力的债权文书时，债权人可以向公证机构申请签发执行证书。

1. 首部。首部由公证书标题、公证书编号、申请执行人、被申请执行人四项内容构成。公证书标题为"执行证书"。

2. 正文。正文内容分为必备要素和选择要素。

（1）必备要素。必备要素包括以下内容：

第一，申请执行人和申请被执行人的名称或姓名，申请日期及申请事项。

第二，申请执行人申请所提交的证据材料。

第三，公证机构查明的事实，包括：申请执行人与申请被执行人订立债权文书经公证并赋予强制执行效力的情况；被申请执行人履行、被申请执行人不履行或履行不适当的事实；申请执行人与被申请执行人在债权文书中就公证机构核查内容、方式做的在先约定；公证机构签发本证书前的核实过程。

第四，公证结论：包括：被执行人；具体执行标的（违约金、利息、滞纳金等列入可执行标的）；第三人对申请出具本执行证书是否提出过异议；申请执行的期限。

（2）选择要素。选择要素包括：抵押物或者质押物的登记情况；可供执行的标的；有管辖权的人民法院；公证员认为需要说明的其他情况；附件。

3. 尾部。尾部包括承办公证机构的名称、承办公证员的签名或签名章、公证书出具日期和公证处印章等内容。

二、继承权公证书

（一）概念和功能

继承权公证，是公证机构根据当事人的申请，依照法律规定证明哪些人对被继承人的遗产享有继承权并证明其继承活动真实、合法。继承权公证根据被继承人生前有无遗嘱分为依遗嘱继承、依法定顺序继承。

（二）结构、内容和写作方法

1. 首部。首部由公证书标题、公证书编号、申请人、被继承人、公证事项五项内容构成。申请人，为所有继承人的基本情况。被继承人，为被继承人的基本情况。公证事项，表述为"继承权"。

2. 正文。正文（证词）包括必备要素和选择要素。

（1）必备要素。必备要素包括以下内容：

第一，继承人姓名、申请日期、申请事项。

第二，当事人提供的证明材料。

第三，公证机构向当事人告知了继承权公证的法律意义和可能产生的法律后果。

第四，公证机构查明（审查核实）的事实，包括：被继承人的死亡时间、地点；继承人申请继承被继承人的遗产的情况；经向所有继承人核实，被继承人生前是否立有遗嘱、遗赠抚养协议；被继承人的全体继承人，有无死亡的继承人；继承人与被继承人的亲属关系；有无代位继承情况及其他继承人；继承人中有无丧失或放弃继承权的情况。

第五，公证结论，包括：法律事实与理由；被继承人遗留的个人财产为合法财产；被继承人的合法继承人；被继承人的遗产由何人继承、如何继承。

（2）选择要素。选择要素包括以下内容：

第一，被继承人死亡的原因。

第二，继承人提供的主要证据材料的真实性、合法性。

第三，适用遗嘱继承的，当事人是否了解遗嘱的内容；公证机构经向所有继承人核实，用于遗嘱继承的遗嘱为被继承人所立的最后一份有效遗嘱。

第四，对遗嘱见证人、执行人、遗产的使用人、保管人等事项的说明。

第五，根据遗嘱信托办理继承公证的，应当根据遗嘱的内容，列明受托人应当承担的义务；根据公司法、保险法、合伙企业法、个人独资企业法等有关继承的特别法的规定办理继承权公证的，写明特别法的具体适用。

第六，被继承人生前未缴纳的税款和债务情况，继承人对此所作出的意思表示。

第七，公证员认为需要告知的有关继承的其他法律规定。

第八，公证员认为需要说明的其他事实或情节。

3. 尾部。尾部包含承办公证机构名称、承办公证员的签名或签名章、公证书出具日期和公证处印章等内容。

三、遗嘱公证书

（一）概念和功能

遗嘱属于单方法律行为，是基于当事人一方意思表示即可成立的法律行为，遗嘱公证书属于公证证明的单方法律行为公证。

（二）结构、内容和写作方法

1. 首部。首部由公证书标题、公证书编号、申请人、公证事项四项内容构成。

（1）公证书标题，为"公证书"三个字，使用宋体二号，上部居中写。

（2）公证书编号，由公证机构根据本处编号规则确定，不得有重号，使用宋体四号编写。

（3）申请人的基本情况，设立共同遗嘱的，立遗嘱人均应当列为申请人，使用仿宋三号字体书写。

（4）公证事项，"遗嘱"使用仿宋三号字体书写。

2. 正文。正文主要由两部分构成：

（1）对遗嘱行为事实过程的表述，即对行为真实性的证明。包括单方法律行为发生的时间、地点、行为的内容及表现形式、签署形式，行为人对行为的法律意义和法律后果的了解程度等内容，如果是公证机构的其他工作人员或者见证人，签署的形式应当据实表述：仅有签名的，表述为"签名"；签名、印鉴、指纹等几种形式同时存在的，一并予以表述；申办公证时提交了已签署的遗嘱，且未作修改，表述为"×××（申请人）在本公证员的面前确认，前面的遗嘱是其真实的意思表示，遗嘱上的签名（印鉴）是×××（申请人）本人所为"。

（2）对单方法律行为合法性的表述，表述为"符合《中华人民共和国民法通则》第五十五条和《中华人民共和国继承法》第十七条第一款的规定"。但是有新法或者专门规定的，表述作相应调整。

3. 尾部。尾部包括承办公证机构的名称、承办公证员的签名或签名章、公证书出具日期和公证处印章等内容。

四、委托公证书

（一）概念和功能

委托公证书属于证明单方委托行为，是公证机关出具的证明当事人委托行为和在委托书上签字的有效性的法律文书。

（二）结构、内容和写作方法

1. 首部。首部由公证书标题、公证书编号、申请人、公证事项四项内容构成。

（1）公证书标题，为"公证书"三个字，使用宋体二号，上部居中写。

（2）公证书编号，由公证机构根据本处编号规则确定，不得有重号，使用宋体四号编写。

（3）申请人的基本情况，申请人为自然人的，申请人的信息包括：姓名、性别、公民身份号码，可以根据公证的内容增加出生日期、住址、联系方式等情况，发往域外使用的公证书应当注明出生日期；申请人为外国人的，还应当写明国籍和护照号码。法人或者非法人组织的基本情况包括：组织名称、登记注册地址，另起一行注明法定代表人或者负责人的姓名、性别、公民身份号码。由代理人代办的公证事项，应当在申请人基本情况后另起一行注明代理人的姓名、性别、公民身份号码。使用仿宋三号字体书写。

（4）公证事项，"委托"二字，使用仿宋三号字体书写。

2. 正文。正文主要由两部分构成：

（1）对委托行为事实过程的表述，即对行为真实性的证明。包括单方法律行为发生的时间、地点、行为的内容及表现形式、签署形式，行为人对行为的法律意义和法律后果的了解程度等内容。

（2）对单方法律行为合法性的表述，表述为"符合《中华人民共和国民法通则》第五十五条的规定"。但是有新法或者专门规定的，表述作相应调整。

3. 尾部。尾部包括承办公证机构的名称、承办公证员的签名或签名章、公证书出具日期和公证处印章等内容。在本公证机构以外的地点办证的，公证书应该据实表述办证地点。如果公证书是用于特定的用途，可以根据需要在公证书中另起一行注明公证书的用途。例如，"本公证书仅用于办理继承×××在北京市的遗产手续"。

【思考题】

1. 简述公证法律文书的概念和特点。
2. 按照证书格式的不同公证书可以分为哪几类？
3. 公证申请书由哪几部分组成？
4. 简述合同公证书的概念和功能。
5. 简述继承权公证书、委托公证书、遗嘱公证书的概念。

【拓展示例】

示例一：公证申请书

示例二：合同公证书

示例三：具有强制执行效力的公证书

示例四：继承权公证书

示例五：遗嘱公证书

示例六：委托公证书

第十三章

行政执法法律文书

> **学习目的和要求**：通过本章学习，要求学习者在了解行政执法法律文书的概念、特点、种类和作用的基础上，具体了解和掌握各种常用行政执法法律文书的概念、功能、结构、内容、写作方法和注意事项，并能够结合司法实践，达到能写会用的要求。

第一节　概　述

一、行政执法法律文书的概念

行政执法法律文书的概念有广义和狭义之分。广义的行政执法法律文书，是指行政机关依据法律赋予的行政职权，在行政执法过程中，依法制作或者使用的具有法律效力或者法律意义的行政公文，以及涉及行政诉讼时，行政机关制作并使用的，或者与行政机关自身利益密切相关的各种法律文书的总称。包括立案管辖文书、调查取证文书、行政听证文书、行政复议文书、行政处罚文书、行政诉状文书、行政诉讼代理文书、行政裁决文书等。狭义的行政执法法律文书，是指行政机关依据法律赋予的行政职权，在行政执法过程中，依法制作的具有法律效力或者法律意义的行政法律文书。主要指立案管辖文书、调查取证文书、行政听证文书、行政复议文书、行政处罚文书等。本文所称行政执法文书，是指狭义的行政执法文书。

二、行政执法法律文书的特点

行政执法法律文书主要具有以下特点：

1. 制作的合法性。我国行政法调整的对象比较广泛，并且没有统一的实体法典，法律规定散见于宪法、法律、法规、规章中，制作不同的行政执法文书，需要依据不同的行政法律规定作为依据，文书的内容应当符合法律规定。

2. 内容的规范性。行政执法文书内容的规范性，通常要求做到符合格式，事实要素叙写清楚，理由阐述充分，法律依据引用准确，处理意见明确具体。

3. 实施的强制性。行政执法文书在行政执法中具有实际效用，有些文书具有法律效力，有些文书具有法律意义。无论是何种行政执法文书，都靠国家强制力保障施行，具有实施的强制性。

三、行政执法法律文书的种类

行政执法法律文书依据不同的标准可以进行不同的分类：

1. 依据文书制作主体的不同，可以分为公安行政执法文书、工商行政执法文书、税务行政执法文书、安全监察行政执法文书、卫生行政执法文书等。

2. 依据写作和表达方式的不同，可以分为叙述式文书、笔录式文书、表格式文书、填空式文书等。

3. 依据文种的不同，可以分为立案、管辖类文书，调查取证类文书，行政听证类文书，行政复议类文书，行政处罚类文书等。

行政执法文书种类繁多，本文主要介绍行政处罚法律文书和行政复议法律文书的重点内容。

四、行政执法法律文书的作用

行政执法法律文书是行政机关依法行政的文字记录载体，其作用主要体现在以下几个方面：

1. 规范行政主体的行政行为。从文书制作的角度讲，规范和控制行政权，确保行政权的运行不偏离目标，是行政执法文书的重要功能之一。完善行政执法文书的制作，可以使行政执法者的行政执法行为展示在书面上，一方面可以约束行政执法者的行政执法行为，保证其依法行政；另一方面也可以起到对行政执法者自身保护的作用。一旦涉及行政复议或者行政诉讼，这些行政执法文书即成为证明行政执法者依法行政的有利证据。

2. 维护行政相对人的合法权益。在行政执法中，人的记忆是有限的，而且会受到各种主观因素的影响，最直接、可靠的凭证应当是不会说话的证据，即各种在行政执法过程中形成的行政执法文书。这些行政执法文书忠实地记载了行政执法的全部过程，即使记载有错误，也会通过审查被识破。因此，这些行政执法文书即是行政机关依法行政或者不依法行政的依据，也是行政执法相对人在自身合法权益受到侵害时，依法维护自己合法权益的有利证明。

3. 法制宣传的重要手段。在行政执法过程中，行政机关向行政执法相对人下发的行政执法文书是宣传法律的重要手段。例如，行政机关作出行政处罚决定，制作行政处罚决定书，向行政执法相对人下发。虽然被处罚者是个别行政执法相对人，但是见到行政处罚决定书的人绝非少数。因为每一位受处罚者周围，都存在一个工作、生活的群体，这些群体通过行政机关的行政执法行为，可以感受到行政处罚的权威性、严肃性。同时，行政处罚决定书的下发和执行，也使这些相关群体了解到哪些行为是违法的、不能为的。这种实例宣传大于说教，因此行政执法文书在法制宣传方面的作用是不容忽视的。

第二节 行政处罚法律文书

一、概述

（一）概念和特点

行政处罚法律文书，是指我国行政机关对公民、法人或者其他组织实施的违反行政管理秩序的行为，依照法律规定的程序，对违法当事人予以行政处罚时制作的法律文书。

我国《行政处罚法》第3条规定，公民、法人或者其他组织违反行政管理秩序的行为，应当给予行政处罚的，依照本法由法律、法规或者规章规定，并由行政机关依照本法规定的程序实施。没有法定依据或者不遵守法定程序的，行政处罚无效。第8条规定，行政处罚的种类包括：警告；罚款；没收违法所得、没收非法财物；责令停产停业；暂扣或者吊销许可证、暂扣或者吊销执照；行政拘留；法律、行政法规规定的其他行政处罚。

行政处罚是行政机关依法行政的一种职能，行政处罚法律文书主要具有以下几个特点：

1. 法定性。为了规范行政处罚的设定和实施，保障和监督行政机关有效实施行政管理，维护公共利益和社会秩序，保护公民、法人或者其他组织的合法权益，我国制定了《行政处罚法》。同时，为了规范行政机关、有关当事人在行政处罚过程中的行为，我国地方人民政府、行政管理部门依据我国行政处罚法的规定，在各自职权管辖范围颁布了行政处罚程序的规定、办法。例如，国家安全生产监督管理总局颁布的《安全生产违法行为行政处罚办法》、公安部颁布的《公安机关办理行政案件程序规定》、原国家卫生部颁布的《卫生行政处罚程序》等。这些规定、办法是我国行政处罚法律规范体系的重要组成部分，制作行政处罚法律文书，应当以上述法律为依据，依法制作相关的法律文书。

2. 适用性。行政处罚法律文书主要是依法行政过程中制作和使用的，是整个执法活动的忠实记录，文书写作应当充分考虑执法的规范性和办理案件的实际需要。因此，法律文书的适用性特点比较突出。

3. 规范性。行政机关依法行政是法定职责，其使用的行政执法文书，是依法行政的重要载体。为了保证行政执法的合法性和权威性，行政处罚决定书的制作应当符合规范性的要求，包括文书格式符合规范性的要求、文书内容符合规范性的要求，以及文书语言符合规范性的要求等。总之，行政处罚决定书的制作，必须遵循文书特点，依据法定要求制作，才能起到应有的作用。

（二）种类和作用

行政处罚法律文书根据不同的标准，可以进行不同的分类：

1. 根据制作主体的不同，可以分为公安、海关、工商管理、税务、环保、物价、劳动、交通、卫生、教育、技术监督等部门的行政处罚法律文书。

2. 根据制作形式的不同，可以分为表格式文书、填空式文书、笔录式文书和文字叙述式文书。

3. 根据行政处罚案件办案流程，可以分为立案类文书、调查取证类文书、告知类文书、决定类文书、执行类文书、结案类文书、其他文书等。其中，立案类文书包括行政处罚案件举报登记表、行政处罚案件立案审批表。调查取证类文书包括询问通知书、询问笔录、陈述笔录、抽样取证通知书、先行登记保存通知书、采取（解除）强制措施审批表、封存（查封、暂扣、扣押）物品通知书、封存（查封、暂扣、扣押）物品清单、收缴物品清单等。告知类文书包括行政处罚事先告知书、行政处罚听证通知书等。决定类文书包括行政处罚决定书、当场行政处罚决定书等。执行类文书包括罚款催缴通知书、延期（分期）交纳罚款审批表、延期（分期）交纳罚款批准书、强制执行申请书、强制执行通知书、强制执行决定书等。结案类文书包括结案审批表、案件移送审批表等。其他文书包括责令改正通知书、送达回证等。本文主要介绍几种常用的行政处罚法律文书。

行政处罚法律文书是行政处罚措施实施的书面文字载体，其作用主要体现在以下几个方面：

第一，记载了行政机关依法行使行政处罚权的步骤和流程，是行政机关依法行使行政处罚权的基本保证。

第二，行政处罚法律文书反映了对当事人进行行政处罚的具体内容，是衡量、检查行政处罚权行使是否合法的有效依据。

第三，具有执行意义的行政处罚法律文书，对行政处罚相对人有警示、惩罚的作用，对社会公众有法制宣传教育的作用。

二、行政处罚事先告知书

（一）概念和功能

行政处罚事先告知书，是指行政机关依法作出行政处罚前，告知当事人拟作出行政处罚决定的事实、理由和依据以及当事人依法享有的权利时制作的法律文书。

我国《行政处罚法》第31条规定，行政机关在作出行政处罚决定之前，应当告知当事人作出行政处罚决定的事实、理由及依据，并告知当事人依法享有的权利。

行政处罚事先告知书的功能主要体现在以下三个方面：①告知当事人拟对其违法行为采取具体的行政处罚措施。②告知当事人拟作出行政处罚决定的事实、理由及依据。③告知当事人依法享有的申请行政听证、行政复议，提起行政诉讼等方面的权利，便于当事人在法定的期限内行使自己的权利，维护自身的合法权益。

（二）结构、内容和写作方法

行政处罚事先告知书属于填空式法律文书，由首部、正文和尾部组成。

1. 首部。首部包括标题、发文字号、被告知人的姓名或名称。

（1）标题。应当分两行书写为："××××（行政机关名称）""行政处罚事先告知书"。

（2）发文字号。应当写为："××罚告字〔××××〕第××号"。

（3）被告知人的姓名或名称。叙写这部分内容，应当明确、具体。被告知人是自然人的，直接写明姓名；被告知人是法人或者其他组织的，应当写明法人或者其他组织的全称。

2. 正文。正文是文书的核心内容，包括被告知人违法行为的情况，拟决定处罚的具体形式，适用的法律依据，以及交待被告知人的权利等。

（1）被告知人违法行为的情况。通常写为："你（或者单位全称）因×××（具体的违法行为）违反了《中华人民共和国×××法》第××条的规定。"

（2）拟决定处罚的具体形式、适用的法律依据。通常写为："依据《中华人民共和国行政处罚法》第××条的规定，本机关拟决定对你（或者单位全称）作出以下行政处罚：罚款×××元整（大写）。"

（3）交待被告知人的权利。通常写为："根据《中华人民共和国行政处罚法》第三十一条、三十二条和第四十二条的规定，你（或者单位全称）可在收到本告知书之日起三日内向本机关进行陈述申辩、申请听证，逾期不陈述申辩、申请听证的，视为你（或者单位全称）放弃上述权利。"

3. 尾部。尾部应当写明文书制作机关的名称并加盖印章，写明日期。同时，可以附上行政机关的地址、联系人及联系电话。

（三）注意事项

1. 行政处罚事先告知书应当一式两联，第一联留存在行政机关的执法案卷中，第二联送达当事人。

2. 根据法律规定，除行政执法机关当场作出行政处罚决定外，拟对当事人采取较为严厉或者有着较重大影响的行政处罚前，都应当制作行政处罚事先告知书，依法告知当事人相关的处罚事项。

3. 行政处罚事先告知是我国行政处罚中的法定必经程序，文书一经送达签收，即发生相应的法律效力。

三、责令改正通知书

（一）概念和功能

责令改正通知书，是指行政机关在行政执法过程中，对于已经有证据证明的行政违法行为，责令行为人改正或者限期改正违法行为时制作的法律文书。

我国《行政处罚法》第23条规定，行政机关实施行政处罚时，应当责令当事人改正或者限期改正违法行为。

责令改正通知书的功能主要体现在以下几个方面：①告知当事人行政机关作出的责令其改正违法行为的决定。②告知当事人行政机关责令其改正的违法行为的范围、期限等事项。③强制命令当事人停止违法活动、改正违法行为。

（二）结构、内容和写作方法

责令改正通知书属于填空式法律文书，由首部、正文和尾部组成。

1. 首部。首部包括标题、发文字号、被通知人的姓名或名称。

（1）标题。应当分两行写为："××××（行政机关名称）""责令改正通知书"。

（2）发文字号。应当写为："××责改通字〔××××〕第 ××号"。

（3）被通知人的姓名或名称。被通知人是自然人的，直接写明姓名；被通知人是法人或者其他组织的，应当写明法人或者其他组织的全称。

2. 正文。正文是文书的核心内容，应当写明被通知人违法行为的性质、违反的法律规范、行政机关决定的法律依据、责令改正的期限、改正的内容与要求等。

（1）被通知人违法行为的性质。应当写明被通知人实施违法行为的时间、地点和违法行为的具体内容。

（2）违反的法律规范、行政机关决定的法律依据。这部分内容应当写得明确、具体，具有针对性。

（3）责令改正的期限、改正的内容与要求。应当写明要求改正的具体时间、具体内容，以及拒不改正的法律后果。同时，告知当事人依法享有的申请行政复议、提起行政诉讼的权利。

3. 尾部。尾部应当写明行政机关的名称并加盖印章，写明日期。

（三）注意事项

1. 责令改正分为立即改正与限期改正两种形式，责令改正通知书也分为责令改正通知书、责令限期改正通知书两种文书，文书制作应当根据具体情形，写明责令改正通知书或者责令限期改正通知书。

2. 应当告知被通知人享有的申请行政复议、提起行政诉讼的权利。

3. 责令限期改正的，应当给当事人规定具体的改正时间，并在文书中写明。

四、当场行政处罚决定书

（一）概念和功能

当场行政处罚决定书，是指行政机关在违法行为发生现场，按照行政处罚法规定的简易程序，对违法行为人给予行政处罚时制作的法律文书。

我国《行政处罚法》第 33 条规定，违法事实确凿并有法定依据，对公民处以 50 元以下、对法人或者其他组织处以 1000 元以下罚款或者警告的行政处罚的，可以当场作出行政处罚决定。第 34 条规定，执法人员当场作出行政处罚决定的，应当向当事人出示执法身份证件，填写预定格式、编有号码的行政处罚决定书。行政处罚决定书应当当场交付当事人。上述规定的行政处罚决定书应当载明当事人的违法行为、行政处罚依据、罚款数额、时间、地点以及行政机关名称，并由执法人员签名或者盖章。执法人员当场作出的行政处罚决定，必须报所属行政机关备案。

当场行政处罚决定书的功能主要体现在以下几个方面：①当场处罚决定书是行政机关依法行使处罚权，处罚有关当事人违法行为的文书凭证。②说明行政机关已经依法确定行为人实施的违法行为事实，决定予以行政处罚。③标志着行政处罚程序已经终结，被处罚人不服行政处罚的，可以通过申请行政复议、提起行政诉讼的途径寻求法律救济。

（二）结构、内容和写作方法

当场行政处罚决定书属于填空式法律文书，由首部、正文和尾部组成。

1. 首部。首部包括标题、发文字号、被处罚人的姓名或名称。

（1）标题。应当写为："当场行政处罚决定书"。

（2）发文字号。应当写为："××行罚字〔××××〕第 ××号"。

（3）被处罚人的姓名或名称。被处罚人是自然人的，直接写明姓名；被处罚人是法人或者其他组织的，应当写明法人或者其他组织的全称。

2. 正文。正文是文书的核心内容，应当写明当事人的违法行为，行政处罚依据，罚款数额、时间、地点，以及交代被处罚人享有的权利等。

（1）当事人的违法行为。根据行政处罚法的规定，给予现场当场行政处罚的，应当是违法事实清楚、情节简单、证据确凿的违法行为。采用法律、法规和规章中对违法行为具体内容的表述即可。例如，厨师未取得健康许可证、聚众赌博等。

（2）法律依据。包括当事人违反的法律规范和行政处罚的依据。涉及当事人违反的法律规范和行政处罚依据的叙写，应当明确、具体，包括具体名称和具体条款。

（3）处罚的内容。要求写明处罚的种类和数额。同时，应当写明履行的方式和期限。

（4）告知权利。一般写为："如不服本处罚决定，可在接到本处罚决定之日起××日内依法向××××（机关名称）申请行政复议；或××月内向××××人民法院起诉。逾期不申请复议，也不向人民法院起诉，又不履行处罚决定的，本机关将依法申请人民法院强制执行。"

3. 尾部。尾部包括行政执法人员签名或盖章、加盖行政机关印章、写明处罚日期，并由被处罚人当场签字、盖章和写明日期等。

（三）注意事项

1. 行政执法人员制作当场行政处罚决定书后，应当当场向当事人出具，不能事后向当事人出具。

2. 当事人应当在当场行政处罚决定书上签字或者盖章。

3. 当场收缴罚款的，文书制作两联，一联交当事人，一联由行政机关留存归档。要求当事人到指定银行缴纳罚款的，文书应当制作三联，一联交当事人，一联由当事人交给银行，一联由行政机关留存归档。

五、行政处罚决定书

（一）概念和功能

行政处罚决定书，是指行政管理机关对违反法律、法规或者规章的当事人，根据行政处罚法的规定，按照通常行政处罚程序，对当事人实施行政处罚时制作的法律文书。

我国《行政处罚法》第 39 条规定，行政机关依照本法第 38 条的规定给予行政处罚，应当制作行政处罚决定书。行政处罚文书应当载明以下的事项，这是各类行政处罚决定书中不可缺少、必须具备的基本内容：①当事人的姓名或者名称、地址；②违反法律、法规或者规章的事实和证据；③行政处罚的种类和依据；④行政处罚的履行方式和期限；⑤不服行政处罚决定，申请行政复议或者提起行政诉讼的途径和期限；⑥作出行政处罚决定的行政机关名称和作出决定的日期。行政处罚决定书必须盖有作出行政处罚决定的行政机关的印章。

行政处罚决定书的功能主要体现在以下几个方面：①根据法律规定，凡属行政处罚，必须制作行政处罚决定书，该文书是行政机关依法行使行政处罚权的文字凭证。②行政处罚当事人不服行政机关作出的处罚决定，依法可以申请行政复议，或者提起行政诉讼，行政处罚决定书是当事人寻求上述救济的依据。③行政处罚决定书是行政处罚程序终结的标志。

（二）结构、内容和写作方法

行政处罚决定书由首部、正文和尾部组成。

1. 首部。首部包括标题、发文字号、被处罚人的姓名或名称等。

（1）标题。应当写为："行政处罚决定书"。

（2）发文字号。应当写为："××行罚字〔××××〕第××号"。

（3）被处罚人的姓名或名称。被处罚人是自然人的，直接写明姓名；被处罚人是法人或者其他组织的，应当写明法人或者其他组织的全称。

2. 正文。正文是文书的核心内容，应当写明违法事实和证据、行政处罚的种类和依据、行政处罚的履行方式和期限、救济途径等。

（1）违法事实和证据。违法事实应当写明案件发生时的真实情况，包括案件来源、违法行为发生的时间、地点、经过、情节和结果等。叙述违法事实应当客观、全面、真实，抓住事实重点，详细叙述主要情节和因果关系。同时，应当明确、具体、全面地列举认定违法事实的主要证据。列举证据的方式，可以在叙述事实过程中列举证据，也可以在叙述违法事实后单独列举证据。

（2）行政处罚的种类和依据。行政处罚的种类，应当写明行政机关对违法行为人实施处罚的具体内容，包括罚款、没收违法所得、责令停产停业、行政拘留等。涉及法律依据，应当写明对违法行为人实施处罚所依据的法律条款。引用法律条款应当准确，符合法律适用的原则，并且应当根据条、款、项、目的顺序详细列举。

（3）行政处罚的履行方式和期限。行政处罚的履行方式，是指当事人履行行政处罚的方法和形式。例如，拆除违章建筑、到指定的银行缴纳罚款等。行政处罚的履行期限，是指行政机关限定违法行为人履行行政处罚决定的期间。例如，要求当事人在 15 日内到指定的银行缴纳罚款。

（4）救济途径。救济途径，是指当事人不服处罚决定，申请行政复议或者提起行政诉讼的权利和期限。行政机关在作出行政处罚决定的同时，应当告知当事人不服行政处罚的救济途径，以便于当事人行使自己的权利，维护自身的合法权益。一般写为："如不服本处罚决定，可在接到本处罚决定之日起××日内依法向××××（机关名称）申请行政复议；或××月内向××××人民法院起诉。逾期不申请复议，也不向人民法院起诉，又不履行处罚决定的，本机关将依法申请人民法院强制执行。"

3. 尾部。尾部应当写明行政处罚机关的名称、加盖印章，写明作出处罚决定的日期等。

（三）注意事项

1. 行政处罚决定书必须具备法定的内容，并加盖作出行政处罚决定的行政机关的印章。

2. 行政机关及其执法人员在作出行政处罚决定之前，应当依照法律规定向当事人告知给予行政处罚的事实、理由和依据。未依法告知或者拒绝听取当事人的陈述、申辩，行政处罚决定不能成立，当事人放弃陈述或者申辩权利的除外。

3. 行政处罚决定书应当在宣告后当场交付当事人。当事人不在场的，行政机关应当在 7 日内依照民事诉讼法的有关规定，将行政处罚决定书送达当事人。

第三节　行政复议法律文书

一、概述

（一）概念和作用

行政复议法律文书，是指公民、法人或者其他组织不服行政主体作出的具体行政行为，认为行政主体的具体行政行为侵犯了其合法权益，依法向法定的行政复议机关提出复议申请，行政复议机关依法对该具体行政行为进行合法性、适当性审查，并作出行政复议决定过程中制作的法律文书的总称。

行政复议是解决行政争议的一种手段。法律设置行政复议制度的目的，主要是为了防止和纠正违法或者不当的具体行政行为，保护公民、法人和其他组织的合法权益，保障和监督行政机关依法行使职权。行政复议法律文书既是当事人申请行政复议的工具，也是行政复议机关受理、审理行政复议案件的依据。

（二）种类

行政复议法律文书主要适用于工商、税务、海关等行政执法中，具体主要分为以下几类：①申请类文书。例如，行政复议申请书、行政复议申请转送函等。②通知类文书。例如，行政复议申请受理通知书、补正行政复议申请通知书、行政复议答复通知书、停止执行具体行政行为通知书、责令受理通知书、行政复议听证通知书、责令履行行政复议决定通知书等。③决定类文书。例如，不予受理行政复议申请决定书、行政复议终止决定书、行政复议决定书、驳回行政复议申请决定书等。④函件、调解、建议类文书。例如，规范性文件转送函、行政复议调解书、行政复议建议书等。

二、行政复议申请书

（一）概念和功能

行政复议申请书，是指公民、法人或者其他组织，认为行政机关作出的具体行政行为侵犯其合法权益，向上一级行政机关请求救济时制作的法律文书。

公民、法人或者其他组织认为具体行政行为侵犯其合法权益的，可以自知道该具体行政行为之日起 60 日内提出行政复议申请；但是法律规定的申请期限超过 60 日的除外。行政复议申请书既是行政管理相对人申请行政复议，维护自身合法权益的工具，也是行政复议机关受理行政复议案件的依据。

（二）结构、内容和写作方法

根据我国《行政复议法实施条例》第 19 条的规定，申请人书面申请行政复议的，应当在行政复议申请书中载明下列事项：申请人的基本情况；被申请人的名称；行政复议请求、申请行政复议的主要事实和理由；申请人的签名或者盖章；申请行政复议的日期。根据上述法律规定，行政复议申请书由首部、正文和尾部组成。

1. 首部。首部包括标题和当事人的基本情况。

（1）标题。应当居中写为："行政复议申请书"。

（2）当事人的基本情况。应当分两种情形叙写：如果申请人和被申请人是公民的，应当写明姓名、性别、年龄、身份证号码、工作单位、住所、邮政编码等；如果申请人和被申请人是法人或者其他组织的，应当写明法人或者其他组织的名称、住所、邮政编码，法定代表人或者主要负责人的姓名和职务等。

2. 正文。正文是文书写作的重点，主要包括行政复议请求、申请行政复议的主要事实和理由两部分内容。

（1）行政复议请求。行政复议请求，是指申请人请求行政复议机关维护自身合法权益的具体内容。这部分内容应当写得明确具体，通常包括以下三种情形：①请求行政复议机关撤销原具体行政行为的决定，终止原决定的法律效力；②认为原具体行政行为不当，请求行政复议机关予以更改；③请求行政复议机关核实、确定原具体行政行为违法。

（2）申请行政复议的主要事实和理由。事实部分主要应当写明行政机关实施的具体行政行为侵犯申请人合法权益的事实。叙写事实应当将事情发生的过程、前因后果叙写清楚，并应当重点围绕申请人实施行为的合法性、行政机关作出具体行政行为的违法性进行叙写。同时应当注意，叙写事实应当以相关的证据作为依据。理由部分应当以事实为依据，写明支持复议请求的理由和法律依据，阐明申请人不服行政机关具体行政行为的观点、看法，以及适用法律的理由。

3. 尾部。尾部主要包括以下三项内容：①致送机关；②申请人的签名、盖章和申请时间；③附项。应当写明申请书副本的份数、所附证据的份数和所附授权委托书等情况。

（三）注意事项

1. 被申请人的确定性。根据法律规定，公民、法人或者其他组织对行政机关的具体行政行为不服，可以申请行政复议。因此，行政复议申请书中的被申请人，只能是作出具体行政行为的行政机关。

2. 申请行政复议必须符合法定期限。我国《行政复议法》第 9 条规定，公民、法人或者其他组织认为具体行政行为侵犯其合法权益的，可以自知道该具体行政行为之日起 60 日内提出行政复议申请；但是法律规定的申请期限超过 60 日的除外。

3. 申请人申请行政复议，应当向复议机关提交相关的证据材料。

三、行政复议受理通知书

（一）概念和功能

行政复议受理通知书，是指行政复议机关收到复议申请后，在法定期限内进行审查，认为行政复议申请符合法定条件，告知申请人受理复议案件时制作的法律文书。

我国《行政复议法实施条例》第 27 条规定："公民、法人或者其他组织认为行政机关的具体行政行为侵犯其合法权益提出行政复议申请，除不符合行政复议法和本条例规定的申请条件的，行政复议机关必须受理。"

行政复议受理通知书的功能主要体现在以下两个方面：①表明申请人提交的行政复议申请已经通过了行政复议机关的初步审查，所提申请符合行政复议法规定的法定条件。②标志着行政复议机关正式启动了行政复议程序，案件开始进入复议阶段。

（二）结构、内容和写作方法

行政复议受理通知书属于填空类文书，通常为一式两份，一份交被通知人，一份附卷。该文书由首部、正文、尾部三部分内容组成。

1. 首部。首部包括标题、发文字号和被通知人的姓名或者名称等。标题由文书制作机关名称和文书名称组成，应当分两行书写。例如，"××市国土资源局""行政复议受理通知书"。发文字号一般由文书制作单位简称、文书性质简称、年度、编号组成。例如，"××土资行复〔2017〕5 号"。被通知人如果是自然人的，直接写明姓名；被通知人是法人或者其他组织的，应当写明该法人或者其他组织的名称。

2. 正文。正文是文书的核心内容，应当写明受理复议案件的情况、审查依据、审查结果等。文书具体格式内容如下：

"你（们/单位）不服被申请人（名称）××××年××月××日作出的（具体行政行为），于××××年××月××日向（行政复议机关）申请行政复议。经审查，该行政复议申请符合《中华人民共和国行政复议法》和《中华人民共和国行政复议法实施条例》的有关规定，本机关决定予以受理。

特此通知。"

3. 尾部。尾部应当写明文书制作机关名称、加盖印章，写明制作日期及附项。在附项中，通常附有委托书、法定代表人身份证明书等。

（三）注意事项

1. 行政复议机关收到行政复议申请后，应当在 5 日内进行审查。

2. 申请人提交的复议申请符合法定条件，但不属于收到申请的行政机关受理范围的，应当告知申请人向有关行政复议机关提出申请。

3. 对于已经受理、依法属于其他行政复议机关受理范围的行政复议申请，应当自接到该行政复议申请之日起 7 日内，转送有关行政复议机关，并告知申请人。

四、行政复议答辩书

（一）概念和功能

行政复议答辩书，是指行政复议被申请人收到行政复议申请后，针对申请人提出的行政复议请求、事实和理由，在法定期限内，进行答复和辩驳时制作的法律文书。

我国《行政复议法》第 23 条第 1 款规定："行政复议机关负责法制工作的机构应当自行政复议申请受理之日起 7 日内，将行政复议申请书副本或者行政复议申请笔录复印件发送被申请人。被申请人应当自收到申请书副本或者申请笔录复印件之日起 10 日内，提出书面答复，并提交当初作出具体行政行为的证据、依据和其他有关材料。"第 28 条第 1 款第 4 项规定："被申请人不按照本法第 23 条的规定提出书面答复、提交当初作出具体行政行为的证据、依据和其他有关材料的，视为该具体行政行为没有证据、依据，决定撤销该具体行政行为。"

行政复议答辩书的功能主要体现在以下两个方面：①被申请人发表辩解意见，陈述被申请人作出的具体行政行为所认定的事实、理由与法律依据，针对申请人的复议申请进行辩驳，是行使法定答辩权的体现。②被申请人通过答辩阐明实施具体行政行为合法性的意见，有助于复议机关全面了解案情，作出正确的复议决定。

（二）结构、内容和写作方法

行政复议答辩书由首部、正文和尾部三部分构成。

1. 首部。首部应当写明标题、答辩人的基本情况和案由。标题应当写为："行政复议答辩书"。答辩人的基本情况，应当写明答辩人的名称、所在地址、法定代表人的姓名和职务等。有委托代理人的，应当写清委托代理人的姓名、职务、工作单位等。案由通常写为："对×××（申请人）×××× 年 × 月 × 日提出的复议申请，提出答辩如下：……"

2. 正文。正文是文书的核心内容，主要应当写明答辩理由。叙写答辩理由，主要应当注意以下几点：①应当针对申请人提出复议申请阐述的事实和理由进行答辩，阐明行政机关在实施具体行政行为时，认定事实、适用法律以及依法行政的程序等方面的合法性；指出申请人提出复议请求的不合法性。②如果申请人提出的复议请求部分合法、部分不合法，答辩人对不合法的部分予以辩驳，对合法的部分可以表示接受。③在具体辩驳方法上，可以根据案件的具体情况，采取综合论辩的方法，也可以采取逐条论辩的方法。

3. 尾部。尾部应当写明致送复议机关的名称、答辩人的名称和答辩时间。

（三）注意事项

1. 行政复议答辩书中的答辩人即是行政复议申请书中的被申请人。

2. 答辩意见的阐述，仅限于作出具体行政行为时的范围。

3. 在答辩过程中，答辩人不能再擅自调查、取证，并将其作为作出具体行政行为合法性的补充写入答辩书。

五、行政复议决定书

（一）概念和功能

行政复议决定书，是指行政复议机关通过对申请复议案件的审理，对原具体行政行为重新审查后，依法作出裁决时制作的法律文书。

我国《行政复议法》第 31 条规定，行政复议机关应当自受理申请之日起 60 日内作出行政复议决定；但是法律规定的行政复议期限少于 60 日的除外。情况复杂，不能在规定期限内作出行政复议决定的，经行政复议机关的负责人批准，可以适当延长，并告知申请人和被申请人；但是延长期限最多不超过 30 日。行政复议机关作出行政复议决定，应当制作行政复议决定书，并加盖印章。行政复议决定书一经送达，即发生法律效力。

行政复议决定书的功能主要体现在以下几个方面：①行政复议是解决行政争议的一种方式，是由行政行为相对人提出申请，行政复议机关依法进行审理作出的结论，是对行政复议申请人的一种答复。②行政复议决定书载明的裁决内容，是复议结论。行政复议是国家行政机关所具有的一种职能，维持合法的具体行政行为，驳回申请人不合法、不合理的请求，有利于维护国家法律的尊严；对不合法、不合理的具体行政行为予以否定，有利于维护行政复议申请人的合法权益。③制作行政复议决定书，并送达双方当事人，标志着行政复议程序的终结。

（二）结构、内容和写作方法

行政复议决定书由首部、正文和尾部三部分组成。

1. 首部。首部包括标题、发文字号、当事人的基本情况、案件复议组织情况等。

（1）标题。应当分两行书写为："××××（行政复议机关名称）""行政复议决定书"。

（2）发文字号。应当写为："××复决字〔××××〕××号"。

（3）当事人的基本情况。首先，应当写明申请人的基本情况。申请人是自然人的，应当依次写明申请人的姓名、性别、年龄、职业、住址等情况；申请人是法人或者其他组织的，应当依此写明法人或者其他组织的名称、所在地址，法定代表人或者主要负责人的姓名、职务等。其次，应当写明被申请人的基本情况，包括被申请人的名称、所在地址、法定代表人的姓名和职务等。被申请人是两个或者两个以上的，应当依次分别写明被申请人的有关情况。双方当事人如果有委托代理人的，应当写明委托代理人的姓名、职务和工作单位。

（4）案件复议组织情况。应当写明案件由来、审理过程等。根据行政复议决定书格式的要求，这部分内容通常表述为：

"申请人×××（姓名或者名称）不服被申请人×××（被申请人名称）于××××年×月×日作出的××行决字〔××××〕××号××××（具体行政行为名称）决定，于××××年×月×日向本机关提出行政复议申请，本机关依法已予受理，现已审理终结。"

2. 正文。正文是行政复议决定书的核心内容，主要应当写明申请复议的请求、事实与理由，被申请人答辩的主要事实和理由，复议机关认定的事实、理由和法律依据，行政复议的决定四个方面的内容。具体内容如下：

（1）申请复议的请求、事实与理由。这部分内容的叙写，应当以申请人提交的复议申请书为依据。如果申请人申请行政复议的内容冗长、繁琐，应当概括归纳申请人申请复议的事实、理由和请求，并应做到真实、准确，反映申请人的原意。

（2）被申请人答辩的主要事实和理由。根据法律规定，被申请人应当提交复议答辩书，对申请人的复议申请进行答复和辩驳，以证明其作出的具体行政行为的合法性。这部分内容的叙写，应当以被申请人提交的行政复议答辩书的内容为依据，概括被申请人答辩的事实、理由和法律依据，准确、真实地反映被申请人答辩的原意。如果有两个被申请人，应当分别对被申请人答辩的内容进行叙述。

（3）复议机关认定的事实、理由和法律依据。这部分内容是复议机关作出行政复议决定的基础，包括对双方当事人争议事实的认定、作出复议决定的理由和适用的法律依据等。具体内容阐述应当注意以下几点：①行政复议机关在确定案件事实时，应当详细叙写确认的被申请人实施具体行政行为的事实，为行政复议决定的作出奠定基础。②在具体阐述理由时，应当根据认定的事实，结合法律规定，阐述行政机关作出的具体行政行为是否合法。同时，应当对申请人申请复议的请求和理由作出回应，依法说明支持或者不予支持的理由，以增强行政复议决定书的说理性。③援引法律依据应当明确具体。

（4）行政复议的决定。这部分内容是案件处理的最终结果，叙写应当简洁、明确，具有可执行性。根据我国《行政复议法》和《行政复议法实施条例》的规定，行政复议的处理决定可以分为以下几种情形：①决定维持原具体行政行为；②决定驳回申请人的行政复议申请；③责令被申请人在一定的期限内履行法定职责；④撤销被申请人作出的具体行政行为，并责令被申请人重新作出具体行政行为；⑤变更被申请人作出的具体行政行为等。

3. 尾部。尾部包括向当事人交代有关事项、明确行政复议决定书的效力、写明复议机关、注明日期等。具体内容如下：

（1）向当事人交代有关事项。应当写明："如不服本决定，可在接到行政复议决定书之日起××日内向人民法院提起行政诉讼。逾期不起诉又不履行行政复议决定的，依法强制执行。"

（2）明确行政复议决定书的效力。应当写明："本决定书一经送达，即发生法律效力。"

（3）写明复议机关名称和日期。

（三）注意事项

1. 行政复议期间，行政复议机构认为申请人以外的公民、法人或者其他组织与被审查的具体行政行为有利害关系的，可以通知其作为第三人参加行政复议。申请人以外的公民、法人或者其他组织与被审查的具体行政行为有利害关系的，也可以向行政复议机构申请作为第三人参加行政复议。第三人不参加行政复议，不影响行政复议案件的审理。第三人参加行政复议的，在行政复议决定书中应当写明第三人的相关情况。

2. 申请人、第三人可以委托 1~2 名代理人参加行政复议。申请人、第三人委托代理人的，应当向行政复议机构提交授权委托书。授权委托书应当载明委托事项、权限和期限。代理人参加复议的，在行政复议决定书中，应当写明代理人的基本情况，包括姓名、职业、工作单位等。

3. 根据法律规定，行政复议机关在申请人行政复议请求范围内，不得作出对申请人更为不利的行政复议决定。

【思考题】

1. 简述行政执法文书的概念和种类。

2. 简述行政处罚事先告知书的概念和作用。

3. 什么是责令改正通知书？其正文部分需要写清哪些内容？

4. 什么是行政处罚决定书？其正文部分应当写明哪些内容？

5. 简述行政复议法律文书的概念和作用。

6. 行政复议申请书的正文部分需要写明哪些内容？

7. 简述行政复议答辩书的概念和作用。

8. 什么是行政复议决定书？其正文部分应当写明哪些内容？

【拓展示例】

示例一：行政处罚事先告知书

示例二：责令改正通知书

示例三：当场行政处罚决定书

示例四：行政处罚决定书

示例五：行政复议申请书

示例六：行政复议受理通知书

示例七：行政复议答辩书

示例八：行政复议决定书

参考文献

1. 宁致远主编：《法律文书写作》，北京大学出版社 2006 年版。

2. 宁致远主编：《法律文书》，高等教育出版社 2011 年版。

3. 顾克广、刘永章主编：《司法文书》，中国政法大学出版社 2002 年版。

4. 陈国庆主编：《人民检察院刑事诉讼法律文书适用指南》，中国检察出版社 2014 年版。

5. 最高人民检察院法律政策研究室编著：《检察法律文书制作与适用》，中国法制出版社 2002 年版。

6. 赵汝琨主编：《检察机关刑事诉讼法律文书适用》，法律出版社 1997 年版。

7. 张泗汉主编：《法律文书教程》，中国政法大学出版社 2001 年版。

8. 刘永章、刘金华、程滔：《民用法律文书格式与写作技巧》，西苑出版社 2001 年版。

9. 刘金华：《律师文书写作方法与写作技巧》，大众文艺出版社 2001 年版。

10. 刘金华主编：《司法文书写作方法与技巧》，大众文艺出版社 2002 年版。

11. 宁致远主编：《法律文书教程》，中央广播电视大学出版社 2005 年版。

12. 宁致远主编：《行政执法文书教程》，中央广播电视大学出版社 2009 年版。

13. 马宏俊主编：《法律文书学》，中国人民大学出版社 2014 年版。

14. 刘永章、刘金华编著：《检察机关诉讼文书写作方法与技巧》，大众文艺出版社 2002 年版。

15. 马宏俊主编：《法律文书写作与训练》，中国人民大学出版社 2009

年版。

16. 沈德咏主编：《民事诉讼文书样式》，人民法院出版社 2016 年版。

17. 孙茂利主编：《公安机关刑事法律文书制作指南与范例》，中国长安出版社 2015 年版。

18. 宁致远主编：《法律文书学》，中国政法大学出版社 2011 年版。

19. 顾克广、率蕴铤主编：《法律文书格式及实例选编》，中国政法大学出版社 2013 年版。

20. 刘彦宁、吴国荣、吴昊编著：《刑事裁判文书写作指南》，人民法院出版社 2013 年版。

图书在版编目（ＣＩＰ）数据

法律文书学/顾克广，刘金华主编. —北京：中国政法大学出版社，2018.12
ISBN 978-7-5620-8643-7

Ⅰ.①法…　Ⅱ.①顾…②刘…　Ⅲ.①法律文书—中国—教材　Ⅳ.①D926.13

中国版本图书馆CIP数据核字(2018)第266495号

出　版　者	中国政法大学出版社
地　　　址	北京市海淀区西土城路 25 号
邮　　　箱	fadapress@163.com
网　　　址	http://www.cuplpress.com（网络实名：中国政法大学出版社）
电　　　话	010-58908435(第一编辑部)　58908334(邮购部)
承　　　印	固安华明印业有限公司
开　　　本	720mm×960mm　1/16
印　　　张	22
字　　　数	407 千字
版　　　次	2018 年 12 月第 1 版
印　　　次	2018 年 12 月第 1 次印刷
印　　　数	1～5000 册
定　　　价	59.00 元